Gerhard Rösler
Die Brieftaube

D1935248

Gerhard Rösler

Die Brieftaube

Ein Fachbuch für Züchter und Halter von Brieftauben

Bechtermünz Verlag

Federführung: Gerhard Rösler
Mitautoren: Dr. phil. habil. Carlheinrich Engelmann, Heinz Kässemodel, Klaus Kühntopp, Dipl. Met. Joachim Schröder †, Dr. Karl-Heinz Stemmler, Peter Wegener, Helmut Weniger

Bild-Autoren

Archiv (17)	1, 2, 3, 4, 5, 6, 7, 8, 73, 74, 75, 76, 82, 84, 85, 86, 87
Hartmann (18)	Titel, 10, 12, 27, 29b, 30, 37a, 46, 59, 60, 91, 93, 96, 97, 98, 100, 102, 109
Marks (2)	110, 122
Schmidtke (3)	11, 103, 104
Kupke (6)	13, 48, 94, 99, 106, 107
Barth (8)	14, 37b, 39, b57, 58, 89, 101, 105
Proll (7)	9, 15, 28, 29a, 31, 42, 47
Weigelt (3)	43, 44, 108
Ratajczak (2)	55, 56
Wegener (3)	88, 92, 95
Janku (3)	90, 123, 124
Rieger (2)	111, 112
Frohn (1)	47
Kühntopp (14)	I, II, III, IV, V, VI, VII, 114, 115, 116, 117, 118, 119, 120
unbekannt	121

Genehmigte Lizenzausgabe für
Weltbild Verlag GmbH, Augsburg 1998
© by Autorengemeinschaft Gerhard Rösler,
Eichwalde-Waltersdorf
Satz: Satzstudio DLV Deutscher Landwirtschaftsverlag Berlin GmbH
Druck und Bindung: Westermann Druck Zwickau, GmbH
Printed in Germany
ISBN 3-86047-715-3

Inhalt

Vorwort

Wohl auf keinem anderen Gebiet der Tierzüchtung und des Sports mit Tieren hängt der Erfolg so sehr von der Kunst des Züchters ab wie beim Flugsport mit Tauben. Seine Tauben als Sieger heimkehren zu sehen, ist jedem Züchter der schönste Lohn vieler Mühen.

Es ist für den Anfänger in diesem vielseitigen Sport nicht leicht, sich zurechtzufinden und zu Erfolgen zu kommen. Daher ist nicht allein das Sammeln eigener Erfahrungen notwendig, vielmehr sollte der lernende Sportfreund die Erfahrungen erfolgreicher Züchter nutzen.

Die Autoren haben sich zum Ziel gesetzt, ein Buch aus der Praxis für die Praxis zu schreiben, unter Berücksichtigung neuer Erkenntnisse aus Haltung, Züchtung und Fütterung. Aber auch die Forschungsergebnisse aus anderen Disziplinen galt es zu berücksichtigen. So ist z. B. die Fähigkeit der Tauben, den heimatlichen Schlag, auch bei Flügen über sehr große Distanzen wiederzufinden, nicht nur für den Züchter, sondern auch für den interessierten Laien immer wieder faszinierend. Zwar sind bis heute noch nicht alle mit dem Heimfindevermögen im Zusammenhang stehenden Fragen geklärt, doch gibt es viele neue Erkenntnisse über die Funktion des Orientierungssystems, die selbstverständlich in diesem Buch aufgenommen worden sind.

Schließlich sollte nicht vergessen werden, daß die Haltung von Brieftauben eine sinnvolle, sportlich-züchterische Freizeitbetätigung ist, bei der viele Menschen Entspannung finden und sich aktiv erholen.

Seit Erscheinen des ersten Brieftaubenbuches sind nun mehr als zehn Jahre vergangen. Eine gründliche Überarbeitung bzw. Neufassung einiger Kapitel war nicht mehr zu umgehen. Völlig neu gestaltet wurde das Kapitel „Flugwettbewerbe". Unter der Überschrift „Orientierung und Heimfindevermögen" fanden in diesem Abschnitt die in den letzten Jahren erzielten Forschungsergebnisse ihre Berücksichtigung und Auswertung. Die „Preisflüge" sind dadurch zu einem eigenständigen Kapitel erhoben worden, in dem ein neuer Mitautor die Aufgaben des Transportbegleiters sowie alle mit dem Transport der Tauben zusammenhängenden Maßnahmen im Kabinenexpreß ausführlich behandelt. Auch auf die Einhaltung der Hygiene und die Betreuung der Tauben nach dem Preisflug wird hier näher eingegangen, was dem vorhergehenden Buch gegenüber ebenfalls als ein Informationsgewinn anzusehen ist.

Im letzten Kapitel über die Ausstellungen wurde das neue Bewertungssystem beachtet.

Allen Mitarbeitern und Helfern, die an der Vorbereitung der vorliegenden Neuausgabe dieses Buches beteiligt waren, sowie dem Verlag sei an dieser Stelle herzlich gedankt.

GERHARD RÖSLER

Zur Entstehung der Brieftaube

Auf der ganzen Welt halten und züchten heute Millionen Menschen Tauben. Der überwiegende Teil der Liebhaber beschäftigt sich mit den Rassetauben, die hauptsächlich für Ausstellungszwecke gehalten werden. Aber auch die Zahl der Liebhaber von Flugsporttauben ist beträchtlich. Daneben werden Tauben auch wegen der Fleischerzeugung gehalten. Ihr Liebhaberkreis ist jedoch zahlenmäßig nicht so bedeutungsvoll. Verhältnismäßig wenige beschäftigen sich mit der Haltung und Zucht von Wildtauben.

Bei den Flugsporttauben entwickelten sich einige Hauptrichtungen: Hoch- und Dauerflieger, Flugakrobaten und Wettflugtauben (Brieftauben).

Anfänge von Taubenhaltung und -zucht

Tauben sind mit der Kulturgeschichte der Menschheit eng verbunden. Nachweisbar beschäftigten sich die Menschen bereits zu Beginn der Jüngeren Steinzeit (etwa 10000 bis 2000 Jahre v. u. Z.) mit Tauben, und zwar handelte es sich damals um die halbgezähmten Feld- oder Felsentauben. Auf ägyptischen Denkmälern sind Taubenschwärme abgebildet und auch Tauben, die gefüttert werden.

Verbreitet war die Taubenzucht auch in Palästina, Syrien und Assyrien. In der Bibel, Jesaja 60, 8, finden wir folgendes: „Wer sind die, welche fliegen wie die Wolken und wie die Tauben zu ihren Gittern?" Diese Stelle weist auf das Vorhandensein von Taubenschlägen in Palästina hin, wobei der Ausdruck „Gitter" durch den Anblick der vielen Schlupf- und Lichtlöcher in den Taubentürmen entstand, die wie Gitter aussahen. Die Taubenzucht bei den Juden ist durch Nachrichten über Tauben als Opfertiere belegt. Hierzu wurden junge Tauben oder Turteltauben genommen.

Auch in Griechenland begann die Taubenzucht recht früh, wurde jedoch mehr zum Vergnügen als aus Gründen der Nützlichkeit betrieben. Die Tauben dienten unter anderem auch Kindern als Spielzeug. So finden sich zum Beispiel auf attischen Grabmälern Kinder abgebildet, welche mit Vögeln spielen.

Bei den Römern stimmt die Taubenzucht etwa mit der bei den Griechen überein. Nach VARRO (116 bis 28 v. u. Z.) gibt es zwei Arten von Tauben, die beim Menschen im Haus mit wohnten, und zwar die Feldtaube (*genus agreste* oder *saxatile*), nur halb gezähmt und scheu, die deshalb hoch in Türmen oder unter Dächern nistete. Diese Taube wurde nur im Winter zu Hause gefüttert, sonst suchte sie sich ihre Nahrung auf den Feldern.

Die zweite war die Haustaube (*Columba domestica*), die zahmer war und ihr Futter stets zu Hause erhielt. Sie war meist weiß und stammte aus Sizilien. Man hielt sie in Taubentürmen, von denen einer bis zu 5000 Tiere beherbergen konnte. Außerdem schreibt VARRO, daß man beide Arten zu einer dritten kreuzte, die er *genus miscellum* nannte. COLUMELLA erwähnt unter den Haustauben besonders die „Campanae“ wegen ihrer Größe und die „Alexandrinae“.
Das Zentrum für die Anfänge in der Zucht von Botentauben und deren Einsatz ist wohl der Vordere Orient gewesen. In Ägypten benutzte man Haustauben als Brieftauben bereits 1300 v. u. Z., um die Krönung eines Herrschers, zum Beispiel König RAMSES II. (1324 bis 1258 v. u. Z.), als Nachricht im Lande zu verbreiten.
Bevor man Tauben als fliegende Boten einsetzen konnte, mußten sie schon lange vorher daraufhin gezüchtet worden sein, so daß also die Anfänge der Haustaubenzucht zur Nachrichtenübermittlung noch weit früher liegen müssen.
Möglicherweise hat hierbei bereits das Entdecken der individuellen und rassebedingten Unterschiede hinsichtlich des Heimfindevermögens eine nicht unwesentliche Rolle gespielt.
Tauben nahm man bei Heereszügen mit und benutzte sie bei Handelsreisen zur Übermittlung von wichtigen Nachrichten.
Die Seefahrer ließen mitgenommene Tauben von ihren Schiffen frei, damit die Nachricht von ihrer bevorstehenden Heimkehr an Land eintraf.
HOMER schreibt in seiner Odyssee von griechischen Seeleuten, die von ihren Schiffen Tauben freiließen, um aus der Flugrichtung das nächstgelegene Land zu finden.
Es kann angenommen werden, daß Tauben bereits vor etwa vier Jahrtausenden von den Menschen als fliegende Boten zur Nachrichtenübermittlung genutzt wurden. Diese Tauben können als Ursprungsrassen der heutigen Brieftauben angesehen werden.

Verwendung von Botentauben

Wahrscheinlich kam der Brauch, Tauben als Boten zu schicken, aus dem Orient. Entweder überbrachten sie wichtige Nachrichten oder hielten Verbindung zwischen Liebenden. Nach OVID (43 v. bis 17 n. u. Z.) sandte TAUROSTHENES VON AEGINA seinem Vater mit einer Taube die Kunde von seinem Sieg bei den Olympischen Spielen. Am Fuß der Taube war ein Purpurläppchen befestigt. Er hatte das Tier aus Aegina mit nach Pisa genommen, und sie legte den Weg von da bis in die Heimat, in der sie noch nicht flügge Junge hatte, an einem einzigen Tag zurück. Von VARRO wissen wir, daß die Römer Tauben auch mit ins Theater nahmen, wo man sie dann freiließ, höchstwahrscheinlich, um zu wetten oder als Liebesboten.
Nach PLINIUS spielten Botentauben bei der Belagerung von Mutina im Jahre 43 v. u. Z. eine wichtige Rolle. Danach schickte DECIMUS BRUTUS Tauben, denen er Briefe an die Füße gebunden hatte, in das Lager der Consuln. Ähnlich berichtet FRONTINUS, daß der Consul HIRTIUS Briefe mit starken Haaren am Hals von Tauben befestigte. Vorher ließ er sie in einem verdunkelten Raum hungern, brachte sie dann möglichst nahe an die Stadt Mutina, wo er sie freiließ. Die Tauben setzten sich in der Stadt auf die Dächer der Häuser, wo sie von den Leuten des BRUTUS gefangen wurden. Auf diese Weise erhielt man in der belagerten Stadt Nachricht.
Zur Zeit VARROS zahlte man für ein Paar schöner alter Tauben 200 Sestertien (etwa 35 Mark), für besonders schöne etwa 1000 (etwa 175 Mark). Der römische Ritter AXIUS soll einem Händler ein Paar für 500 Denaren (etwa 350 Mark) abgegeben haben. Manche Schriftsteller der damaligen Zeit, zum Beispiel PLINIUS, äußerten sich tadelnd über die übertriebene Taubenliebhaberei und die hohen Preise, die für manche Taube gezahlt wurden.
Dem römischen Feldherrn JULIUS CAESAR

(100 bis 44 v. u. Z.) überbrachten Botentauben Nachricht über Unruhen in Gallien. Er wurde dadurch in die Lage versetzt, seine Legionen rechtzeitig nach dort zu schicken. Im Römischen Reich sind Botentauben unter ALEXANDER DEM GROßEN (356 bis 323 v. u. Z) und Kaiser DIOKLETIAN (245 bis 313 n. u. Z) zur Nachrichtenüberbringung eingesetzt worden. In Ägypten richteten die Sultane wohl als erste mit „Bagdettentauben" eine staatliche Taubenpost ein, in die alle Städte einbezogen waren. Das gleiche tat auch der Kalif von Bagdad NUR-EDDIN (1146 bis 1174).

Unter der Regierungszeit des Kalifen AHMED ALNASSIR (1180 bis 1225) und auch noch später kam es im Orient zu einer Blütezeit der Brieftaubenpost, bis 1258 bei der Zerstörung Bagdads durch die Mongolen unter HULAGU die Brieftaubenpost verschwand. Dagegen bestand in Ägypten die staatlich eingerichtete Taubenpost etwa bis 1500. Ebenso befanden sich entlang der Heerstraßen Taubenstationen, ähnlich der im Altertum verwendeten Taubentürme. Die Tauben erhielten die Wappen ihrer Landesherren auf die Wachshaut des Oberschnabels eingebrannt. So konnte man ihre Herkunft feststellen. Die Tauben flogen sowohl Kurz- als auch Langstrecken. Die zu überbringenden Nachrichten schrieb man auf dünnes Papier und befestigte sie mit kleinen Röhren aus Goldblech an den Beinen der Tiere. Die Poststation von Kairo hielt im Jahre 1288 etwa 2000 Botentauben.

Aus Palästina brachten Kreuzritter Botentauben mit nach Europa (1096 bis 1291).

Während der Belagerung von Harlem in den Niederlanden (1572 bis 1573) und der Stadt Leyden (1574) im Unabhängigkeitskrieg der Niederlande gegen Spanien überbrachten Botentauben den Bewohnern dieser Städte Nachrichten, die besagten, daß sie ihrer Befreiung zuversichtlich entgegensehen konnten.

Der Begriff *„Botentauben"* taucht in einer Darstellung des Nachrichtenwesens der damaligen Zeit seit dem Jahre 1376 auf. In einem Wörterbuch der deutschen Sprache von ADELUNG (1774 bis 1786) ist erstmalig die Bezeichnung „Brieftaube" zu finden.

Als NAPOLEON 1815 seine große Niederlage bei Waterloo hinnehmen mußte, waren es Botentauben, die diese Nachricht unmittelbar danach nach London brachten. Das Haus ROTHSCHILD erwarb darauf sofort die seinerzeit niedrig gehandelten englischen Staatspapiere und konnte damit seinen später legendären Reichtum begründen.

Bei der Belagerung von Venedig im Jahre 1849 harrte die Bevölkerung der Stadt zuversichtlich aus, weil Botentauben Nachrichten über die bevorstehende Befreiung überbrachten.

Auch im preußisch-französischen Krieg (1870 bis 1871) spielten Botentauben eine nicht unwichtige Rolle. Als Paris belagert wurde,

Abb. 1 Eine Szene aus dem Paris des Jahres 1871 – Brieftauben werden in einen Heißluftballon verladen. (Foto: Archiv)

brachte man Brieftauben mit Luftballons aus der Stadt nach Mittel- und Südfrankreich. Später ließ man sie mit Nachrichten zurück in die Stadt fliegen. Auf kleinen Filmen überbrachten die Tauben zahlreiche Nachrichten. Die Filme steckte man in den Kiel einer Gänsefeder, verschloß diesen und band ihn an den Kiel der mittleren Steuerfeder. Manche Tauben wurden mehrmals eingesetzt, andere erreichten das Ziel nicht. Immerhin gelangten auf diese Weise etwa 150 000 amtliche und etwa eine Million private Nachrichten innerhalb von vier Monaten in die Stadt.

Der Einsatz von Brieftauben beschränkte sich nicht nur auf das Militär. Mitte des 19. Jahrhunderts hatte man schon einige Telegrafennetze entwickelt, die mit Hilfe von Botentauben überbrückt werden konnten. Besonders das Zeitungswesen nutzte Botentauben als derzeit schnellste Nachrichtenbeförderungsmittel. So richtete das „Antwerpener Handelsblatt" etwa ab 1848 regelmäßige Taubenstafetten zwischen Paris, London, Madrid und Frankfurt ein. Andere Taubenstafetten bestanden zwischen Brüssel und Berlin sowie zwischen Brüssel und Aachen.

Den Höhepunkt des militärischen Brieftaubeneinsatzes bildete die Zeit des ersten Weltkrieges. Bei den deutschen, französischen und belgischen Armeen waren eine große Anzahl an Brieftauben vorhanden. In der deutschen Armee gab es in der Zeit zwischen 1914 und 1918 etwa 120 000 Brieftauben, die eingesetzt wurden. Rechnet man die in der französischen und belgischen Armee hinzu, kommt man auf die stattliche Zahl von fast 500 000 Tauben, von denen etwa 20 000 ihren Heimatschlag nicht wieder erreichten. In England hielt man etwa 10 000 Brieftauben in der Armee, jedoch erst, als sich herausgestellt hatte, daß sie nicht nur im Heer, sondern auch bei den See- und Luftstreitkräften einsetzbar waren.

Nicht selten trug der Einsatz von Brieftauben zur Rettung von Armeeteilen in schwierigen Kampfabschnitten bei. Selbst in den großen Materialschlachten, beispielsweise vor Verdun, kamen wichtige Nachrichten mit Hilfe von Brieftauben an ihren Bestimmungsort. Wie hoch der erfolgreiche Einsatz von Brieftauben gewertet wurde, zeigt die Tatsache, daß man den Züchtern von solchen Tauben Medaillen überreichte. Den nicht heimgekehrten und demnach meist im Kampf umgekommenen Brieftauben errichtete man sowohl in Belgien als auch in Frankreich Denkmäler, zum Beispiel bei Brüssel, bei Verdun und Lille.

Im zweiten Weltkrieg maß man dem Einsatz von Brieftauben nicht mehr die gleiche Bedeutung zu wie im ersten Weltkrieg. Die Möglichkeit, Funkgeräte zu benutzen, schränkte die Verwendung von Tauben ein. Ihr Aufgabengebiet beschränkte sich auf bestimmte militärische Aktionen, bei Schiffs- und Flugzeugeinsätzen sowie zur Spionagetätigkeit.

Abb. 2 Denkmal für die Belgischen Brieftauben in Brüssel (Foto: Archiv)

Dennoch erscheint die Zahl der hierfür gehaltenen Tauben beachtlich. Zum Beispiel besaßen die USA-Truppen etwa 54 000 Brieftauben, die Engländer hielten von 1939 bis 1945 etwa 200 000 Tiere. Die USA-Truppen setzten auch im Koreakrieg in ungünstigem gebirgigem Gelände Brieftauben ein. Heute spielt die Brieftaube für den militärischen Einsatz, bis auf wenige Ausnahmen, keine Rolle mehr. Die österreichische Bergwacht in Tirol setzt aber auch jetzt noch bei Unwetterkatastrophen Brieftauben ein. Diese Tauben sind unter schwierigen Wetterbedingungen im Hochgebirge trainiert und daher auch unter schwierigen Bedingungen zuverlässig einsetzbar.

Abstammung der Brieftaube

Etwa 3 000 Jahre vor der Zeitrechnung fand die Domestikation der Taube im Vorderen Orient statt. Die Gründe für die Domestikation sind nicht völlig klar. Bei der von Rind, Schaf und Ziege stand eindeutig die Frage der wirtschaftlichen Nutzung im Vordergrund. Bei der Taube gaben sicher kultische Gründe den Ausschlag. Man kann davon ausgehen, daß in den verschiedenen Ländern, in denen im Altertum Tauben gehalten und gezüchtet wurden, die Verwendung von Botentauben zur Nachrichtenübermittlung unabhängig voneinander vor sich ging und mit den im jeweiligen Land vorhandenen Rassen entwickelt wurde. So verwendete man beispielsweise im Orient *Warzentauben* wie *Carrier, Indianer* und *Dragoons,* in Ägypten und Vorderasien *Bagdetten,* im mittleren Asien *Mövchen.*

Entstehung der Englischen Reisetaube

Die *Carrier,* auch *„Persische Brieftauben"* und in Persien „Boten der Könige" genannt, waren ebenfalls in Ägypten verbreitet. Nach Schertling kamen die *Carrier* zuerst nach England und werden dort seit etwa 300 Jahren gezüchtet. Sie entwickelten sich zur „englischen Nationaltaube". Bei der Züchtung in England legte man besonderen Wert auf die Ausbildung kräftiger Nasenwarzen und Augenringe. Das hatte zur Folge, daß die Tiere mit dem besten Warzenbesatz als wertvollste galten, nicht aber mehr zum Flugsport verwendet wurden, sondern auf Ausstellungen kamen. Das mußte zwangsläufig einen Rückgang der Flugeigenschaften und des Heimfindevermögens zur Folge haben. Die Tauben mit schlechten Warzen verwendete man einige Zeit noch für Flüge, weil sie für Ausstellungszwecke nicht so „wertvoll" waren. Mit diesen noch bei Flügen trainierten Tieren kreuzten verschiedene Züchter das englische *Mövchen.* So erhielt man eine flugfreudige Taube, den *Dragoon.* Der von den *Carriern* stammende kräftige Körperbau wurde mit der Flugfreudigkeit des *Mövchens* und seinen guten Gefiedereigenschaften vereint. Dieser Dragoon hatte jedoch weit weniger Nasen- und Augenfleisch.

Aus weiterer Kreuzung zwischen *Carrier* und *Dragoon* entstand die *Rittertaube,* auch unter dem Namen *Horseman*-Taube bekannt. Es gab sie laut Moore in blauen und blauschekkigen Farben. Sie galt um 1700 als sehr gute Reisetaube. Ihre großen Augenringe verrieten noch die *Carrier*-Anteile. Heute können wir die *Horseman-Taube* nur noch als einen Ahnen der heutigen Wettflugtauben ansehen. Sie hat als Rasse unsere Zeit nicht erreicht und ist in Einkreuzungen untergegangen.

Um weitere Fortschritte in der Zucht von Wettflugtauben zu erzielen, holten sich die englischen Züchter in der ersten Hälfte des 19. Jahrhunderts auch Tauben aus Belgien und Deutschland. Darüber hinaus kreuzte man eifrig, um die Eigenschaften weiter zu verbessern. Am Ende dieses beschwerlichen Weges stand dann der *Homer*, der *„Nachhauseflieger"* mit guten Reiseleistungen. Jedoch erging es ihm ähnlich wie dem *Carrier.* Man legte auf den Ausstellungen großen Wert auf

Schönheitsmerkmale, die mit den Leistungsmerkmalen kaum etwas zu tun hatten. Aus dem *Homer* entwickelte sich unter stetigem Verlust der guten Flugeigenschaften der *Showhomer*, die *Ausstellungsbrieftaube.*
1924 gründeten englische Reisetaubenzüchter einen Spezialklub zur Erhaltung der Reisebrieftaube, der *Genuine-Homer*. Auch das führte zu keinem befriedigenden Ergebnis. Es ist eben immer eine schwierige Sache, Schönheit und Leistung auf einen Nenner zu bringen. Schließlich ließ man alle Schönheitsideale bei Wettflugtauben fallen und züchtete nur noch nach Leistungsmerkmalen. Es entstand der *Working-Homer* und der *Racing-Homer*. Unter den in der Zucht der Reisetauben führenden Ländern nimmt England mit dieser Rasse einen sehr bedeutenden Platz ein.

Entstehung der Belgischen Reisetaube

Wie in England, so kamen auch in Belgien, etwa nach 1800, aus dem Vorderen Orient Tauben in die Zuchten, die, als Botentauben bezeichnet, eine Verbesserung des Heimkehrvermögens und der Flugeigenschaften bringen sollten. Die belgischen Züchter waren so erfolgreich, daß man heute Belgien als das Stammland der Reisebrieftaubenzucht bezeichnen muß. In Belgien bildeten sich unabhängig voneinander drei Zentren dieser Zuchtrichtung heraus: Es sind dies Gent, Lüttich und Antwerpen.

Genter Taube

Eigenartigerweise nahmen die Genter Züchter für ihre Wettflüge den *Genter Kröpfer*, der auch bei Wettflügen beachtliche Leistungen erzielte. Solche Wettflüge mit Kröpfern fanden schon 1810 statt. Die Genter Taube bildete zugleich den schwersten Schlag der belgischen Brieftaube, was höchstwahrscheinlich auf ihre Ahnen, die Kröpfer zurückzuführen ist. Die gelegentlich in modernen Zuchten noch auftretenden befiederten Beine sind sicher Zeichen der Kröpferanteile.

Lütticher Taube

Sie ist die kleinste der drei belgischen Reisetaubenformen. Anfangs war sie laut MÖBES eine kleine, mit kurzem Schnabel und starker Krause versehene Taube. Diese Halskrause kommt bei unseren Brieftauben heute noch manchmal zum Vorschein. Die Ahnen der *Lütticher Taube* sind bei den *Smerlen* und den französischen *Mövchen* zu suchen. Die *Lütticher Taube* hat gute Flugeigenschaften, da sie sehr schlagtreu ist.

Antwerpener Taube

Diese Taube übertrifft in der Größe die *Lütticher Taube* bei weitem. Ihr flacher Kopf hat einen längeren Schnabel und sitzt auf einem langen und dünnen Hals. Die Flügel sind lang und breit. Die ersten Tiere dieser Rasse entstanden um 1825 aus Verpaarungen von *englischen Tümmlern* mit den *Antwerpener Smerlen.* Diese Kreuzungstiere waren so flugtüchtig, daß man sie von den Wettflügen sperrte, weil es sich angeblich um eine andere Rasse handelte. Um den Tieren eine kräftigere Gestalt zu geben, kreuzte zum Beispiel der Züchter PITTORS (laut MÖBES) DRAGOON ein. Heute kann man also mit Recht sagen, daß die Ahnen der *Antwerpener Taube* die *Antwerpener Smerle*, die *Lütticher Taube*, der *englische Tümmler* und der *englische Dragoon* sind.
Die *Antwerpener Taube* galt als sehr flugtüchtig und wurde bei den Flugwettbewerben strengen Auslesekriterien unterzogen. So sollen manchmal bei Wettflügen bis zu 50 % der Jungen ausgeblieben sein. Aus den Heimkehrern wurde weiter- und damit höher gezüchtet.

Abb. 3 Nürnberger Bagdette und Carrier (BUNGARTZ 1889)

Abb. 4 Tümmler und Mövchen (BUNGARTZ 1889)

Abb. 5 Brüsseler Brieftauben (BUNGARTZ 1889)

Abb. 6 Lütticher Brieftauben (Bungartz 1889)

Abb. 7 Antwerpener Brieftaube (BUNGARTZ 1889)

*Abb. 8 Belgische Smerle (*Tegtmeier *1871)*

Die moderne Belgische Brieftaube

Aus der Verpaarung der *Antwerpener* mit der *Lütticher Taube* etwa von 1840 bis 1850 züchtete man mit größter Zielstrebigkeit die moderne *Belgische Brieftaube* heraus. Dabei wurde weder auf Schönheitsmerkmale noch auf Farbe und Zeichnung Wert gelegt. Ausschlaggebend waren nur die Flugleistungen. So fand 1856 zum ersten Mal ein Wettflug von Rom nach Lüttich statt.

Aufgrund der hervorragenden Flugleistungen züchtete man nach 1860 ohne weitere Einkreuzungen weiter, doch stets unter strenger Auslese nach Leistungsmerkmalen. So entstanden in Belgien Leistungsstämme, die weltbekannt wurden, zum Beispiel die von *Grooters, Ulens, Hansenne, Gits, Gigot* und andere. Lenzen berichtet in seinem 1873 in Dresden erschienenen „Brieftaubenbuch“ (laut Möbes), daß in Belgien im Jahre 1871 ungefähr 123 600 Tauben bei 885 Flügen miteinander konkurrierten. Wettflüge wurden dort in kleinen Städten und Dörfern zu Volksfesten. Der siegende Verein wurde mit Musik in Empfang genommen, die Nicht-Sieger trugen ein Zinkrohr als Zeichen der Schande beim Umzug herum. Lenzen widmet sich in seinem Buch besonders auch der damals verbreiteten Taubenfängerei. Er geht auch auf den damaligen Zuchtstand ein. So gab es nach seinen Schilderungen Tauben, die bei Ausstellungen mit den besten *Mövchen* hätten konkurrieren können. Sie seien nur etwas stämmiger, größer und von kräftigerem Körperbau. Nach Rossmann gab es im vorigen Jahrhundert in Belgien kein einheitliches Rassebild unter den Brieftauben.

Der gute Ruf der *Belgischen Reisetaube* verbreitete sich schnell in anderen europäischen Ländern, so daß ein großer Export von Brieftauben nach Holland, Frankreich, Deutschland und England einsetzte. Mit Recht kann man heute noch Belgien als das Mutterland

Tab. 1 Die wichtigsten Merkmale der Genter, Lütticher und Antwerpener Taube, der Vorläufer der modernen Belgischen Brieftaube

Körperteile und Eigenschaften	*Genter Taube*	*Lütticher Taube (Kurzbec)*	*Antwerpener Taube*
Körper, Figur	schwerer Körperbau, schnittige Figur	breite, tiefe Brust, kleine Figur	größere Figur schnittig, gestreckt kräftige Brust
Kopf	lang, ziemlich flach	breit, rund, hohe Stirn	lang, flach
Schnabel	recht lang	kurz, stark	ziemlich lang
Schnabelwarzen	nicht zu dick	klein, flach	Nasenhaut gut entwickelt, auswuchsfrei
Auge	lebhaft, meist perlfarbig, kräftiger, nackter weißl. Augenrand	lebhaft, dunkelrot, schmaler Augenring	lebhaft, hell, kräftiger Augenrand
Hals	kräftig	kurz, kräftig	dünn und lang
Federwerk	anliegend, straff, Schwanzfedern lang und schmal	weich und voll, gekräuselte Federn an der Brust, Halskrause, dunkel befiedert	knapp anliegend, weiße Schwingen
Flügel	angeschlossen getragen, lang, bis ans Schwanzende reichend	geschlossen getragen, breitfahnig, etwas gebogen	lang und breit, Muskeln kräftig
Beine	befiedert, ziemlich lang	kurz	groß und kräftig, ziemlich hoch stehend
Eigenschaften		große Schlagtreue	flugtüchtig

der modernen, leistungsstarken Brieftauben ansehen. Es hatte einiger Jahrhunderte bedurft, um aus den Stammformen Vorderasiens und Indiens zu dieser Taube zu gelangen.

Entwicklung des Brieftaubensports

Als Wiege des Brieftaubensports in Deutschland können wir den Raum Aachen betrachten. Bereits vor 1845 betrieb man eifrig Wettflüge. Die Aachener Züchter setzten ihre Tauben bereits 1847 auf der Strecke Perpignan (Südfrankreich)–Aachen (800 km) ein. Von Aachen aus verbreitete sich der Sport in Westfalen und an Rhein und Ruhr. Dieses Gebiet wurde zur klassischen Schule des Brieftaubensports. Die Entstehung der ersten Brieftaubenvereine in Deutschland lag aber sicherlich weit vor 1847. Am 1. April 1856 erschien die erste Ausgabe der KORTHschen „Tauben-Zeitung“ in Berlin. In Nordwestdeutschland erlebte der Sport seine erste Blütezeit und breitete sich von hier allmählich auf das übrige Deutschland aus. So gründete man in Hamburg 1868 drei Vereine. Bereits 1889 bildeten diese drei Vereine eine Reisevereinigung.

Die erste Züchtergemeinschaft entstand 1870 in Thüringen und nannte sich „Brieftaubengesellschaft zu Pößneck". Die ersten Tauben, die die Pößnecker einstellten, stammten von ADOLF ZURHELLE, der als einer der erfolgreichsten Züchter der damaligen Zeit galt und dem man auch zuerkennt, führend bei der Herauszüchtung der *Aachener Taube* gewesen zu sein. Die Pößnecker forderten ihren Tauben von Anfang an viel ab. 1896 ließen sie zum Beispiel ihre Tauben von Stockholm auf, immerhin ein weiter und schwerer Flug von 1 140 km, davon 140 km über die Ostsee. Damals traf die erste Taube am fünften Tag in ihrem Pößnecker Heimatschlag ein. 1899 ließ man die Tauben von Venedig starten, wobei sie auf ihrem Heimatkurs die Alpen überqueren mußten. Ein Vorflug vom Brennerpaß sollte ihnen das erleichtern.

Überhaupt stellten die Pößnecker hohe Anforderungen an ihre Tauben, indem sie ihnen schwere Flugbedingungen stellten, worin sie auch von den später gegründeten Vereinen in Weimar und Bayreuth unterstützt wurden. Diese Aktivitäten der Pößnecker wurden vor allem von ihrem Vorsitzenden RUDOLF WEITHASE forciert. Er beschäftigte sich eifrig damit, das Geheimnis der Brieftaube zu ergründen (laut SCHERTLING). WEITHASE kam demzufolge schon damals zu der Erkenntnis, daß Brieftauben zuverlässig nur bis zu Entfernungen von 200 bis 300 km einzusetzen wären. In den Folgejahren entstanden in ganz Deutschland zahlreiche Vereine. Mitunter versuchte man auch, so zum Beispiel in Berlin, innerhalb von Geflügelzüchtervereinen Sektionen der Brieftaubenzüchter zu schaffen. Dieser Weg bewährte sich jedoch nicht, und so bildeten sich in der Folgezeit Spezialvereine.

Um sich bei den damaligen Behörden besser durchsetzen zu können, kamen Bestrebungen in Gang, einen Verband der Brieftaubenzüchter in Deutschland zu gründen. So entstand am 13. Januar 1884 in Köln im Isabellensaal des Gürzenich der „Verband Deutscher Brieftaubenzüchter-Vereine e. V.", dem bei Gründung 19 Vereine angehörten. Verbandssitz wurde Hannover. Nach Ablauf des ersten Jahres gehörten dem Verband bereits 68 Vereine an.

In den ersten Jahrzehnten unseres Jahrhunderts entwickelte sich die Brieftaubenzucht zu einem Sport, der vor allem in den Industriezentren von den Arbeitern als Ausgleich zu der schweren körperlichen Arbeit in den Fabriken betrieben wurde. Natürlich war bei dem damaligen Stand der Technik der Sport schwerer zu betreiben als heute. Insbesondere trifft das auf die Verkehrsverhältnisse zu. Man hatte zum Transport der Tauben zu ihren Auflaßorten bestimmte Träger. Diese mußten zum Auflaßort oftmals mit Pferdegespannen oder zu Fuß gelangen, was natürlich mit großen körperlichen Strapazen verbunden war. Wir müssen jedoch in diesen sogenannten „Trägern" (nach STRASSER, 1935, „Porteurs") die Vorläufer unserer heutigen Transportbegleiter sehen, die meist im Kabinenexpreß oder mit dem Flugzeug, schon seltener mit der Bahn, die Tauben zum Auflaßort bringen (Zur Rolle des heutigen Transportbegleiters und seiner Aufgaben siehe Abschnitt „Aufgaben des Transportbegleiters").

Obwohl die Taube für die Nachrichtenübermittlung durch die moderne Technik völlig abgelöst wurde, hat sie trotzdem an Bedeutung nicht verloren.

Im Gegenteil, die Zahl ihrer privaten Liebhaber nahm ständig zu. Der Schwerpunkt der Zucht verlagerte sich auf die Verbesserung der Flugleistungen.

Bis zur Gegenwart steht die Preisflugleistung der Tiere in den europäischen Ländern an erster Stelle bei den Züchtern.

Haltung und Pflege

Schlaganlage

Es gibt viele Erfahrungen bei der Unterbringung und Pflege von Tauben. Diese Erfahrungen entstammen vor allem der Praxis. Dabei wurden natürlich auch Praktiken überliefert, die keineswegs den Anforderungen an eine sachgemäße Haltung und Pflege gerecht wurden. In vielen Unterkünften waren Tauben weder vor Raubwild, Witterungsunbilden noch vor Krankheitserregern geschützt. Solche Taubenunterkünfte wie Taubenhäuschen und Taubentürme, an Gebäudewänden hängende Kästen oder in den Wänden massiver Gebäude befindliche Höhlen waren lediglich dazu geeignet, dem Taubenhalter ständig die Möglichkeit zu bieten, seine Tauben vom Hof oder Garten aus zu beobachten, ohne sich eventuell erst auf den Dachboden begeben zu müssen.

Ein beträchtlicher Teil der auf diese Weise gehaltenen Tauben hielt sich tagsüber ganz einfach deshalb im Freien auf, weil die genannten Unterbringungen so eng waren, daß meist nur der brütende Partner in der Unterkunft Platz hatte. Flügge Jungtiere mußten dann oft auch die Nacht im Freien zubringen, da sie von den Eltern, die bereits mit der nächsten Brut beschäftigt waren, aus ihrem Nestbereich vertrieben wurden. Da diese Taubenunterkünfte nie oder nur selten und dann mit viel Mühe gereinigt und desinfiziert wurden, konnte von Gesunderhaltung und normaler Leistung keine Rede sein. Glücklicherweise sind solche Taubenunterkünfte heute fast vollständig verschwunden.

Züchter und Halter von Tauben sind heute bestrebt, ihre Tauben so unterzubringen, daß auf engstem Raum ein guter Kontakt zwischen Taubenhalter und Tauben vorhanden ist. Dieser Kontakt ergibt sich daraus, daß der Taubenhalter den Schlag reinigt und die Tiere füttert. Gute hygienische Bedingungen schaffen die Voraussetzung dafür, daß die Tauben bei bester Gesundheit erhalten werden und daß auf dieser Grundlage die Aufzucht gesunder Jungtiere möglich ist. Dies sind die Grundbedingungen für eine erfolgreiche Teilnahme an Flugwettbewerben, denn nicht nur bei der beruflichen Arbeit, sondern auch bei der Freizeitbeschäftigung braucht der Mensch Erfolgserlebnisse. Da die Züchter an ihren Tauben vor allem Freude, Erholung und Entspannung finden wollen, schaffen sie Haltungsbedingungen, unter denen sich die Tiere wohlfühlen, die aber zugleich für die tägliche Pflegearbeit eine angenehme Atmosphäre bieten. Damit ist eine ganz wesentliche Bedingung erfüllt, bei dieser Freizeitbeschäftigung neue Kraft zu schöpfen.

Anforderungen

Die Gesundheit und Leistung der Brieftauben hängen weitgehend davon ab, ob sie in ihrem Schlag bestmögliche Bedingungen hinsichtlich der Licht- und Luftverhältnisse sowie aller weiteren hygienischen Anforderungen vorfinden. Dies wird noch wichtiger, wenn wir uns vergegenwärtigen, daß die Tauben einen großen Teil ihres Lebens im Schlag verbringen. Die Intensivierung der Landwirtschaft macht es nahezu während der gesamten Vegetationsperiode des Jahres notwendig, den Freiflug der Tauben beträchtlich einzuschränken. Die Tauben müssen daran gehindert werden, auf den umliegenden Feldern mit den Unkrautsamen auch hochkonzentrierte chemische Dünger und Wirkstoffe von Pflanzenschutzmitteln aufzunehmen. Solche Stoffe können nicht nur Zucht- und Reiseleistung schmälern, sondern sogar das Leben der Tauben gefährden (Harnstoff usw.).

Der Schlag muß hell und so gebaut sein, daß das Sonnenlicht während eines Tages die gesamte Fußbodenfläche, und wenn möglich, auch alle anderen Wandflächen und Einrichtungsgegenstände (Nistzellen, Sitzplätze, Futtertröge usw.) erreicht. Es ist bekannt, daß das Sonnenlicht wegen seiner keimtötenden Wirkung als das billigste und arbeitsparendste Desinfektionsmittel bezeichnet wird. Die ultravioletten Strahlen des Sonnenlichtes vernichten Viren, Bakterien usw. in etwa zwei Stunden, während das normale Tageslicht zur Vernichtung solcher Keime sechs bis zehn Stunden benötigt.

Den Einfluß auf die Gesunderhaltung und das Wohlbefinden der Tauben erkennen wir bereits daran, daß sie mit Vorliebe ausgedehnte Sonnenbäder nehmen. Sehr deutlich ist das bei abgesetzten Jungtieren im Jungtierschlag zu beobachten, die sich eng aneinander auf den Teil des Fußbodens legen, den das Sonnenlicht erreicht. Wie wohl sie sich dabei fühlen, ist deutlich sichtbar.

Die Aufnahme der ultravioletten Strahlen des Sonnenlichtes durch die Hautoberfläche schafft lebensnotwendige Bedingungen für den Stoffwechsel (Vitamin D_3, Blutkalzium- und Phosphorstoffwechsel). Normales Fensterglas absorbiert ultraviolette Strahlen fast vollständig. Dieser Tatsache muß man bei der Gestaltung der Fensterfläche Rechnung tragen (siehe Einrichtung der Schlaganlage). Die Luft des Schlages soll annähernd die gleiche Zusammensetzung haben wie frische Außenluft. Diese Forderung zu realisieren, ist in der Praxis das größte Problem. Bei der Mehrzahl der Schlaganlagen ist diese Voraussetzung kaum gegeben. Die Außenluft setzt sich im wesentlichen aus einem Gemisch der Gase Stickstoff, Sauerstoff und Kohlendioxid zusammen. Frischluft enthält 21 Volumen-Prozent Sauerstoff und 0,03 Volumen-Prozent Kohlendioxid. Bei Tauben haben Analysen der ausgeatmeten Luft 16 Volumen-Prozent Sauerstoff und 4 Volumen-Prozent Kohlendioxid ergeben. Daran wird deutlich, welche erstrangige Bedeutung die ständige Erneuerung der verbrauchten Luft hat. Der Stoffwechsel und damit die Leistungsfähigkeit werden durch eine hochwirksame Be- und Entlüftung des Schlages ganz wesentlich beeinflußt. Zur Aufrechterhaltung optimaler Stoffwechselbedingungen benötigt die Taube je kg Körpermasse im Vergleich zu Säugetieren etwa die drei- bis sechsfache Sauerstoffmenge.

Eine weitere Eigenschaft, die die Luft im Schlag haben sollte, besteht darin, daß sie so staubarm wie nur möglich sein muß. Diese Forderung läßt sich durch regelmäßiges Reinigen, gutes Be- und Entlüften sowie durch den gänzlichen Verzicht von stäubender Einstreu verwirklichen. Die Übertragung von Krankheitserregern (zum Beispiel Ornithose bei Tauben) und die gelegentlich festgestellten allergischen Reaktionen bei Züchtern lassen sich durch staubarme Luft im Schlag weitgehend vermeiden. Außerdem führt Staub im Schlag zu Reizungen der Schleimhäute (Augen) und der Atmungsorgane der Tauben.

Ein weiterer wesentlicher Faktor ist die Luftfeuchtigkeit. Den Schlag in jeder Jahreszeit so trocken wie möglich zu halten, ist eine erstrangige Aufgabe. Bei der Konstruktion und beim Bau ist dies zu beachten.

Der Wasserdampfgehalt der Luft (Luftfeuchtigkeit) im Schlag hängt vor allem von den jeweiligen Klimabedingungen, Niederschlag und Temperatur ab. Dabei spielen natürlich die Größe des Raumes im Verhältnis zur Besetzung mit Tauben, die verwendeten Baumaterialien und die Funktionsfähigkeit des Be- und Entlüftungssystems eine entscheidende Rolle. Ein weiterer wichtiger Faktor ist das Entfernen von Kot aus dem Schlag. Bei feuchtem Wetter, im Herbst, Winter und Frühjahr, reicht eine wöchentliche Schlagreinigung keinesfalls aus, um ein vertretbares Maß an Luftfeuchtigkeit im Schlag zu gewährleisten. Eine Taube scheidet je Tag durch die Ausatmungsluft und den Kot etwa 20 ... 25 g Wasser aus. Bei einem Schlag von 8 m^2 Grundfläche und 2 m Höhe ergibt das bei 30 Tauben je Tag 600 ... 750 g Wasser und im Verlauf einer Woche fast 5 Liter Wasser.

Hohe Luftfeuchtigkeit im Schlag senkt durch das sich bildende feuchte Federkleid den Wärmeschutz des Gefieders der Tauben und damit deren Wohlbefinden beträchtlich. Das Gefieder leidet während der Mauser im Herbst unter zu hoher Luftfeuchtigkeit, und seine mangelnde Qualität beeinträchtigt die Leistungsfähigkeit der Tauben bei Flugwettbewerben.

Außerdem führt zu hohe Luftfeuchtigkeit zur Reduzierung der natürlichen Widerstandskraft und schafft günstige Bedingungen für das Einschleppen und Verbreiten von Erkrankungen der Atmungsorgane.

Ein weiterer Umweltfaktor des Schlages ist die Temperatur. Hier ist durch die Praxis bewiesen, daß unter unseren klimatischen Bedingungen und Möglichkeiten die Schlagtemperaturen im Sommer und im Winter den Außentemperaturen nahekommen können. Eine Beheizung des Schlages im Winter ist unter unseren klimatischen Bedingungen mit einem vertretbaren finanziellen Aufwand nicht möglich. Außerdem würde eine solche Praxis kostenaufwendige Anforderungen an die bauphysikalische Gestaltung des Schlages stellen, um Schwitzwasser an Wänden zu vermeiden usw.

Viele Brieftaubenzüchter aus dem Thüringer Wald, dem Harz und aus anderen Gebirgsgegenden haben bewiesen, daß ihre Tauben keine Kälteschäden hatten, obwohl in bestimmten Frostperioden die Schlagtemperatur über Tage und Wochen zwischen minus 8 °C (tagsüber) und minus 15 °C (nachts) betrug. Wenn die Tauben hinsichtlich Fütterung und anderer Pflegemaßnahmen unter solchen Bedingungen ordentlich gehalten wurden, konnten sie im Folgejahr dennoch Erfolge bei den Flugwettbewerben erzielen. Das ist möglich, weil so gehaltene Tauben an extreme Witterungsbedingungen gewöhnt sind und in der Auslese Jahr für Jahr nur die Tiere auf dem Schlag blieben, die diesen Anforderungen gewachsen waren.

Der Schutz vor Witterungseinflüssen (Regen, Schnee, Wind usw.) muß im Schlag gewährleistet sein. Ebenso lassen sich extrem hohe Temperaturen in Schlägen unmittelbar unter Satteldächern durch eine gute Be- und Entlüftung auf ein vertretbares Maß reduzieren. Als Grundsatz muß dabei gelten, daß Zugluft ausgeschlossen werden muß, da diese oft Erkrankungen der Atmungsorgane Vorschub leistet. Es versteht sich von selbst, daß Schläge so angelegt werden, daß sie die Tauben vor Katzen, Mardern, Iltissen, Wieseln, Ratten und Mäusen schützen. Diese Vierbeiner richten nicht nur große Schäden unter den Tauben an, sondern sind auch maßgeblich an der Übertragung von gefährlichen Krankheiten (Salmonellose durch Ratten und Mäuse) beteiligt.

Standort

Die Errichtung eines Schlages bzw. einer Schlaganlage wird sich in der Regel nach den Möglichkeiten richten, über die der einzelne Züchter verfügt. Es gibt viele Möglichkeiten: Einbau von Taubenschlägen in Wohn- und

Stallgebäude, Scheunen, Schuppen, Gartenlauben, Aufstocken oder Anbau an Garagen, Bau eines neuen Gebäudes als Gartenschlag. Der Einbau von Schlägen in vorhandene Gebäude ist mit weitaus geringeren Kosten verbunden als die Errichtung neuer, freistehender Gebäude.

Weiterhin ist zu beachten, daß ein Gartenschlag auf dem Grundstück, wo der Taubenhalter wohnt, bequemer ist und auch die Möglichkeit bietet, die Tiere häufiger und besser zu beobachten, als in einem Dachbodenschlag in einem mehrgeschossigen Gebäude.

Es ist auch jedem Züchter zu empfehlen, sich im Rahmen der eigenen Familie oder der Hausgemeinschaft zu beraten, bevor ein Schlag im Dachgeschoß eines Wohnhauses eingebaut wird. Trotz ständiger Schlagreinigung kostet es viel Mühe und Zeit, die angrenzenden Räume, Treppen usw. täglich zu reinigen. Besonders während der Mauser ist dieser Aufwand beträchtlich. Es gibt viele Züchter, die nach jahrelangen Streitigkeiten einen neuen Schlag in einem Nebengebäude oder im Garten gebaut haben.

Mancher Züchter, dem der Aufwand, einen neuen Schlag schon nach kurzer Zeit wieder bauen zu müssen, zu groß war, hat den Taubensport aufgegeben. Es ist auch zu überlegen, inwieweit die Tauben beim Anflug ihres Schlages durch eng angrenzende Gebäude, große Bäume, Elektro- und Telefonfreileitungen behindert werden. Solche Gegebenheiten erweisen sich später oft als ungünstig in der Weise, daß vom Flug zurückkehrende Tauben sich auf einem Dach in der Nähe ihres Schlages niederlassen und nicht sofort in den Schlag fliegen. Bei der heutigen Konkurrenz spielen nur wenige Minuten oft eine große Rolle. Den Tauben muß die Rückkehr in den Schlag so leicht wie nur irgend möglich gemacht werden. Bei niedrig gelegenen Schlägen kann es passieren, daß vom Flug zurückgekehrte Tauben vom Dach eines in der Nähe des Schlages gelegenen höheren Gebäudes die Umgebung ihres Schlages nach Feinden absuchen. Das wird vor allem dann der Fall sein, wenn die Tauben die Erfahrung gemacht haben, daß sie von umherstreunenden Katzen vom Flugbrett oder vom Dach ihres Schlages aufgejagt wurden. Solche Probleme treten bei höher gelegenen Schlägen kaum auf, wobei aber die Pflege und Betreuung der Tauben mühevoller ist.

Am Anfang sollte sich jeder Züchter, der einen Schlag bzw. eine Schlaganlage baut, Gedanken darüber machen, mit wieviel Tauben er beginnt und wie nach einigen Jahren eine Erweiterung möglich ist. Kein Züchter kann vorher sagen, wieviel Tauben er halten wird. Erhöht sich sein Bestand, kommt es zu Übervölkerungen bzw. zu Erweiterungen, denen die ursprüngliche Konstruktion nicht oder nur in sehr ungünstiger Weise gerecht werden kann.

Besonders bei freistehenden und niedrig gelegenen Schlägen findet man häufig „Bauwerke“, bei denen schon aus einer gewissen Entfernung zu erkennen ist, in welchen Etappen erweitert wurde. In diesen Fällen braucht sich niemand darüber zu empören, wenn die zuständigen Ämter der Städte und Gemeinden die teilweise oder vollständige Beseitigung solcher Gebilde verfügen, da für diese keine Baugenehmigungen vorliegen. Bei etwas weitblickender Planung sind solche unliebsamen Auseinandersetzungen zu vermeiden.

Abschließend muß gesagt werden, daß der Besitz eines Grundstückes (Pacht oder Eigentum) nicht dazu berechtigt, nach eigenem Gutdünken einen Gartenschlag zu errichten. Dazu ist eine Genehmigung einzuholen. Dieses Genehmigungsverfahren dient dazu, bestimmte bauphysikalische Prinzipien zum Schutz des Nutzers zu gewährleisten und die Interessen einzelner Bürger oder größerer Teile der Bevölkerung zu wahren. Das beginnt bei der Wahrung der Lichtverhältnisse für Nachbargrundstücke, der Einhaltung von Bauvorschriften (zum Beispiel Statik, zu verwendendes Material) und reicht bis zur Beachtung bestimmter ästhetischer Gesichtspunkte.

Gliederung der Schlaganlage

Unter dem Begriff „Schlaganlage" verstehen wir alle Räume und Bauten für die Unterbringung der Tauben, der Reinigungsgeräte, der Transportkörbe, des Futters und schließlich auch einen kleinen Vorraum, von dem aus der Züchter bei der täglichen Betreuung seine Tauben sowie das gesamte Geschehen im Schlag beobachten kann.

In der Regel sollte sich die Unterbringung der Tauben in den Zucht-, Reise- und Jungtierschlag gliedern. Hinzu kann ein Witwerschlag kommen, falls diese Reisemethode angewandt wird, was dann natürlich eine spezifische Form der Unterbringung der Weibchen (Witwen) erforderlich macht. Von vielen Sportfreunden wird weiterhin großer Wert auf eine Voliere gelegt, die bei entsprechender Größe gegebenenfalls in zwei oder mehr Abteile unterteilt werden kann.

Wie die einzelnen Schläge zueinander angeordnet sind, hängt ganz von den vorhandenen Möglichkeiten ab. Es hat sich allerdings gezeigt, daß die Einrichtung der einzelnen Schläge möglichst in einer Etage erfolgen sollte. Das gilt für Gartenschlaganlagen wie auch für Schlaganlagen, die auf Dachböden, in Scheunen und anderen Wirtschaftsgebäuden untergebracht sind. Dabei läßt es sich bei Gartenschlaganlagen in der Regel realisieren, daß alle Ausflüge und Fenster in der gleichen Außenwand untergebracht werden.

Bei Schlaganlagen, die sich unmittelbar unter dem schrägen Dach von Wohn- oder Wirtschaftsgebäuden befinden, ist das nicht immer möglich. Die gleiche Etagenhöhe ist aber auf alle Fälle vorteilhaft, da im nächsten Jahr Jungtiere in den Zucht- oder Reiseschlag kommen. Ältere Tiere sollen im Zuchtschlag unterbracht werden. Nicht zuletzt erfolgt die Unterbringung der Weibchen während der Zeit der Trennung im Jungtierschlag.

Befinden sich nun die Ausflüge der einzelnen Schläge in unterschiedlicher Höhe übereinander, so bringt das oft erhebliche Komplikationen bei der Eingewöhnung bestimmter Tauben für eine gewisse Zeit oder auf Dauer mit sich. Es ist aber gerade wichtig, daß sich die Weibchen kurzfristig an den neuen Schlag gewöhnen und nach ihrem Freiflug schnell in den Schlag zurückkehren, wenn sie gefüttert werden. Weibchen müssen während der Trennung viel Gelegenheit haben, sich frei zu bewegen. Das hindert sie daran, sich untereinander wie ein Paar zu verhalten und Fett anzusetzen. Es darf keinesfalls so sein, daß die Weibchen wochenlang kaum fliegen, weil nur einige in den ungewohnten Schlag zurückkehren und die anderen schließlich zu den Vögeln gelassen werden. Dort müssen sie herausgenommen und wieder in den Jungtierschlag zu den restlichen Weibchen gebracht werden. Das ist manchen Züchtern zu umständlich, die Weibchen bleiben über Wochen ohne ausreichende Bewegung und bei der ersten Brut liegen dann viele unbefruchtete Eier im Nest oder viele Junge bleiben beim Schlupf im Ei stecken.

Zuchtschlag

Im Zuchtschlag werden zumeist Paare untergebracht, die nicht mehr reisen, weil sie dafür schon zu alt geworden sind, aber von denen noch eine gute Nachzucht zu erwarten ist. Hier werden oft auch Tiere untergebracht, die zugekauft wurden, um das Leistungsniveau des eigenen Bestandes zu erhöhen. Vielfach ist dieser Zuchtschlag auch für spätjunge Vögel, die nicht reisen, und ihre Weibchen. Das erfolgt in der Regel deshalb, damit die alten Weibchen aus dem Schlag verschwunden sind, wo ihre bisherigen Nachkommen meist an jährige Weibchen gepaart werden sollen. Die meisten Züchter lehnen es aber ab, extra einen Schlag für die Tauben einzurichten, die nicht reisen.

Dafür sind in der Regel auch die Bestände zu klein, wenn zum Beispiel 20 Tiere im Zuchtschlag sind und noch mit etwa 30 Tieren Woche für Woche an den Flugwettbewerben teilgenommen wird.

Abb. 9 Moderner Brieftaubenschlag, gut gegliedert (Foto: PROLL)

Abb. 10 Freistehende Schlaganlage (Foto: HARTMANN)

Abb. 11 Schlaganlage eines erfolgreichen belgischen Züchters (Foto: SCHMIDTKE)

Abb. 12 Schlaganlage im Garten (Foto: HARTMANN)

Reiseschlag

Im Reiseschlag werden die Paare untergebracht, von denen der eine oder beide Partner für die Teilnahme an den Flugwettbewerben vorgesehen sind. Vor allem bei diesem Schlag kommt es darauf an, alle Voraussetzungen zu schaffen, daß die vom Flug zurückkehrenden Tauben sofort in den Schlag kommen und nicht auf Dächern in der Nachbarschaft wertvolle Minuten versitzen.
Welche konstruktiven Möglichkeiten sich dafür anbieten, wird im Abschnitt über die Bauausführung behandelt.
Ein wichtiges Problem wird vielfach bei der Planung und beim Bau von Schlaganlagen nicht berücksichtigt. Es geht dabei um die Anzahl der Tauben, die in einem Schlag untergebracht werden und sich am Reisen beteiligen. Es sind Fälle bekannt, daß beispielsweise 25 bis 30 Paare in einem Schlag untergebracht werden. Dabei geht es hier nicht um die erforderliche Raumgröße für die genannte Taubenanzahl, es geht vielmehr um die Erfahrungen, die erfolgreiche Spitzenzüchter über viele Jahre gemacht haben. Wir wissen, daß heute viele Züchter Tauben besitzen, die alle Voraussetzungen für große Erfolge bei Flugwettbewerben über alle Entfernungen haben. Wir wissen aber auch, daß die meisten Züchter gute Tiere mit sehr unterschiedlichen Eigenarten besitzen. Bei den Menschen würde man von Charakter sprechen. Das Können der guten Züchter besteht nun darin, diesen unterschiedlichen „charakterlichen" Eigenschaften bei der Vorbereitung auf jeden Flug Rechnung zu tragen. Wie aber kann er auf einzelne Tiere eingehen, wenn in einem Schlag 50 bis 60 Tauben leben? Aus diesem Grunde sollte von Anfang an eingeplant werden, mehrere Abteile des Reiseschlages voneinander abzutrennen und für jedes Abteil einen gesonderten Ausflug einzubauen. Je Abteil sollte die Unterbringung von 10, höchstens aber 15 Paaren geplant werden.
Belgische und niederländische Schläge sind meist sehr niedrig, dafür aber, abhängig von der Größe des Bestandes, langgestreckt. Für eine bestimmte Anzahl von Reisetieren, etwa 10 Paare, befinden sich kleine Schläge längs des Gebäudes nebeneinander. So haben Züchter die Möglichkeit, die besten Reisetauben ganz individuell und intensiv auf bestimmte Flüge vorzubereiten. sicher gibt es auch bei uns Brieftaubenhalter, die mit solchen oder ähnlichen Methoden arbeiten.

Jungtierschlag

Im Alter von 20 bis 24 Tagen kommen die Jungtiere aus der Nistzelle der Alttiere heraus und in den Jungtierschlag. In diesem Alter lernen sie am besten, die von ihnen benötigte Futtermenge selbständig aufzunehmen.
Wenn die Jungtiere unter sich sind, können sie von den Alttieren weder verdrängt noch gehackt werden. Der Jungtierschlag muß einen eigenen Ausflug besitzen, sonst darf er nur mit Sitzplätzen ausgerüstet sein.
Bleiben nach einer Reise eine oder mehrere dieser Zellen durch Verluste leer, kann es leicht passieren, daß sich junge Weibchen mit einem Partner in diesen Zellen ansiedeln. Wenn junge Weibchen, die im Mai abgesetzt wurden, im August legen, so ist das der körperlichen Entwicklung sehr abträglich. Deshalb sollte man Zellen oder andere Nistmöglichkeiten im Jungtierschlag unbedingt vermeiden.
Manchmal sieht man Nistzellen im Jungtierschlag, vor allem dann, wenn Züchter aus Platzmangel einige Paare hineingesetzt haben. Hier ist dann an eine ungestörte Entwicklung der Jungtiere nicht zu denken. Manche jungen Tauben wandern ab und siedeln sich in sogenannten „wilden" Schlägen an.

Witwerschlag und Unterbringung der Witwen

Als Witwer bzw. Witwen bezeichnet man in der Brieftaubenhaltung solche Tiere, die durch den Züchter zeitweilig von ihren Partnern getrennt werden. Bei der Witwerschafts- oder Schonmethode ist eine etwas größere Schlaganlage nötig, um einige Besonderheiten berücksichtigen zu können. Dazu gehört zunächst der Schlag, in dem jeder Witwer seine Zelle besitzt. Hier gilt, was in den Ausführungen zum Reiseschlag gesagt wurde: Zehn Witwer mit ihren Weibchen sind zu Beginn des Zuchtjahres im März in einem Schlag ausreichend. Von Schlechtwetterflügen verspätet heimkehrende Witwer wieder in den normalen Ablauf der Witwerschaft einzuordnen, ist nur möglich, wenn nicht mehr als zehn Witwer in einem Schlag untergebracht sind. Erfahrene Züchter schaffen noch kleinere Witwerabteilungen, in denen zwischen fünf und zehn Witwer untergebracht sind. Diese Züchter sind dann in der Lage, solch einen kleinen Schlag während des Flugjahres speziell für die Wiedereingliederung der Spätheimkehrer zu nutzen.

Witwerabteile müssen von den übrigen Abteilen der Schlaganlage so abgegrenzt sein, daß die Witwer andere Tauben nicht sehen können. Fenster und Ausflug werden tagsüber mit Stoff so abgeschirmt, daß der Schlag halb dunkel ist. Die Witwer müssen aber immer noch genügend Licht haben, um Wasser aufnehmen zu können. Diese Helligkeit reicht aus, damit der Witwer tagsüber in seiner Zelle ruht. Die Glasscheiben der Fenster mit Kalk oder Leimfarbe zu streichen, ist auf keinen Fall ratsam. Vielmehr sollte ein Teil des Fensters, wie in jedem anderen Schlag auch, mit einem Gazeflügel versehen werden, der tagsüber teilweise abgedunkelt wird.

Der Raum, in dem die Weibchen untergebracht werden, muß so weit wie möglich vom Schlag der Witwer entfernt sein. Die Witwer erkennen ihr Weibchen an der Stimme und dürfen es deshalb nicht hören. Aus der Literatur ist bekannt, daß es Witwenschläge gibt, die nur mit Sitzplätzen ausgestattet sind.

Während der Witwerschaft haben die Witwen nur wenig Möglichkeit, sich im Freien, in Luft und Sonne zu bewegen. Deshalb kommt der Fütterung größte Aufmerksamkeit zu. Die Ration muß so gehalten sein, daß die Witwen kein Fett ansetzen. Daher ist die Menge je nach Taubengröße und Normalkörpermasse geringer als üblich, auf alle Fälle aber unter 20 g/Tag. Enthalten sein müssen aber alle lebensnotwendigen Vitamine in natürlicher oder Präparatform sowie Mineralien (Grit, Mineralstoffgemisch, Sand, Salz usw.).

Nach diesen Prinzipien ernährte Witwen sind ständig in Top-Form und springen ihre Witwer regelrecht an, wenn diese vom Flug zurückkehren. Wenn so ge- und verpflegte Witwen gemeinsam in einem Schlag untergebracht sind, paart sich der größte Teil spätestens in der dritten Woche untereinander. In solchem Fall ist von der „Liebe“ der Witwe zu ihrem Vogel wenig übriggeblieben.

Witwen müssen generell in Einzelboxen untergebracht werden, ohne daß sie darunter leiden und eventuell im Herbst schlecht mausern. Entsprechende Raumverhältnisse und ein relativ großer Arbeitsaufwand des Züchters sind für die Witwermethode unerläßlich.

Volieren

In erster Linie werden zugekaufte Alttiere in kleinen Abteilen der Schlaganlage mit angrenzender Voliere untergebracht. In der Regel werden das Paare oder Einzeltiere sein, die mit Tieren des eigenen Bestandes verpaart werden sollen. Man kann also Jungtiere ziehen, und gleichzeitig können die zugekauften Tauben die neue Umgebung kennenlernen. Zugekaufte Paare werden in der Regel an eigene Tiere gepaart. Nach entsprechender Vorbereitungszeit in der Voliere können sie dann Freiflug erhalten. Auf diese Weise gelingt es meist, einen Teil der zugekauften Tiere auf Anhieb einzugewöhnen. Nachdem die „Ausreißer“ einige Male zurückgeholt wurden, lassen sich diese meist bis auf wenige Ausnahmen auch halten.

Oft grenzt die Voliere an den Jungtierschlag, so daß die abgesetzten Jungtiere zunächst von der Voliere aus die nächste Umgebung ken-

Abb. 13 Ein Schlag, der sich hervorragend in das Hausgrundstück einfügt (Foto: KUPKE)

Abb. 14 Ein hoch gelegener Schlag erleichtert den Jungtauben, sich die Umgebung einzuprägen (Foto: BARTH)

Abb. 15 Zuchtstation in Belgien (Foto: PROLL)

Ansicht

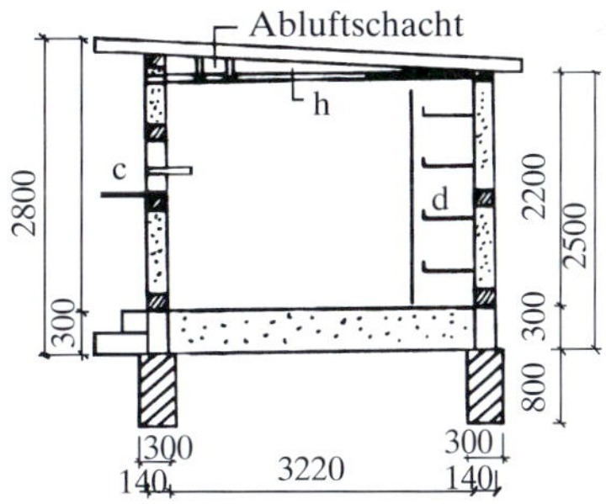

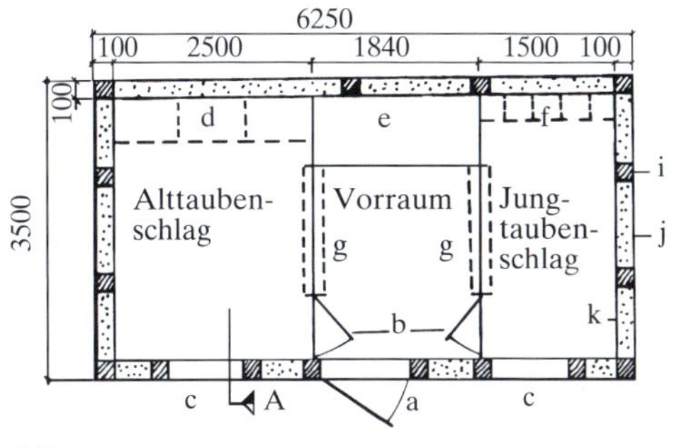

Grundriß

Schnitt A

a = Haupteingang
b = Eingänge
c = Ausflug
d = Nistzellen
e = Futterbehälter
f = Sitzregal
g = Eingebaute Futter und Tränkvorrichtung
h = Zwischendecke
i = Kanthölzer 100/100
j = Schalung
k = Hartfaserplatten

Abb. 16 Musterzeichnung für eine Schlaganlage

nenlernen können. Das ist vor allem bei Schlaganlagen vorteilhaft, die zwischen anderen Gebäuden, Bäumen usw. versteckt sind. Bei den ersten Flugversuchen werden dann kaum Jungtiere verloren gehen.

Volieren werden auch dazu verwendet, den Witwen, die in Einzelboxen untergebracht sind, für einige Stunden etwas mehr Bewegungsraum in frischer Luft zu gewähren. Dabei empfiehlt es sich, nicht alle Witwen über viele Stunden gemeinsam in die Voliere zu lassen, sondern immer nur einen Teil, wobei

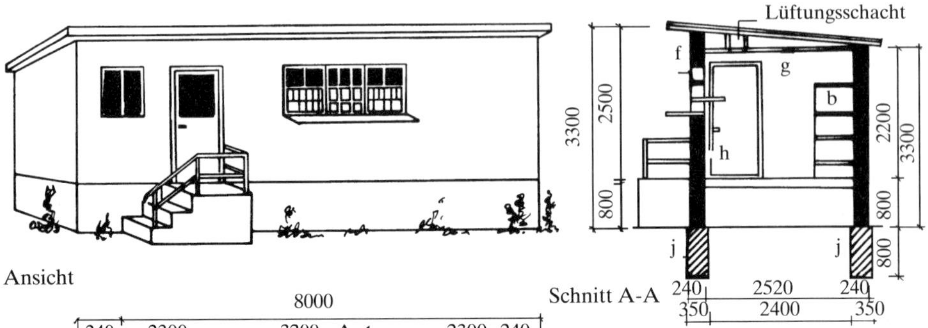

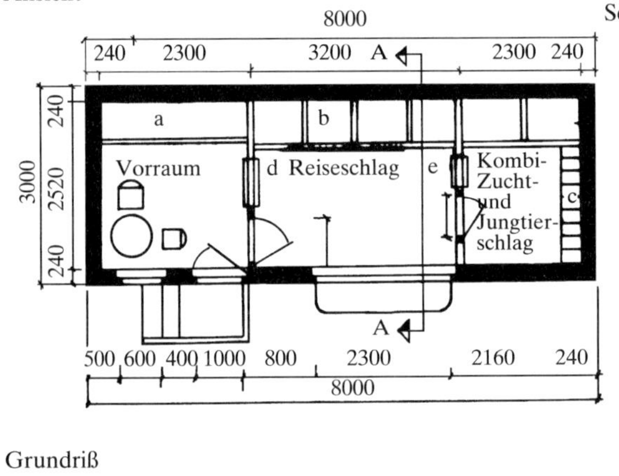

- a = Eingebaute Wandschränke für Schlagutensilien und Futter sowie Absperrzellen für zugeflogene Tauben
- b = Nistzellen
- c = Sitzboxenregal für Jungtauben
- d = Eingebaute Tränke von außen bedienbar
- e = Eingebaute Futter-, Gritplätze sowie Tränken
- f = Aus- und Einflug
- g = Zwischendecke
- h = Eingebaute Futterplätze
- i = Mauerwerk
- j = Fundament

Abb. 17 Musterzeichnung für eine Schlaganlage mit Aufenthaltsraum

darauf zu achten ist, daß nicht ständig die gleichen Witwen miteinander in der Voliere sind. Auf diese Weise kann man verhindern, daß die Witwen untereinander in partnerschaftsähnliche Beziehungen treten.

Eine Voliere dient auch dazu, einen Teil oder allen Tauben des Bestandes Bewegung in frischer Luft zu geben, ohne daß sie frei fliegen können. Das spielt vor allem dort eine große Rolle, wo Greifvögel eine Gefahr für die Tauben darstellen.

Schläge mit angrenzender Voliere müssen außer dem normalen Ausflug ins Freie noch Ausflüge zur Voliere haben. Wenn der normale Ausflug erst über die Voliere ins Freie führt, so ist das bei den Flugwettbewerben ungünstig. Die Tauben verlieren viel Zeit, wenn sie zunächst in die Voliere müssen und dann erst ihren Schlag erreichen können.

Eine transportable Voliere wäre auch unzweckmäßig, da sich die Tauben dann mehrmals während eines Jahres an Veränderungen gewöhnen müssen. Solche Veränderungen sind unbedingt zu vermeiden, damit die Tiere nicht wertvolle Minuten in der Nachbarschaft ihres Schlages versitzen.

Die hier aufgeführten Verwendungsmöglichkeiten von Volieren sind sicher nicht vollständig, aber es sind die wesentlichsten. Höher gelegene Schlaganlagen sind benachteiligt. Hier müssen erst bestimmte Voraussetzungen geschaffen werden, bevor man eine Voliere bauen kann.

Die Größe einer Voliere ist nicht nur von den Platzverhältnissen abhängig, sondern richtet sich nach der Anzahl der Tiere. Eine feinmaschige Drahtbespannung ist wegen Sperlingen zweckmäßig. Als Boden eignet sich wasserdurchlässiger Sandboden oder es werden Bodenroste eingebaut.

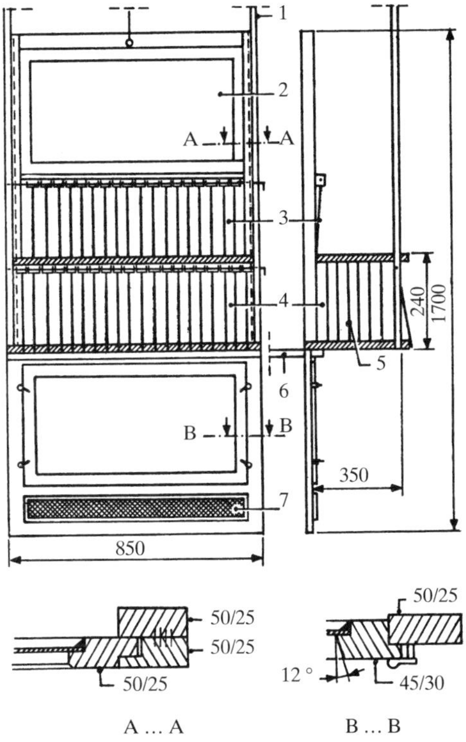

Abb. 18 *Fenster mit Ein- und Ausflug sowie Lufteintrittsöffnung (Zeichnung: Rossa)*

1 Befestigung an der Decke
2 Schiebeflügel, vertikal
3 Ausflug
4 Einflug
5 Gitterstäbe (4 cm)
6 Flugbrett
7 Zuluftöffnung

Abb. 19 *Ein- und Ausflug in einem Dachaufbau mit Kontaktleiste für die Klingelanlage*

Abb. 20 *Die schrägstehende Klappe des Einfluges verhindert am Flugtag den Freiflug der zu Hause gebliebenen Tiere. Die obere Klappe verschließt den Ausflug.*

Abb. 21 *Bei diesem Einflug übersehen die heimkehrenden Tauben sofort den gesamten Schlag, wobei während der Wettflüge Tauben gelegentlich ins Freie gelangen können.*

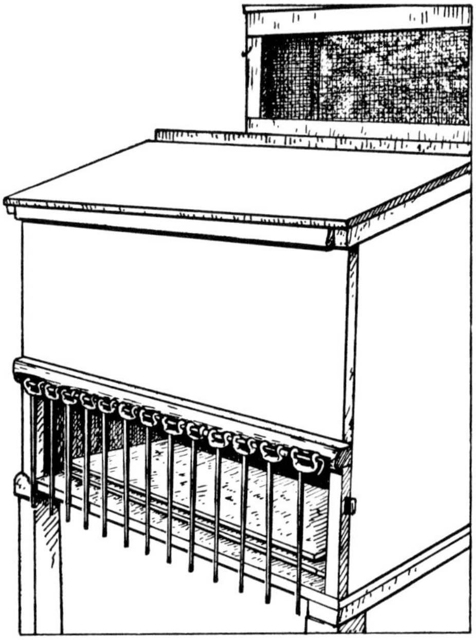

Abb. 22 Die Stabgitter ermöglichen den Tauben bei der Heimkehr den Einblick in den Schlag

Einrichtung einer Schlaganlage

Ein- und Ausflüge

Die Ein- und Ausflüge sind für Brieftaubenschläge äußerst wichtig, denn von ihnen hängt es mit ab, ob die vom Flug heimkehrenden Tiere ohne Scheu und schnell in den Schlag kommen. In der Regel wird man versuchen, den Ein- und Ausflug zusammen mit einem Fenster in der Außenfront unterzubringen. Dabei besteht ein Teil des Fensters aus beweglichen Fensterflügeln, der andere aus Ein- und Ausflug.

Es hat sich bewährt, den Ausflug über dem Einflug anzubringen, da ein senkrecht geführter Schiebeflügel nachts einfach durch Herunterlassen sowohl Ein- als auch Ausflug verschließt. Bei Flugwettbewerben wird der Flügel nur zur Hälfte heruntergelassen, verschließt so den Ausflug, und nur der Einflug bleibt für die heimkehrenden Tauben offen. Für ein zaghaftes Aufsuchen des Schlages bei der Heimkehr der Tauben vom Flug ist in den meisten Fällen der Umstand maßgebend, daß die heimkehrenden Tauben den Schlag nicht sofort übersehen und ihn nur zaghaft aufsuchen.

Wenn von der Einflugöffnung nach innen über die gesamte Einflugbreite ein Kasten mit einer Bautiefe von etwa 30 cm in den Schlagraum eingebaut wird, läßt sich ein guter Überblick schaffen. Dieser Kasten hat einen Boden und wird nach oben durch ein Brett zugedeckt, das gleichzeitig den Boden für den Ausflug bildet. Dabei braucht der Ausflug nicht unbedingt Gabeln, da er durch das Schiebefenster geschlossen werden kann. Zur Schlagseite befinden sich die Fanggabeln, die nur den Zugang zum Schlag ermöglichen, da sie an den Boden des Kastens nach der Außenwand zu anschlagen. Auf diese Weise kommen die Tauben vom Anflug außerhalb des Schlages in den Kasten, von dem aus sie den Schlag durch die Fanggabeln überblicken können.

Bei einer angemessenen sauberen Fensterfläche werden die Tauben den Schlag auch dann schnell überblicken, wenn sie viele Stunden im grellen Sonnenlicht geflogen sind. Sie werden schnell einspringen, unabhängig, ob der Einflug Fanggabeln, Sprungbügel, eine schräg gestellte Glasscheibe oder ein schräges Sprunggitter besitzt. Fanggabeln haben den Vorteil, daß sich ein Kontaktgeber anbringen läßt.

Wird ein übereinander kombinierter Ein- und Ausflug in Dachaufbauten untergebracht, so reicht in der Regel die Höhe für das völlige Hochziehen des Schiebefensters nicht aus. In diesem Falle läßt sich der Ausflug mit einer Klappe verschließen und Ein- und Ausflug zusammen mit einem Schieber, der von unten durch einen Schlitz zwischen Kasten und Fenster hindurchgeschoben wird und so über Nacht einen sicheren Verschluß darstellt. Auch seitlich ist das möglich. Nur ist es unter diesen Bedingungen nicht möglich, über Rollen und Seilzug von außen zu öffnen und zu schließen.

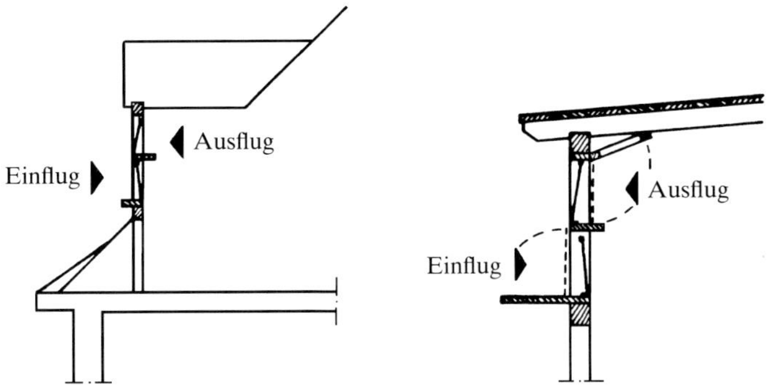

a b

Abb. 23 *Ein- und Ausflug*
a für den Einbau in Erker- oder Giebelfenster
b für den Einbau in Fachwerkhäuser oder Gartenschläge

Für Ein- und Ausflug nur eine Öffnung im Fenster zu verwenden und am Flugtag durch Einlegen einer Leiste oder eines Stabes den Ausflug zu sperren, so daß nur Tauben herein können, ist nicht ratsam. Wenn sich Tauben zu Hause am Flugtag frei im Schlag bewegen, werden sie so lange an den Fanggabeln herumdrücken, bis sie eine Gabel zurückziehen, und schon sitzt ein Tier draußen. Auch bei Entfernen oder Herunterklappen des inneren Anflugbrettes gibt es Tauben, die das fertigbringen.

Gelegentlich sieht man normale Dachfenster, die durch eine einfache Konstruktion in der Schräge in Ein- und Ausflug unterteilt sind. Durch Zudecken der oberen Hälfte mit einem Brettchen können nur Tiere herein. Da aber ein solches Dachfenster nur etwa 35 cm breit ist, stören sich zusammen ankommende Tauben gegenseitig beim Einspringen. Wer in der schrägen Dachhaut den Einflug einbauen möchte oder muß, sollte einen ordentlichen Dachaufbau errichten.

Unmittelbar vor dem Einflug befindet sich das Anflugbrett. Es muß nicht unbedingt eine durchgehende Fläche sein. Anstatt eines Brettes können in der gleichen Größe Lattenroste außen vor den Einflügen angebracht werden. Die Lattenbreite beträgt 5 cm (2,2 cm dick) und der Abstand zwischen den Latten 10 cm. Diese Roste muß man nicht reinigen, das besorgt der Regen, und haltbarer sind sie auch, da die Angriffsfläche gering ist und die Latten schneller trocken werden.

Nistzellen

Die Nistzellen stellen den unmittelbarsten Lebensbereich dar, in dem jeweils ein Paar brütet und Junge aufzieht. Vögel und Weibchen verteidigen ihre Zelle, wenn sie diese fest angenommen haben und sich darin wohlfühlen. Damit sie dies tun, ist es notwendig, daß beide Partner eines Paares nachts im Zellenbereich schlafen. Aus diesem Grunde dürfen sich in Alttierschlägen keine Sitzplätze befinden. Es ist vielmehr erforderlich, Balken oder andere zum Sitzen und Schlafen geeignete Plätze so zu verkleiden, daß die Tauben gezwungen sind, in der Zelle zu schlafen. Dies gilt auch während der Zeit der Trennung im Winter, wo die Vögel in ihrem Schlag bleiben und die Weibchen im Jungtierschlag untergebracht werden.

Es gibt mehrere Nistzellentypen, die sich mehr oder weniger voneinander unterscheiden. Es besteht auch die Möglichkeit, Nistzellen fertig zu kaufen. Die Mehrzahl der Züch-

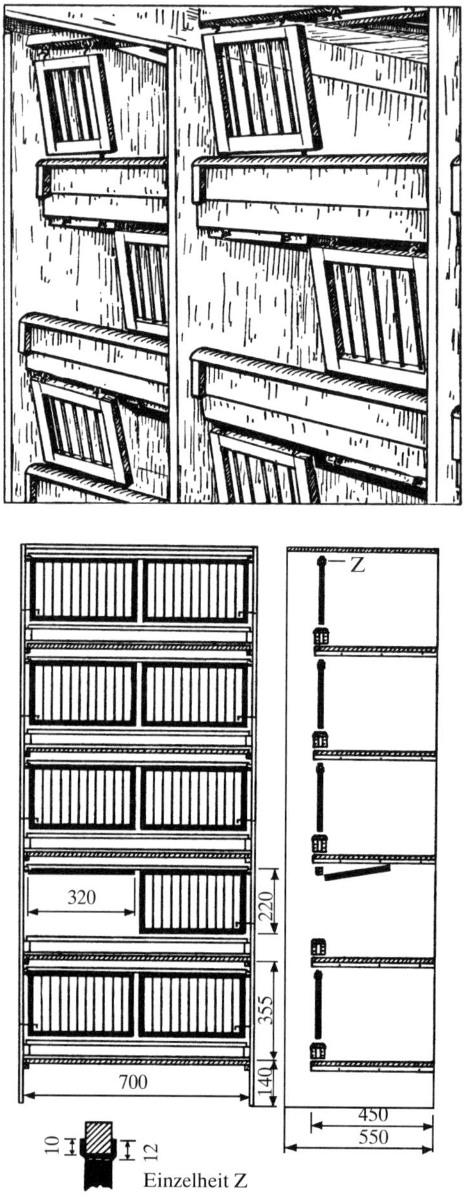

Abb. 24 Nistzellen

ter wird selbst versuchen, sich geeignete Nistzellen zu bauen. Die Abbildung zeigt Nistzellen, die allen Anforderungen von Zucht und Reise gerecht werden. Diese Nistzellen haben sich bestens bewährt. Das Grundprinzip besteht darin, daß sie in Regalform und ohne eine Schraube bzw. einen Nagel zu lösen, mit wenigen Handgriffen zerlegbar sind, was für das regelmäßige Reinigen sehr wesentlich ist.

Sitzplätze

In Alttierschlägen sind gesonderte Sitzplätze nicht erforderlich, um die Tauben zu zwingen, nachts in der Zelle zu schlafen. Sie sind aber für den Jungtierschlag unbedingt notwendig. Es müssen aber 20 % mehr Sitzplätze vorhanden sein, als Jungtiere den Schlag bevölkern. Dadurch kann sich jede Taube einen Platz suchen, der ihr besonders zusagt, und es wird damit verhindert, daß Tiere abwandern.
Im wesentlichen unterscheidet man zwischen Sitzregalen und Einzelsitzplätzen in verschiedener Ausführung. Einzelsitzplätze mit seitlich schrägliegenden Kotfangbrettern sind am bekanntesten und ohne Bedenken zu verwenden. Zwischen den Reihen von Einzelsitzplätzen müssen senkrecht übereinander Bretter angebracht werden. Diese verhindern, daß sich die Tauben ständig gegenseitig von den

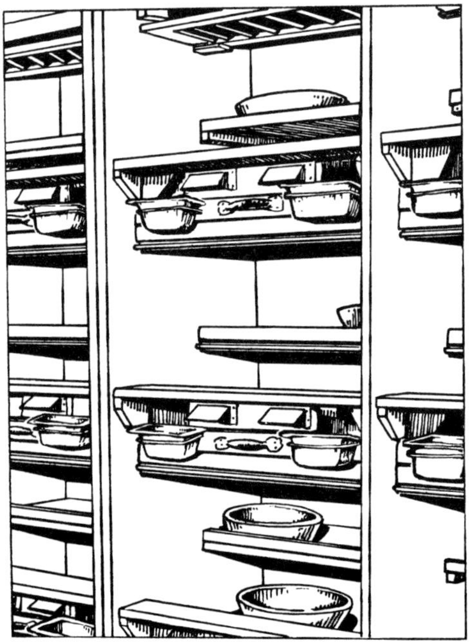

Abb. 25 Nistzellenfütterung

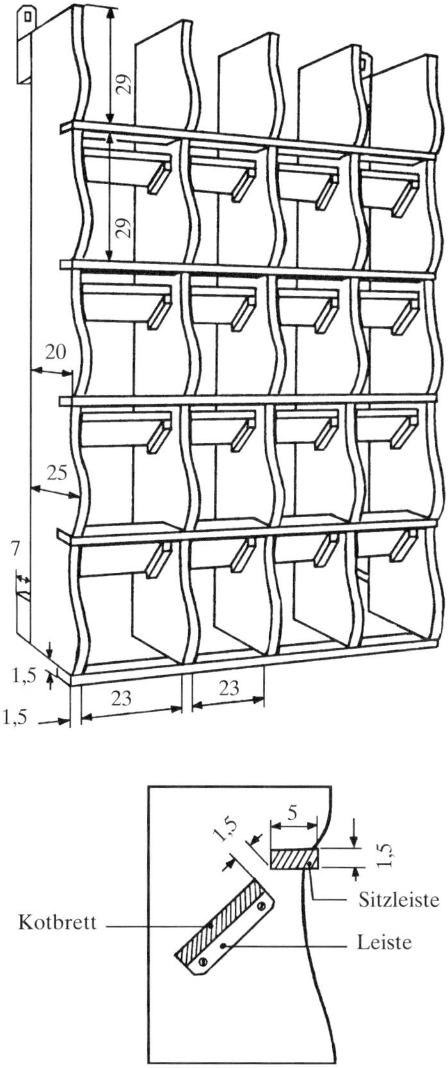

Abb. 26 Sitzregal

Sitzplätzen vertreiben. Daher sind die meisten Züchter zu Sitzregalen übergegangen.
Die Abbildung zeigt ein Sitzregal mit vielen Plätzen. An einer Wandfläche von etwa 2 m^2 kann man 20 Sitzplätze unterbringen. Seitlich können sich mehr als vier Reihen befinden. Wenn aber das einzelne Sitzregal mehr als 20 Sitzplätze faßt, ist es schwierig, es bei der gründlichen Reinigung herauszunehmen.

Deshalb ist zu empfehlen, zwei oder drei Regale mit je 20 Plätzen aufzustellen als ein ganz großes.
Die geschweiften Seitenwände können aus Brettern oder Spanplatten hergestellt werden. Die Sitzleisten werden bei der Montage vorn mit 70 mm langen Nägeln mit den geschweiften Seitenteilen verbunden. An der Rückseite wird eine Leiste oben und unten quer mit den Seitenteilen verbunden, so daß das Regal stabil und transportfähig ist. Als Kotfangbrett kann man auch Streifen aus Zement- oder Kunststoffplatten (27 cm breit) verwenden. Diese lassen sich gut reinigen und verhindern, daß sich die übereinander sitzenden Tauben gegenseitig beschmutzen.
Es ist ein Abstand von etwa 7 cm zu empfehlen, damit die Wand nicht durch den Kot beschmutzt wird. Das Sitzregal sollte erst 50 cm über dem Fußboden beginnen, damit der Kot besser entfernt werden kann. Das Sitzregal wird mit Haken an der Wand angehängt.
Für Brieftauben sollte die lichte Breite des Sitzplatzes 23 cm nicht überschreiten. Ist er größer, so fliegen andere Tauben auf den Platz und vertreiben das dort sitzende Tier. Ist der Sitzplatz aber nicht zu breit, kann die sitzende Taube den Störenfried abwehren, ohne daß dieser sich halten kann.

Elektrische Anlagen

Jede Schlaganlage muß für Beleuchtung und Klingeln eine elektrische Anlage haben. Diese ist schon deshalb nötig, weil ein berufstätiger Taubenhalter von November bis Februar nicht bei Tageslicht füttern kann. Die elektrische Anlage muß von einem Fachmann installiert werden. Da Taubenschläge oft mit leicht brennbarem Material gebaut sind, können Fehler bei der Installation leicht zu einem Brand führen.
Bei einem Schlag bis zu 6 m^2 Grundfläche ist eine Leuchtstoffröhre (weiß, 59,5 cm lang) völlig ausreichend. Man kann auch Anlagen

Abb. 27 Vorbildliche Nistzellenanlage (Foto: HARTMANN)

Abb. 28 Zuchtpaar mit Zuchtier und neuem Gelege (Foto: PROLL)

a

b

Abb. 29 Licht und Luft sind für das Wohlbefinden wichtig

a Blick durch den Sputnik der Jungtauben (Foto: PROLL)

b Schlag mit Deckenlicht und Lüftungsfenster (Foto: HARTMANN)

Abb. 30 Mit zutraulichen Tauben ist vieles leichter (Foto: HARTMANN)

Abb. 31 Jedes Jungtier braucht im Jungtierschlag seinen eigenen Sitzplatz (Foto: PROLL)

einbauen, wie sie in Kellern verwendet werden. Da hier aber ein Aufsatz aus Klar- oder Milchglas verwendet wird, ist die Lichtfülle gering und die Brenndauer der Glühlampen aufgrund der Wärmeentwicklung in den aufgeschraubten Gläsern kurz. Deshalb sind Leuchtstofflampen vorteilhafter.
Eine im Schlag angebrachte Klingel erspart dem Züchter viel Zeit, wenn die Tauben vom Flug zurückkommen. Als sehr zuverlässig haben sich Quecksilberkontakte erwiesen, die über einen Bügel entlang der Fanggabeln des Einfluges kippen. Dadurch wird der Stromkreis geschlossen und die Klingel gibt einen Dauerton, bis der Kontakt wieder in Wartestellung gebracht wird. Die Klingelanlage wird über einen Transformator mit 6 V betrieben und ist absolut sicher, wenn auf leichte Beweglichkeit des Kontaktes geachtet wird.
Kontakte, die über Leisten, Brettchen usw. am Einflug durch die Körpermasse der Tauben ausgelöst werden, sind unzuverlässig. Durch geringe Verunreinigungen oder durch Verziehen der Leiste funktioniert die Klingel oft nicht. Außerdem gibt es Tauben, die sehr schnell in den Schlag stürmen und dabei kaum oder gar nicht das Brettchen betreten.
Aus diesem Grund sind Einflüge mit Fanggabeln, die mit einem Quecksilberkontakt für Dauertonfunktionsweise versehen sind, für all die Züchter zu empfehlen, die aus Zeitgründen nicht ständig die Ankunft der ersten Taube vom Flug beobachten können.

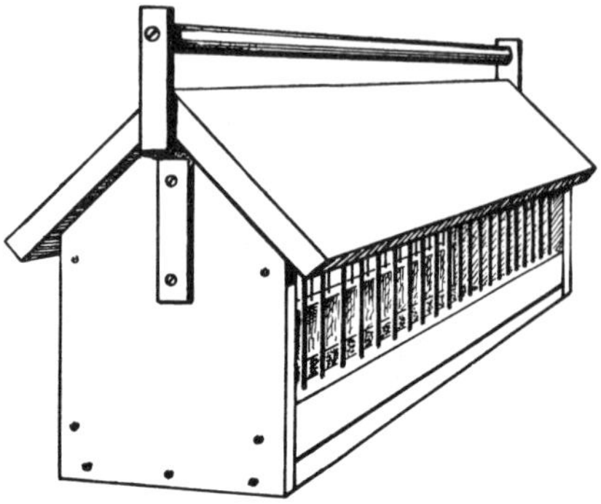

Abb. 32 Freistehender Futtertrog

Abb. 33 Futtertröge in Etagen übereinander schaffen eine freie Fußbodenfläche.

Futtertröge

Man füttert die Tauben aus Futtertrögen, damit alle Tiere des Schlages ungestört fressen können. Außerdem ist das Futter so vor Verschmutzung geschützt, und es wird der Krankheitsübertragung vorgebeugt. Am besten ist es, wenn die Tauben nur mit dem Kopf in den Futtertrog gelangen. Das gelingt durch seitlich angebrachte senkrechte Drahtstäbe in einem Abstand von 5 cm. Diese verhindern, daß die Tauben sich hin und her bewegen und dadurch andere verdrängen. Diese seitliche Vergitterung kann nach oben schräg und aufklappbar sein. Bei dieser Anordnung der Gitterstäbe verhindert eine drehbare Rolle über die gesamte Länge des Futtertroges, daß sich die Tauben setzen und das Futter verunreinigen. Wenn die Stäbe in senkrechter und fester Bauweise angebracht sind, ist eine aufklapp-

Abb. 34 Futtertrog für zwei Abteile

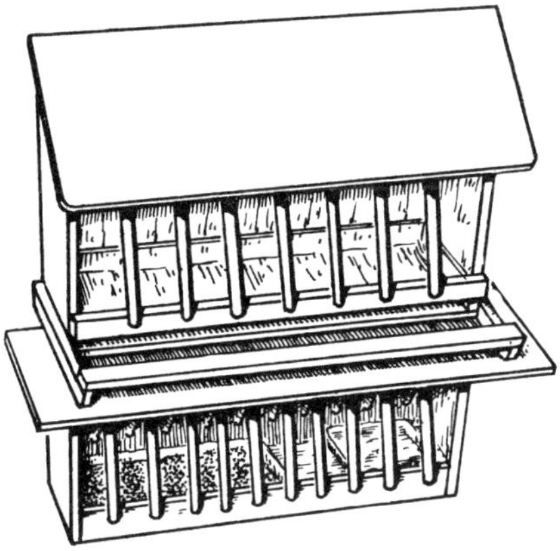

Abb. 35 Mineralstofftrog und Rinnentränke übereinander

bare Abdeckung in spitzer oder flacher Ausführung notwendig, die die beiden Seiten des Futtertroges 3 cm überragen muß. So können die Tauben, die auf der Abdeckung sitzen, das Futter nicht beschmutzen.

Solche Futtertröge können von allen Seiten zugänglich auf dem Fußboden oder etwas erhöht stehen. Die Länge dieser Futtertröge ist so zu bemessen, daß je Taube des Schlages 5 cm Troglänge vorzusehen ist. Bei Futtertrögen, die an oder in einer Wand stehen und demzufolge nur von einer Seite zugänglich sind, ist je Taube eine Länge von 12 cm vorzusehen, damit alle Tauben gleichzeitig fressen können.

Die Futtertröge können aus allen Materialien hergestellt werden, die sich gut reinigen lassen, wie Holz, Plaste, Aluminium, verzinktes Blech. Bei Holz sind der Boden und die einige cm hohen Begrenzungsleisten farblos zu streichen. So können sie regelmäßig mit heißem Wasser und einem Reinigungsmittel gesäubert werden.

Tränken

Entscheidend bei den Tränken ist, daß das Wasser so wenig wie möglich verschmutzt wird und daß man sie leicht reinigen kann.

Oft werden Turm- bzw. Stülptränken verwendet, die aus Ober- und Unterteil bestehen und

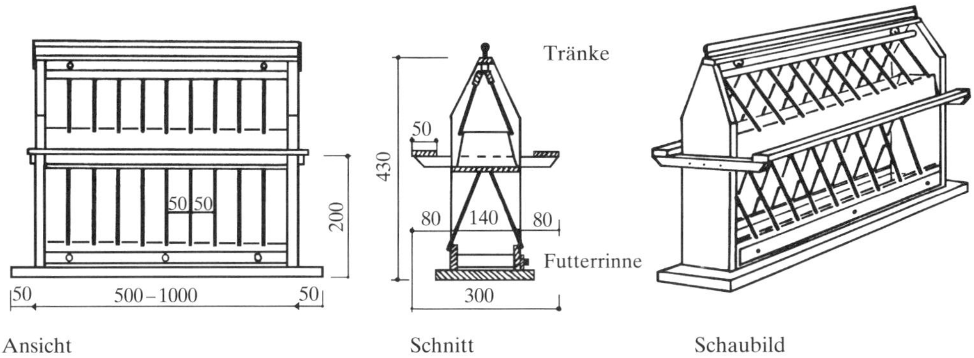

Abb. 36 Kombinierte Futterrinne mit Tränke

a

b

Abb. 37 Zweckmäßige Futterrinnen vermeiden das Verkoten des Futters

a mit Abdeckung (Foto: HARTMANN)
b die Form der Gitter verhindert das Aufsitzen (Foto: BARTH)

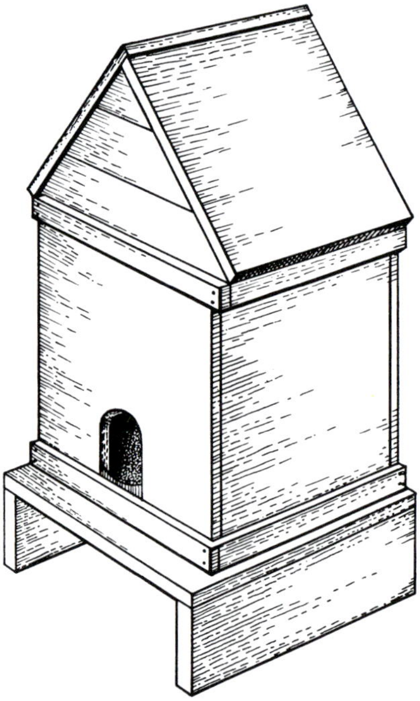

Abb. 38 Durch den Holzkasten wird das Verschmutzen und Einfrieren des Trinkwassers verhindert.

Abb. 39 Ausreichendes Sitzplatzangebot fördert die Ruhe im Schlag (Foto: Barth)

sich dadurch einwandfrei reinigen lassen. Diese Tränken werden aus Plaste, Kupfer, Aluminium, verzinktem und emailliertem Stahlblech, Glas, Steingut hergestellt. Da sich in Metalltränken durch Tränkwasserzusätze gesundheitsschädigende Verbindungen bilden können, sollte man sie erst gar nicht benutzen. Tränken aus Plaste sind nicht zerbrechlich und durch ihre glatte Oberfläche leicht und gründlich zu reinigen.

Rinnentränken werden ebenfalls aus verschiedenen Materialien gefertigt. Es ist darauf zu achten, daß die Tauben nur mit dem Kopf durch ein Stabgitter hindurch Wasser aufnehmen und dieses nicht beschmutzen können. Tränkrinnen können in Zwischenwänden zwischen zwei Abteilen der Schlaganlage untergebracht werden, so daß für beide Abteile nur eine Tränke notwendig ist.

Jede Tränke sollte etwas erhöht stehen, damit das Tränkwasser nicht durch Staub verunreinigt wird. Turmtränken mit seitlich überstehenden Unterteilen verkleidet man so, daß sich die Tauben nicht darauf setzen können. Die Tauben dürfen nur durch Gitterstäbe oder andere Öffnungen den Kopf hineinstecken können. Plastetränken sind praktisch, da diese eine nahezu unbegrenzte Haltbarkeit besitzen.

In der Literatur wird die Durchlauftränke in Form einer Tränkrinne mit ständigem Zu- und Ablauf als die beste Form beschrieben, damit so das Wasser ständig hygienisch einwandfrei sei. Dies ist zwar zutreffend, wiegt aber einen grundlegenden Nachteil nicht auf. Wenn die Tauben im Sommer stark erhitzt sind, nehmen sie Wasser mit einer Temperatur von etwa 6 °C aus der Durchlauftränke auf. Das bleibt nicht ohne Folgen für die Verdauungsorgane, zumal die Tauben auf der Reise oft bei Temperaturen von 40 °C in der Sonne fliegen. Viele Züchter geben ihren

Tauben im Sommer nicht das kühle Leitungswasser, sondern lassen dies zunächst stehen, damit es sich auf 12 ... 15 °C erwärmt.

Nistschalen

Die Verwendung von Nistschalen ist für Brieftaubenzüchter heute selbstverständlich. Einmal können die Eier aus der Innenwölbung nicht aus dem Nest rollen und zum anderen sitzen gesunde Jungtiere immer sauber und trocken, da sie den Kot über den Rand hinaus absetzen. Für Brieftauben sind Nistschalen mit einem Außendurchmesser des oberen Randes von 21 cm durchaus ausreichend, damit zwei Jungtiere darin aufgezogen werden können. Nistschalen aus Holzstoff und Holz sind gut geeignet, da sie einigermaßen haltbar sind und sich gut reinigen lassen. Diese Eigenschaften besitzen Nistschalen aus Lehm, Gips und Pappmaché nur zum Teil und werden deshalb kaum verwendet. Nistschalen aus Kunststoff nehmen keine Feuchtigkeit auf, die der Körper der Jungtiere im Sommer abgibt und sind daher ungeeignet. Am besten bewährt haben sich Nistschalen, die aus Gummi mit eingewebten Textilfasern bestehen.
Die Nistschalen sollten nach gründlicher Reinigung mit dickflüssigem Kalkanstrich versehen werden. Dadurch beugt man dem Befall mit Ektoparasiten vor, und außerdem lassen sich solche Schalen fast ohne Wasser einwandfrei reinigen.

Kästen für Grit und andere Mineralstoffe

Für ihren Stoffwechsel benötigen die Tauben Kalkgrit, scharfen Sand, Mineralstoffgemisch und Kochsalz. Für diese Futterzugaben ist ein Kasten von 40 cm Länge, 12 cm Breite und 14 cm Höhe an oder in einer Abteilwand unterzubringen. Die Vorderfront eines solchen Kastens besteht aus Gitterstäben in gleichem Abstand wie bei Futtertrögen. Boden, Seitenwände, Rückwand und die um 4 cm überstehende Abdeckung (möglichst schräg) fertigt man aus Holz. Längs unterteilt man diese Kästen in fünf Fächer, um die einzelnen Mineralien getrennt geben zu können. Damit die Mineralstoffe nicht so staubig werden, sollen sie mindestens zweimal wöchentlich neu gegeben werden. Daher braucht der Kasten für diese Futterzugaben nur relativ klein zu sein.

Taubenbad

Wie fast alle Vögel baden auch Tauben gerne. Wenn sie zum Beispiel bei Regen auf dem Dach sitzen, versuchen sie alles, damit das ganze Körpergefieder vom Regenwasser benetzt wird. Wir geben deshalb unseren Tauben einmal wöchentlich die Gelegenheit zu einem Bad, was sehr zu ihrem Wohlbefinden beiträgt. Außerdem bleiben Tauben, die regelmäßig baden, frei von Parasiten. Als Badegefäß benutzt man einen Behälter mit einer Grundfläche von 60 × 60 cm oder 50 × 70 cm, Höhe etwa 15 cm. Die Gefäße können aus Plaste, Aluminium, verzinktem oder emailliertem Stahlblech sein. Es ist vorteilhaft, wenn alle Seitenteile nach oben zu etwas schmaler werden. Dadurch verspritzt nicht so viel Wasser, wenn die Tauben baden. Es ist auch vorteilhaft, die Tauben außerhalb des Schlages baden zu lassen, um zu verhindern, daß der Fußboden des Schlages regelrecht einweicht. Es bietet sich an, daß Badegefäß am Badetag auf dem Dach aufzustellen. Bei schrägen Satteldächern sind dazu Halterungen notwendig, damit das Badegefäß feststeht. Bei Gartenschlägen kann man die Badegefäße auch zu ebener Erde aufstellen. Hierbei besteht aber die Gefahr, daß wildernde Katzen die Tauben bedrohen.
Das Badegefäß muß nach dem Bad sofort entfernt werden, da sich die Tauben sonst angewöhnen, ständig zu baden, sobald es mit Wasser angefüllt ist. Während der Flugsaison würde auf diese Weise der vor Witterungseinflüssen schützende Taubenpuder dem Gefie-

der entzogen. Deshalb muß sich der Zeitpunkt des Badens in der Reisezeit nach den Flugterminen richten.

Kontaktinsektizide sollte man dem Badewasser nicht zusetzen, weil Tauben daraus trinken und bei solchen Zusätzen auch nur ungern baden. Setzt man aber etwas Salz dem Badewasser zu, so schreckt das die Tauben nicht ab, und die Federlinge als hauptsächlich vorkommende Parasiten sind damit wirksam zu bekämpfen.

Im Herbst fördert handwarmes Badewasser die Mauser. Dieser Umstand ist vor allem für die Tauben vorteilhaft, die nach der Witwerschaftsmethode gereist sind und bei denen sich dadurch die gesamte Mauser beträchtlich verzögert.

Hygiene in der Schlaganlage

In der Brieftaubenzucht spielen die Umweltfaktoren eine dominierende Rolle. Sie beeinflussen die Gesunderhaltung der Tauben und diese wiederum die Leistungen bei den Flugwettbewerben.

Spul- und Haarwürmer sowie Kokzidien lassen sich ohne Laboruntersuchungen des Kotes nicht bzw. Spulwürmer nur schwer mit bloßem Auge feststellen. In der Reisezeit machen sich solche Darmparasiten durch mangelhafte Flugleistungen sofort bemerkbar. Diese Darmparasiten entziehen dem Taubenkörper einen Teil der Nährstoffe, schlechte Flugleistungen sind das Ergebnis.

Deshalb kommt es in Brieftaubenschlägen nicht nur auf allgemeine Hygiene an, sondern während des ganzen Jahres sind besonders die Darmparasiten zu bekämpfen. Durch gründliche Reinigung und Desinfektion des gesamten Schlages sowie aller Einrichtungsgegenstände wird die Grundlage zur Entwicklung der Parasiten zum Generationswechsel genommen.

Darüber hinaus trägt ständige Kotentfernung dazu bei, Krankheiten zu verhüten.

Reinigung des Taubenschlages

Ein Taubenschlag sollte möglichst täglich, mindestens aber wöchentlich gereinigt werden. Dabei sind Fußboden und alle Einrichtungsgegenstände (Nistzellen, Futtertröge, Gritkästen, Sitzplätze usw.) gründlich vom Kot zu reinigen.

Abb. 40 Die wichtigsten Reinigungsgeräte

Man entfernt den angetrockneten Kot mit einem Kratzer und einem Spachtel, wobei auch alle Ecken gründlich zu berücksichtigen sind. Es ist zu empfehlen, den abgespachtelten Kot im Sommer mit angefeuchteten Sägespänen zu bestreuen, um beim Zusammenfegen nur wenig Staub aufzuwirbeln. Ein regelmäßiges Absaugen des Staubes von den Wänden, vom Fußboden, aus den Zellen mittels Staubsauger ist sehr zu empfehlen, da eine staubarme Luft den Tauben in vielfältiger Weise nützlich ist.

Für die Reinigung der Nistschalen wird ein abgerundeter Schaber verwendet, der der Innenwölbung angepaßt ist. Auch ein alter stabiler Löffel läßt sich dazu verwenden. Anschließend werden die Nistschalen mit einer harten Bürste nachgereinigt.

Vor der Anpaarung und nach der Reise sollte der Schlag jeweils mit heißem Wasser gescheuert werden, dem Soda oder Chloramin zuzusetzen ist. Das reicht zur Vorbeugung gegen Parasiten und anderer Krankheitserreger aus. Akutes Auftreten von Krankheiten und Parasiten erfordern die jeweils konkreten Bekämpfungsmaßnahmen neben der wirksamen Behandlung des Taubenbestandes. Darüber ist in der Literatur bei Taubenkrankheiten nachzulesen. Außerdem ist es notwendig, mit dem behandelnden Tierarzt Einzelheiten abzusprechen.

Futterlagerung

Futtervorräte werden im Vorraum oder in besonderen Räumen der Schlaganlage, einer Scheune oder eines Schuppens aufbewahrt. Vor allem muß Futter vor Feuchtigkeit geschützt gelagert werden. Eine Lagerung in Säcken über mehrere Monate ist unzweckmäßig, da Mäuse und Ratten die Säcke durchnagen und verunreinigen können (Kot, Urin). Damit würde den Krankheitsübertragungen Tür und Tor geöffnet werden. Pilz- oder Schädlingsbefall werden begünstigt, wenn nicht genügend Luft an die Körner gelangt.

Abb. 41 Raumsparende Futterlagerung

Deshalb sollte Futter in stabilen Holzbehältern aufbewahrt werden. Diese müssen am Boden und an den Seitenwänden mehrere Öffnungen aufweisen, die mit engmaschigem Drahtgewebe zu verkleiden sind. Auf diese Weise erfolgt eine gute Belüftung des Futters. Es ist zu empfehlen, das Futter in diesen Behältern in bestimmten Zeitabständen zu wenden.

Vorratsbehälter sollten etwa 20 cm hoch aufgestellt werden, weil dann Mäuse oder anderes Ungeziefer besser zu bekämpfen sind. Es besteht auch die Möglichkeit, Futterbehälter über eine besondere Vorrichtung an der Dachkonstruktion aufzuhängen, falls diese dazu stabil genug ist. So kann verhindert werden, daß Mäuse und Ratten die Vorratsbehäl-

Abb. 42 Fütterung im Schlag – Es müssen ausreichend Plätze vorhanden sein. (Foto: PROLL)

Abb. 43 Witwer beim Direktanflug zur Zelle (Foto: WEIGELT)

ter an- oder durchnagen. Sauberkeit bei der Lagerung und im Umgang mit Futter dient letztlich der Gesundheit der Tauben.

Aufbau eines Brieftaubenbestandes

Kauf von Tieren

Ein Anfänger im Brieftaubensport ist gut beraten, wenn er sich beim Kauf von Tieren von einem erfahrenen Züchter beraten läßt. Um einen leistungsfähigen Bestand aufbauen zu können, sind Tauben notwendig, deren Abstammungsnachweis bis zu den Urgroßeltern zurück exakt Auskunft darüber gibt, ob es sich um Kreuzungstiere handelt oder ob die Tauben in Linien- oder Familienzucht gezüchtet wurden. Es sei gleich am Anfang gesagt, daß ein Anfänger einen leistungsstarken Bestand nicht ausschließlich mit Kreuzungstieren aufbauen kann. Kreuzungstiere kann man verwenden, wenn andere Tiere, die in Linien- und Familienzucht gezogen wurden und die Grundlage für die vorhandenen Kreuzungstiere waren, vorhanden sind. Es ist ratsam, Tauben nur von einem Züchter zu erwerben, der zwei oder drei Linien besitzt. Diese Züchter wissen, wie die Tiere in der nächsten Generation verpaart werden müssen, was für den Anfänger außerordentlich bedeutsam ist. Experimentieren kann der Anfänger, wenn sich erste Erfolge eingestellt haben. Anfangs sollten die Ausgangstiere nur von einem oder zwei Züchtern erworben werden, dann ist die Weiterzucht für einen Anfänger überschaubarer. Zugekaufte Tauben sollten grundsätzlich etwa 3 Wochen getrennt von den eigenen Tauben in Quarantäne gehalten werden, um feststellen zu können, ob sich Anzeichen für eventuell zum Zeitpunkt des Kaufes vorhandene, nicht sichtbare Krankheiten einstellen. So kann eine Ansteckung des gesamten Bestandes verhindert werden.

Umgewöhnung von Alttieren

Der Aufbau eines Bestandes mit Alttieren, deren Qualitäten in Zucht und Reise schon nachgewiesen wurden, bringt für den Anfän-

ger im Hinblick auf die zu erwartende Nachzucht große Vorteile. Die Nachteile bestehen aber in der Umgewöhnung auf den neuen Schlag.
Sind schon Alttiere vorhanden, paart man zugekaufte Tiere mit Partnern, die auf dem Schlag eingewöhnt sind. Wenn die Eingewöhnung der gekauften Tiere abgeschlossen ist, können Umpaarungen so erfolgen, daß beide Partner umgewöhnt werden. Sie bleiben dann ihrem neuen Schlag trotzdem treu .
Für die Eingewöhnung von Alttieren ist die Zeit von März bis Juni günstig, da in dieser Zeit der Bruttrieb stark ausgeprägt ist. Zugekaufte Vögel müssen eine Zelle bekommen, die ihnen von anderen Vögeln des Schlages nicht streitig gemacht werden kann. Ebenso ist für eine ungestörte Futter- und Wasseraufnahme zu sorgen. Man sollte auch ständig einige Sämereien als Leckerbissen verabreichen, und so wird es möglich, daß das Tier auf dem neuen Schlag relativ schnell das Gefühl der Zugehörigkeit findet.
Im Stadium des Treibens sollten umgewöhnte Vögel und auch Weibchen ihren ersten Freiflug erhalten, Weibchen am besten vor dem Legen des zweiten Eies.
Es hat sich bewährt, zugekaufte Tauben in einem Drahtkäfig vor dem Ausflug mit der Umgebung des neuen Schlages vertraut zu machen, damit sie beim ersten Freiflug nicht zu ihrem alten Schlag fliegen, weil sie ihren neuen Schlag nicht wiederfinden. Fliegt eine umgewöhnte Taube doch ihren alten Schlag an, muß sie in einem Käfig außerhalb des Schlages mit dem notwendigen Futter und Wasser versorgt und danach schnellstens in ihre neue Heimat zurückgebracht werden. Wiederholt sich das, so reicht es schon aus, wenn der Züchter die Taube unsanft aus ihrem alten Schlag hinausbefördert. Nur so wird die Taube veranlaßt, zu ihrem neuen Schlag zurückzufliegen.
Es ist dabei aber darauf zu achten, daß der Züchter bei dieser „unfreundlichen“ Vorgehensweise seine eigenen Tauben nicht beunruhigt.

Eingewöhnung von Nestjungen

Die Eingewöhnung von zugekauften Nestjungen ist ohne Probleme, wenn sie nicht älter als 21 Tage sind. In diesem Alter sind Nestjunge noch nicht flugfähig und können bei geschlossenem Einflug auf das Flugbrett gesetzt werden, damit sie sich ungestört die Umgebung des Schlages einprägen können. Andere Tauben dürfen dabei natürlich keinen Freiflug haben. Es muß aber darauf geachtet werden, daß keines der Jungtiere herunterflattert und den Schlag nicht wieder erreicht. Nach zwei bis drei Tagen können die gekauften Nestjungen ohne Aufsicht Freiflug erhalten.

Umgang mit Tauben

Ein kluger Züchter wird die Lebensgewohnheiten seiner Tauben genau beobachten. Davon leitet er ab, wie er sich zu seinen Tauben verhalten muß, damit diese durch seine Anwesenheit auf dem Schlag nicht scheu oder ängstlich sind. Ein erfahrener und erfolgreicher Züchter wird sich immer ruhig und leise im Schlag bewegen. Dann werden die Tauben ihren Züchter nicht als etwas Fremdes, Beunruhigendes betrachten. Ein solches Verhältnis trägt dazu bei, daß die Tiere schnell in den Schlag kommen, wenn sie vom Preisflug kommen, und sie werden sich ohne viel Scheu den Gummiring abnehmen lassen.
Brieftauben können „charakterlich“ sehr unterschiedlich sein. Diese Eigenarten sind in hohem Maße stammbedingt. Dabei reicht die Palette vom sehr ruhigen Verhalten über Lebhaftigkeit bis zur Nervosität. Die Extreme sowie die Zwischenstufen können mit hervorragenden Reiseleistungen gekoppelt sein. Dazu ist es aber notwendig, daß sich der Züchter ganz auf seine Tauben einstellt. Das kostet bei sehr lebhaften Tauben mehr Mühe und Zeit als bei ruhigen Tieren. Um zu sehr lebhaften bis nervösen Tieren einen guten Kontakt zu haben, muß sich der Züchter täglich mindestens zwei Stunden Zeit nehmen, damit die

Tiere ihre Scheu und Angst überwinden. Wenn der Züchter darüber hinaus solche Tiere noch mit Leckerbissen an sich gewöhnt, können sie große Erfolge bringen. Nervöse Tiere werden auch bei schweren Flügen kaum fremde Schläge anfliegen, und so ist die Gefahr der Verluste geringer als bei sehr zutraulichen Tauben. Das Leistungsvermögen und die Leistungsbereitschaft der Brieftaube sind das Ergebnis endogener sowie exogener Einflußfaktoren. Die Widerstandskraft, Anpassungsfähigkeit und Fruchtbarkeit der Taube sind dabei Ausdruck der ererbten Konstitution und somit im wesentlichen endogen bedingt. Lediglich im Aufzuchtabschnitt bis zum Eintritt der Geschlechtsreife tragen Umweltfaktoren zur Herausbildung der Konstitution bei. Damit wird klar, daß die Verbesserung der Konstitution neben der zu fordernden Orientierungsleistung und Erreichen bestimmter Körpermerkmale erstrangige Aufgabe der Brieftaubenzucht sind. Daraus resultiert in erster Linie das Leistungsvermögen des Tieres.

Auf dieses ererbte Leistungsvermögen wirken ständig verschiedene Umwelteinflüsse ein, die maßgeblich die Leistungsbereitschaft und damit Kondition der Taube bedingen. Als wesentliche Umwelteinflüsse kommen Ernährung, Haltung und Pflege in Betracht. Die Ernährung der Brieftaube ist das entscheidendste Kriterium unter den Umweltfaktoren für die Leistung bei Preisflügen. Durch vollwertige, der jeweiligen physiologischen Leistung entsprechende Ernährung werden die ererbten Anlagen besser entfaltet. Physiologische Leistungen bei der Brieftaube sind insbesondere die Muskelarbeit während der Flugwettbewerbe, die Fütterung der Jungtiere durch die Elterntiere, Wachstum und Entwicklung der Jungtauben im Aufzuchtabschnitt, die Mauser bzw. der Federwechsel und die Legeleistung der Weibchen. Diese speziellen Leistungen bedürfen bei der Ernährung besonderer Berücksichtigung, also leistungsgerechte Futterrationen.

Wenn leistungsgerecht und vollwertig gefüttert wird, so sind damit gleichzeitig günstige Voraussetzungen für die Gesunderhaltung der Tauben gegeben. Dabei ist unter vollwertiger Ernährung eine Futterration zu verstehen, die hinsichtlich ihrer Nährstoffzusammensetzung, ihres Wirkstoff- und Mineralstoffgehaltes auf die Gesundheit und Leistungsbereitschaft des Tieres einwirkt. Nicht optimal ernährte Tauben neigen zu Stoffwechselkrankheiten, Mangelerkrankungen und sind vor allem außerordentlich anfällig gegenüber Infektionskrankheiten. Krankheitsverlauf und Wiedererlangen voller Leistungsfähigkeit werden durch vollwertige Ernährung positiv beeinflußt. Andererseits können Infektionskrankheiten, die mit Entzündungen des Verdauungssystems einhergehen, die Wirkung einer leistungsgerechten und vollwertigen Ernährung erheblich mindern. Gleiches trifft für Invasionskrankheiten des Darmsystems zu. so kann eine Leistungssteigerung durch optimale Ernährung oft ausbleiben. Damit wird jedem Brieftaubenhalter deutlich, daß Wechselbeziehungen zwischen Ernährung und Gesundheit bestehen.

Die Taube ist vornehmlich auf die im Futter enthaltenen Stoffe angewiesen. Um die zur Gesunderhaltung und Leistungsbereitschaft erforderliche vollwertige Ernährung zusammenstellen zu können, muß der Tierhalter Kenntnisse über Nährstoffgehalte, spezielle Inhaltsstoffe und ernährungsphysiologische Eigenschaften der wichtigsten Futterstoffe haben. Nur so kann er die Futterration bedarfsgerecht gestalten.

Futtermittel mit schädlichen Inhaltsstoffen dürfen in der Brieftaubenfütterung selbstverständlich nicht eingesetzt werden. Futterstoffe mit Verdacht auf mikrobiellen Befall und Schädlingsbesatz bedürfen einer Kontrolluntersuchung. Beachtet man diese Forderungen nicht, so führt das unweigerlich zu Leistungsminderungen und Gesundheitsschädigungen.

Ebenso wichtig ist es, Kenntnisse über Schadwirkungen von Düngemitteln, Herbiziden und Insektiziden zu erlangen.

Abb. 44 Es herrscht reges Leben am Ein- und Ausflug (Foto: WEIGELT)

Abb. 45 Das erste Ei ist gelegt (Foto: HARTMANN)

Abb. 46 Weibchen mit zwei Jungtieren (Foto: PROLL)

Abb. 47 Beobachten hilft auch zum Erfolg (Foto: FROHN)

Ernährung und Fütterung

Verdauungssystem der Taube

Die Taube gehört wie das Huhn zu den Körnerfressern. Durch das Fehlen von Zähnen wird das Futter nach der Aufnahme nicht zerkleinert. Die Futterstoffe gelangen völlig unverändert in den Kropf. Das Futter wird hierbei durch einen in der Schnabelhöhle sezernierten muzinreichen Speichel gleitfähiger. Der Kropf dient als Futterspeicher, der die Magenfüllung reguliert. Somit stellt der Kropf den Vorratsbehälter für das aufgenommene Futter dar. Das Kropfmilieu bietet günstige Voraussetzungen für die Wirkung der pflanzeneigenen Fermente, die den Abbau der Kohlenhydrate einleiten. Im Kropf setzen ebenfalls mikrobielle Abbauvorgänge ein. Eine Resorption von Spaltprodukten (Glukose) wurde nachgewiesen. Bei Gaben von Traubenzuckerlösungen zur Leistungssteigerung ist dementsprechend im Kropf mit einer teilweisen Resorption zu rechnen.
Das Magensystem der Taube setzt sich aus dem Drüsenmagen und Muskelmagen zusammen. Im Drüsenmagen erfolgt die chemische, im Muskelmagen die mechanische Aufbereitung der Nahrung. Im Drüsenmagen, einer zylinderförmigen Erweiterung der unteren Speiseröhre, werden Pepsin und Salzsäure abgesondert und dem Futter zugesetzt. Im nachfolgenden Muskelmagen werden die Futterstoffe zerkleinert und mit den Sekreten des Drüsenmagens vermischt.
Härte und Konsistenz des aufgenommenen Futters bestimmen Häufigkeit und Intensität der Magenbewegungen. Durch abwechselndes Zusammenziehen, zunächst der Zwischenmuskeln und dann der Hauptmuskeln bei gleichzeitiger leichter Drehung des Magens, werden die Nahrungsstoffe mit Hilfe der Magensteinchen zerrieben. Diese aktive Kontraktion der Magenmuskulatur wiederholt sich fortlaufend alle 10 bis 30 Sekunden. Die Zerkleinerung grober Futterbestandteile (Körner) wird durch unlöslichen Grit wie Kieselsteinchen, Granit oder Flint unterstützt. Die von den Tauben aufgenommenen und im Muskelmagen liegenden Steinchen erhöhen nicht unerheblich die Mahlwirkung und damit letztlich die Ausnutzung der Nahrungsstoffe. Im Muskelmagen erfolgt bereits eine teilweise Aufspaltung der Eiweißmoleküle, Hauptverdauungsraum und Resorptionsort ist jedoch der Dünndarm.
Die Taube hat einen sehr kurzen Darmkanal und ähnelt damit den Fleischfressern, deren Nahrung bezüglich des Nährstoffgehaltes ebenfalls hochkonzentriert ist.
Unter den Geflügelarten steht die Taube dem Huhn in bezug auf das Verhältnis Darmlänge

Tab. 2 Verhältnis Darmlänge zu Körperlänge

Tierart	Verhältnis
Taube	7 : 1
Huhn	8 : 1
Ente	10 : 1
Gans	11 : 1

zu Körperlänge am nächsten. Nach Angaben von MANGOLD bestehen die in Tabelle 2 angegebenen Beziehungen.

Der relativ kurze Darm läßt auf schnelle und zugleich gründliche Verdauungsvorgänge schließen. Vergleichsweise zum Huhn sind bei der Taube die vorhandenen zwei Blinddärme stark rückgebildet. Sie funktionieren nicht als Gärkammern, in denen die mikrobielle Verdauung der Nahrung erfolgt. Aufgrund der höheren Anzahl von Bakterien im Kropf der Tauben verlaufen die Abbauvorgänge in diesem Organ intensiver als beim Huhn ab. So wird der fehlende Einfluß der Blinddärme auf die Verdauungsleistung durch erhöhte Mikrobenzahlen im Kropf ausgeglichen.

Im Zusammenhang mit dem Verdauungssystem der Taube muß unbedingt als Besonderheit die Bildung der Kropfmilch angeführt werden. Die Aufzucht der Nestjungen durch Kropfmilch kommt im gesamten Vogelreich nur bei Tauben vor. Sowohl das männliche Tier als auch das weibliche Tier sind zur Bildung der Kropfmilch befähigt. Während der Brutzeit wird sie durch Vermehrung der Schleimhautzellen der Kropfwand gebildet. Dieser Prozeß wird am achten Bruttag durch ein Hormon des Hypophysenvorderlappens, das Prolaktin, eingeleitet. Bis zum 14. Tag wird die Zellschicht der Kropfwand bei der Täubin auf das Zehnfache vermehrt. Beim Vogel kann die Wucherung das Zwanzigfache des Ausgangsvolumens erreichen. In der Folge reichern sich die Zellen mit Fett an und verlieren ihre spezifische Struktur. Gleichlaufend werden diese Zellverbände als Epithelteilchen abgestoßen. Das Maximum der Kropfmilchproduktion liegt zwischen dem dritten und sechsten Tag nach dem Schlupf. Danach beginnt mit der Wirkung des die Geschlechtstätigkeit beeinflussenden Hormons Prolan A die allmähliche Rückbildung der Kropfschleimhaut.

Die Kropfmilch ist eine schwach ranzig riechende, weiche, käsig-milchige Masse. Die Dauer der milchartigen Sekretion ist bei den Tauben unterschiedlich. In der Regel werden bis zum zehnten Tag nach dem Schlupf ausreichende Mengen produziert. Mit 15 Tagen Lebensalter erhalten die Jungen nur noch einen geringen Anteil Futterschleim. Etwa ab 21. Tag hat sich das Gewebe der Kropfwand wieder normalisiert.

Futteraufnahme

Die Futterstoffe für alle Taubenrassen werden nach ihrer Verzehrbarkeit bewertet. Aus dieser Verzehrbarkeit des angebotenen Futters resultiert die Verzehrleistung der Taube. Ein Zerkleinern bzw. Zerbeißen der Nahrung ist der Taube nicht möglich. Somit werden für die Taube solche Futterstoffe verzehrbar, die sich leicht aufnehmen und abschlucken lassen. Diese Bedingungen werden maßgeblich beim Körnerfutter durch Kornform und Korngröße bestimmt. Nach ENGELMANN (1962) wirken beide Eigenschaften auf den Gesichts- und Tastsinn. Die Tauben sehen zuerst die Unterschiede in Größe und Form der angebotenen Nahrungsstoffe und ertasten dann die Verzehrbarkeit beim Fressen.

Für die Vermittlung dieser Reize sind im Schnabel, in der Schnabelhöhle und im Rachen viele Tastsinneszellen vorhanden. Daß taktile Kriterien bei der Futtersuche und Futteraufnahme die entscheidendere Rolle spielen, wird aus der unterschiedlichen Beliebtheit von Körnerfrüchten deutlich.

Unterschiede in der Farbe der Futtermittel sind dabei für die Taube von untergeordneter Bedeutung. Selbst die schwarze Farbe der Sonnenblumenkerne oder die teilweise rötliche des Maiskornes beeinflussen die Futteraufnahme nicht nachteilig.

Außerdem hat die Taube ein außerordentlich gutes Sehvermögen. Der Gesichtssinn hat also vorrangige Bedeutung bei der Futtersuche. Je nach Korngröße werden Getreidekörner in einer Entfernung bis etwa 3 m wahrgenommen.

Über den Geschmackssinn der Geflügelarten gibt es widersprüchliche Mitteilungen. Für die Brieftaube gilt ein relativ gut entwickelter Geschmackssinn als sicher, wobei diese Sinneszellen, die Geschmacksknospen, in erster Linie auf Flüssigkeit bzw. Lösungen reagieren. ENGELMANN (1962) bestätigt die Untersuchungen, daß Tauben auf salzige, saure und Zuckerlösungen unterschiedliche Reaktionen zeigen. Gegenüber Kochsalzlösungen und Säuren (Salz- und Essigsäure) reagieren sie schon bei geringen Konzentrationen mit verminderter Trinkwasseraufnahme. Der Ablehnungsbereich liegt bei den genannten Säuren etwa bei 0,01 bis 0,02 mol bzw. bis 0,2 mol. Das Maximum der aufgezeigten Variationsbreite ist gleichbedeutend mit völliger Aufnahmeverweigerung. Zuckerlösungen werden in der Regel gern aufgenommen, wobei besonders bei Trauben- und Rohrzuckerlösungen die Gesamtaufnahme an Flüssigkeit gegenüber reinem Wasser steigt. Die Bedeutung dieser Lösungen in der praktischen Fütterung wird an anderer Stelle näher beschrieben.

Im engen Zusammenhang mit dem Geschmackssinn ist der Geruchssinn der Taube zu sehen. Letzterer ist relativ gut ausgebildet, hat aber bei der Futteraufnahme keine besondere Bedeutung. Lediglich im Zusammenhang mit dem Verabreichen von Medikamenten ist der ausgeprägte Geruchssinn zu beachten. Es ist erforderlich, bei Therapiemaßnahmen und Verabreichung von geruchsintensiven Lösungen, den Tieren während der Behandlungszeit keinen Freiflug zu gewähren. Die Tauben suchen ansonsten Möglichkeiten, anderswo zu trinken.

Nach Tastsinn, Sehvermögen und Geschmackssinn nehmen die Tauben einzelne Futterstoffe unterschiedlich auf. Hieraus lassen sich sogenannte Beliebtheitsreihen ableiten. ENGELMANN (1962) konnte in Zweifach-Wahlversuchen eine Bevorzugung der Kornaufnahme in der Reihenfolge:
Hanf–Raps–Weizen–Wicken–Erbsen–Roggen–Gerste–Lein–Hafer–Süßlupinen feststellen. In eigenen Experimenten wurde in Erweiterung des Angebotes folgende Rangordnung in der Beliebtheit festgestellt:
Hanf–Raps–Rübsen–Hirse–Sonnenblumenkerne–Mais–Gerstengraupen–Weizen–Wicken–Reis–Erbsen–Peluschken–Ackerbohnen–Sommergerste–Roggen–Lein–Linsen–Haferflocken–Hafer. Daraus ergibt sich, daß die Brieftaube vorrangig nach Korngröße und Kornform auswählt. Hanf, Raps und Rübsen werden sehr gern aufgenommen, weil sie der Schnabel- und Schlundbeschaffenheit entsprechen. Lein und Linsen sind in der Form zu flach. Es ist erstaunlich, wie gut Sonnenblumenkerne, Mais und auch Ackerbohnen aufgenommen werden. Hafer wird aufgrund des hohen Spelzenanteiles ungern gefressen.

Bei diesen Betrachtungen über die Beliebtheit der Futterstoffe muß betont werden, daß die Tauben in gewisser Weise auch mit diesen Futterstoffen vertraut gemacht werden müssen. Ansonsten ergeben sich unreale Schlußfolgerungen. Wenn Tauben zum Beispiel noch nie Ackerbohnen erhalten haben, so werden sie diese zunächst ablehnen. Nach einer Gewöhnungszeit von etwa vier bis sechs Tagen fressen sie die Ackerbohnen.

Es muß angenommen werden, daß auch die Bekömmlichkeit der Futterstoffe neben ihrer zu ertastenden Beschaffenheit Einfluß auf die Verzehrleistung nimmt. Bestimmte Futterinhaltsstoffe können im Verdauungsvorgang und im intermediären Stoffwechsel (Stoffwechsel zwischen den Zellen) hemmend oder fördernd wirken. Das, hervorgerufen durch chemoregulative Rückwirkungen, beeinflußt die nachfolgende Futteraufnahme. Unterschiede im Mineralstoffgehalt der Futtermittel werden durch verstärkte oder verminderte Aufnahme von Mineralstoffgemischen ausgeglichen. Auch bei sehr beliebten Futtermitteln wie Raps und Rübsen wird, wenn ein bestimmter Grenzwert an Senfölen erreicht ist, die Aufnahme dieser Futterstoffe durch chemoregulative Rück- bzw. Nachwirkungen gebremst.

Nährstoffe

Die energieerzeugenden Hauptnährstoffe sind Eiweiß (Rohprotein), Kohlenhydrate und Fette. Diese drei Nährstoffgruppen machen den größten Teil der organischen Substanz der Futtermittel und des tierischen Organismus aus. Sie enthalten stets Kohlenstoff (C), Wasserstoff (H) und Sauerstoff (O). Die Eiweißstoffe beinhalten zusätzlich Stickstoff (N) und teilweise Schwefel (S), Phosphor (P) sowie andere Elemente.

Tab. 3 Futtermittel

Wasser	Trockensubstanz
Organische Substanz	Rohasche
Roheiweiß	N-freie Extraktstoffe
Rohfett	Rohfaser

Eiweiß

Die Eiweißstoffe (Proteine) nehmen unter den drei Hauptnährstoffen der Taube eine Sonderstellung ein, weil sie im Stoffwechsel durch keinen anderen Nährstoff ersetzt werden können. Die Proteine sind lebensnotwendige Bestandteile der Körperzellen, die im Stoffwechsel ständig verbraucht und daher ständig ergänzt werden müssen. Die Hauptaufgabe des Eiweißes besteht also im Aufbau von Körpergeweben (Muskulatur, Sehnen, Organsystem u. a.) und ist somit vorrangig an Wachstum und Entwicklung der Taube beteiligt. Neben diesen wichtigen Funktionen kann jedoch das Eiweiß ebenfalls zur Energiegewinnung dienen und somit Kohlenhydrate und Fette in ihrer energetischen Wirkung ersetzen. Die Taube gilt als guter Eiweißverwerter, da sie das Rohprotein der Futterstoffe bereits zu einem hohen Anteil verdaut.

Die Proteine sind aus einfachen Bausteinen, den Aminosäuren (Aminokarbonsäuren), aufgebaut. Es sind etwa 20 Aminosäuren am Aufbau der Eiweiße beteiligt, von denen zehn vom Tier nicht synthetisiert werden können. Sie sind demnach lebensnotwendig (essentiell) und müssen mit der Nahrung zugeführt werden. Die anderen Aminosäuren kann der Taubenorganismus durch Transaminierung selbst aufbauen. Vom Gehalt an essentiellen Aminosäuren hängt der Wert des Futtereiweißes ab. In der Brieftaubenfütterung sind bei den herkömmlich verabreichten Futterrationen Methionin und Lysin meist nicht ausreichend vorhanden.

Die aufgenommenen Eiweißstoffe werden im Dünndarm durch das Ferment der Bauchspeicheldrüse in Aminosäuren gespalten und nach der Resorption von den Körperzellen in körpereigenes Eiweiß umgewandelt. Aus pflanzlichem Eiweiß entsteht somit tierisches Eiweiß. Dieser Prozeß erfolgt in mehreren Stufen. Die Eiweißkörper werden bereits von den Drüsensäften des vor dem Kaumagen liegenden Drüsenmagens angegriffen. Dadurch, daß Verdauungssekrete des Drüsenmagens auch in den Kropf gelangen können, wird eine „Vorverdauung“ in diesem Speicherorgan möglich.

Kohlenhydrate

Die Kohlenhydrate bilden die wichtigste Energiequelle in der Geflügelernährung. Unter Ausnutzung der Sonnenenergie (Strahlenenergie) werden sie durch die Photosynthese von den Pflanzen aus Kohlendioxid und Wasser gebildet. Das Kohlenstoffgerüst der wichtigsten Kohlenhydratbausteine der Futtermittel besteht aus sechs Kohlenstoffatomen (Hexosen). Große Bedeutung haben jedoch auch Kohlenhydrate mit fünf Atomen

(Pentosen). Diese Grundbausteine kommen in der Natur einzeln (Monosaccharide), zu zweit (Disaccharide) oder in größerer Anzahl (Polysaccharide) vor.
Bei der Rohnährstoffanalyse der Futterstoffe werden die Kohlenhydrate als stickstofffreie Extraktstoffe (Zucker, Stärke, Pektine) und als Rohfaser (Zellulose, Hemizellulose, inkrustierende Substanzen) erfaßt.
Der bekannteste Einfachzucker ist die Glukose (Traubenzucker). Dieser Traubenzucker entsteht generell nach der Verdauung der Kohlenhydrate und wird in dieser Form resorbiert. Das bedeutet, daß alle Kohlenhydrate zu Glukosemolekülen abgebaut werden und diese die Darmwand passieren, um nachfolgend in die umgebenden Blutgefäße zu gelangen. Der in das Blut gelangte Traubenzucker wird anschließend zur Energiegewinnung (zum Beispiel Wärmeenergie, Muskelarbeit) „verbrannt" oder in tierische Stärke, dem Glykogen, umgewandelt. Das Glykogen wird als Energiereserve in der Leber und den Muskeln gespeichert. Eine Umwandlung des Traubenzuckers in Körperfett (Depotfett) besteht ebenfalls. Das Leberglykogen dient als Reserve für den ständig vom Organismus benötigten Blutzucker, das Muskelglygogen als Energielieferant für die Muskelarbeit. Der Traubenzucker ist ein hervorragender „Brennstoff", da er viel Energie erzeugt und im Taubenkörper keinerlei Rückstände hinterläßt.
Wie bereits vermerkt, werden durch Zusammenschluß von mehreren Einfach- und Zweifachzuckern die Vielfachzucker (Polysaccharide) gebildet. Die wichtigsten Vielfachzucker sind die in den Getreidekörnern abgelagerte Stärke und die bereits erwähnte „tierische" Stärke (Glykogen). Beide Arten sind ausschließlich aus Glukosemolekülen (Traubenzuckermolekülen) aufgebaut. Unterschiede bestehen nur in der Struktur der Molekülverbindungen.
Die Stärke nimmt also zur Deckung des Energiebedarfes und für den Energiestoffwechsel eine wesentliche Stellung ein.

Fette

Fett ist ein hervorragender Energielieferant. Gegenüber Kohlenhydraten und Eiweiß liefern Fette bei ihrer Verbrennung erheblich mehr Energie. Demnach sind die Fette in Futtermitteln und im Tierkörper die energiereichsten Substanzen. Fette werden für die Erzeugung von Körperwärme und Bewegungsenergie (Muskelarbeit) benötigt. Andererseits werden sie zur Erneuerung von verbrauchtem Körperfett notwendig. Fette sind weiterhin als Träger fettlöslicher Vitamine und lebensnotwendiger Fettsäuren wichtige Nahrungsbestandteile.
Obwohl Fette weitgehend durch Kohlenhydrate ersetzt werden können, ist ein Mindestfettgehalt der Futterration Voraussetzung für normales Wachstum und Leistungsfähigkeit. Eine fettfreie oder extrem fettarme Ernährung würde durch das Fehlen von fettlöslichen Vitaminen und lebensnotwendigen Fettsäuren zu Mangelerkrankungen führen.
Zu den essentiellen Fettsäuren, die vom Tierkörper zur Aufrechterhaltung ungestörter Lebensfunktionen benötigt werden, aber nicht selbst gebildet werden können, gehören die Linolsäure, Linolensäure und Arachidonsäure. Da diese drei essentiellen Fettsäuren vitaminähnliche Wirkungen im Organismus der Taube haben, werden sie auch als Vitamin F bezeichnet.
Wie bei der Verdauung der Kohlenhydrate, so müssen die in der Nahrung, besonders in Ölsämereien, in Mais, Hafer, Haferflocken und Sonnenblumenkernen, enthaltenen Fette im Darm in kleinere Bausteine zerlegt werden. Es erfolgt eine Aufspaltung in die Bestandteile, in Glycerin und Fettsäuren. In dieser Form gelangen sie durch die Darmwand in die Körperflüssigkeit. Dieser Vorgang wird durch fettspaltende Fermente (Lipasen) eingeleitet. Teilweise können auch Fettmoleküle ungespalten die Darmwand passieren. Soweit der Körper das aufgenommene Fett nicht unmittelbar zur Energieerzeugung benötigt, gelangt es in die Fettdepots. Dieses Depotfett

stellt eine ständige Nährstoffreserve dar, auf die der Tierkörper nach Bedarf (Kälteperioden, lang andauernde Flugwettbewerbe) zurückgreift. Die Fettdepots befinden sich vorrangig im Unterhautbindegewebe.

Neben diesem Depotfett ist im Körper das sogenannte Organfett als unentbehrlicher Bestandteil der Körperzellen vorhanden. Dieses Organfett wird für Leistungserhalt oder Leistungssteigerung nicht freigesetzt. Wird das Organfett durch schädigende Umwelteinflüsse reduziert, so kann das zu einem Krankheitsprozeß führen.

Der kurze Abriß über die physiologische Bedeutung der drei Hauptnährstoffe sollte zeigen, daß der verdauliche Teil der Futterstoffe (verdauliche Energie) als Energiequelle zur Aufrechterhaltung der Lebensvorgänge (Atmung, Kreislauf, Verdauung) dient, andererseits das Eiweiß, die Kohlenhydrate und Fette alle Körperleistungen, insbesondere die Entwicklung, Wachstum, Fortpflanzung und Flugtätigkeit gewährleisten. Der Anteil von verdaulicher Energie im Futterstoff wird somit für die Tierernährung zu einem entscheidenden Kriterium. Die Energieerzeugung aus den einzelnen Nährstoffen wird beim Geflügel einschließlich der Taube in kJ umsetzbare Energie angegeben. Die Bestimmung der umsetzbaren Energie aufgrund der gemeinsamen Ausscheidung von Kot und Harn über die Kloake ist einfacher. Die Gesamtenergie des Futterstoffes abzüglich der Energie des Kotes und der Harnenergie ergibt die umsetzbare Energie. Dieser Anteil garantiert die direkten Leistungen der Taube.

Tab. 4 Bruttoenergie

Bruttoenergie	
↓	→ Energie im Kot
Energie der verdaulichen Nährstoffe (verdauliche Energie)	
↓	→ Energie des Harnes
Umsetzbare Energie	
↓	→ Thermische Energie
Nettoenergie	

Mineralstoffe

Mineralstoffe werden in Mengen- und Spurenelemente eingeteilt. Sie stellen anorganische Stoffe dar, die nach der Verbrennung als Asche zurückbleiben. Die differenzierte Bezeichnung bestimmter Mineralien als Spurenelemente ergibt sich aus dem Bedarf. Spurenelemente wirken schon in sehr geringen Mengen bedarfsdeckend. Bei den Mengenelementen liegt hingegen der Bedarf weit höher.

In allen Organen und Flüssigkeiten des Körpers sind diese Mineralstoffe in verschiedener Menge und Anzahl zu finden. Deshalb wird ein ungestörter Ablauf der Lebensvorgänge ermöglicht. Leistungsbereitschaft und Gesundheit des Organismus sind damit untrennbar verbunden. Je nach Alter der Tauben ist der Mineralstoffanteil im Körper verschieden. Er schwankt zwischen 3 und 6 % der Körpermasse. Der Körper jüngerer Tauben enthält dabei etwa 3 ... 4 %. Im Knochensystem befinden sich mit 90 % des Gesamtmineralstoffanteiles die meisten Mineralien. Hier sind es besonders die Elemente Kalzium, Phosphor und Magnesium. In der Muskulatur sind etwa 1,4 ... 2,0 % Mineralien eingebaut. Geringere Anteile sind in den übrigen Organen, Geweben und Körperflüssigkeiten zu finden.

Zu den unentbehrlichen (essentiellen) Mineralstoffen gehören Kalzium, Phosphor, Magnesium, Kalium, Natrium, Chlor, Schwefel, Eisen, Mangan, Kupfer, Zink, Kobalt, Jod und Fluor. Die letztgenannten sieben Elemente sind dabei als Spurenelemente aufzufassen. Sie entfalten ihre Wirkung besonders in körpereigenen Wirkstoffen, den Hormonen und Fermenten sowie den Körperflüssigkeiten. Die Mengenelemente, Kalzium, Phosphor, Magnesium, Kalium, Natrium, Chlor und Schwefel werden in größerem Umfang benötigt. Sie erfüllen vorrangig Aufgaben im Bau- und Betriebsstoffwechsel. Im Taubenkörper sind mitunter auch Silizium, Brom und Selen zu finden.

Vitamine

Als Vitamine werden bestimmte organische Verbindungen bezeichnet, die für den tierischen Organismus lebensnotwendig sind und vom Körper mit wenigen Ausnahmen (u. a. Vitamin C und K) nicht selbst gebildet werden können. Die Taube ist deshalb über die Zufuhr von außen in Form ihrer pflanzlichen Grundnahrung angewiesen. Die Vitamine sind an der Regulierung aller Stoffwechselvorgänge beteiligt. Eine optimale Versorgung mit diesen Wirkstoffen ist wesentliche Voraussetzung für die Gesunderhaltung und Leistungsfähigkeit der Tiere.
Jedem Vitamin fällt eine ganz bestimmte Aufgabe zu, die beim Fehlen des betreffenden Vitamins durch ein anderes nicht übernommen werden kann. Mangel an diesen Wirkstoffen verursacht schwere Krankheitserscheinungen, die als Avitaminosen (zum Beispiel Beriberi, Rachitis) bezeichnet werden. Sie werden allerdings nur bei extrem einseitiger Ernährung beobachtet.
In der praktischen Fütterung ist das Angebot an Vitaminen recht oft unzureichend. Diese ungenügende Bedarfsdeckung kann Hypovitaminosen hervorrufen. Hier liegt also ein teilweiser Mangel eines bestimmten Vitamins vor, der sich im Anfangsstadium nur schwer erfassen läßt. Als Ursachen für Vitaminmangelerscheinungen können außer einer unzureichenden Zufuhr auch Resorptionsstörungen im Darmsystem in Frage kommen. Die Dünndarmkokzidiose und der Paratyphus (Salmonellose) verringern in jedem Fall die Resorptionsrate. Es sei erwähnt, daß auch sehr hohe Vitamingaben über einen längeren Zeitraum verabreicht, ebenfalls zu krankhaften Erscheinungen führen können. Diese Krankheitsbilder werden dann als Hypervitaminosen bezeichnet und treten besonders für die Vitamine D und A auf.
Die Vitamine werden aufgrund ihrer Löslichkeit in fettlösliche (Vitamine A, D, E und K) und wasserlösliche (B-Komplex, Vitamin C) eingeteilt. Es bestehen jedoch auch zwischen diesen, in der Löslichkeit sich unterscheidenden Gruppen sowie Unterschiede in ihren Wirkungen. Die fettlöslichen Vitamine sind hauptsächlich an der Bildung von Zellen und Geweben beteiligt, während die meisten Vitamine des B-Komplexes als Bestandteil der lebensnotwendigen Zellfermente wirken.
Nicht alle Vitamine sind in den pflanzlichen Futterstoffen, die der Taube angeboten werden, in wirksamer Form enthalten. Die Vitamine A und D werden überwiegend in ihren Vorstufen (Karotin bzw. Ergosterin, Dehydrocholesterin) mit dem Futter aufgenommen und erst im Körper in die wirksamen Vitamine umgewandelt.

Futtermittel

Getreidearten

Getreidekörner sind das am häufigsten verwendete Futter bei Tauben. Getreide enthält als Energieträger überwiegend Stärke. Der Eiweißgehalt beträgt etwa 9 … 16 %. Die Verdaulichkeit der Getreidekörner ist jedoch sehr unterschiedlich. Der bespelzte Hafer und die Gerste haben einen geringeren Verdauungsquotienten als die nackten Arten wie Weizen, Mais und Roggen. Der Spelzenanteil an der Gesamtkornmasse beträgt bei Gerste 7 … 15 % und bei Hafer 18 … 30 %. Neben Kohlenhydraten und Eiweiß sind auch Fette, Vitamine und Mineralstoffe enthalten, ebenso essentielle Aminosäuren.

Weizen
Der Weizen ist einer der verbreitetsten Futterstoffe in der Brieftaubenfütterung. Er wird von den Tauben sehr gern aufgenommen. Er

hat einen geringen Rohfaseranteil und ist somit hoch verdaulich. Der Roheiweißanteil beträgt je nach Sorte und Düngung 10 ... 16 %. Besonders reichlich sind Vitamin B_1 und Vitamin E vorhanden.
Die Bedeutung des Weizens für die Brieftaube ist oft überschätzt worden. Aus dieser Überbewertung resultierten Rationen, die mehr als 50 % Weizen enthielten, zum Teil wurde nur Weizen gefüttert. Auch der relativ hohe Schwefelgehalt rechtfertigt keinesfalls die alleinige Gabe von Weizen während der Mauser. Damit soll nicht in Abrede gestellt werden, daß frisch geernteter Weizen aufgrund des organisch gebundenen Schwefels einen günstigen Einfluß auf den Mauserverlauf nimmt. Nur ist er während dieser Zeit im richtigen Verhältnis zu anderen Futterstoffen zu verabreichen, wie im Abschnitt über die Fütterung noch dargelegt wird.
Es ist nachgewiesen, daß sich bei hohen Gaben frisch geernteten Weizens die Kotbeschaffenheit ändert. Der Kot wird etwas dünnflüssiger. Die Meinung, daß einseitige Fütterung von abgelagertem Weizen Durchfall oder Verstopfung bewirkt, kann nicht bestätigt werden. Bei diesen Beobachtungen dürften wohl eher artfremde Beimengungen eine Rolle spielen, die diese Erscheinungen hervorrufen.
Nach dem gegenwärtigen Erkenntnisstand sollte in der Brieftaubenfütterung der Weizenanteil nicht größer als 30 % sein. Höhere Anteile führen zu verstärkter Depotfettbildung und damit zu trägen Tauben. Bei Brieftauben führt zu umfangreiche Weizenfütterung zu lockerem Körpergewebe, und die Tiere verlieren ihre Wettflugform. Die heute geforderten Spitzenkonkurse sind durch alleinige Weizengaben nicht zu erzielen.

Roggen

Roggen hat annähernd die gleiche Nährstoffzusammensetzung wie Weizen. Lediglich der Anteil an Roheiweiß ist etwa um 1,5 ... 2 % niedriger. Die enthaltene umsetzbare Energie von 12025 kJ/kg und die Energiekonzentrationen weichen nur unwesentlich vom Weizen ab. Roggen könnte mit ähnlichem Erfolg wie Weizen gefüttert werden. In der praktischen Fütterung ist dies aber kaum möglich, weil der Roggen in der Beliebtheitsreihe der Körner am Ende steht. Der Grund dafür ist die spitze Form des Roggenkornes. Roggen wird daher nur ungern gefressen.
Gleichzeitig ist festzustellen, daß feldernde Tauben einen erheblichen Anteil Roggen im Kropf haben. Erklärung ist, daß die Taube, wenn nicht genügend im Schlag gefüttert wurde, ihren Futterbedarf deckt und hauptsächlich Roggen auf dem Feld vorfindet. Andererseits haben Versuche gezeigt, daß gequollener oder angekeimter Roggen von den Tauben gern gefressen wird. Durch die feuchte Erdkrume und durch Witterungseinflüsse wird bei auf dem Feld liegenden Roggen dieser Effekt erzielt.
Aus belgischen Taubenfarmen ist bekannt, daß Brieftauben nach Gewöhnung 25 % Roggen an Stelle von Weizen verzehren. Bei diesen Betrachtungen darf jedoch die unterschiedliche Kornform der Roggensorte nicht unberücksichtigt bleiben. Verunreinigungen mit Mutterkorn schließen Roggen in der Brieftaubenfütterung aus.

Gerste

Die Gerste hat mit 10 ... 12 % Rohprotein etwa den gleichen Eiweißgehalt wie Weizen. Die verfügbare Energie ist jedoch geringer. Gerste enthält 11062 kJ/kg umsetzbare Energie; Weizen hingegen 12361 kJ/kg. Der Fettgehalt von 1,8 ... 2,0 % entspricht etwa dem Gehalt in Weizen und Roggen. Er ist gegenüber Hafer und Mais gering. Die Verdaulichkeit der Energie beträgt bei der Gerste 72 %. Im Gegensatz zur Spelzengerste haben die rohfaserärmere Nacktgerste oder geschälte Gerste (Gerstengraupen) einen höheren Nährstoffgehalt und eine bessere Verdaulichkeit. Bei diesen Arten wird eine Verdaulichkeit der Energie von 84 ... 86 % erreicht. Dieser Wert liegt im Bereich von Roggen und Weizen. Der Spelzenanteil beeinflußt somit

den Rohfaseranteil, der bei Spelzengerste 4,8 ... 5,3 % beträgt und die Verdaulichkeit herabsetzt.
Bei dem gegenwärtigen Gerstenangebot wird in der Regel Spelzengerste für Brieftauben verfüttert. Hier liegt die Entscheidung zwischen Winter- und Sommergerste. Dabei sollte man eindeutig der Sommergerste den Vorzug geben. Sie enthält etwa 1,5 % mehr Roheiweiß als Wintergerste und weniger Rohfaser. Die Tauben nehmen Gerstenkörner nur zögernd auf, wobei die Sommergerste der Wintergerste vorgezogen wird. Der Grund dafür ist wiederum die Kornform. Die harte und spitz auslaufende Spelze der Wintergerste sagt den Tauben nicht so zu.
Der Rohfasergehalt beider Gerstenarten vermindert zwar die Verdaulichkeit, ist aber nach Einordnung in die Gesamtfutterration keinesfalls ein Nachteil. Es muß angenommen werden, daß die Rohfaserfraktion einen günstigen Einfluß auf die Darmperistaltik nimmt. Die Voreingenommenheit vieler Taubensportler gegenüber Gerste ist unbegründet. Gerste wirkt der Einlagerung von intermuskulärem und intramuskulärem Fett entgegen und schafft damit feste Körpergewebe. Sommergerste sollte aufgrund der genannten Eigenschaften und dem hohen Gehalt an Kohlenhydraten in keiner Winterfuttermischung fehlen.
Man sollte ihr auch während der Wetterflugperiode künftig mehr Beachtung schenken.

Hafer

Hafer ist wegen seiner dicken, spitz auslaufenden Spelzen von den Getreidearten am wenigsten beliebt. Diese extreme Kornform erschwert der Taube das Abschlucken. Beobachtungen zeigen, daß selbst hungrige Tauben Hafer zunächst unberührt lassen. Haferkerne werden jedoch gern gefressen. Nach einer bestimmten Gewöhnungszeit nehmen sie auch Haferflocken. Der meistens vorhandene Spelzhafer enthält 10 ... 12 % Rohprotein und entspricht dem Gehalt von Gerste. Die umsetzbare Energie von 10643 kJ/kg und Energiekonzentration liegt unter den Werten der übrigen Getreidearten. Dieses Ergebnis resultiert aus dem hohen Rohfaseranteil von 10 %, wodurch es zur Verdaulichkeit der Energie von nur 60 ... 65 % kommt. Als sehr vorteilhaft ist der hohe Fettgehalt von 5 ... 7 % zu werten. Die Verdaulichkeit dieses Rohfettes übersteigt mit 79 % die Fettverdaulichkeitswerte von Weizen, Roggen und Gerste. Das Eiweiß des Hafers besitzt im Verhältnis zu anderen Getreidearten eine hohe biologische Wertigkeit, die vor allem auf die Gehalte der wichtigen Aminosäuren Lysin, Methionin und Zystin zurückzuführen ist.
Nach Möglichkeit sollten geklippter Hafer (Spelzenspitzen entfernt) oder Haferkerne bzw. Futterhaferflocken verfüttert werden.
In diesen beiden letztgenannten Formen stellt Hafer ein vorzügliches Futtermittel in der Jungtaubenfütterung und bei der Wettflugvorbereitung dar. In diesem Zusammenhang ist auf die diätetische Wirkung von Haferkernen und Haferflocken zu verweisen. Tauben mit gestörter Darmfunktion und nach anstrengenden Langstreckenwettbewerben sollten diese Futtermittel erhalten. Der Einsatz von Spelzenhafer bleibt auf die Winterfütterungsperiode beschränkt. Hier werden durch das ausgeglichene Nährstoffverhältnis und den Rohfaseranteil übermäßige Depotfettbildungen vermieden.

Mais

Dem Mais kommt von allen Futtergetreidearten der größte Futterwert zu. Er stellt ein hochverdauliches Kohlenhydratfuttermittel dar, das eine Verdaulichkeit der Energie von 85 % hat. Der Fettgehalt von 4,0 ... 4,5 % ist relativ hoch und wird bei den Getreidearten nur noch vom Hafer übertroffen. Der Anteil umsetzbarer Energie von 14120 kJ/kg Futter kennzeichnet die hohe Energiekonzentration. Der Gehalt an Rohprotein beträgt 8,5 bis 9,5 %. Dieses Eiweiß ist jedoch biologisch nicht besonders hochwertig. Der Gehalt an Rohfaser in den einzelnen Maissorten ist mit 2,1 ... 2,4 % als niedrig einzustufen, woraus die hohe Verdaulichkeit dieses Futtermittels resultiert. Mais wird von Tauben, unabhängig von der Größe der Körner, gern gefressen. Die gelben Sorten unterscheiden sich von den weißen Arten bezüglich des Nährstoffgehaltes nur unwesentlich. Im Gegensatz zu allen anderen Getreidearten enthält gelber bzw. rötlicher Mais Karotin (Vorstufe des Vitamin A), was als Vorteil zu werten ist. Mais kann aus der Sicht der Nährstoffwirkung als ausgezeichneter Futterstoff in der Brieftaubenfütterung beurteilt werden. Einseitige Fütterung ist jedoch zu vermeiden, da es sonst bei Zuchttauben zur Verfettung der Fortpflanzungsorgane kommen kann, verbunden mit gestörter Fruchtbarkeit. Auch können durch den sehr geringen Gehalt der lebenswichtigen Aminosäure Tryptophan, aus der der Körper Nikotinsäureamid bildet, bestimmte Mangelerscheinungen auftreten. Diese äußern sich dann in entzündlichen Prozessen auf der Schleimhaut der Schnabel-Rachenhöhle oder bei Jungtieren in Wachstumsstörungen. Mais ist in Futterrationen einzuordnen, in denen Futterstoffe enthalten sind, die das erforderlich hochwertige Eiweiß liefern.

Reis

Es ist zwischen dem ungeschälten, sogenannten Paddyreis, und dem geschälten Reis zu unterscheiden. Bei letzterem sind die Spelzen entfernt, und er ist oftmals poliert. Ungeschälter Reis enthält 7,5 % Roheiweiß, 2,3 % Fett und 8,5 % Rohfaser. Entschälter Reis hingegen 8,1 % Roheiweiß, 1,2 % Fett und 0,5 % Rohfaser. Reis kann als stärkereiches Futtermittel eingestuft werden. In geschältem Reis ist nur wenig Vitamin B_1. Eine übermäßige Fütterung kann die Mangelerkrankung Beriberi bewirken. Ebenfalls ist unerwünschter Fettansatz zu erwarten.

Empfehlenswert ist die Gabe von geschältem Reis nach Flugwettbewerben und Darmerkrankungen. Die leichte Verdaulichkeit garantiert auch während Krankheiten und großen Anstrengungen eine entsprechende Nährstoffaufnahme.

Hirse

Bedeutung für die Taubenfütterung haben nur die Rispenhirse und Milokorn (Abart der Mohrenhirse). Die Körner der Rispenhirse haben dicke, harte Schalen und sind sehr rohfaserreich (10,3 %). Der Futterwert ist mit Hafer vergleichbar. Geschälte Rispenhirse ist allerdings gut verdaulich und wird von den Tauben auch gern aufgenommen. Es ist ein verhältnismäßig hoher Eiweißgehalt vorhanden (13 %) und gegenüber Milokorn ein etwas höherer Fettgehalt (3,8 %). Milokorn wird jedoch häufiger in der Fütterung eingesetzt und besitzt etwa den Futterwert der Maiskörner. Es enthält 10 ... 11 % Roheiweiß, 3,2 % Rohfett und nur 2,2 % Rohfaser. Der Anteil umsetzbarer Energie von 13827 kJ/kg Milokorn wird bei den Getreidearten nur noch von Mais erreicht. Wegen seines hohen Nährstoffgehaltes und der guten Verdaulichkeit sollte man es vor allem für Zuchttauben und während der Reiseperiode verfüttern. Bekommen Elterntiere Hirse, so kann ein guter Übergang von der Kropfmilch- zur Körnerfütterung bei den Jungen erreicht werden. Mit Verdauungsstörungen bei den Nestjungen ist nicht zu rechnen.

Hülsenfrüchte

Auch Körner von Hülsenfrüchten werden für Tauben verfüttert, dies vor allem während der Zuchtperiode und in der Mauser. Gegenüber den Getreidearten haben sie einen wesentlich höheren Eiweißgehalt, der 20 ... 35 % betragen kann und vielfach den Hauptanteil der organischen Substanz ausmacht. Die Samen sind durch eine hohe Verdaulichkeit der Rohproteine und der gesamten organischen Nährstoffe gekennzeichnet. Sie werden somit zu den wertvollsten Futtermitteln gezählt. Wie die Getreidekörner haben die Samen der Hülsenfrüchte einen hohen Gehalt an Phosphor. Das Eiweiß der Hülsenfrüchte hat für die Taube eine hohe biologische Wertigkeit. Für andere Tierarten und den Menschen hingegen eine geringe. Mit Ausnahme der besonders fettreichen Sojabohne und der Süßlupine sind Hülsenfrüchte arm an Fett. Im Vergleich zu einigen Getreidearten (Roggen, Weizen, Mais) haben sie einen höheren Rohfasergehalt. Neben einem hohen Phosphorgehalt ist auch reichlich Kalzium und Schwefel enthalten. Die Vitamine des B-Komplexes sind wie bei den Getreidearten in ausreichender Menge vorhanden. Karotin befindet sich zwar in grünen Bohnen und Erbsen, in den reifen Samen dagegen nur wenig. Die Keimlinge enthalten Vitamin E, aber in recht unterschiedlichen Mengen. Die Vitamine A und D sind in den reifen Samen kaum nachzuweisen. Der in unterschiedlicher Konzentration vorhandene Glykosidgehalt (Erbsen gering) verursacht einen bitteren Geschmack, der jedoch von der Taube am trockenen Korn nicht wahrgenommen wird.

Die Qualität der Hülsenfrüchte verdient besondere Beachtung. Eine Kontrolle auf Schimmelpilze und Samenkäfer sollte durchgeführt werden. Der Befall würde die Verdaulichkeit herabsetzen und Durchfall bewirken. Geschrumpfte Körner mit glanzloser Schale sind nicht genügend ausgereift und besitzen einen geringeren Futterwert.

Wicken

Die Wicke gehört zu den besten Futterstoffen für die Taube. Der Rohproteingehalt beträgt 25 ... 28 %. Der Anteil des Rohfettes 1,7 % und der Rohfaser 6 %. Die Verdaulichkeit der organischen Substanz von 90 % übertrifft die der Bohnen. Die kugelig-abgeflachten, graublau bis schwarzen Samen werden von den Tauben sehr gern verzehrt. Es muß jedoch auf den Blausäuregehalt der Wicken hingewiesen werden, der den Einsatz begrenzt. Bei alleiniger Verfütterung wurden zwar bisher keine direkten Gesundheitsschäden bekannt, doch waren Leistungsminderungen nicht auszuschließen. Wird ein bestimmter Grenzwert der Blausäurekonzentration erreicht, so führt das zu Veränderungen des Blutfarbstoffes Hämoglobin. Eine Verminderung des Sauerstofftransportes und damit der Stoffwechselaktivität wären die Folge.

Wenn der Wicke oft eine mysteriöse Wirkung in der Brieftaubenfütterung zugesprochen wird, so hängt das sicher damit zusammen, daß sie wirklich hervorragende ernährungsphysiologische Eigenschaften besitzt. Mit Wicken ernährte Tauben haben eine feste, aber trotzdem elastische Muskulatur. Die Tiere setzen wenig Fett an und sind ausgesprochen vital. Das Füttern von Wicken ist besonders während der Reiseperiode und Mauser zu empfehlen. Von den Hülsenfrüchten ist sie die einzige Art, die vor Beginn des Wettfluges eingesetzt werden kann.

Ackerbohnen

Tauben nehmen nach Gewöhnung die länglichen und plattgeformten, dunkelbraunen Körner der Ackerbohne gut auf. Die Verdaulichkeit der organischen Substanz von 88 % ist beachtlich. Der Gehalt an Roheiweiß liegt mit 25 ... 26 % etwas über den Erbsen. Rohfett (1,5 %) ist wenig enthalten. Im Verhältnis zu den Getreidearten ist der höhere Gehalt der lebensnotwendigen Aminosäuren Lysin, Zystin und Methionin zu erwähnen.

Die Ackerbohnen sind sehr kaliumreich und haben einen hohen Phosphorgehalt. Der außergewöhnlich hohe Kupfergehalt von 12,8 mg/kg Trockenmasse wird von keiner anderen Hülsenfrucht oder Getreideart erreicht. Dies ist gleichermaßen zutreffend für das Element Zink. Enthalten sind die Vitamine des B-Komplexes und Vitamin E. Karotin ist kaum nachweisbar. Der Glykosidgehalt verleiht den Ackerbohnen einen bitteren Geschmack. Aufgrund ihres starken Quellungsvermögens und hohen Nährstoffgehaltes wird ein hoher Sättigungsgrad erreicht.

Ackerbohnen sind ein ausgezeichnetes Futtermittel während der Reiseperiode und vorrangig auch in der Mauser einzusetzen. Die Mauser wird außerordentlich günstig durch die enthaltenen schwefelhaltigen Aminosäuren und den Phosphorgehalt beeinflußt. Ackerbohnen erhöhen den Wasserbedarf der

Taube, deshalb dürfen sie nicht kurz vor Beginn des Wettfluges gefüttert werden.

Erbsen

Erbsen sind ein hervorragendes Taubenfutter. Die Felderbsen oder Peluschken werden von den Tauben genau so gern aufgenommen wie die Speiseerbsen. Die Samen der Peluschken sind einfarbig graugrün bis braun oder gesprenkelt, die der Speiseerbsen gelb bis graugrün. Abgeflachte oder runzlige Formen können auftreten. Peluschken und Speiseerbsen unterscheiden sich hinsichtlich des Nährstoffgehaltes, der Verdaulichkeit und der Beliebtheit bei den Tauben nicht. In den Erbsen sind etwa 22 ... 23 % Roheiweiß und 1,9 % Rohfett enthalten. Die Verdaulichkeit der organischen Substanz der Erbsen liegt im Bereich der Ackerbohnen mit 88 %. Besonders wertvoll ist der Gehalt an Lysin, Zystin und Methionin. Hieraus resultiert ein wirksamer Bestandteil organisch gebundenen Schwefels. Erbsen enthalten wie Ackerbohnen viel Kalium, Phosphor, Kupfer und Zink. Die Gehaltswerte der Ackerbohne werden jedoch nicht ganz erreicht. Wichtige Vitamine der B-Gruppe (B_1 und B_2) sind ausreichend enthalten.

Im Gegensatz zu den übrigen Hülsenfrüchten sind nur wenig Bitterstoffe enthalten, was zweifellos ernährungsphysiologisch günstig zu bewerten ist. Erbsen sind vor dem Verfüttern auf eventuellen Schädlingsbefall von Erbsenwickler und Erbsenkäfer zu prüfen. Starker Befall kann die Verdaulichkeit der Gesamtfutterration erheblich mindern und Verdauungsstörungen hervorrufen.

Entsprechend ihren Nähr- und Inhaltsstoffen sind Erbsen während des ganzen Jahres zu füttern. Sie sollten fester Bestandteil der Rationen von Zuchttieren und Jungtauben sowie für Reisezeit und Mauser sein. Kurz vor Wettflugbeginn sollten Erbsen nicht gegeben werden, da durch sie der Wasserbedarf der Tauben erhöht wird.

Linsen

Linsen werden nur ungern von Tauben aufgenommen. Ihr Gehalt an Nährstoffen und deren Verdaulichkeit ist jedoch der Wicke nahezu gleichwertig. Schwefelhaltige Aminosäuren sind ebenfalls enthalten. Vitamine des B-Komplexes, Vitamin E und Phosphor sind reichhaltig enthalten.

Linsen sind vornehmlich für die menschliche Ernährung bestimmt. Die Qualität der Futterlinsen ist aber meist nicht befriedigend, weil Bruchkörner und Fremdbesatz den Nährstoffgehalt und die Verdaulichkeit negativ beeinflussen. Es ist auch künftig nicht mit einer zunehmenden Bedeutung der Linsen für die Brieftaubenfütterung zu rechnen.

Sojabohnen

Diese Hülsenfrucht erreicht mit 33 ... 35 % Rohprotein einen hohen Eiweißgehalt. Zudem besitzt das Eiweiß eine hohe biologische Wertigkeit aufgrund wichtiger Aminosäuren. Der sehr hohe Fettgehalt von 17 ... 20 % und das Vorhandensein eines Trypsininhibitors verbieten einen erhöhten Anteil in der Futterration. Durch diesen Faktor wird die Wirkung des eiweißspaltenden Fermentes Trypsin gehemmt. Einseitige Sojabohnengaben beeinträchtigen somit die Eiweißverdauung. Wachstums- und Fortpflanzungsstörungen sind die Folge.

Sojabohnen werden von den Tauben nur ungern gefressen. Man kann sie aber auch in Form von Sojaextraktionsschrot verfüttern. Hier wird durch Toasten (Dampferhitzung bei 110 °C, 30 Min.) der Trypsininhibitor inaktiviert. Nach dieser Behandlung ist Sojaextraktionsschrot ein wertvolles Futtermittel. Die Einordnung in Futterrationen der Tauben wird aber auf Einzelfälle beschränkt bleiben, weil dieses Extraktionsschrot für andere Tierarten dringlicher benötigt wird (Rind, Schwein, Huhn). Für die Brieftauben sind Sojabohnen und deren Schrote ein entbehrliches Futtermittel.

Süßlupinen
Für die Fütterung von Lupinen an Tauben kommen nur die Süßlupinen in Betracht. Die drei wichtigsten Arten, die blaue Lupine, die gelbblühende, weißsamige Lupine und weißblühende, weißsamige Lupine haben den absolut höchsten Eiweißgehalt (33 ... 41 %) der den der Sojabohnen noch übertrifft. Der Rohfettgehalt von 4,5 ... 7 % entspricht dem von Mais und Hafer. Durch den hohen Rohfaseranteil von 11 ... 14 % wird die Verdaulichkeit der Erbsen, Wicken und Ackerbohnen nicht erreicht. Auch liegen die Werte für N-freie Extraktstoffe (stickstofffreie Extraktstoffe) um 10 ... 15 % unter den Gehalten der übrigen Hülsenfrüchte. Die biologische Wertigkeit des Eiweißes liegt dagegen über den anderen Arten. Der Lysin- und Methioningehalt entspricht etwa den Ackerbohnen und Erbsen. Die schwefelhaltige Aminosäure Zystin ist mit 5,1 g/kg Trockensubstanz dieses Futtermittels in doppelter Menge enthalten. Relativ reich sind die Lupinen an Karotin sowie Vitamin B_1 und B_2. Der Glykosidgehalt, der bei den Bitterlupinen sehr hoch ist, ist bei Süßlupinen nur in geringsten Mengen enthalten. Die Verfütterung von Süßlupinen sollte sich hauptsächlich auf den Zeitraum der Mauser konzentrieren.

Ölfrüchte

Zu den Ölfrüchten zählen Fruchtarten, die wegen ihres Ölgehaltes vorrangig zur Ölgewinnung angebaut werden. Die Verwendung zu Fütterungszwecken ist in dem hohen Eiweißgehalt begründet (13 ... 26 %) und dem hohen Fettgehalt (27 ... 40 %). Die Anteile an Rohfaser schwanken von 8 ... 27 %. Daraus leiten sich unterschiedliche Verdaulichkeiten der organischen Substanz bzw. Energie ab. Der Gehalt an Phosphor übersteigt bei den meisten Ölsaaten im allgemeinen die Menge an anderen Mineralien. Einige Samen weisen bestimmte ernährungsphysiologische Eigenschaften auf.

Hanf
Hanf ist der beliebteste Futterstoff bei den Tauben. Die Form des Hanfsamens ist den Tauben sehr angenehm, woraus sich die bevorzugte Aufnahme erklärt. Die dicke, harte Schale hat einen Rohfasergehalt von 18 %. Der Gehalt an Roheiweiß von 21 % und Rohfett von 32 % ist sehr hoch, der an N-freien Extraktstoffen mit 16 % im Vergleich zu den Getreidearten (60 ... 73 %) ausgesprochen niedrig. Hanf enthält sehr viel Kalzium und Phosphor. Diese beiden Elemente sind in einem ausgeglichenen Verhältnis von 1,1 : 1 vorhanden. Der absolute Gehalt von 7,8 g Kalzium und 7,4 g Phosphor wird weder von Getreide noch von den Hülsenfrüchten erreicht. Hanf ruft ganz spezifische Wirkungen hervor. Es enthält narkotisch wirkende Stoffe, die in geringen Dosen eine anregende Wirkung hervorrufen. Daraus ergibt sich auch die Begrenzung des Einsatzes in Futtermischungen. Zur Sättigung und Nährstoffbedarfsdeckung ist dieser Futterstoff nicht geeignet. Der anregende Einfluß kleiner Mengen kann jedoch während der Reiseperiode genutzt werden.
Hanf beeinflußt auch das Paarungsverhalten der Tauben. Bis zu einem bestimmten Grenzwert steigt die Stoffwechselaktivität im positiven Sinne an, um sich nachfolgend bei zu hohen Gaben nachteilig auf das Herz-Kreislauf-System auszuwirken. Der Hanf muß in der Brieftaubenfütterung als Ergänzungsfutterstoff mit besonderen Eigenschaften betrachtet werden. Ihm kommt die Rolle eines Stimulators zu, wenn die Gaben 5 ... 7 % der Gesamtration nicht übersteigen. Neuere Untersuchungen haben ergeben, daß ein Anteil von 5 ... 7 % auch ganzjährig ohne nachteilige Folgen verfüttert werden kann.

Raps und Rübsen
Raps und Rübsen kommen in der Beliebtheit unmittelbar nach dem Hanf. Der Gehalt an Rohprotein von 21 ... 22 % entspricht in etwa dem des Hanfs. Der Rohfettgehalt liegt mit 38 % höher und der Rohfaseranteil (8 %)

niedriger, woraus auch eine um 10 % bessere Verdaulichkeit gegenüber Hanf resultiert. Bei Raps- und Rübsensamen ist das Vorkommen der Senfölglykoside (Crotonylsenföl) zu beachten. Außerdem enthalten beide als weiteres Glykosid das nicht flüchtige Goitrin, das eine strumigene Wirkung ausübt. Durch Hemmung der Oxidation des Jodids zu Jod kommt es zu einer Beeinträchtigung der Schilddrüsenfunktion. Besonders während der Aufzucht der Jungtiere sollten daher nicht größere Mengen verfüttert werden. Ein Gehalt an Phosphor von 7,6 g und Kalzium von 3,0 g ist beachtlich und der Anteil schwefelhaltiger Aminosäuren als vorteilhaft zu beurteilen. Besonders hoch ist der Gehalt an Lysin und Zystin. Leider ist im Rapsöl die ungesättigte Erukasäure mit über 50 % vorhanden, die die Verdaulichkeit des Fettes herabsetzt. Angesichts dieser Inhaltsstoffe sollten Raps und Rübsen nicht mehr als 10 % einer Futterration betragen, um Verdauungsstörungen und Durchfall zu vermeiden. Raps- und Rübsenfütterung im Wettflugzeitraum hat positive Effekte. Es kann eine mit Hanf vergleichbar anregende Wirkung festgestellt werden. Unter bestimmten Fütterungsbedingungen (energiearme Rationen) können diese Futtermittel als Energieträger Bedeutung erlangen.

Leinsamen

Lein ist aufgrund der Kornform bei den Tauben nicht sehr beliebt, wird aber nach Gewöhnung gefressen. Der Gehalt an Roheiweiß von 22 %, Rohfaser 8 % und Rohfett 34 % sind mit Raps und Rübsen zu vergleichen. Leinsamen zeichnet sich durch einen hohen Gehalt an Schleimstoffen aus, die die Ursache für die günstigen diätetischen Eigenschaften sind. Diese Schleimstoffe stellen Gemische von Kohlenhydratverbindungen dar. Gleichfalls wirken die Leinsamen infolge ihres Ölgehaltes leicht abführend und dadurch reinigend auf das Darmsystem. Die Verdaulichkeit des Rohproteins und Rohfettes ist hoch. Besondere Bedeutung erlangt der hohe Anteil Lysin von 9,1 g/kg Trockensubstanz und der der schwefelhaltigen Aminosäuren Methionin und Zystin. Phosphor und Kalzium ist in beachtlicher Menge enthalten. Karotin und Vitamine des B-Komplexes sind auch nachweisbar.

Der appetitanregende und die Verdauungsvorgänge fördernde Leinsamen ist mit bestem Erfolg für erkrankte Tauben und Jungtiere einzusetzen. Er sollte in keiner Mischung während der Mauser fehlen. Ein beständiger Prozentsatz könnte die Reisemischung bereichern. Leinsamen verbessert Federstruktur und Gefiederglanz.

Der Gehalt an blausäurehaltigem Glykosid Linamarin und an Antivitamin B_6 grenzen jedoch den Einsatz ein. Bis 10 % Leinsamen können von den Tauben völlig unbedenklich für Gesundheit und Leistung aufgenommen werden. Leinsamen sollte nicht allzu lange gelagert werden (unter einem Jahr) und demzufolge nach Möglichkeit ein Produkt der letzten Ernte sein. Gleiches gilt für Raps und Rübsen.

Sonnenblumenkerne

Die Samen der Sonnenblume enthalten 13 bis 15 % Rohprotein, 28 % Rohfett, 21 % N-freie Extraktstoffe und bis 28 % Rohfaser. Die enthaltenen Aminosäuren Methionin und Zystin garantieren eine reichliche Zufuhr von organisch gebundenem Schwefel. Die für das Wachstum der Jungtiere wichtige Aminosäure Lysin ist gleichfalls in größerer Menge im Eiweiß enthalten. Der Phosphorgehalt von 6,5 ... 8,1 g/kg Trockensubstanz ist neben einem entsprechenden Kalziumgehalt besonders hervorzuheben. In der Samenschale, die 35 ... 40 % der Gesamtkornmasse ausmachen kann, sind bestimmte Gerbstoffe und Glykoside enthalten.

In der Literatur wurden Sonnenblumenkerne oft als ungeeigneter Futterstoff für Tauben angeführt. Diese Aussage sollte kritisch überdacht werden. Praktische Erfahrungen zeigen, daß die Sonnenblumenkerne neben anderen Ölsaaten und dem Mais bevorzugt aufgenommen werden. Wenn auch, bedingt durch den Rohfasergehalt, die Verdaulichkeit der organischen Substanz nur 70 ... 71 % beträgt, so sind doch Eiweiß und Fett sehr hoch verdaulich. Diese hohe Verdaulichkeit des Sonnenblumenkerneiweißes und Sonnenblumenkernfettes wird von keinem anderen Futterstoff erreicht. Der Gehalt an lebenswichtigen Fettsäuren ist reichlich. Nach Einordnen in die Gesamtfutterration wirkt der hohe Rohfaseranteil nicht nachteilig. Untersuchungen ergaben eher eine anregende Wirkung der Rohfaserfraktion auf die Darmtätigkeit. Durch die Absorption von Schadstoffen wird deren toxische Wirkung gemindert und trägt insgesamt zur Entschlackung des Magen-Darm-Systems bei.

Das alles läßt die Schlußfolgerung zu, daß Sonnenblumenkerne ein vorzügliches Futtermittel für Brieftauben sind. Sie sind nicht nur Lockfutter und Leckerbissen, sondern auch Leistungsfutter. Dieser Futterstoff sollte das ganze Jahr verabreicht werden, keinesfalls aber in der Reisefuttermischung und während der Mauser fehlen. Die Tauben bekommen Gefiederglanz mit verstärkter Puderbildung, neigen nicht zu Fettansatz und bleiben in Form. In den Futterrationen ist ein Bestandteil bis zu 30 % möglich.

Grünfutterpflanzen

Grünfutter kann vor allem bei Volierentauben und Tauben mit begrenztem Freiflug zur Aufrechterhaltung von Gesundheit und zur Leistungsbereitschaft beitragen. Durch den Gehalt an leichtlöslichen Kohlenhydraten werden diätetische Eigenschaften entfaltet, die sich auf Verdauung und Stoffwechsel positiv auswirken.

Das enthaltene Roheiweiß hat für die Taube nur geringe Bedeutung, da der hohe Anteil an Amiden nicht entsprechend verwertet werden kann. Amide sind stickstoffhaltige Verbindungen nichteiweißartiger Natur.

Grünfutterpflanzen sind vorrangig zur Deckung des Vitaminbedarfes gedacht, wobei gleichzeitig Mineralstoffe zugeführt werden. Vor allem sind die Vitamine des B-Komplexes, Vitamin B_1, Vitamin C, das Karotin, Vitamin E, Vitamin K und Vorstufen des Vitamin D enthalten. Die Mineralstoffbilanz wird durch den Gehalt von Mengenelementen wie Kalzium, Phosphor, Magnesium, Natrium, Kalium, Chlor und den Spurenelementen Eisen, Kupfer, Kobalt, Jod, Zink und Mangan verbessert.

Für Brieftauben sind besonders Möhren, Salat, Spinat, Grünkohl, Löwenzahn, Kresse und Schotenerbsen geeignet. Weiterhin ist die Verfütterung der jungen Triebe und Blätter von Leguminosen, hochwertigen Gräsern und Kräutern möglich. Die Aufnahme wird verbessert, wenn, vor allem Möhren, Grünkohl, Tomaten und Löwenzahn, zerkleinert verabreicht werden. Die Zufütterung der Grünfutterstoffe deckt aber nicht den Nährstoffbedarf. Die Energieerzeugung aus Grünfutter ist gering.

Grundsätze bei der Fütterung

Die Zusammensetzung der Futterration hat so zu erfolgen, daß entsprechend der Leistung der Nährstoffbedarf und damit der Energiebedarf gedeckt werden. Das wird durch den Gehalt an organischen Stoffen wie Eiweiß (Protein), den Fetten und Kohlenhydraten gewährleistet. Für eine exaktere Beurteilung der Futterstoffe werden die Kohlenhydrate nochmals in stickstofffreie Extraktstoffe und Rohfaser unterschieden. Dabei ist die Verdaulichkeit der organischen Substanz ein entscheidendes Kriterium. Die im Abschnitt „Futtermittel" angeführte biologische Wertigkeit des Eiweißes in den Futtermitteln kann für die Taube leistungsbegrenzend sein. Die biologische Wertigkeit des Eiweißes wird im wesentlichen durch den Gehalt an lebensnotwendigen (essentiellen) Aminosäuren bestimmt, wobei die Verdaulichkeit des Eiweißes berücksichtigt wird. Die organischen

Hauptnährstoffe müssen somit ausschließlich über die angebotenen Nahrungsstoffe zugeführt werden. Synthetische Verbindungen haben bisher keine Bedeutung.
Anders hingegen muß die Versorgung mit anorganischen Stoffen (Wasser, Mineralien) und Wirkstoffen (Vitaminen) gesehen werden. Diese Stoffe können über die Futtermittel nur selten voll gedeckt werden. Brieftauben bringen große Flugleistungen, daneben aber sind wie bei den anderen Tauben Fortpflanzungs- und Aufzuchtsleistungen zu erbringen. Die zusätzliche Zufuhr von Mineralien und Vitaminen ist deshalb für das Erreichen höchster Leistungen erforderlich. Zu diesem Zweck stehen Mineralstoff- und Wirkstoffmischungen zur Verfügung. Daneben sollten stets Marmorgrit bzw. Flint, Kieselsteinchen und lehmiger Sand angeboten werden. Der sogenannte Muschelkalkgrit ist zur Zerkleinerung der Futterstoffe ungeeignet, weil dieser durch die Salzsäure des Magensaftes vollständig aufgelöst wird. Er kann lediglich zur Verbesserung des Kalzium-, Phosphor- und Magnesiumangebotes dienen. Marmorgrit und Kieselsteinchen dagegen werden selbst nach wochenlanger Verweildauer im Muskelmagen der Taube aufgrund ihres Härtegrades nur wenig angegriffen. Sie sind damit für das Erreichen einer hohen Futterausnutzung unentbehrlich. Die Verdaulichkeit organischer Substanz wird ohne Magensteinchen um etwa 10 % verringert. Fehlen sie über einen längeren Zeitraum, so bewirkt das eine Degeneration der Magenmuskulatur, verbunden mit geringerer Futteraufnahme und erheblicher Leistungsminderung. Magensteinchen sind nicht nur für die Alttiere notwendig, sondern müssen auch von diesen an die Jungtiere weitergegeben werden. Die ungestörte Entwicklung der Nestjungen ist also wesentlich abhängig von dem Steinchen- bzw. Gritangebot bei der Fütterung durch die Eltern.
Mineralstoffmischungen für Kleintiere sowie für Geflügel und Wirkstoffmischungen für Kleintiere können an Brieftauben verabreicht werden. In Ausnahmefällen (Mangel anderer Mischungen) kann den Tauben auch die Mineralstoffmischung für Schweine angeboten werden. Eine zusätzliche Gabe von Kochsalz ist im allgemeinen nicht notwendig.
Es gibt Sportfreunde, die Grit und Kochsalz geben und auf eine komplette Mineralstoffgabe verzichten. Es ist aber unbedingt zu beachten, daß Salz dann ständig zur Verfügung steht und nicht nur periodisch angeboten wird. Dieser Grundsatz gilt übrigens auch für alle Mineralstoffmischungen, obwohl hier periodische bzw. zeitweilige Gaben von der

Tab. 5 Zusammensetzung von Mineralstoffmischungen (Beispiele)

Bestandteil	Mineralstoffmischungen		Wirkstoffmischung
	Kleintiere g/kg	Geflügel g/kg	Kleintiere* g/kg
Kalzium	221,44	152,90	210,000
Phosphor	69,00	52,00	106,380
Natrium	57,53	46,00	58,000
Eisen	2,26	1,50	–
Mangan	0,73	1,47	0,810
Kupfer	0,25	0,25	0,250
Zink	0,44	1,30	2,230
Jod	–	–	0,008
Selen	–	–	0,003

* einschließlich verschiedene Vitamine und Hefe

Taube eher kompensiert werden und gesundheitlich weniger bedenklich sind. Erfolgt die Kochsalzgabe nur in bestimmten Zeitabständen, so können durch erhöhte Aufnahme Gesundheitsschäden hervorgerufen werden. Kochsalz und Grit können jedoch keine vollwertige Mineral- und Spurenelementversorgung garantieren. Deshalb muß daneben eine geeignete Mineralstoff- oder Wirkstoffmischung gegeben werden. Diese Mineralstoffmischungen müssen den Tauben beliebig zur Verfügung stehen. Sie nehmen dann nur so viel auf, wie sie entsprechend ihrer Leistung benötigen. Besonders große Mengen werden zum Zeitpunkt der Eischalenbildung und während der Versorgung der Nestjungen aufgenommen.

Bei dem Mineralstoffgemisch für Kleintiere und bei Wirkstoffmischungen ist neben dem Kalziumgehalt der hohe Phosphoranteil zu erwähnen. Bekanntermaßen kommt dem Phosphor bei der Energieübertragung in und zwischen den Zellen vorrangige Bedeutung zu. Diese Energieübertragung garantiert die Muskelarbeit. Eine Taube kann noch so viel Eiweiß, Fette, Kohlenhydrate und speziell Traubenzucker erhalten, bei Phosphormangel werden die Nährstoffe nicht effektiv ausgenutzt. Bisher wurden auch die Spurenelemente Mangan, Kupfer, Zink und Eisen unterschätzt. Bei den empfohlenen Mineralstoffmischungen wird aber auch ihr Bedarf gedeckt. Für eine ausreichende Vitaminversorgung muß natürlich in jedem Fall gesorgt sein. Wichtige Vitamine werden durch Wirkstoffmischungen zugeführt. Das Vitamin A kann mit 20000 IE/g Wirkstoffmischung enthalten sein. Letztere kann auch Vitamin B_{12} in einer Menge von 1,5 mg enthalten. Durch den Gehalt an Futterhefe (15 %) werden weitere Vitamine des B-Komplexes und über das Hefeprotein wichtige Aminosäuren zugeführt. Hier sind besonders Lysin, Methionin, Tryptophan, Zystin, Leuzin, Threonin und Histidin zu nennen.

Gibt man gleichzeitig die Mineralstoffmischung für Kleintiere bzw. die für Geflügel und Lebertran zum Körnerfutter, so sind Wirkstoffmischungen als Vitaminlieferant zu ersetzen. Lebertran enthält besonders viel Vitamin A und D; daneben Vitamine der B-Gruppe. Besondere Anforderungen an die Tauben, seien es Haltungsbedingungen, Erkrankungen oder die Behandlung mit Medikamenten, können zusätzliche Gaben von Multivitaminpräparaten erfordern. Hierzu wurden an Tauben Vitaminpräparate in wäßriger und in Drageeform geprüft. Die Dragees können vorteilhaft zur Vitaminversorgung von Einzeltieren eingesetzt werden. Auf Anwendungsmöglichkeiten und Dosierungen für Wirkstoffmischungen und Vitaminpräparate wird in den speziellen Fütterungsbeispielen eingegangen.

Die Ernährung der Brieftauben ist bislang nur ungenügend erforscht worden. Die Fütterung der Tauben muß sich daher vorrangig auf Ernährungs-Leistungsvergleichen gründen. Die Menge an Nährstoffen, die eine Taube mit dem Futter aufnehmen muß, hat neben der Leistung auch den Erhaltungsbedarf zu berücksichtigen. Dieser Erhaltungsbedarf ist abhängig von der Körpermasse, dem Alter und der Stoffwechselintensität (Grundumsatz). Für jede Taube ist eine bestimmte Energiemenge notwendig, um die ständig ablaufenden Lebensvorgänge wie Atmung, Verdauung, Stoffwechsel, Tätigkeit der Drüsen- und Nervenzellen sowie Erzeugung von Körperwärme in Gang zu halten. Der Erhaltungsbedarf läßt sich in etwa am Energieverbrauch der hungernden Taube messen. Dabei werden Ausscheidungen in Form der Atemluft, von Wärmeenergie und die Energie des Kotes und des Harnes gemessen. Näherungswerte des Erhaltungsbedarfes auf stofflicher Ebene sind auch über die Bestimmung der Futtermengen zu erzielen, die notwendig ist, die Körpermasse der ruhenden Taube auf gleicher Höhe zu halten. Eine Trennung des Erhaltungsbedarfes vom Leistungsbedarf ist in der praktischen Fütterung jedoch völlig bedeutungslos. Hier kommt es lediglich darauf an, durch die Wahl geeigneter Futterstoffe den Energiebedarf insgesamt zu decken und damit den Betriebsstoffwechsel in Gang zu halten. Für den Neuaufbau von Geweben im Rahmen des Baustoffwechsels ist neben der summarischen Energiebedarfsdeckung der Nährstoff Eiweiß von ausschlaggebender Bedeutung. Für Futterrationen muß dieser Nährstoff gesondert ausgewiesen werden. Die Fortpflanzung der Tauben, ihre Entwicklung und ihr Wachstum verlangen ein hochwertiges Eiweißangebot, das durch keinen anderen Nährstoff ersetzt werden kann.

Derzeit bestehen für die einzelnen physiologischen Leistungen der Brieftaube keine exakten Nährstoffbedarfsnormen. Hierzu wären Forschungsarbeiten notwendig, die allerdings einen erheblichen Aufwand erfordern würden. Am ehesten gelingen sie für Bedarfsnormen der Jungtiere in den einzelnen Entwicklungsabschnitten und der Alttiere in den verschiedenen Fütterungsperioden außerhalb der Wettflugsaison.

Hier gibt es schon einige Ergebnisse. Für Brieftauben während der Flugwettbewerbe eine exakte Bedarfsermittlung an Nährstoffen bzw. an Energie durchzuführen, ist viel schwieriger. Der Energieverbrauch je zurückgelegtem Flugkilometer ist sehr unterschiedlich. Er wird beeinflußt von Temperatur, Windrichtung, Windgeschwindigkeit sowie Wetterunbilden. Also ist das Festlegen der Futterrationen während der Wettflugsaison mit vielen Unsicherheitsfaktoren behaftet.

Eine indirekte, wenn auch unvollkommene Methode zur Schätzung des Energieverbrauches besteht in der Bestimmung der Körpermasse der Tauben vor Wettflugbeginn und bei Wettflugende. Aus der Differenz beider Werte bzw. der Körpermasseabnahme lassen sich gewisse Schlußfolgerungen für den Energiebedarf ziehen. Die Tauben sind dabei in nüchternem Zustand zu wiegen. Tauben, die während der Heimkehr schon Wasser oder Futter aufgenommen haben, kommen für die Ergebnisermittlung nicht in Betracht. Grundsätzlich sollte dem Wiegen der Brieftauben mehr Bedeutung beigemessen werden. Einerseits kann unter Berücksichtigung der Stammeseigenschaften die optimale Körpermasse ermittelt werden, andererseits ist aus den Körpermasseabnahmen während der einzelnen Wettbewerbe der Energieverbrauch schätzbar.

Beide Betrachtungen gemeinsam führen, über einen längeren Zeitraum vergleichsweise angestellt, zu einer rationierten Fütterung unter besonderer Berücksichtigung der Nährstoffgehalte der einzelnen Futterstoffe.

Es ist bekannt, daß die verschiedenen Zuchtlinien unterschiedlich Depotfett ansetzen. Daraus ergibt sich bei Linien mit erhöhtem Depotfettanteil auch eine größere Körpermasseabnahme bei gleicher Flugstrecke. Bei qualitativ und quantitativ gleicher Futterration verlieren verschiedene Stämme, sogar Einzeltiere während der Flugwettbewerbe unterschiedlich an Körpermasse. Die Beurteilung der Leistungsanforderung während eines Fluges nach der absoluten Körpermasseabnahme kann deshalb nur für den Bestand angewandt werden, obwohl die Tendenz allgemeingültig ist.

Es steht die Frage nach der Optimalkörpermasse der Taube und ihrem täglichen Futterbedarf. Bei den heute gezüchteten leistungsfähigen Brieftaubenlinien kann eine Variationsbreite der Körpermasse von 400 ... 550 g angenommen werden. Jahrelange Untersuchungen ergeben, daß die großen Sieger, verbunden mit Dauerleistung, im Bereich von 420 ... 500 g liegen. Dabei wurde nachgewiesen, daß diese Tauben auf den Flugwettbewerben weniger Körpermasse abnehmen und weniger Futter aufnahmen. Diese geringere Körpermasseabnahme während des Fluges bedingt eine verminderte Stoffwechselbelastung und ist damit als günstig zu beurteilen. Nicht die Taube, die am meisten Futter aufnimmt, ist die physiologisch leistungsfähigste, sondern die, die das angebotene Futter am besten verwertet.

Eine Brieftaube frißt täglich etwa 25 ... 60 g Körnerfutter. Das ist abhängig von der geforderten Leistung bzw. Nestverfassung. So ist es erklärlich, daß bei der gleichzeitigen Aufzucht von zwei Jungtieren der Futterverzehr 50 g/Tag überschreiten kann. Die aufgenommene Menge an Körnerfutter ist für die Leistungsbereitschaft nicht allein ausschlaggebend. Es wird höchstens ein Sättigungsgefühl erreicht. Bei der Brieftaubenfütterung kommt es vielmehr darauf an, durch richtige Kombination der Futterstoffe in der Ration den physiologischen Erfordernissen (zum Beispiel Zucht, Reise, Mauser) gerecht zu werden.

Fütterung und Rationsgestaltung

Fütterung während der Zuchtperiode

In der Zuchtperiode hat die Taube besondere Leistungen mit Brut und Aufzucht der Jungtiere zu vollbringen. Durch richtige Ernährung der Elterntiere wird neben dem normal verlaufenden Legevorgang die ungestörte Entwicklung der Nestjungen gewährleistet. Als Beginn der Zuchtperiode muß bereits der Paarungszeitraum angesehen werden. Neben Auswirkungen der Winterfutterperiode hat besonders die Fütterung in diesem Zeitabschnitt Einfluß auf die Qualität des Geleges und das Schlupfergebnis. Der normale Ablauf dieser ersten Phase der Zuchtperiode fordert:

- Ausreichende Versorgung mit Mineralstoffen und Spurenelementen;
- Bedarfsdeckung mit entsprechenden Vitaminen;
- gegenüber der Winterfutterperiode erhöhter Eiweißanteil in der Ration.

In diesem Zusammenhang sei erwähnt, welche Faktoren die Qualität des Geleges und das Schlupfergebnis ungünstig beeinflussen. Es ist oft so, daß bei 30 % der Brieftaubenzuchten die Schlupfergebnisse der ersten Brut nicht befriedigen. Oftmals gibt es von 25 Zuchtpaaren nur fünf bis zehn Jungtiere, im Extremfall bleiben alle Embryonen im Ei stecken bzw. die Jungen verenden kurz nach dem Schlupf. Wenn sich diese Erscheinungen mehrere Jahre fortsetzen, werden Auslese und damit züchterischer Fortschritt wesentlich eingeschränkt. Folgende Erscheinungskomplexe gilt es zu analysieren:

- Verschiedene Täubinnen legen keine Eier oder nur ein Ei.
- Die Mehrzahl der Gelege weist dünnschalige Eier auf oder die Eier zeigen eine rauhe großporige Beschaffenheit.
- Ein Teil der Embryonen stirbt im Ei ab, bevor es überhaupt angehackt ist. Ein anderer Teil bleibt nach Anhacken des Eies stecken und verendet. Die Embryonen, denen – verzögert – das Brechen der Eischale gelingt, sterben größtenteils kurz nach dem Schlupf. Hier ist in der Regel festzustellen, daß der Dottersack nicht eingezogen wurde oder das Einziehen außerordentlich langsam erfolgt. Die Jungen sind lebensschwach.

Beim ersten Komplex kommen Mängel in der Eiweißzuführung in Betracht. Hier entscheidet die Qualität des angebotenen Eiweißes. Daraus ergibt sich, daß keine der essentiellen (lebensnotwendigen) Aminosäuren fehlen darf. Fehlt nur eine, so kommt es nicht zur Ovulation (Eifollikelabgabe vom Eierstock), und das Schalenei wird nicht gebildet. Sobald aber die Täubin zwei Eier gelegt hat, steht fest, daß die Aminosäurengarnitur vollwertig ist. Nichtbefruchtete Eier sind deshalb vom Gesichtspunkt der Ernährung nicht der Täubin anzulasten. Natürlich können anatomische Anomalien im Geschlechtstrakt der Täubin eine Befruchtung verhindern, dies ist aber nicht mit der Ernährung in Zusammenhang zu bringen und ist zudem sehr selten.
Ernährungseinflüsse auf das Befruchtungsergebnis gehen eher vom männlichen Tier aus. Es ist nachgewiesen, daß Mängel im Eiweißangebot die Spermaproduktion herabsetzen. Außerdem ist die ausreichende Versorgung mit Vitamin A und Vitamin E bedeutungsvoll. Sind diese Vitamine nicht

genügend vorhanden, so wird die Beweglichkeit der Spermien gemindert, und es kann zu anormalen Spermienformen kommen. Alle diese Faktoren beeinträchtigen das Befruchtungsergebnis.
Von seiten des Vogels können erblich bedingte Anomalien der Geschlechtsorgane eine Befruchtung erschweren. Bei beiden Geschlechtern nimmt ab zehntem Lebensjahr die Fruchtbarkeit erheblich ab und versiegt mit etwa elf bis zwölf Jahren gänzlich. Dieser normal physiologische Vorgang ist zwar durch gezielte Vitamingaben etwas hinauszuzögern, aber nicht zu verhindern.
Legeleistung und Qualität des Geleges werden durch konzentrierte und wiederholte Aufnahme von Insektiziden und vor allem Herbiziden negativ beeinflußt. Diese chemischen Substanzen können sogenannte Ernährungsschäden hervorrufen. Schäden der innersekretorischen Drüsen können die Follikel- und damit Eibildung stören. Auf die toxischen Erscheinungen dieser Substanzen wird noch näher eingegangen.
Die im zweiten Komplex aufgezeigten Erscheinungen beruhen vor allem auf Mineralstoff- und Vitaminmangel. Dünnschalige Eier entstehen bei ungenügendem Kalzium- oder Phosphorangebot bzw. einem physiologisch ungünstigen Verhältnis zwischen beiden. Es kann auch ein Mangel an Vitamin D vorliegen. Die Regulierung des Kalzium- und Phosphorstoffwechsels würde dann in ungenügendem Maße erfolgen. Auch Eier mit großporiger und rauher Schale sind dafür ein Kennzeichen. Eier mit zu dünnen Schalen können ebenfalls durch toxische Einflüsse von Herbiziden und Insektiziden auf den Intermediärstoffwechsel entstehen.
Die als drittes der genannten Symptome haben zweifellos einen breiteren Ursachenkomplex von seiten der Ernährung. Bevor jedoch an Ernährungsmängel gedacht wird, muß das Vorliegen einer Paratyphuserkrankung (Salmonellose) ausgeschlossen werden. Erst dann kommen in der Häufigkeit ihres Auftretens in Betracht:

- Vitamin A-Mangel
- Mangan-Defizit
- Vitamin-B_2-Mangel
- Mangel an Vitaminen der B-Gruppe wie Vitamin B_6, Panthothensäure und Folsäure
- Vitamin-E-Mangel
- Kupfer- und/oder Zinkdefizit

Es ist möglich, daß ein Symptom mehrere Ursachen haben kann. Neben diesen nachgewiesenen Einflußfaktoren auf Schlupffähigkeit und Vitalität gibt es noch andere Möglichkeiten. Es kann beispielsweise beobachtet werden, daß Nachkommen von Tauben, die im Winter zu reichlich gefüttert werden, nicht genügend schlupffähig und vital sind. Fette Tauben sind also für eine intensive Zucht ungeeignet. Die Zusammenhänge sind jedoch noch nicht restlos geklärt. Weiterhin kommen auch bei den Erscheinungsbildern von Embryonensterblichkeit und verminderter Schlupffähigkeit Schadwirkungen von Herbiziden und Insektiziden in Betracht.
Die genannten Mangelerscheinungen sind vorrangig bei Zuchttauben zu erwarten, die in der Voliere gehalten werden oder nur begrenzten Freiflug erhalten. Bei diesen Haltungsformen ist es unbedingt erforderlich, daß ständig ein Mineralstoffgemisch zur Verfügung steht und Vitaminkonzentrate in bestimmten Abständen verabreicht werden. Der Bedarf kann hier gedeckt werden durch:

- zerkleinertes Grünfutter (zum Beispiel Salat, Spinat) und geschnitzelte Möhren
- Medizinallebertran
- Wirkstoffmischungen
- Vitaminpräparate (A, D_3, E, C wäßrig)
- Futterhefe

Im Grünfutter sind alle wichtigen Vitamine bzw. deren Vorstufen enthalten (außer Vitamin B_{12}). Bei Grünfuttergaben und strenger Volierenhaltung muß das Vitamin D berücksichtigt werden. Gelangt nicht genügend Sonnenlicht in die Voliere, so kann die Umwandlung der Vorstufen des Vitamins D in die wirksame Form nur ungenügend erfolgen. Wird in diesen Fällen ein Wirk- und Mineralstoffgemisch gegeben, besteht keine Gefahr einer Unterbilanz an Vitamin D.

Die Gabe von Medizinallebertran ist eine kostengünstige Form der Vitamingabe. Je Gramm sind mindestens 850 IE Vitamin A und 85 IE Vitamin D enthalten. Lebertran muß sachkundig verabreicht werden. Er ist grundsätzlich kühl zu lagern und sollte möglichst frisch sein (Ankauf in kleinen Mengen). Wird Lebertran in der warmen Jahreszeit nicht entsprechend aufbewahrt und außerdem nicht luftdicht verschlossen, so werden durch oxidative Vorgänge freie Fettsäuren gebildet und die Vitamine zerstört. Bei Verwendung von verdorbenem Lebertran kann es neben Durchfall in der Folge auch zu Muskeldystrophie kommen. Das würde für die Brieftaube den Ausfall aktiver Muskulatur bedeuten. Als Dosierung können vier bis fünf Tropfen je Tier und Tag gegeben werden.

Eine einfache Faustregel besagt: „Dem Körnergemisch nur soviel Lebertran zugeben, bis es nach Mischen fettig glänzt, aber die Körner nicht aneinander haften.“ Sofern Lebertran nicht schon während der Wintterfutterperiode verabreicht wurde, sollte man spätestens zwei Wochen vor Paarungsbeginn damit anfangen, um noch eine effektive Wirkung auf die Schlupffähigkeit und Vitalität der Jungen zu erzielen. Lebertran kann über längere Zeiträume gegeben werden. Es empfiehlt sich jedoch, in Zuchtschlägen nach jeweils drei bis vier Wochen eine acht- bis vierzehntägige Pause einzulegen.

Dem Futter kann bis zu 2 ... 3 % Futterhefe zugesetzt werden, besonders dann, wenn ein Mangel an Vitaminen des B-Komplexes und Vitamin D besteht. Das in der Hefe enthaltene hochwertige Protein wirkt sich zudem besonders günstig auf die geschlüpften Jungtiere aus. Der Einsatz von Hefe in der Brieftaubenfütterung sollte verstärkt werden.

Neben der Anwendung solcher Ergänzungsfutterstoffe kann die Versorgung der Zuchttauben mit Vitaminen auch über hochwertige Vitaminpräparate erfolgen. Dabei sind besonders solche zu empfehlen, die über das Trinkwasser zugesetzt werden können. Die Dosierung und Anwendungsdauer ist mit einem Fachtierarzt abzustimmen.

Entsprechend gezielte Vergleichsuntersuchungen haben gezeigt, daß bei Brieftauben der niedrigen Dosierung über einen längeren Zeitraum gegenüber der sogenannten „Stoßtherapie“ der Vorzug gegeben werden sollte. In Zuchtbeständen bei Volierenhaltung ist eine Verabreichungsdauer von 1 bis 2 Wochen empfehlenswert. Nach sechs- bis achttägiger Pause kann die Anwendung analog fortgeführt werden. Zu beginnen ist am besten zwei Wochen vor der Paarung. Die positiven Auswirkungen auf die Qualität des Geleges, auf den Schlupf und die Jungtierentwicklung sind unbestritten. Tritt nach Vitaminpräparaten Durchfall auf, so haben die Tiere eine Überdosis erhalten. In diesem Moment schlägt der sonst positive Effekt ins Negative um. Auch sollte man sich darüber im klaren sein, daß bestehende Mängel in Haltung und Angebot an Futterstoffen nicht durch viele Vitamine ausgeglichen werden können. Bevor an einen Einsatz von Ergänzungsfutterstoffen im Zuchtbestand gedacht wird, sind die Bestände auf Endoparasitenbefall und Paratyphus zu prüfen. Besonders bei Volierentauben gibt es oft Haar- und Spulwürmer sowie Kokzidien. Die dadurch entstehenden Darmentzündungen vermindern die Resorption über die Darmwand.

Ausgehend von einem gesunden Taubenbestand ist die Rationszusammenstellung mit den verfügbaren Futterstoffen das Wesentliche der Fütterung. Die Taube ist das am schnellsten wachsende Wirbeltier. Die neugeborene Taube verdoppelt ihre Körpermasse bereits nach 48 Stunden. Bei Hühnerküken sind im Vergleich dazu neun Tage erforderlich. Der Garant für diese hohe Wachstumsgeschwindigkeit ist in erster Linie die Qualität der Kropfmilch. Untersuchungen von STEVENS und LAHAYE/CORDIEZ ergaben die in der Tabelle angeführten Ergebnisse.

Tab. 6 Zusammensetzung der Kropfmilch in Prozent

Bestandteile	Nach STEVENS	LAHAYE/CORDIEZ
Wasser	70 bis 80	76,75
Eiweiß	14 bis 16	13,34
Fette	30 bis 39	7,95
Aschen	5 bis 6	1,52
Kohlenhydrate	0	0

Bei den Ergebnissen von STEVENS wurde den Alttieren Mais als Alleinfutter verabreicht, von den anderen Autoren wurde eine Mischung verschiedener Körnerarten verwandt. Weitere Ermittlungen haben ergeben, daß der Eiweißgehalt bis 20 % ansteigen kann. Der hohe Eiweiß- und Fettgehalt einerseits sowie das Fehlen von Kohlenhydraten (Zuckern) gibt klare Hinweise für die zu verabreichende Futtermischung während der Paarungszeit und der Aufzuchtperiode. Beim Aufstellen von Futterrationen sind ernährungsphysiologische Gesichtspunkte zu berücksichtigen und das Angebot der Körnerarten im Handel.

In diesen Mischungen ist der höhere Eiweißbedarf während der Paarungszeit berücksichtigt. Darüber hinaus werden durch alle Rationen genügend essentielle Fettsäuren zugeführt. Die unentbehrlichen Aminosäuren sind ausreichend vorhanden. Aufgrund der vielfältigen Zusammensetzung sind keine Vitamin-B-Mangelerkrankungen zu erwarten. Die fettlöslichen Vitamine A, D_3, E und das wasserlösliche Vitamin C können, wie bereits aufgezeigt, ergänzt werden.

Unter Berücksichtigung der Verdauungsphysiologie und aufgrund futterökonomischer Gesichtspunkte sollte jede Ration Gerste, Hülsenfrüchte und Sonnenblumenkerne enthalten. Der Einsatz von Ölsämereien wird nicht geraten, da die Brieftaube während der Paarungszeit überreizt ist. Es bestehen auch von seiten der Ernährung keine zwingenden Gründe. Im Gegensatz dazu kann eher noch der Reisanteil auf 10 % erhöht werden, um dem auf nervale Reize beruhenden leichten Durchfall im Hackstadium entgegenzuwirken. Der Gehalt an Weizen sollte 30 % nicht übersteigen, was auch für Mais zutrifft. Mindestens 20 % Hülsenfrüchte sind notwendig, um die Qualität des Gesamtfuttereiweißes zu sichern. Ein Anteil von 10 % Hafer oder 5 % Haferflocken können die Ration durchaus bereichern.

Nach dem Schlupf der Jungtiere setzt eine intensive Sekretion von Kropfmilch bei den Eltern ein, die es ständig zu ersetzen gilt. Daher müssen die Futtermischungen noch eiweißreicher sein als während der Paarungszeit. Die in

Tab. 7 Beispielrationen für die Fütterung im Paarungszeitraum; Angaben in Prozent

Futtermittel	Ration I	II	III	IV	V	VI
Weizen	30	30	25	20	10	20
Gerste	15	10	10	10	20	15
Hafer	–	–	10	–	–	–
Reis	5	–	–	–	–	–
Mais	–	10	–	20	20	–
Sonnenblumenkerne	25	20	30	10	20	30
Erbsen	25	10	15	30	20	–
Wicken	–	20	10	–	20	20
Linsen	–	–	–	10	–	–
Ackerbohnen	–	–	–	–	–	10
Haferflocken	–	–	–	–	–	5

Tab. 8 Beispielrationen für die Fütterung im Aufzuchtabschnitt; Angaben in Prozent

Futtermittel	Ration					
	I	II	III	IV	V	VI
Weizen	20	20	10	10	10	–
Gerste	10	10	10	20	10	10
Reis	–	–	10	5	10	–
Hirse	–	5	–	–	–	5
Mais	10	–	10	–	10	20
Sonnenblumenkerne	20	15	20	20	15	20
Erbsen	30	25	–	30	20	20
Ackerbohnen	–	–	20	10	20	10
Wicken	10	20	20	–	–	10
Lein	–	5	–	–	–	–
Raps/Rübsen	–	–	–	5	5	–
Linsen	–	–	–	–	–	5

der Tabelle empfohlenen Mischungen werden dem vollauf gerecht. Während der Aufzuchtperiode sollten in den Futterrationen 40 % Hülsenfrüchte enthalten sein, keinesfalls weniger als 30 %, sonst wäre eine normale Körpermasseentwicklung der Jungtiere nicht mehr gewährleistet.

Es werden manchmal Futterrationen empfohlen, die 70 ... 80 % Hülsenfrüchte enthalten. Neuere Untersuchungen ergeben, daß solche hohen Gehalte nicht erforderlich sind und von den Züchtern in diesen Mengen nicht ständig zu realisieren sind. Es ist bei diesen Anteilen keine oder nur eine unwesentlich schnellere Entwicklung der Jungtauben nachweisbar. Auch sollte nicht verkannt werden, daß Hülsenfrüchte größtenteils importiert werden müssen und zusätzliche Kosten verursachen.

Die fettreichen Sonnenblumenkerne garantieren einen konstanten Fettgehalt in der Ration. Mehr als 20 % dürfen während der Aufzuchtfütterung nicht eingesetzt werden. Höhere Gaben würden bei den Eltern zu frühzeitig den mechanischen Sättigungsgrad bewirken, bedingt durch den hohen Rohfaseranteil. Die Jungtauben erhalten dann in der Zeiteinheit zu wenig Gesamtnährstoffe.

Zu begrenzen ist auch der Gesamtanteil der Getreidearten Gerste, Weizen und Mais. Gemeinsam sollten sie nicht mehr als 40 % ergeben. Größere Mengen gestalten das Aufzuchtfutter zu einem Mastfutter. Mais als Bestandteil für sich betrachtet hat seine obere Grenze bei 25 %. Wird mehr gegeben, so kommt ein unbefriedigendes Aminosäureangebot in der Futtermischung zustande. Vor allem die Jungtauben in den ersten drei Lebenswochen haben dann eine ungenügende Wachstumsgeschwindigkeit. Vorteilhaft ist die Einordnung von Reis, Lein, Hirse sowie Raps bzw. Rübsen, wobei sie nicht unbedingt erforderlich sind. Es ist davon auszugehen, daß sich die diätetische Wirkung von Lein und Reis auf das Verdauungssystem der Nestjungen positiv auswirkt. Der anregende Einfluß von Hirse, Raps und Rübsen kann auch bei den fütternden Elterntieren genutzt werden. Nach Wägung der aufgenommenen Futtermengen aus verschiedenen Futtermischungen wurde festgestellt, daß mit den genannten Körnerarten versetzte Mischungen in größeren Mengen aufgenommen wurden. Die verzehrte Futtermenge je Tag und Tier liegt also höher. Diese Futterstoffe wirken wie eine Art Kompott und werden über den normalen Sättigungsgrad hinaus noch aufgenommen. Des weiteren ist festzustellen, daß die Elterntiere häufiger füttern, was zweifellos aus der größeren Stoffwechselaktivität resultiert.

Der obere Grenzwert von 5 % bei Raps und

Rübsen sollte jedoch aufgrund der in dem Abschnitt „Futtermittel“ angeführten Inhaltsstoffe nicht überschritten werden, weil vor allem zuerst an das Jungtier gedacht werden muß.

Bei der Fütterung der Reisetauben während der Flugwettbewerbe liegen die Verhältnisse etwas anders (bis 10 %). Gleiches ist für Leinsamen zutreffend. Bei Hirse allerdings können unbedenklich 10 % eingeordnet werden. Die ernährungsphysiologischen Wirkungen von Raps und Rübsen sind nicht zu unterschätzen. Der hohe Gehalt wertvoller schwefelhaltiger Aminosäuren ist für die Befiederung der Nestjungen von großem Vorteil.

Die Stoffwechselintensität ist bei 10 bis 15 Tage alten Jungtauben am größten. Nestjunge dieses Alters verbrauchen täglich eine Nahrungsmenge, die mindestens einem Fünftel ihrer eigenen Körpermasse entspricht. Demzufolge ist auch die Futtereinnahme der Eltern mit 50 ... 60 g/Tier und Tag bei zwei Nestjungen entsprechend hoch. Bei der Aufzucht eines Nestjungen liegen die Mengen zwischen 45 und 50 g. Im Zuchtschlag ist es nicht von Bedeutung, ob ein oder zwei Jungtiere aufgezogen werden müssen.

Daß Einzelaufzuchten eine günstigere Entwicklung nehmen, ist nur für Elternpaare zutreffend, die unbefriedigend füttern und deshalb zwei Junge unzureichend ernähren. Selbst wenn zwei Nestjunge sich nicht ganz so gut entwickeln wie eins, so wird diese Differenz im Jungtierstadium wieder ausgeglichen. Das ist bei nahezu allen Tierarten zu verzeichnen, falls keine Mangelerscheinungen oder Krankheiten vorausgehen. Die Frage, ob Einzelaufzucht oder Paaraufzucht, steht aber während der Flugwettbewerbe bei natürlicher Flugmethode und soll in einem anderen Abschnitt beantwortet werden.

Oft hört man den Wunsch, den einzelnen Entwicklungsstadien der Nestjungen angepaßte Futterrationen für die Eltern aufzustellen. Dies würde, da bei großen Zuchten der gleichzeitige Schlupf nur selten gelingt, eine Zellenfütterung bedeuten. Es hat wenig Wert, unterschiedliche Rationen während der Aufzucht der Nestjungen zu verabreichen. Der zu erzielende Effekt ist kaum meßbar. Auch kann davon ausgegangen werden, daß bis zu einem bestimmten Grad die Eltern in der Lage sind, den geringfügig qualitativ unterschiedlichen Bedarfsansprüchen der Nestjungen durch Freisetzung körpereigener Nährstoffe zu genügen. Dies gelingt besonders in den ersten 14 Tagen, weil die Sekretion der Kropfmilch in dieser Zeit noch große Bedeutung hat. Auch wenn die Zusammensetzung der Kropfmilch von der Fütterung beeinflußt wird, so ist doch zum Beispiel ein Mindestgehalt von etwa 12 % Eiweiß erblich festgelegt. Insgesamt sind daher keine Leistungsminderungen zu erwarten.

Fütterung abgesetzter Jungtauben

Das Absetzen der Jungtiere geschieht in der Regel mit einem Alter von vier bis fünf Wochen. Unter dem Absetzen im eigentlichen Sinne wird die Unterbringung der Jungtauben in einem getrennten Schlag verstanden. Das ist auch von seiten der Fütterung günstig. Aus Platzgründen hat jedoch nicht jeder Züchter diese Möglichkeit. Teilweise werden die Jungen auch bewußt im Alttierschlag belassen.

Die Entwöhnung der Nestjungen von der elterlichen Fütterung wird instinktiv von den Eltern selbst vorgenommen, die Häufigkeit des Abfütterns geht zurück. Die Jungen sind zur Deckung ihres Nährstoffbedarfes gezwungen, selbständig Körner aufzunehmen. Der Zeitpunkt der eigenen Körneraufnahme, gepaart mit ersten Flugversuchen im Schlag, ermöglicht die störungsfreie Fortsetzung der Fütterung im Jungtierschlag. In dieser Zeit muß folgendes erreicht werden:

- normgerechtes Wachstum
- Vervollständigung der Gefiederbildung
- ungestörter Verlauf der einsetzenden Mauser
- Verhüten von Mangelerkrankungen
- Anregung der Flugfreudigkeit

Das geschieht durch qualitativ hochwertige Eiweißfuttermittel und fettreiche Futterstoffe. Eine ausreichende Vitamin- und Mineralstoffversorgung ist in diesem Lebensabschnitt besonders wichtig, weil Wachstum und gleichzeitige Mauser eine vollwertige Ernährung verlangen.

Oft werden abgesetzte Jungtauben nicht genügend mit Mineralstoffen versorgt. Unbefriedigender Knochenbau ist die Folge. Das Skelett entspricht nicht den Zugkräften von Sehnen und Muskeln während der Jungtierwettbewerbe. Frühzeitige Ermüdungserscheinungen und höhere Verlustraten treten ein. Auch den Jungtieren muß ständig Mineralstoffgemisch, Marmorgrit und lehmiger Sand angeboten werden. Die im lehmigen Sand vorhandenen Huminsäuren wirken sich auf die Darmtätigkeit günstig aus. Für Jungtauben wird eine Wirkstoffmischung mit Mineralstoffen und Vitaminen empfohlen. Dadurch werden gleichzeitig die wichtigsten Vitamine zugeführt und über die enthaltene Futterhefe das Angebot an essentiellen Aminosäuren verbessert. Die Möglichkeit, zerkleinertes Grünzeug, Möhren und angekeimtes Getreide zu geben, sollte ebenfalls genutzt werden. Vorstufen der Vitamine A und D, das Vitamin C, Vitamin K und Vitamine der B-Gruppe sind enthalten.

Die ersten drei Beispielsrationen aus der Tabelle sind vorrangig für die Fütterung in den ersten drei bis vier Wochen nach dem Absetzen gedacht. Es gilt hier Futterstoffe einzusetzen, die bei den Tauben beliebt sind. Damit wird von Anbeginn eine hohe Futteraufnahme gewährleistet. Weizen sollte mit mindestens 20 % in der Ration nicht fehlen. Reis, Hirse und Gerstengraupen sind vorzügliche Futtermittel für Jungtiere. Sonnenblumenkerne, Raps, Rübsen und Haferkerne garantieren in erster Linie die Fettzufuhr.

Die aufgezeigten Rationen gewähren die für Jungtauben erforderliche hohe Verdaulichkeit. Etwa 30 ... 35 % Hülsenfrüchte sind zur Eiweißergänzung der Futtermischung ausreichend. Der Anteil Sonnenblumenkerne kann zwischen 10 und 20 % betragen. Nach dieser Übergangsphase können in späteren Entwicklungsabschnitten Gerste, Mais und Ackerbohnen stärker eingesetzt werden. Die günstige Wirkung von Haferflocken und Lein

Tab. 9 Beispielrationen für die Fütterung der abgesetzten Jungtauben; Angaben in Prozent

Futtermittel	Ration					
	I	II	III	IV	V	VI
Weizen	30	20	30	20	20	15
Gerste	–	–	–	10	–	15
Reis	10	–	–	–	–	–
Hirse	10	–	5	5	–	–
Mais	–	–	10	10	20	10
Sonnenblumenkerne	10	15	15	20	15	10
Erbsen	15	15	20	20	10	–
Ackerbohnen	–	–	–	–	–	20
Wicken	20	25	15	10	30	20
Lein	–	–	–	5	–	5
Raps/Rübsen	5	5	5	–	–	–
Haferkerne	–	10	–	–	–	–
Haferflocken	–	–	–	–	–	5
Gerstengraupen	–	10	–	–	–	–
Hanf	–	–	–	–	5	–

auf den Organismus der Jungtiere sollte genutzt werden. Gegen die Verwendung von 5 % Hanf bestehen keine Bedenken. Es darf nicht verkannt werden, daß die Einordnung von Hirse, Lein, Raps, Rübsen oder Hanf auch dazu gedacht ist, die Flugfreudigkeit der Jungtauben zu stimulieren.
Nicht versäumt werden soll, auf die Problematik der Fütterung der sogenannten Spätjungen hinzuweisen. Durch die kältere Jahreszeit wird deren Mauser erheblich verzögert. Fehler in der Ernährung machen das noch augenscheinlicher. Die Spätjungen werden oft im Alttierschlag belassen. Hier hat aber bereits eine auf den Winter ausgerichtete Fütterung eingesetzt, also eine eiweißarme, aber kohlenhydratreiche Futterration wird verabreicht. Dies ist für die weitere Entwicklung der Spätjungen nicht gut. Deshalb gilt die Forderung: Jungtiere ab dritter Brut in einen getrennten Schlag sperren und hier auch im Winter hindurch solche eiweißreichen Rationen füttern, wie Jungtiere der ersten und zweiten Brut bis Beginn des Winters erhalten.

Fütterung während der Reisezeit

Die Fütterung während der Flugwettbewerbe erfordert große Sachkenntnis und kann wesentlich über Erfolg und Mißerfolg entscheiden. Es gibt derzeit verschiedene Auffassungen über eine leistungsgerechte Ernährung, die letztlich auch durch verschiedene Methoden der Wettflugdurchführung begründet sind. Von der Brieftaube werden während des Rückfluges in erster Linie Muskel- und Orientierungsleistungen gefordert. Das erfordert eine energiereiche Fütterung mit ausreichender Zufuhr von Mineralien, Spurenelementen und Vitaminen. An die volle Funktionstüchtigkeit des Kreislauf- und Nervensystems werden zu diesem Zeitpunkt große Anforderungen gestellt.
Die für den Flug nötigen Energien bei normalem Flugverlauf werden hauptsächlich aus der Verbrennung von Kohlenhydraten und Fetten gewonnen. Ein weiterer Energiespender, das Eiweiß, wird erst dann zur Energiegewinnung genutzt, wenn die Reserven an Kohlenhydraten und Fetten (Reservefett) weitgehend abgebaut sind. Energie wird während des Wettfluges vorrangig aus dem Reservekohlenhydrat Glykogen der Leber und der Muskeln gewonnen, Verbrennung von Eiweiß bedeutet immer Verlust an Körpersubstanz, da Eiweiß nicht wie Kohlenhydrate und Fett in besonderen Reservelagern gespeichert werden kann. Diesen Vorgang weitestgehend zu verhindern, muß Ziel der Fütterung sein. Starker Verlust an Körpereiweiß ist gleichlaufend mit Körpermasseverlust, Leistungsminderung, Rückgang der Form und verlängerter Erholungsphase. Durch solche Faktoren wird die Taube, die jede Woche für Preisflüge eingesetzt wird, keine Spitzenleistungen bringen können.
Man könnte den Schluß ziehen, den Tauben reichhaltig Kohlenhydrate und Fette anzubieten und das Eiweißangebot auf ein Minimum zu beschränken. Das aber würde zu einem Mißerfolg führen, denn einerseits können die Kohlenhydrate nur in beschränktem Umfang als Glykogen gespeichert werden und andererseits würden zuviel gefütterte Kohlenhydrate in Fette umgewandelt und abgelagert. Eine bestimmte Fettreserve im Körper ist besonders bei Weitstreckenwettbewerben erwünscht. Ein Zuviel an abgelagertem Fett macht die Tauben aber träge und verzögert ihre rasche Heimkehr. Bei Brieftauben darf das Fettpolster nur so groß sein, daß ihre Fluggeschwindigkeit dadurch nicht beeinträchtigt wird. Das bedeutet jedoch, daß die Menge an Depotfett klein gehalten werden muß. Daraus kann dann resultieren, daß der Fettvorrat und die Kohlenhydratreserve (Glykogen) zusammen nicht für die Bedarfsdeckung der notwendigen Flugenergien ausreichen.
Sobald nun auf den Preisflügen ein gewisses Maß von Anstrengungen überschritten wird, muß also auch Körpereiweiß zur Energieerzeugung verbrannt werden. Das ist besonders dann der Fall, wenn, bedingt durch Flugent-

fernung und Witterung, der Wettbewerb mehrere Tage anhält. Auch trifft dies für Tauben zu, die verspätet heimkehren. Diese Tauben sollten besonders fürsorglich gefüttert werden. Leider werden von den Züchtern nur die innerhalb der Konkurszeit ankommenden Tiere mit leichtverdaulichen diätetisch wirkenden Futterstoffen versorgt. Außer bei kurzen Entfernungen verlieren die Tauben mehr oder weniger an Körpermasse. Ab welchem Körpermasseverlust man nun noch von Fettabbau oder schon Eiweißverbrennung sprechen muß, ist nicht exakt zu bestimmen.

Aus dem Dargestellten lassen sich schon gewisse Richtlinien für eine zweckmäßige Fütterung ableiten. Die Nährstoffzufuhr hat während der Reisesaison folgende Hauptaufgaben:

- Der Stoffwechsel der heimgekehrten Tauben muß sich durch leicht verdauliches kohlenhydratreiches Futter so schnell wie möglich normalisieren.
- Es muß ein angemessener Eiweißanteil in der Ration gesichert sein, um die verlorene Körpersubstanz zu ergänzen.
- Durch ein kohlenhydratreiches und fetthaltiges Futtergemisch muß der aufgebrauchte Glykogenvorrat aufgefüllt und eine bestimmte Fettreserve wieder aufgebaut werden.

Da heute noch größtenteils die natürliche Flugmethode (Reisen der Alttiere bei Aufzucht von Jungtieren) durchgeführt wird, soll zunächst die Fütterung dieser Tauben behandelt werden.

Fütterung während der natürlichen Flugmethode

Es gibt hier die Forderung, je Brut nur ein Jungtier aufziehen zu lassen. Die ständige Aufzucht von zwei Jungen ist mit hohen Flugleistungen nur selten zu vereinbaren. Dabei liegt auch die Überlegung nahe, den reisenden Elterntieren ab dritter Brut Holzeier unterzulegen. Damit würde die natürliche Flugmethode eine Abwandlung erfahren.

Tab. 10 Beispiele für Grundrationen mit hohem Eiweißanteil; Angaben in Prozent

Futtermittel	Ration		
Weizen	–	10	10
Gerste	15	–	10
Hirse	–	–	10
Mais	20	20	10
Sonnenblumenkerne	15	20	15
Erbsen	10	30	–
Ackerbohnen	–	–	10
Wicken	30	10	30
Raps/Rübsen	10	–	5
Hanf	–	5	–
Milokorn	–	5	–

Wichtig ist hierbei, daß gleichzeitige Jungtieraufzucht einen höheren Anteil besonders eiweißhaltiger Futterstoffe verlangt.

Bei Reisetauben, die keine Jungtiere füttern müssen, kann eine noch energiereichere Zusammensetzung gewählt werden. Dies wäre zutreffend für den Zeitraum, in denen die Tauben das Gelege bebrüten bzw. nachdem ihnen Holzeier untergelegt wurden. Hier kann der Gehalt an Mais auf 30 % erhöht werden. Ein Anteil von 20 % Hülsenfrüchten wäre dann ausreichend. Auch Hanf oder Raps bzw. Rübsen können jetzt bis zu 10 % eingesetzt werden. Gerstengraupen und Reis (bis 10 %) sollten ebenfalls verwendet werden. Solche veränderten Futterrationen sind natürlich bei einheitlicher Nestverfassung einfach und auch hier nur sinnvoll. Bestehen unterschiedliche Nestverfassungen, so wird eine Zellenfütterung notwendig. Die Bemessung der täglichen Futtergabe hat so zu erfolgen, daß Reisetauben mit einem Jungen etwa 40 … 45 g erhalten. Diejenigen mit Gelegen bzw. Holzeiern nur 30 … 35 g.

Die besonderen Anforderungen der Wettflugperiode an den Organismus der Brieftaube verlangen neben der Fütterung der sogenannten Grund- oder Standardration die Verabreichung bestimmter Sondermischungen. Diese sollten vorrangig nach der Rückkehr und am Tage des Einsetzens der Tauben gegeben werden. Bei der Zusammensetzung der Sondermischung in Vorbereitung der Taube auf den Wettflug sind folgende Gesichtspunkte zu berücksichtigen:

- Das Futtergemisch muß gut verdaulich sein und ein konzentriertes Nährstoffangebot enthalten.
- Es sind nur Futterstoffe einzusetzen, die nachfolgend einen geringen Wasserbedarf bewirken.
- Nur solche Futterstoffe sind einzusetzen, die in der Beliebtheitsreihe ganz oben stehen, um kurzfristig eine maximale Energieeinnahme zu sichern.

Die Berücksichtigung dieser Grundsätze soll dazu beitragen, den sogenannten Transportstreß so gering wie möglich zu halten und die Leistungsbereitschaft zu stabilisieren. Daraus resultierend, kommen solche Futtermittel wie Weizen, Sonnenblumenkerne, Hirse, Mais, Hanf, Raps bzw. Rübsen, Milokorn, Gerstengraupen, Reis, Wicken und Haferkerne in Betracht. Erbsen und Bohnen werden nicht empfohlen, weil durch ihr großes Quellvermögen der Wasserbedarf der Taube ansteigt und die ausreichende Trinkwasseraufnahme während des Transportes nicht immer gewährleistet ist. Aufgrund der Inhaltsstoffe und Sonderwirkungen ist die Verwendung von Hanf, Raps und Rübsen sehr umstritten. Werden diese Ölsaaten aber gegeben, dann sollten sie die Reisemischung enthalten. Es ist wenig sinnvoll, nur kurz vor dem Einsetzen der Tauben diese Körnerarten zu verabreichen und dann etwa noch in erhöhten Gaben. Dieses Verfahren ist nur selten erfolgreich, meistens wirkt es negativ.

Sollten in der Grundmischung für die Reise keine Ölsaaten sein, so ist auch in der Sondermischung darauf zu verzichten. Der Taubenkörper benötigt eine bestimmte Anpassungszeit an den Glykosidgehalt dieser Ölsaaten. Wird diese nicht gewährt, so kann der sonst anregende Effekt in Nervosität und Desorientierung umschlagen.

Eine weitere Möglichkeit besteht noch darin, daß ab Mitte der Woche die Ölsaaten als Zugabe bzw. Leckerbissen zu der normalen Ration zusätzlich gegeben werden. Man muß aber bei einem bestimmten System bleiben und dieses während der gesamten Flugsaison beibehalten.

Der Anteil von Weizen im Wettbewerbszeitraum ist zu begrenzen. Es sind in allen Reisemischungen nicht mehr als 20 % einzufügen. Die Tauben werden sonst träge und geraten außer Form. Wicken hingegen schaffen einen günstigen Muskelzustand. Es entsteht eine derbe, aber trotzdem elastische Muskulatur. Die Wicken müssen jedoch von guter Qualität sein. Mais und Sonnenblumenkerne sollten in

Tab. 11 Beispielrationen für Sondermischungen; Angaben in Prozent

Futtermittel	Ration		
	I	II	III
Weizen	10	10	20
Gerstengraupen	10	–	–
Haferkerne	–	–	10
Hirse	5	–	5
Mais	20	25	20
Reis	10	10	–
Sonnenblumenkerne	10	15	15
Wicken	30	20	30
Raps/Rübsen	–	5	–
Hanf	5	5	–
Milokorn	–	10	–

keiner Reisemischung fehlen. In den Grundrationen können Erbsen und Ackerbohnen mit bestem Erfolg eingesetzt werden.
Nicht nur die Vorbereitung der Tauben auf den Wettflug ist wichtig, sondern auch ihre Fütterung kurz nach der Rückkehr. Es ist davon auszugehen, daß der Aufenthalt im Kabinenexpreß und der anstrengende Flug den Stoffwechsel erheblich belasten. Dies kann oft an dem wäßrigen und verfärbten Kot erkannt werden. Das ist jedoch eine physiologische Erscheinung und keinesfalls krankhaft. Wesentlich tiefgreifender können die Störungen werden, wenn unterwegs Trinkwasser aufgenommen wird, das durch unbekömmliche oder sogar toxisch wirkende Substanzen verunreinigt ist. Leider ist dies oft der Fall.
Aus den genannten Gründen und mit Rücksicht auf die schnelle Zufuhr notwendiger Energie sind folgende Futterstoffe empfehlenswert: Reis, Gerstengraupen, Haferkerne, Haferflocken, Weizen, Hirse, Sommergerste und auch Sonnenblumenkerne. Jeweils etwa 10 % Sommergerste und Sonnenblumenkerne sollen erstrangig dazu dienen, die Darmperistaltik anzuregen und die Entschlackung zu fördern. Weizen kann in dieser Mischung vorteilhaft bis 40 % betragen. Mit solchen Futtermitteln in der Ration wird eine ausgesprochen diätetische Wirkung erzielt. Die zusätzliche Gabe von Traubenzucker oder Honig ins Trinkwasser verbessert unmittelbar die Energiebilanz und trägt zur schnelleren Erholung der Tiere bei.

Fütterung während der Schonmethode (Witwerschaft)

Es würde zu weit führen, für alle Varianten der Schonmethode spezifische Fütterungsbeispiele empfehlen zu wollen. Die Beachtung bestimmter Besonderheiten ist jedoch notwendig. Bei der Witwerschaftsmethode ergeben sich Veränderungen im Hormonstoffwechsel der Tiere. Andererseits wird der überreizte Witwer verändert gehalten, zum Beispiel im verdunkelten Schlag. Auch wird sein Freiflug begrenzt. Diese Faktoren, verbunden mit der fehlenden Aufzucht von Jungtieren, führen zu einer verminderten Futteraufnahme und Stoffwechselaktivität. Es werden nur etwa 20 … 25 g Futter verzehrt. Dies ist zunächst positiv zu bewerten. Die Kunst besteht nun aber darin, diese Futteraufnahme zu sichern. Denn es ist bekannt, daß der Appetit der Witwer noch mehr absinken kann. Störungen im Kohlenhydrat-, Eiweiß- und Fettstoffwechsel sind die Folge. Um den Appetit zu erhalten, ist Grünfutter (Salat, Spinat, Möhren) geeignet. Neben Vitaminen werden leichtlösliche Kohlenhydrate zugeführt, die auf das Verdauungssystem günstig wirken.
Auch gekeimtes Getreide sollte gegeben werden. Sehr gut sollte die Qualität des Eiweißes und Fettes sein. Deshalb sind die Rationen mit Sonnenblumenkernen, Bohnen, Haferkernen, Leinsamen und Raps bzw. Rübsen anzureichern. Wegen der Verdunklung des Schlages bzw. wegen des begrenzten Freifluges, ist die Vitamin-D-Versorgung besonders zu beachten. Die ständige Gabe von Mineralstoffgemisch wirkt appetitanregend. Wegen der spezifischen Haltungsform der Witwer ergibt sich die Zellenfütterung.
Eine spezielle Fütterung vor Weitstreckenwettbewerben (über 500 km) wird von vielen Züchtern überbewertet. Es ist davon auszugehen, daß die Weitstreckentaube oder Allroundtaube gezüchtet wird und die zu bringende Dauerleistung nicht erfüttert werden kann. Auch die Fähigkeit, unterschiedlich Glykogen in Leber und Muskel zu speichern, ist erblich bedingt. Zur Auffüllung dieser Depots genügen aber die bereits aufgezeigten Fütterungsmaßnahmen.
Natürlich kann zum Beispiel der Gehalt an Mais in der Ration erheblich erhöht werden, falls keine Jungtiere zu versorgen sind. Aber auch dadurch werden gegenüber den aufgezeigten Reisemischungen die Flugergebnisse nicht verbessert. Geringere Fettreservedepots bei den Tauben vor Weitstreckenwettbewerben sind am besten über eine höhere Tagesfuttergabe zu realisieren. Das wird unter

anderem dadurch erreicht, daß die Tauben mehrmals am Tag kleine Futtermengen erhalten. Aber auch das ist nicht notwendig, wenn den Tauben zwei Tage vor dem Einsetzen durch besondere Haltungsmaßnahmen absolute Ruhe gegönnt wird. Der Stoffumsatz ist dann erheblich vermindert. Es sei nochmals betont, daß ein ständiges Verändern der Ration, abhängig von Kurz-, Mittel- oder Langstrecken nicht erforderlich ist. Der unterschiedliche Bedarf an Energie ist durch verschieden hohe und damit rationierte Tagesfuttergaben zu gewährleisten. Die Kontrolle der Körpermasse hat zudem für die Zumessung der täglichen Körnermenge in der Flugsaison große Bedeutung, da häufig zu reichlich gefüttert wird und die Tauben zu schwer werden.

Vitaminpräparate und Traubenzucker

Untersuchungen ergaben eindeutig, daß Traubenzuckergaben bei Tauben leistungssteigernd wirken. Sachkundiger Einsatz ist jedoch Voraussetzung. Es wird empfohlen, nach Heimkehr der Tauben bis zwei Tage vor dem erneuten Einsetzen, dem Trinkwasser Traubenzucker zuzusetzen. Als Dosierung sind zwei bis drei Eßlöffel auf 4 l Wasser wirkungsvoll. Zu beachten ist, daß Nestjunge und auch entwöhnte Jungtiere schnell mit Durchfall reagieren. Bei Alttauben ist das nicht der Fall. Also sollte die Dosierung bei jüngeren Tieren entsprechend verringert werden. Traubenzucker nur am Tag des Einsatzes zu geben, hat kaum eine nachhaltige Wirkung, was auch physiologisch zu begründen ist. Diese kurzfristige Gabe wird sofort verbrannt, und es kommt nicht zur Reservebildung. Gibt man Traubenzucker jedoch sofort nach Eintreffen der Tauben und mehrere Tage lang, so wird die Erholungsphase abgekürzt, und es kann weiter Glykogen produziert werden.

Über Vitaminversorgung wurde schon im Kapitel Zuchttaubenfütterung gesprochen. Auch in der Reisezeit können Grünfutter, Lebertranpräparate, Futterhefe oder Vitaminpräparate eingesetzt werden. Futterhefe trägt neben der Vitaminzufuhr zur direkten Leistungssteigerung bei. Entscheidet man sich für Vitamin A, D_3, E, C (wäßrig), so ist die kontinuierliche Gabe der sogenannten Stoßtherapie vorzuziehen. Die Zugabe zum Trinkwasser erfolgt am besten in den ersten drei bis vier Tagen nach Rückkehr der Tauben; entsprechend der angegebenen Dosierung. Durch eine gleichzeitige Gabe von Traubenzucker im Trinkwasser wird die Vitaminwirkung nicht beeinträchtigt. Die Kontrolle der Kotkonsistenz ist jedoch in diesem Fall besonders wichtig.

Vor Überdosierung von Vitaminpräparaten wird gewarnt, weil es neben Durchfall zu einem unphysiologisch schnellen Verlauf der Handschwingenmauser kommen kann. Auch wenn die Taube selbst Vitamin C aufbaut, so kann doch der Bedarf die Eigenproduktion übersteigen. Das ist besonders zutreffend bei sogenannten Hitzeflügen und Wettbewerben bei naßkalter Witterung.

Es sei an dieser Stelle nochmals darauf hingewiesen, daß bestehende Mängel in der Haltung und Fütterung der Brieftauben durch Vitaminpräparate nicht ausgeglichen werden können. Erst der erfahrene Züchter, der über einen guten Stamm gesunder Tauben verfügt, kann mit dem gezielten Einsatz dieser Substanzen die Leistung seiner Tiere stabilisieren.

Fütterung im Kabinenexpreß

Die Meinungen der Taubensportler über eine notwendige Fütterung im Kabinenexpreß gehen weit auseinander. Die Mehrzahl fordert dabei die generelle Fütterung unabhängig von der Flugentfernung. Welche Aufgaben hat die Fütterung zu erfüllen und welche Ziele können überhaupt erreicht werden?

- Die Tauben sollen einen bestimmten Sättigungsgrad haben, damit sie nicht aus Hunger den Flug unterbrechen und wertvolle Zeit verlieren.

- Es wird für Nährstoffnachschub gesorgt, der einerseits den Stoffwechsel stabilisiert und andererseits bei Langstreckenwettbewerben wirkt.

Mit Rücksicht auf gute Flugergebnisse werden diese Ziele nur erreicht, wenn die Fütterung vier bis sechs Stunden vor dem Auflaß erfolgt. Wird kurz vor dem Auflaß gefüttert, so ergeben sich, unabhängig, ob Kurz- oder Langstrecke, nur Nachteile. Das Futter wird in diesem Fall für die Taube zum Ballast. Schon die Futtermenge und die einsetzenden Quellvorgänge im Kropf beeinträchtigen die Flugfähigkeit auf den ersten 200 km erheblich. Es kommt hinzu, daß der Taube oft die Zeit fehlt, vor Auflaß noch genügend Trinkwasser aufzunehmen. Das für die Quellvorgänge und Vorverdauung notwendige Wasser wird dann dem Körper entzogen.
Solche Tiere werden den Flug viel eher unterbrechen, als Tauben, die überhaupt nicht gefüttert wurden. Die Wirkung des kurz vor dem Auflaß verabreichten Futters, als Energiequelle für den anstehenden Flug, kommt ohnehin nur in Ausnahmefällen zur Geltung. Es muß also frühzeitig gefüttert werden. Es wird empfohlen, bei Wettbewerben von über 300 km grundsätzlich vorher zu füttern. Bei kurzen Entfernungen, wo es auch nur kurze Transportzeiten gibt, ist eine Fütterung möglich, aber nicht notwendig. Sollte gefüttert werden, so ist auch hier das geforderte Zeitintervall von vier bis sechs Stunden einzuhalten. Getränkt werden muß allerdings vorher immer.
Natürlich wäre es günstig, den Tauben die Futtermischungen zu geben, die sie vorher im Heimatschlag erhalten haben. Dies ist aber organisatorisch schwierig. Deshalb ist es ausreichend, wenn die Tiere Sonnenblumenkerne, Mais und Weizen bekommen. Der Anteil an Sonnenblumenkernen kann vorteilhaft 40 % betragen, denn ihr Fett und Eiweiß ist leicht verdaulich und der Wasserbedarf danach gering.
Der Züchter sollte nur eine Taube an den Start bringen, die durch vorausgegangene Fütterung ausreichend Glykogen im Körper gespeichert hat. Versäumnisse in dieser Richtung sind durch eine Fütterung im Kabinenexpreß keinesfall zu kompensieren. Aus hygienischen Gründen muß das Futter in entsprechenden Futterrinnen gegeben werden. Die Körner dürfen nicht auf dem Containerboden ausgestreut werden, weil sonst Krankheiten wie Paratyphus, Kokzidiose, Haar- und Spulwurmbefall Vorschub geleistet wird.

Fütterung während der Hauptmauser

Der ungestörte Ablauf der Mauser ist eine wesentliche Voraussetzung für gute Flugergebnisse im Folgejahr. Daher sind während der Mauser folgende Punkte zu beachten:
- Eiweißreiche und fettreiche Ernährung, wobei die Qualität des angebotenen Eiweißes Vorrang hat, ist zu verabreichen.
- Es sind besonders Futtermittel anzubieten, die einen hohen Gehalt an schwefelhaltigen Aminosäuren und essentiellen Fettsäuren haben. Das ist Voraussetzung für ein normales Wachstum der Schwingen und Körperbefiederung. Angebotener anorganischer Schwefel kann diese Funktionen nicht erfüllen.
- Futterwechsel und Feldvergiftungen sind zu vermeiden.
- Die Tauben müssen ausreichend mit Mineralstoffen und Vitaminen versorgt werden.
- Besonders sorgfältig ist darauf zu achten, daß Infektions- und Invasionskrankheiten vermieden werden.

Die drei letztgenannten Komplexe haben die gleiche Bedeutung wie die direkte Nährstoffzufuhr. Häufiges Wechseln von eiweißreichen Rationen zu kohlenhydratreichen Rationen führt zu einem veränderten Mauserverlauf. Besonders gefürchtet sind Feldvergiftungen durch Herbizide, Insektizide und Stickstoffdüngemittel. Die ohnehin im Herbst stärker auftretenden Infektions- und Invasionskrankheiten können den Fortgang der Mauser zeitweilig völlig unterbinden. Ungleichmäßiges Mineralstoffangebot und unsachgemäßer Einsatz von Vitaminpräparaten können die Mauser ebenfalls beeinträchtigen.

Die genannten Faktoren können den Mauserverlauf so beeinflussen, daß die Federfahnen einen lockeren, welligen und zum Teil durchsichtigen Verband haben. Einzelne Armschwingen bleiben schmal und bieten nur ungenügenden Luftwiderstand. Besonders nachteilig sind schmale, oft verlängerte Handschwingen. Hiervon werden vorrangig die drei letzten (erste bis dritte Handschwinge) betroffen. Doch sei gesagt, daß auch direkte hormonelle Einflüsse diese Erscheinungen hervorrufen können, wenn plötzliche Eingriffe in den Brut- und Aufzuchtrhythmus erfolgen. Deshalb bleibt die weitere Zuchtbenutzung während der Hauptmauser bei Brieftauben immer ein Risiko.

Für die Fütterung zur Mauser eignen sich besonders Hülsenfrüchte, Sonnenblumenkerne, Mais, Weizen, Haferkerne, Raps bzw. Rübsen und besonders Lein.

35 ... 40 % Hülsenfrüchte reichen voll aus, dabei sind Ackerbohnen und Erbsen den Wicken vorzuziehen. 20 ... 30 % Weizen sollten in jedem Fall vorhanden sein. Auch frisch geernteter Weizen kann gegeben werden. Nicht mehr als maximal 20 % Mais, aber als konstanter Rationsbestandteil 20 % Sonnenblumenkerne soll die Mischung enthalten. Als ständige Komponente sind 5 % Lein anzustreben. Diese Zusammensetzungen bewirken ein ausgezeichnetes Federwerk mit entsprechender Puderbildung.

Entscheidet man sich für den Einsatz eines Vitaminpräparates, so ist auf die kontinuierliche Gabe zu orientieren. Von Beginn bis Ende der Hauptmauser können dem Trinkwasser, in Abhängigkeit von der Konzentration, der Vitaminkombination täglich geringe Mengen zugefügt werden. Hohe stoßweise Gaben können das gleichzeitige Werfen mehrerer Handschwingen bewirken. Der für das Nachwachsen erhöhte Bedarf an schwefelhaltigen Aminosäuren kann dann meist über die Futterration und durch den Körper nicht gedeckt werden. Folglich haben die jetzt wachsenden Federn nicht die gewünschte Qualität. Wer sich in der Anwendung solcher Präparate unsicher ist, sollte besser auf die natürlichen Vitaminquellen zurückgreifen.

Winterfütterung

Die Fütterung im Winter hat folgende Punkte zu berücksichtigen:

– Deckung des Energiebedarfes ohne erhöhten Fettansatz, wobei im wesentlichen die herrschenden Außentemperatu-

Tab. 12 Beispielrationen für die Fütterung während der Mauser; Angaben in Prozent

Futtermittel	Ration		
	I	II	III
Weizen	20	30	20
Haferkerne	–	5	–
Mais	15	–	10
Sonnenblumenkerne	20	20	20
Erbsen	20	30	10
Ackerbohnen	20	–	–
Wicken	–	10	30
Raps	–	–	5
Lein	5	5	5

ren den Energiebedarf bestimmen. Das wird durch eine kohlenhydratreiche Ration erreicht, die durchaus Futterstoffe mit hohem Rohfasergehalt enthalten kann.

- Nach neueren Erkenntnissen ist mit Rücksicht auf die Erhaltung der Gefiederqualität ein bestimmter Anteil fettreicher Futterstoffe zuzugeben.
- Durch eine rationierte Fütterung ist die Flugfreudigkeit zu erhalten und die Futtermenge den Außentemperaturen anzupassen.

Als Futtermittel sollten vornehmlich Sommergerste, Mais, Sonnenblumenkerne und auch Hafer berücksichtigt werden. Weizen ist in begrenzten Mengen einzusetzen (bis 25 %). Gegen die Verwendung von 10 ... 15 % Roggen bestehen keinerlei Bedenken. Der Gerste kommt in der Winterfütterung eine Sonderstellung zu. Sie garantiert neben hoher Energiezufuhr die Kondition der Taube. Der Fettansatz bleibt geringer als bei mengenmäßig gleicher Weizengabe. Zudem sei nochmals auf die günstige Beeinflussung der Verdauungsvorgänge hingewiesen. Der Bedarf an Fett bzw. essentiellen Fettsäuren wird über die Sonnenblumenkerne, Mais und Hafer gedeckt. Das Angebot an Eiweiß über die genannten Futterrationen ist für den Ablauf der Lebensvorgänge und Gesundheit voll ausreichend. Hülsenfrüchte sind keinesfalls erforderlich. Sie sollten für die anderen Perioden der Fütterung reserviert werden.
Der in den Rationen enthaltene höhere Rohfasergehalt ist nicht als Nachteil, sondern als Vorteil zu bewerten. Zur Vitaminversorgung in der kühlen Jahreszeit ist Medizinallebertran günstig. Die kontinuierliche Grit- und Mineralstoffgabe ist besonders zu bedenken, da anderweitige Aufnahme im Winter nicht möglich ist.
Die Fütterung der Brieftauben im Winter beeinflußt maßgeblich die Erfolge auf den ersten Flugwettbewerben. Entgegen anderen Ansichten ist deshalb auch im Winter einer erhöhten Depotfettbildung entgegenzuwirken.

Fütterungstechnik und Tränken

In allen Fütterungsperioden, einschließlich der Jungtaubenfütterung, ist eine rationierte Fütterung erforderlich. Standfutter ist abzulehnen, da die Tauben dann die Körner selektieren und Restfutter zurückbleibt. Dadurch wird das Nährstoffgleichgewicht gestört. Einerseits kann es zu nachteiligem Fettansatz kommen, andererseits kann die Magen- und Darmtätigkeit beeinträchtigt werden, was wiederum den Appetit mindert. Deshalb ist die Annahme, daß bei Standfutter insgesamt je Tag mehr Futter aufgenommen wird als bei rationierter Fütterung, nur selten zutreffend. Den Tauben ist also die Tagesfuttermenge zuzuteilen. Dabei sind zwei Gaben je Tag anzustreben, was auch im Winter beibehalten werden sollte. Dafür sprechen ernährungsphysiologische Aspekte. Die Fütterungszeiten sind nicht von grundsätzlicher Bedeutung. Entscheidend ist vor allem, daß ein bestimmter Rhythmus gewahrt bleibt. Es muß regelmäßig zu einem bestimmten Zeitpunkt gefüt-

Tab. 13 Beispielrationen für die Winterfütterung; Angaben in Prozent

Futtermittel	Ration		
	I	II	III
Weizen	10	–	20
Gerste	30	40	35
Hafer	15	–	10
Mais	25	30	20
Sonnenblumenkerne	20	30	15

tert werden, wobei das Zeitintervall zwischen den zwei Futtergaben etwa neun bis zehn Stunden betragen sollte. Das erste Mal zwischen 6.00 und 7.00 Uhr zu füttern hat den Vorteil, daß sich das Feldern der Tauben nicht verringert.

Regelmäßiges Füttern hat einen nicht zu unterschätzenden erzieherischen Wert. Die Bindung zum Züchter steigt, was bei Brieftauben ganz entscheidend ist. Gleichbleibende Fütterungszeiten können die Verhaltensphysiologie so günstig beeinflussen, daß sogar die Heimkehrgeschwindigkeiten ansteigen.

Gleiche Bedeutung wie dem Füttern kommt dem Trinkwasser zu. Die Brieftaube benötigt qualitativ einwandfreies Trinkwasser. Wasser muß den Tauben ständig zur Verfügung stehen, und zwar zweckmäßigerweise in Steinzeug-, Glas- oder Plastetränken. In solchen Gefäßen kann man unbedenklich Medikamente und Vitaminpräparate zusetzen. Die Trinkgefäße sind täglich zu säubern, da sich sonst Keime ansiedeln. Die Brieftaube hat einen hohen Bedarf an Trinkwasser, weil sie fast ausschließlich lufttrockenes Körnerfutter aufnimmt. Die aufgenommene Wassermenge beträgt je nach Jahreszeit und Nestverfassung zwischen 30 ... 80 ml/Tag. Es bestehen keine zwingenden stoffwechselphysiologischen Gründe, den Tauben grundsätzlich temperiertes Wasser anzubieten. Auch besteht kein Erfordernis, das angebotene Trinkwasser im Winter anzuwärmen.

Als Hygienemaßnahme müssen alle Futter- und Trinkstellen überdacht werden. Dies ist auch für die Grit-, Sand- und Mineralstoffbehälter notwendig. Futter und Trinkwasser sollte nicht mit Kot in Berührung kommen. Das Streuen von Futter im Schlag ist prinzipiell zu unterlassen, denn das wäre eine Quelle für Krankheitserreger.

Der Taubenzüchter muß dafür sorgen, daß Nagetiere (Mäuse) nicht in den Schlag gelangen können. Gleiches gilt auch für Futtervorratsbehälter. Der von den Mäusen abgesetzte Kot wird von den Tauben aufgenommen und stellt die häufigste Infektions- und Reinfektionsquelle für Salmonellose (Paratyphus) dar. Das Futter ist regelmäßig auf Schimmelpilz- und Milbenbefall zu untersuchen. Bei Hülsenfrüchten muß man auf Samenkäfer bzw. Erbsenwickler achten. Das von ihnen beschädigte Futter kann zu Durchfall führen.

Feldern der Tauben

Feldern ist die Art der Nahrungsaufnahme, die sich von der Felsentaube her über Generationen hinweg als Instinkt erhalten hat. Außerdem beruht der starke Trieb zum Feldern auf bestimmten Verhaltensweisen wie Schwarmverhalten und Vergesellschaftungstrieb. Junge Brieftauben kommen erst durch einen Lernvorgang bzw. durch Nachahmung zum Feldern.

Die Elterntiere oder in der näheren Umgebung fliegende Tauben veranlassen die Jungtiere zum Feldern. Versuche haben gezeigt, daß es nicht in jedem Fall gelingt, hungernde Jungtauben zum Feldern zu bewegen. Daraus wird deutlich, wie abgeschwächt der Instinkt sein kann.

Das Feldern der Tauben ist zunächst nicht mit Nahrungssuche gleichzusetzen, obwohl die Häufigkeit des Felderns wesentlich von der Fütterung und Fütterungstechnik im Schlag abhängig ist. Dabei soll nicht übersehen werden, daß die Tauben auch bei vollwertiger Fütterung feldern. Dies ist aber dann auf ihr Schwarmverhalten und auf ihren Drang sich zu bewegen, zurückzuführen.

Jeder Züchter sollte genau prüfen, ob er seinen Tauben tatsächlich alle notwendigen Stoffe zuführt. Das Argument, daß durch Feldern lebensnotwendige Stoffe aufgenommen werden, die im Schlag nicht geboten werden können, ist unakzeptabel. Dafür sprechen auch veränderte Haltungsformen anderer Haustiere, deren kontrollierte Fütterung durch den Menschen Gesundheit und Leistung völlig sichert. Die Nahrungsauswahl und die Häufigkeit des Felderns ist von folgendem abhängig:

Abb. 48 Baden fördert die Gesundheit (Foto: Kupke)

- Unterschiedliches Nahrungsbedürfnis während der Paarungs-, Brut-, Aufzucht- und Ruhezeit;
- Fütterung, Anzahl der Futtergaben und Fütterungszeiten im Schlag;
- Nahrungsangebot auf dem Feld.

Eber (1963) untersuchte Kropfinhalte von feldernden Tauben. Diese enthielten vornehmlich Weizen, Gerste, Roggen, Hafer, Kleesamen und Hülsenfrüchte (49,1 %). Weiterhin wurden 26,3 % Samen von Ölfrüchten und Kohlarten ermittelt. Erstaunlich hoch war der Gehalt von Unkrautsamen (Knöterich, Miere, Wegerich, Klebkraut usw.) mit 18,3 %. Auch Bestandteile von Grünfutter (4,3 %) wie Blattabrisse, Getreidekeime und Blütenteile wurden vorgefunden. Bestandteile tierischer Herkunft machten 1,4 % aus, und zwar handelte es sich um Kokons von Regenwürmern, Nacktschnecken, Larven und Puppen von Zweiflüglern (Fliegen, Mücken, Maden, kleine Gehäuseschnecken, Stücke von Regenwürmern, Käferlarven und Raupen). Diese angegebenen Verhältnisse können sich natürlich, abhängig vom Anbau und Kulturzustand, von Jahr zu Jahr ändern.

Manche Brieftaubenhalter bezeichnen das Feldern der Tauben als „Gesundbrunnen“. Besonders vorteilhaft werden die Aufnahme bestimmter Stoffe, das zwanglose Umherlaufen auf dem Feld und das ständige Flugtraining zwischen Schlag und Feld bezeichnet. Zweifellos wirken diese Bewegungsaktivitäten positiv auf Kreislauf und Stoffwechsel. Dasselbe kann aber auch durch Haltungsformen mit beschränktem Freiflug erreicht werden. Ein weiterer Vorteil des Felderns wird auch darin gesehen, daß die Tiere besondere Verhaltensweisen bei Witterungsunbilden erlernen, die sie dann auch bei Wettflügen einsetzen.

Auch hier zeigen Vergleiche, daß wenig oder nicht feldernde Brieftauben bei Schlechtwetterflügen den Leistungen anderer Tauben nicht nachstehen. Das zeigt schon, daß man die Vorteile des ständigen Felderns auf ein Minimum reduzieren kann. Ungleich größer sind hingegen die möglichen Gefahren beim Feldern. Dabei spielen Verluste durch Greifvögel nicht die entscheidende Rolle. Vielmehr sind es die sogenannten Feldvergiftungen, hervorgerufen durch Düngemittel, Herbizide, Insektizide und Beizen. Wer glaubt, seinen Tauben uneingeschränkt und zu jeder Zeit Freiflug geben zu müssen, ist auf die Dauer schlecht beraten.

Feldvergiftungen

Um höhere Hektarerträge bei den Kulturpflanzen zu erzielen, müssen Mineraldünger, Schädlingsbekämpfungs- (Insektizide) und Unkrautvertilgungsmittel (Herbizide) eingesetzt werden. Daneben finden noch Fungizide (zur Pilzbekämpfung) und Defoliationsmittel (zum Beispiel zur Krautabtötung bei Kartoffeln) Verwendung. Die Anwendung dieser Stoffe wird auch in Zukunft beibehalten werden. Für jeden chemischen Stoff, der während der Produktion von Pflanzen zum Einsatz gelangt, sind Karenzzeiten vorgegeben. Diese Karenzzeiten stellen die Spanne zwischen dem Anwendungszeitpunkt im Pflanzenbestand und die mögliche Verfütterung der behandelten Pflanzen dar. Diese angegebene Zeit ist erforderlich, um die wirksame Substanz dieser Stoffe chemisch bzw. biologisch abzubauen, um bestimmte Schadwirkungen auf den Organismus der Tiere zu verhüten.
Es sind also für jedes Pflanzenschutzmittel bestimmte Sicherheitsvorschriften einzuhalten, die auch dem landwirtschaftlichen Betrieb mit seiner fütterungsmäßig kontrollierbaren Großtierhaltung bekannt sind. Der Taubenhalter hingegen weiß meist vom Einsatz besonders schädlicher Stoffe im Pflanzenbau wenig. Bei ständigem Freiflug der Tauben besteht also immer die Gefahr, daß die Tauben solche Stoffe aufnehmen. Karenzzeiten werden also nicht eingehalten.

Düngemittel

Die stärksten Vergiftungserscheinungen treten bei Stickstoffdüngemitteln auf. Die Toxizität (Giftwirkung) der Kalidüngemittel ist wesentlich geringer. Bei den zur Zeit verwendeten Phosphordüngemitteln wie Thomasphosphat und Superphosphat ist nicht mit Vergiftungen zu rechnen. Deshalb muß sich die Aufmerksamkeit der Taubenhalter auf die Stickstoffdünger konzentrieren, weil Stickstoff und sich bildendes Ammoniak außerordentlich schädlich wirken. Die gebräuchlichsten Stickstoffdünger sind Harnstoff, Kalkammonsalpeter, Natronsalpeter, schwefelsaures Ammoniak (Ammonsulfat), Kalksalpeter und Kalkstickstoff. Besonders gern und häufig wird Kalkammonsalpeter aufgenommen. Das liegt daran, weil es in granulierter Form (gekörnt) ausgebracht wird. Gleichermaßen häufig werden Harnstoff, Natronsalpeter und schwefelsaures Ammoniak verzehrt. Diese Mineraldünger sehen weiß aus und ähneln dem Speisesalz.
Harnstoff mit seinem sehr hohen Anteil von 46,6 % Stickstoff löst beim Abbau zu Ammoniak im Körper schwere Vergiftungserscheinungen aus, die schnell zum Tod führen. Harnstoff wird immer häufiger, besonders auf Dauergrünland (Wiesen und Weiden) sowie Gemüseflächen eingesetzt. Alle anderen Stickstoffdüngemittel haben einen Stickstoffgehalt von 18 ... 26 %.
Die auftretenden Vergiftungssymptome sind Muskelzittern, Krämpfe und Durchfall. Weiterhin kommt es zur Schaumbildung im Kropf. Drückt man ihn leicht, so kommt wäßrig stinkende Flüssigkeit heraus. Als Sofortmaßnahme ist Essigwasser in den Schnabel einzugeben. Dabei hat sich verdünnte Essigsäure bewährt (2,5 ... 5 %). Die Wirkung ist selbst bei stark vergifteten Tauben erstaunlich gut. Die Konzentration des Essigs darf nicht wesentlich höher sein, da Tauben ge-

genüber Essigsäure sehr empfindlich sind! Deshalb muß man die Ausgangskonzentration beachten: Eisessig enthält 100 %; konzentrierte Essigsäure 96 ... 100 %; Essigessenz 50 ... 80 %; Speiseessig 4 ... 10 % Essigsäureanteil. Zur Behandlung der Tauben wird meist Speiseessig oder Essigessenz verwendet. Weinessig-Verschnitt bzw. Gärungsessig ist in die Kategorie Speiseessig einzuordnen. Er muß mit Wasser entsprechend verdünnt werden.

Die schädliche Wirkung der Stickstoffdüngemittel beruht auf der Bildung von Ammoniak, das den roten Blutfarbstoff (Hämoglobin) verändert. Dieses Hämoglobin fällt dadurch für den Sauerstofftransport aus. Durch Essigwasser wird das Ammoniak unter Bildung von Ammoniumazetat neutralisiert. Dieses Salz ist für den Tierkörper unschädlich. Wird frühzeitig Essigwasser gegeben, so kommt es zu keinem Leistungsabfall der Taube. Wenn bereits Organschäden (Leber, Lunge, Herz) eingetreten sind, werden keine ansprechenden Leistungen mehr erreicht. Das unterstreicht die Forderung, die Tiere umgehend zu behandeln.

Herbizide

Vergiftungserscheinungen äußern sich durch Freßunlust, Durchfall, starken Durst, Muskelschwäche, Taumeln und Krämpfe. Diese Anzeichen sind besonders bei akuten Hedolitvergiftungen (Wirkstoff DNOC) zu beobachten. Die Anwendung dieses Herbizides ist äußerst problematisch für die Tauben. Es muß bedacht werden, daß auch Feldwege ungewollt besprüht werden. Auch dort kann dieses Herbizid in den Körper der Tauben gelangen, weil sie auf Feldwegen oft trinken oder Sand aufnehmen. Daher ist auch die reisende Brieftaube gefährdet. Ein besonders typisches Zeichen für DNOC-Aufnahme ist der dünnflüssige, intensiv gelb gefärbte Kot. Allgemein ist für Feldvergiftungen auch der übelriechende Kot und Brechreiz kennzeichnend. Wie vielfältig der Einsatz von Herbiziden ist, sollen folgende Beispiele zeigen: Von Ende März bis Juni wird auf den Rüben- und Maisflächen eine Vorauflaufbehandlung mit Propham (Isopropyl-N-phenylcarbamat) bzw. Atrazin und Sinazin (Triazinderivate) vorgenommen. Die Getreideflächen (Weizen) werden zumeist im Mai mit 2,4-D-Dimethylaminsalz (Phenoxyfettsäure) gespritzt, und bei Gerste erfolgt der Einsatz von DNOC (Gelbspritzmittel) im April bis Oktober.

Auf Weiden und Wiesen wird oft 2,4-D-Natriumsalz (Phenoxyfettsäure) und MCPA (Phenoxyfettsäure) ausgebracht. Damit wird deutlich, daß die Brieftaube über einen großen Zeitraum des Jahres einer Gefährdung ausgesetzt ist. Dabei sollte bei der Beurteilung berücksichtigt werden, daß die Triazinderivate und die Phenoxyfettsäuren als mindertoxisch einzuschätzen sind.

Insektizide, Fungizide bzw. Beizen

Vergiftungen mit Kontaktinsektiziden sind bei Tauben relativ selten. Dazu beigetragen hat auch der konsequente Verzicht des Einsatzes DDT (Dichlordiphenyltrichloräthan)-haltiger Mittel. Die gegenwärtig eingesetzten Insektizide stellen im wesentlichen HCH-haltige (Hexachlorcyclohexan) Präparate, Phosphorsäureester und Karbamate dar. An mögliche Vergiftungen durch Phosphorsäureester ist bei Tauben zu denken. Das Pudern der Nistschalen oder der Tauben mit solchen Präparaten ist für Tier und Taubenhalter gleichermaßen bedenklich. Dithiokarbamate stellen metallhaltige, chemisch eng verwandte organische Verbindungen dar, deren orale akute Toxizität bei über 3 g/kg Körpermasse liegt. Karbamate gelten, vergleichsweise mit den Phosphorsäureestern, demzufolge als weniger toxisch. Karbamathaltige Mittel eignen sich daher besonders zur Ektoparasitenbekämpfung bei Tauben.

Spezielle Fungizide auf den Kartoffelschlägen werden während der Vegetationsperiode mehrmals eingesetzt. In diesem Zusammenhang sei deutlich gemacht, daß nicht nur Körner bzw. Samen mit Fungiziden und Herbiziden kontaminiert sein können, sondern insbesondere auch die von Tauben aufgenommenen Weich- und Kerbtiere.

Getreide wird größtenteils mit organischen Quecksilberverbindungen gebeizt, die von den Tauben relativ gut vertragen werden. Deshalb sind Vergiftungen durch gebeiztes Getreide seltener als allgemein angenommen wird.

Die einzelnen Feldvergiftungen nach ihren Ursachen abzugrenzen, ist oft nicht möglich. Am ehesten gelingt dies noch bei der Stickstoffaufnahme mit der Essigwassergabe.

Diese Methode wirkt jedoch nicht bei anderen Feldvergiftungen. Hier erschöpft sich die Betreuung der erkrankten Tiere in Ausdrücken und Spülungen des Kropfes, in Diätkost, Verabreichen von Vitaminpräparaten und nachfolgender Gabe von Traubenzuckerlösungen. Auf mögliche Folgeerscheinungen der Feldvergiftungen wurde bereits bei der speziellen Fütterung eingegangen.

Alle diese Gefahrenquellen sollten für den Brieftaubenhalter Anlaß sein, das Feldern der Tauben weitestgehend zu verhindern. Dabei sind nicht nur die akuten Erkrankungsfälle ausschlaggebend, sondern die in breiterem Umfang unterschwellig auftretenden Durchfallerscheinungen. Letztere sind Ursache von erheblichen Leistungsschwankungen bei einzelnen Tieren wie des gesamten Bestandes.

Zucht

Zuchtziele

Die Vielzahl der in Größe, Form, Gefiederfärbung und Leistungen so unterschiedlichen Taubenrassen – SCHÜTTE (1971) spricht von etwa 800 Rassen – beweist anschaulich, welche Möglichkeiten zur Veränderung sich dem züchterischen Bemühen bieten, und wie vielfältig die Züchter diese Chancen zu nutzen verstanden. Zweifellos sind die Erfolge der „Zucht auf Form“ und der „Zucht auf Gefiederfarbe“ am sinnfälligsten – das zeigt sich bei jedem Besuch einer Geflügelausstellung –, aber nicht weniger eindrucksvoll sind die Erfolge der „Zucht auf Leistung“. Als Beispiel braucht nur auf die Erhöhung der verschiedenen Leistungsmerkmale (Leistungsparameter) beim Wirtschaftsgeflügel, insbesondere dem Huhn hingewiesen zu werden (Eizahl, Einzeleimasse, Schalendicke, Frühreife, Wachstumsrate, Befiederungsgeschwindigkeit u. a.). Aber auch bei den Tauben lassen sich nicht weniger bedeutende Zuchterfolge in bezug auf Leistungen – hier die Flugleistungen – anführen. Das gilt für die Flugspiele der Tümmler, das Rollen, Werfen und Purzeln ebenso wie für die Wettbewerbe der Trommeltauben, der Ringschläger, der Bodenpurzler und für die Dauerleistungen der Hochflugrassen wie etwa der Englischen Tippler, Wiener Hochflieger u. a. m. Auch die immer wieder erstaunlichen Ergebnisse der Wettflüge der Brieftauben gehören hierher und deren Fähigkeit, aus Entfernungen von mehreren hundert Kilometern zum Heimatort und -schlag zurückzufinden.

Der Brieftaubenzüchter, der ernsthaft bemüht ist, dieses „Heimfindevermögen“ züchterisch zu beeinflussen und sein Abschneiden bei den Wettflügen dadurch zu verbessern, sieht sich in der mißlichen Lage, auf Eigenschaften und Merkmale einwirken zu wollen, die vielfältig – im Sinne eines Merkmalskomplexes – miteinander verbunden und im einzelnen zum Teil noch gar nicht eindeutig bekannt oder erfaßt sind.

Welche verwickelten Probleme in diesem Zuchtziel „Flugleistung“ enthalten sind, ist aus dem Abschnitt über das Heimfindevermögen zu ersehen.

Es ist müßig, über die Erblichkeit der verschiedenen Faktoren des Heimfindevermögens zu debattieren, weil sie selbst dann nicht getrennt werden könnten, wenn alle bekannt wären. Das Sehvermögen, der Geruchssinn, die Fähigkeit, auf magnetische Felder empfindlich zu reagieren, der Orientierungsmechanismus – gewiß liegen allen diesen Leistungen erbliche Anlagen zugrunde, aber für den Züchter bilden sie alle zusammen eine

Einheit, einen Komplex, der sich nur durch die Verwendung besonders erfolgreicher Brieftauben zum Aufbau bestimmter Familien oder Linien nutzen läßt. Das haben die belgischen Brieftaubenzüchter gemacht. Ihre Erfolge bestätigen die Brauchbarkeit des Verfahrens, durch Selektion der erfolgreichsten Flieger das Leistungsniveau der betreffenden Zucht insgesamt zu heben.

Bedeutung der Körpermerkmale

Die erfolgreiche Brieftaube hat eine Menge bestimmter körperlicher Merkmale, aber der Besitz dieser Kennzeichen garantiert bei einer Jungtaube keineswegs, daß es sich bei ihr um ein künftiges Siegertier handelt. Dazu sind die erforderlichen Fähigkeiten und Eigenschaften viel zu mannigfaltig und der Einfluß des Trainings zu groß. So lassen erst die vollbrachten Leistungen – seien es Erfolge oder Mißerfolge – erkennen, was in dem einzelnen Tier an Möglichkeiten und Vermögen steckt. Im Ausstellungskäfig ist der wirkliche Wert am Aussehen einer Brieftaube nicht abzulesen.

Immerhin lassen sich einige ganz allgemein wichtige Aussagen über die Ausbildung körperlicher Merkmale machen, vergleichbar den sportlichen Beurteilungsschablonen bei ersten Ausleseverfahren, nach denen ein guter Hochspringer groß, schlank, langbeinig, nicht zu schwer und ein schneller Sprinter sein muß. Bei den Brieftaubenzüchtern werden die Tiere nicht selten nach der Beschaffenheit des Gefieders beurteilt. So verständlich diese Einstellung sein mag, hier sollen der Reihe nach das Skelett und die Muskulatur, die inneren Organe, das Gefieder und die Sinnesleistungen behandelt werden.

Skelett und Muskulatur

Das Knochengerüst und die Muskulatur sind miteinander korreliert, das heißt voneinander wechselseitig abhängig: Das Skelett bietet die Ansatzpunkte für die Muskeln, und diese wiederum bewegen die Gliedmaßen wie alle durch Gelenke miteinander verbundenen Knochen. Eine Taube gehört nach der Art und Weise ihrer Bewegung zu den „spezialisierten Hubfliegern“. Nach BÖKER (1935) ist bei der Taube der Oberarm länger als etwa Dreiviertel der Rumpflänge, der Unterarm länger als der Oberarm und die Hand länger als der Oberarm. Die Flugfähigkeit nimmt zu, je mehr der Oberarm (und die mit ihm zusammengehörenden Knochen) sich der Rumpflänge annähert; diese Verhältnisse liegen bei der schnellen und gewandten Seeschwalbe vor. Danach müßte eine Brieftaube um so besser zum Flug ausgerüstet sein, je mehr sie sich in Richtung auf die Verhältnisse bei der Seeschwalbe entwickelt. Leider liegen keine derartigen Messungen im Vergleich mit anderen Taubenrassen vor.

VOGEL und OEHME bezeichnen die Taube als „typischen Triebschwingenflieger“, der sich durch größeren Schlagwinkel vom Ruderflug großer Vögel unterscheidet.

Eine Brieftaube in gutem Trainingszustand fühlt sich nach LEVI (1963) fest und hart an. Kopf, Hals, Flügel und Rumpf sollten so aufeinander abgestimmt sein, daß sie die beste Voraussetzung für das Flugvermögen bieten. Die Beurteilung ist besser durch praktische Erfahrungen als durch theoretische Unterweisung zu erlernen. „Die ideale Brieftaube ist weder zu lang noch zu kurz im Körper; nicht zu tief im Kiel, aber auch nicht zu flach. Die Flügel sollen in Ruhelage die Körperflanken gut bedecken und Flugkraft ausdrücken. Die Flügelbuge sollen aus demselben Grund gut entwickelt sein und vom Körper abstehen. Die Flügel gut ausgewogen auf dem Schwanz ruhend, und dieser soll weder zu lang noch zu kurz sein und in wohlausgewogenem Verhältnis mit den übrigen Körperproportionen zusammenpassen.

Der ganze Körper sollte gespannte Bereitschaft bei straffer Haltung ausdrücken und einen Anflug von Zuversicht ausstrahlen“ (LEVI 1963).

Zwischen der Brustbeinlänge und -tiefe, der Muskelstärke und -länge sowie der Flügelgröße bestehen zweifellos enge Beziehungen, die sich beim Flug im Kraftaufwand für die Fortbewegung und gegen den Luftwiderstand auswirken. Dazu kommt ferner der Knochenbau, ob grob oder fein, der in die Lebendmasse eingeht. Unerwünscht ist ein flaches, entenartiges Brustbein, weil es den Brustmuskeln weniger Ansatzfläche bietet, während ein tiefes Brustbein (mit hohem Brustbeinkamm) zur Entwicklung langer Brustmuskeln beiträgt und damit das Fliegen erleichtert (geringerer Kraftaufwand bei langsamen Flügelschlägen). Diese Einsparung an Energie und Kraft ermöglicht gute Dauerflugleistungen und ist deshalb wünschenswert. In der Praxis sind aber auch Tauben mit flachem Brustbeinkiel und hervorragenden Leistungen bekannt. Auf Kurzstrecken bewähren sich dagegen diese Tauben mit höherer Flügelschlagzahl besser, insbesondere bei guten Wetterverhältnissen.

Die Kopfform hat, nach Ansicht einiger Züchter, Einfluß auf die Flugleistung: Nur in einer gewölbten, gut gerundeten und breitstirnigen Schädelkapsel könne sich das Gehirn allseitig entwickeln; ein schmales, flaches Stirnbein und ein abgeflachter Schädel wiesen von vornherein auf mangelhafte Flugleistungen hin.

In Anwendung des Internationalen Standards heißt es u. a.: „Der Kopf der Taube muß auf die Gesamterscheinung abgestimmt, gut entwickelt und harmonisch verlängert sein. Die Form des Kopfes kann gewölbt, oval oder oben leicht abgeflacht sein.“ Heute zeichnen sich die Tauben aus führenden Zuchten tatsächlich durch einen gewölbten Schädel aus – aber das kann mit der Auswahl der Rassen zusammenhängen, die zu ihren Ahnen gehören. So verwendeten die Belgier eine kleine Kröpferrasse, einen Hochflieger (*Cumlet*), ferner die *Smerle*, *Carrier* und *Antwerpener*, kreuzten englische Rassen wie *Horseman* und *Dragoon* ein, in jüngerer Zeit den *Smyter*, eine Tümmlerrasse mit großer Schnelligkeit auf Kurzstreckendistanz. Die Engländer gingen vom *Horseman*, *Carrier* und *Dragoon* aus, kreuzten *Bärtchentümmler*, *Mövchen* u. a. m. ein. In Amerika wurden aus Importen aus England und Belgien die Zuchten aufgebaut, und die jeweiligen Siegertiere gehörten um die Jahrhundertwende noch den verschiedensten Körpertypen an. Eine berühmte Siegertäubin, die in blendender Zeit von Oklahoma City (Oklahoma) nach Youngstown, Ohio flog, hatte einen ausgesprochen flachen Schädel. (Das für die Flugbewegung und Orientierung wichtige Kleinhirn befindet sich im Hinterhaupt, nicht im vorderen Schädelteil). Der Schnabel ist bei allen Brieftauben kräftig und mittellang, keineswegs aber so klobig wie bei der Deutschen Schautaube. Ein großer, starker Schnabel würde die Taube vorderlastig machen und ihre Flugfähigkeit beeinträchtigen.

Es läßt sich also sagen, daß die Schädelform nicht unmittelbar erblich mit der Flugleistung zusammenhängt, sondern die Züchter führten aufgrund ihrer Vorstellungen das Merkmal „gewölbter Schädel“ in ihre hochentwickelten Zuchten ein und erreichten auf diese Weise die jetzt vorhandene Bindung zwischen gewölbter Schädelform und hoher Flugleistung. Merkwürdigerweise gibt es keine Angaben über den gewünschten Körperbautyp, obwohl es unter den Taubenrassen genug unterschiedliche Formen gibt. Heute scheint allgemein eine mittelgroße, eher leichte und stark bemuskelte Taube mit festem, aber nicht grobem Knochenbau, mit straffem, festem Gefieder als Ideal zu gelten.

Gefieder

Die Geschwindigkeit, die eine Taube beim Flug erreichen kann, hängt – abgesehen von ihren Körperproportionen und ihrer Muskelkraft – weitgehend von ihrer Körperoberfläche ab (eng anliegendes und fest geschlossenes Federkleid wirkt optimal) sowie von der Stärke und Belastbarkeit ihrer Schwingen.

Brieftauben sollen daher reichlich und glatt mit Deckfedern befiedert sein, die einzelne Schwinge fest, gesund, vollständig und wohlgeformt, mit lückenloser Federfahne sowie mit starkem Kiel. Das dichte und glänzende Federkleid soll am Körper fest anliegen. Wenn man mit der Hand darüber hinstreicht, muß es sich seidig anfühlen. Besondere Bedeutung kommt den Schwungfedern zu.

Beim Flug werden die Handschwingen stark gespreizt, während die Armschwingen dachziegelartig übereinander angeordnet, geschlossen bleiben. Allein beim Hochführen des Flügels vor jedem neuen Flügelschlag werden Arm- und Handschwingen leicht gedreht, so daß Luft zwischen ihnen hindurchstreichen kann, wodurch sich der Luftwiderstand verringert.

Abb. 49 Beim Hochführen des Flügels vor dem neuen Flügelschlag kann die Luft durch leichtes Drehen der Arm- und Handschwingen hindurchstreichen.

Von den Schwungfedern wird eine feste, breite Federfahne mit starkem Schaft gefordert, die einzelnen Schwingen sollen sich bei ausgebreitetem Flügel lückenlos überlappen; zwischen der Form und Beschaffenheit der Schwanzfedern (Steuerfedern) und der Schwingen bestehen feste Beziehungen, denn sie stimmen in Festigkeit und Struktur weitgehend miteinander überein. Eine Verkleinerung der Flügelfläche, die mit erhöhter Belastung einhergeht, beschleunigt die Fluggeschwindigkeit. Schnelle Flieger wie die Seeschwalbe haben daher schmale Flügel. Inwieweit sich die Brieftaube in bezug auf ihre Flügelform von anderen Taubenrassen fortentwickelt hat, war bisher noch kein Gegenstand wissenschaftlicher Untersuchungen.

Immerhin fällt auch dem Laien auf, daß die großen, schweren und langrückigen Römertauben breitere und stumpfere Flügel haben als die Brieftauben. DORN (1953) weist darauf hin, daß durch den „muschelförmigen Bau des Flügels eine seichte Höhlung entsteht, die dem Flügel Halt in der Luft gibt." Manche Züchter sind der Meinung, daß die Taube die besten Erfolgsaussichten hätte, bei der die äußerste oder zehnte Handschwinge die längste ist. Gewöhnlich ist die achte oder neunte länger als die zehnte. Andere Züchter halten von solchen Tauben mehr, deren drei letzte Schlagfedern, die achte, neunte und zehnte, gleich lang sind und deutliche Zwischenräume bis zu etwa 3 cm in die Tiefe haben. Diese Federn werden als „Propeller" beim Flug gewertet.

Die Geschwindigkeit, die Tauben beim Wettflug erreichen können, gibt KRAMER (1952) mit 1100 m/min, DORN (1953) mit 2000 bis 2520 m/min an, das heißt auf Kurzstrecken mit 150 km/h. Als durchschnittliche Geschwindigkeit können 1000 ... 1500 m/min oder 60 bis 90 km/h gelten. Die höchsten Geschwindigkeiten erreichen Tauben bei Ausnützung starker Windbewegungen in höheren Luftschichten, die sich – oft im Gegensatz zu den Windverhältnissen am Boden – als Rücken- oder Schiebewind auswirken. Über die Vererbung der Federstruktur – ob das Gefieder aus festen, straffen Einzelfedern mit geringem Daunenanteil oder aus weichen, daunenreichen Deckfedern besteht – gibt es keine Versuchsergebnisse. Aus Experimenten an Hühnern läßt sich schließen, daß der Erbgang bei Verwendung extremer Vertreter intermediär verläuft. LEVI empfiehlt eine Kreuzung zwischen Malteser und Perückentaube, um die grundsätzlichen Zusammenhänge zu klären.

Die Gefiederfarbe spielt bei Brieftauben

keine nennenswerte Rolle. Es fällt auf, daß die Mehrzahl der Tiere intensiv gefärbt ist, das heißt die Grundfarben Blau, Rot, Schwarz und Schimmelfarbe mit ihren Abwandlungen dunkelgehämmert, gelercht usw., nicht aber die rezessiven Farben Gelb, Braun usw. Diese Vorherrschaft der starken dominierenden Farben beruht einfach darauf, daß es sich bei den Brieftauben um Kreuzungsprodukte handelt, also keine „reine Rasse", bei denen die rezessiven Merkmale unterdrückt bleiben.

Innere Organe

Solchen Belastungen, wie die Brieftauben bei Wettflügen ausgesetzt sind, ist nur ein Organismus gewachsen, der völlig gesund und sachkundig trainiert ist. Unter den inneren Organen fällt dabei dem Herzen die schwerste Aufgabe zu. Wiederum läßt sich an äußeren Merkmalen nicht ablesen, wie die inneren Organe beschaffen sind, zumal Messungen des Blutdrucks bei Brieftauben während des Trainings – vor und nach der körperlichen Beanspruchung – weder üblich noch leicht durchführbar sind.

Das Verhältnis der Herzmasse zur Körpermasse ist bei Tauben besonders hoch. Die Herzmasse beträgt bei

- Huhn 0,4 %
- Gans 0,8 %
- Ente 0,74 %
- Taube 1,02 %.

Es ist zu bedenken, daß die Belastung der inneren Organe beim Flug stark zunimmt. So erhöht sich die Wärmeerzeugung der Taube beim Flug gegenüber dem Ruhestand um das Achtfache, und die Körpertemperatur steigt während des Fluges um 1,5 … 2,6 °C an. Auch die Sauerstoffaufnahme erhöht sich, das heißt, die Atmungshäufigkeit nimmt zu, allein das Atmungsvolumen um etwa das 20fache (STURKIE 1976).

Der Züchter muß also aus guten Trainings- und Wettflugergebnissen schließen, daß die dabei erfolgreichsten Tauben ein starkes Herz und ein belastbares, sich schnell wieder regulierendes, zum Normalzustand zurückkehrendes Kreislaufsystem besitzen müssen. Nicht anders ist es mit den übrigen inneren Organen, die zum Atmungssystem gehören (Lunge, Bronchien, Luftsäcke) sowie den Hormondrüsen, die den Ablauf der verschiedenen Prozesse im Stoff- und Energiewechsel lenken und aufeinander abstimmen.

Beziehungen zwischen Aussehen und Flugleistung

Viele Brieftaubenzüchter haben sich bemüht, körperliche Merkmale bei Brieftauben herauszufinden und zur Bewertung nach dem Aussehen heranzuziehen, die mit der Flugleistung und dem Heimfindevermögen in unmittelbarer Verbindung stehen. DORN (1953) widmet diesen Beziehungen mehrere Kapitel („Rassebeschreibung der Wettflugtaube", „Sportliche Rasseforderungen an die moderne Wettflugtaube", „Die Musterbeschreibung der Rassetaube" und „Die Wettflugtaube und die Ausstellung") und bemüht sich dabei, Prüfungsmethoden der Praktiker zu erläutern und irrige Meinungen als solche bloßzustellen. Grundsätzlich vertritt er die Auffassung, daß eine Beurteilung nach äußeren Merkmalen berechtigt ist, wenn dadurch auch nicht die Leistungsfähigkeit der betreffenden Taube erkennbar wird – allenfalls die Voraussetzungen, die sie dafür mitbringt.

Wenig später (1958) hat sich SCHARRER in seiner Dissertation mit der „Form und Leistung bei deutschen Reisebrieftauben" beschäftigt und die äußeren Merkmale erfolgreicher Reisetauben nach den Standardvorstellungen bewerten lassen und verglich diese Urteile mit den Flugleistungen der betreffenden Tauben. Danach bestand bei den untersuchten Tieren keine Beziehung zwischen der erzielten Leistung und der „Schönheit"; die besten Flieger erreichten nur mäßige Bewertungsnoten und die schlechten besaßen die Merkmale, die eine erfolgreiche Brieftaube auszeichnen sollen. Um dieses Ergebnis zu erläutern, weist SCHARRER darauf hin, daß bei der Beurteilung im Käfig oft viele Dinge übersehen werden, die dem Erfolg im Fliegen entgegenwirken oder ihn unmöglich machen. Dazu gehören Erkrankungen (Würmer, Kokzidien) ebenso wie Mißbildungen, die oft erheblich sind, zum Beispiel Sehstörungen (Mikrophthalmie, Verdickungen der Chorioidea, Degenerationserscheinungen an der Netzhaut u. a. m.). Im übrigen lehnt Scharrer, gestützt auf die Aussagen vieler Praktiker, eine Typeneinteilung in „Kurzstreckenflieger" und „Langstreckenflieger" ab. Der ersten Gruppe sagt man nach, sie sei schneller verausgabt, besäße eine geringere Energie und Muskelkraft, während „Langstreckenflieger" unter schlechten Witterungsbedingungen Besonderes leisten würden. Obwohl es durchaus berechtigt erscheint, bei der Beurteilung der Brieftauben nach aerodynamischen Gesichtspunkten vorzugehen und eine möglichst vorteilhafte strömungsgünstige Körperform anzustreben, so bleibt die Bewertung nach äußeren Merkmalen unzureichend und unbefriedigend, weil die übrigen, zur guten „Renntaube" gehörenden Eigenschaften dabei nicht erfaßt werden, die sich auf die Sinnesleistungen, das Reaktionsvermögen, die Wetterempfindlichkeit, das Temperament und den „Charakter", kurz auf die Fülle der Verhaltensweisen und ihre individuelle Ausprägung beziehen. Um sich einen Überblick über die „geistigen Fähigkeiten" der Tauben zu verschaffen, sind eine Reihe von Versuchen über das „Gedächtnis" und das Lernvermögen durchgeführt worden, zu denen allerdings nicht speziell Brieftauben herangezogen wurden.

Lernfähigkeit

Wie alle anderen Geflügelarten hat die Taube ein „Augenmaß für verzehrbare Größe" und nimmt nur auf, was sie mühelos hinunterschlucken kann. In ihrer Aufmerksamkeit und Unterscheidungsfähigkeit den Futtermitteln gegenüber nimmt die Taube keine Sonderstellung unter den Geflügelarten ein, in bezug auf die Empfindlichkeit ihrer Sinnesorgane (Gesichts-, Geschmacks- und Tastsinn) gehört sie zu den führenden Arten (ENGELMANN 1972).

Bei den Tauben als Nesthocker ist anzunehmen, daß sie sich bei der langen und intensiven Betreuung durch die Eltern deren Erscheinung besonders tief einprägen und mehr zur Paarung mit diesen gleich oder ähnlich aussehenden Tauben neigen als etwa Hühner, bei denen diese als „Homogamie" bezeichnete Beschränkung auf die Angehörigen der eigenen Rasse und des eigenen Farbenschlages recht verbreitet ist.

Vielen Praktikern ist von einer derartigen „rassischen Voreingenommenheit" unter ihren Tauben nichts bekannt.

Vielleicht liegen bei Nesthockern wie den Tauben überhaupt andere Verhältnisse vor. Es ist zum Beispiel denkbar, daß bei ihnen die „sensible Periode" oder das Prägungsalter zeitlich hinausgeschoben ist, etwa bis zum Zeitpunkt des Flüggewerdens. Daraus erklärte sich die oft über Jahre erhaltene Erinnerung an den Heimatort und -schlag mit der gesteigerten Empfänglichkeit für Sinneseindrücke bei dem ersten Bekanntwerden mit der näheren und weiteren Umgebung des Schlages, daß heißt, dem ersten Ausflug und Blick auf das Panorama ringsum. Die Tauben wären dann sozusagen auf die Kenndaten oder Merkmale ihrer engeren Heimat „geprägt".

Bei den sonstigen Gedächtnisleistungen – Erinnerung an Futter, Gefährten, Dressursignale usw. – unterscheiden sich Tauben nicht von den übrigen Geflügelarten, hinsichtlich der Erinnerung an Orte, zumal an die „Heimat", ganz erheblich.

Für das erstaunliche Erinnerungsvermögen an den Heimatort und -schlag gibt DORN (1953) zahlreiche Beispiele, und fast jeder Züchter kennt ähnliche Fälle aus eigenem Erlebnis.

Zuchtmethoden

Reinzucht

Grundsätzlich wird bei der Verpaarung von Rassetieren zwischen „Reinzucht" und „Kreuzung" unterschieden. Unter Reinzucht versteht man die Verpaarung von Angehörigen ein und derselben Rasse und des gleichen Farbenschlages, unter Kreuzung die Paarung von Tieren, die verschiedenen Rassen angehören oder von gleichrassigen verschiedener Farbenschläge. Diese Definition, die wegen ihrer Klarheit allgemein anerkannt war und sich in allen Schriften über Tierzucht findet, hat heute ihre Gültigkeit weitgehend verloren.

Der Bedeutungswandel beider Begriffe hängt damit zusammen, daß die Geflügelzüchter, speziell die Wirtschaftsgeflügelzüchter, nicht mehr vom einzelnen Tier als Einheit ausgehen, sondern von Erbfaktoren. Vom Standpunkt des Vererbungsforschers betrachtet, sind selbst Angehörige einer Rasse und eines Farbenschlages trotz ihrer äußerlichen Ähnlichkeit keinesfalls erbgleich, da sich ihre „Reinrassigkeit" (Homozygotie) auf die Merkmale beschränkt, die im wesentlichen die Rassezugehörigkeit erkennen lassen (Körperform, Gefiederstruktur, Gesamterscheinung). In anderen Merkmalen, zum Beispiel Leistungseigenschaften, können sie völlig verschiedene Erbanlagen besitzen, also heterozygot sein. Deshalb übertrifft die Nachzucht eines reinrassigen Paares seine Eltern oft in ähnlicher Weise wie die aus einer Rassenkreuzung hervorgegangenen Hybriden, das heißt, beide zeigen den Heterosiseffekt in bezug auf die Leistungseigenschaften. Die Änderung in der Beurteilung der Begriffe „Reinzucht" und „Kreuzung" hat dazu geführt, daß Paarungen zwischen Tieren gleicher Rasse und gleichen Farbenschlages auch als Kreuzung bezeichnet werden, wenn beide Partner Gruppen angehören, die sich in ihren Erbanlagen deutlich unterscheiden, sei es in einer oder in mehreren prüfbaren Eigenschaften (Eigröße und Legeleistung). So wird von „Gruppen-" und von „Linienkreuzungen" ebenso gesprochen wie von Rassen- oder Artkreuzungen.

Die Zuchtverfahren sind von vielen Autoren in ein Schema gebracht worden. Da die Anordnung weitgehend Geschmackssache ist,

Tab. 14 Zuchtmethoden in der Geflügelzucht

Reinzucht	**Kreuzungszucht**
Auslesezüchtung	**Kombinationszüchtung**
Gruppenzucht	Veredlungskreuzung
Familienzucht	Verdrängungskreuzung
Linienzucht	Rassenbildungskreuzung
Linien-Inzucht	
Mit vorhergehener Zuchtschließung	**Ohne vorhergehende Zuchtschließung**
Gruppenkreuzung	Gebrauchskreuzung
Inzucht-Populationskreuzung	Einfachkreuzung
Familienkreuzung	Dreifachkreuzung
Linienkreuzung	Doppelkreuzung
Inzucht-Heterosiszüchtung	Rotationskreuzung
Mit wiederholter Selektionauf Kombinationseignung	
	Wechselkreuzung
	3-Rassen-Rotationskreuzung
Rückgreifende Selektion	4-Rassen-Rotationskreuzung
Rückgreifende Selektion mit Testgruppe	
Reziproke rückgreifende Selektion	

gleicht kein Schema dem anderen (ENGELMANN 1975).
Eine übersichtliche Darstellung der Zuchtmethoden, die in der Geflügelzucht üblich sind, gab BRANDSCH (1967). Hält man sich an diese Einteilung, dann herrscht in der Brieftaubenzucht die Reinzucht vor, aber mit gewissen Abwandlungen. Zu den Besonderheiten gehört es, daß es sich bei den Brieftauben um keine Rasse wie beim Rassegeflügel handelt, deren Angehörige sich durch eine Reihe äußerlich sichtbarer Merkmale auszeichnen, die ihnen allen erblich eigen sind. Bei den Brieftauben handelt es sich um ein heterogenes, in bezug auf seine Erbfaktoren oder „Gene“ uneinheitliches Tiermaterial, das sich durch ähnliche oder gleiche Leistungseigenschaften auszeichnet.
Durch die Verwendung gänzlich oder teilweise anderer Ausgangsrassen sind die Brieftauben in den verschiedenen Ländern genetisch mehr oder weniger ungleich – jede Herkunft ist das Ergebnis einer anderen Rassemischung. Selbst die Tiere eines Züchters können weitgehend mischerbig oder heterozygot sein und sind es auch in den meisten Fällen. Durch das Streben nach gewisser äußerlicher Ähnlichkeit im Sinne der Verkörperung fliegerisch vorteilhafter Merkmale wird diese erbliche Unausgeglichenheit etwas überdeckt, doch bleibt sie an der Verschiedenheit der Gefiederfärbung am deutlichsten sichtbar. Keine der roten, schwarzen oder anders gefärbten Tauben ist reinerbig in diesem Merkmal, sondern spalterbig; ihre verdeckten Erbanlagen, zum Beispiel für alle verdünnten Farben, werden erst an der Nachzucht sichtbar, wenn der ihr zugesellte Partner den gleichen rezessiven Faktor für Verdünnung im Erbgut führt, ganz gleich, welche der Hauptfarben Rot, Schwarz, Blau usw. er hat, die sich dominant vererben.
Mit der Einschränkung, es mit einem heterozygoten, erblich uneinheitlichen Tiermaterial zu tun zu haben, können wir von „Reinzucht“ als Zuchtmethode bei Brieftauben sprechen. Der Begriff „Kreuzung“ im Sinne von Rassenkreuzung ist deshalb nicht anwendbar, weil es keine verschiedenen Rassen unter den Brieftauben gibt (nur Familien, Zuchten oder Schläge) und kaum ein Züchter zur Aufbesserung seiner Zucht Tauben anderer Rassen – etwa *Englische Tippler* oder andere Hochflieger oder gar eine „Schönheitsrasse“ wie *Mövchen* oder *Schwalben* – einkreuzen würde. Dadurch brächte er die über Jahrzehnte bis Jahrhunderte durchgeführte Selektion auf hohe Flugleistung in Gefahr. Der Züchter beschränkt sich daher auf Brieftauben im engeren Sinne als Zucht- und Kreuzungsmaterial.

Zufallsmäßige Verpaarung mit Auslese

Bei dieser einfachen Form der Zucht wird die Verpaarung den Schlaginsassen selbst überlassen. Erst die Nachzucht unterwirft der Züchter einer Auslese, indem er sie nach ihren Erfolgen bei den Wettflügen aussortiert und zur Weiterzucht einsetzt. Bei dieser Form der Selektion nimmt zwar die genetische Einheitlichkeit der Population von Generation zu Generation zu, doch kommt der Züchter über ein mäßiges, durchschnittliches Niveau kaum hinaus. Der Erfolg dieser einfachen Zuchtmethode besteht in der annähernd gleichmäßigen Verteilung der Erbanlagen auf alle Familienangehörigen. Das Verfahren entspricht einer schwachen oder maßvollen Inzucht.

Planmäßige Verpaarung mit Auslese

Unter diesem Begriff lassen sich mehrere, einander ähnliche Methoden einordnen. Ausgehend von dem vorhandenen Tierbestand, der ohne Zufuhr fremden Blutes als „geschlossene Zucht“ vermehrt wird, sucht sich der Züchter bestimmte Tiere zur Verpaarung heraus, die er nach ihren Leistungen im Wettflug und ihren körperlichen Merkmalen bewertet.

Die übrigen Tauben bleiben als Flugtauben oder als Ammen im Schlag. Bei der genetischen Unausgeglichenheit der Tiere – keine Brieftaube ist reinerbig oder homozygot, sondern ein heterozygotes Kreuzungsprodukt – bietet weder die eigene Leistung noch das Aussehen eine Gewähr für die Übertragung der eigenen Fähigkeiten auf die Nachkommenschaft. Erst an der Nachzucht und ihrem Abschneiden in den Flugwettbewerben wird erkennbar, ob die zur Paarung herausgesuchten Partner „richtig" ausgewählt waren.
Rein erfahrungsgemäß paaren die Züchter oft farblich unterschiedliche Tauben bei gleicher Leistung miteinander; sie nutzen dabei unbewußt eine Erscheinung aus, die als „Heterosis" oder „Kreuzungseffekt" bezeichnet wird und die Überlegenheit der Kreuzung als Zuchtmethode gegenüber der Reinzucht speziell in der Wirtschaftsgeflügelzucht eindeutig sichtbar gemacht hat, bei der es ausschließlich um Leistungen und ihre Vererbung geht. Die Heterosis beruht darauf, daß beim Zusammentreffen des Erbgutes (Genoms) zweier genetisch unterschiedlicher Tiere es ebensogut zu einer Addition quantitativ wirkender Gene (zum Beispiel Wachstumsfaktoren) kommen kann (additive Genwirkung) wie allgemein zu fördernden Impulsen, die sich beim Zusammentreffen völlig verschiedener Chromosomensätze ergeben.
Um die Unsicherheit, die sich aus der Verpaarung erblich so wenig bekannter Tauben ergibt, etwas zu verringern, haben die Züchter sich um eine gewisse genetische Einheitlichkeit in ihren Zuchten bemüht, das heißt, um eine Einschränkung der Mischerbigkeit oder bzw. um eine Zunahme an Reinerbigkeit.

Familienzucht

Hier baut der Züchter, von bestimmten erfolgreichen Tieren ausgehend, einzelne Familien auf, indem er die Nachzucht eines Paares unter sich oder mit den Eltern verpaart, meist ohne festgelegtes Paarungssystem, bis sich nach einigen Generationen eine Familie A und eine Familie B usw. herausgebildet haben, von denen jede auf einen besonders erfolgreichen Ahn zurückgeht. Sobald die betreffenden Familien eine gewisse Eigenart (genetische Einheitlichkeit) erreicht haben, kann sie der Züchter miteinander kreuzen. Das ist nach etwa drei bis vier Generationen erreicht.Wenn sich im Bestand einmal eine ungewöhnlich leistungsstarke Taube befindet, ist wohl jeder Züchter bestrebt, mit ihr eine eigene Familie oder Linie aufzubauen, zum Beispiel durch Anpaarung an verschiedene Vögel, bis sich eine dieser Paarungen als optimal erweist und beibehalten wird. Streng genommen ist es einfacher, die Elterntiere dieser herausragenden Taube weiter miteinander zu verpaaren, in der Erwartung, daß aus ihrer Vereinigung (Ehe) auch in Zukunft weiterhin Junge mit ähnlich glücklicher Gen-Kombination hervorgehen.
Gerade bei Schlägen ohne geschlossene Zucht, wo der Züchter Einzelpaarungen nach den äußeren Merkmalen und der Flugleistung des einzelnen Tieres vornimmt, stellt jede Anpaarung zweier erblich unausgeglichener Tauben eine Eignungsprüfung, eine „Passer-Paarung" dar, wie wir sie in der Wirtschaftsgeflügelzucht von der Kreuzung zweier, nach verschiedenen Zuchtzielen selektierter Linien her kennen. Dort handelt es sich um größere einheitliche Tiergruppen (Linien), hier um Einzeltiere. Doch auch der Brieftaubenzüchter arbeitet mit derartigen „Linien".

Linienzucht

Unter Linienzucht wird eine systematische Verwandtenzucht verstanden, deren Hauptziel es ist, schnell eine erbliche Einheitlichkeit (Homozygotie in bestimmten Leistungsmerkmalen) zu erlangen. „Dieses Ziel wird erreicht über die Paarung miteinander verwandter Tiere. Dabei werden verschiedene Grade unterschieden. So handelt es sich bei der Verpaarung der Eltern mit ihren Kindern oder

der Großeltern mit den Enkeln oder von Geschwistern untereinander, d. h. von Verwandten 1. und 2. Grades, um ‚sehr enge Inzucht‘ oder ‚Inzest‘. Als ‚enge Inzucht‘ wird die Verpaarung von Verwandten 3. bis 4. Grades bezeichnet (Onkel und Nichte, Tante und Neffe, Vetter und Base) und als ‚weite‘ oder ‚mäßige Inzucht‘ die Verpaarung von entfernten Verwandten, z. B. von Vettern und Basen 2. Grades. Wiederum bedeutet die Verwandtenpaarung eine Anhäufung gleicher Gene in der Nachkommenschaft, mithin eine Zunahme an Homozygotie.

Da sich unter den Erbanlagen neben den erwünschten auch unerwünschte befinden können, die letal wirken, nimmt mit steigender Inzucht oft die Lebensfähigkeit ab. Solange diese Letalfaktoren, die meist rezessiv vererbt werden, heterozygot vorliegen, kommen sie nicht zur Wirkung. Erst wenn beide Eltern die letale Anlage auf die Nachkommenschaft übertragen, treten sie als Inzuchtschäden im Nachlassen der Fortpflanzungsfähigkeit, in schlechten Brutergebnissen und in Mißbildungen aller Art in Erscheinung. Die Inzucht ist daher immer mit einem gewissen Risiko verbunden, zumal Hühner und Tauben empfindlich, das heißt, unter Nachlassen ihrer Widerstandsfähigkeit auf Inzucht reagieren. Die Unsicherheit, die darin besteht, daß der Züchter nicht im voraus wissen kann, welche Letalfaktoren oder sonstigen unerwünschten Veranlagungen in seinen Tieren neben den erstrebten und bereits geförderten stecken, belastet die Inzucht als Zuchtverfahren. Ihr Erfolg oder Mißerfolg hängt von der genetischen Beschaffenheit, den Erbanlagen der Zuchttiere im einzelnen ab.

Schon früh sind Verfahren entwickelt worden, die Inzuchtschäden zu vermeiden suchen, zum Beispiel durch Einhaltung eines Paarungsschemas, bei dem keiner der Ahnen das Übergewicht erhält, Geschwisterpaarungen vermieden werden und die Nachkommen das ‚Blut‘ der Ausgangspartner möglichst zu je 50 % enthalten. Ein solches ‚Linienzuchtschema‘ hat sich in der Praxis recht gut bewährt, obwohl es von der nichtzutreffenden

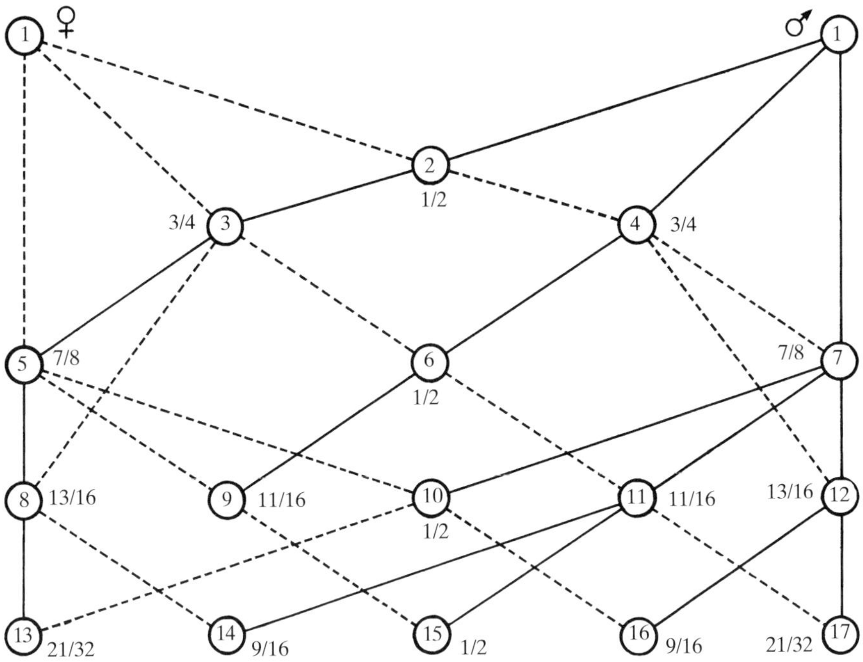

Abb. 50 Linienzuchtschema

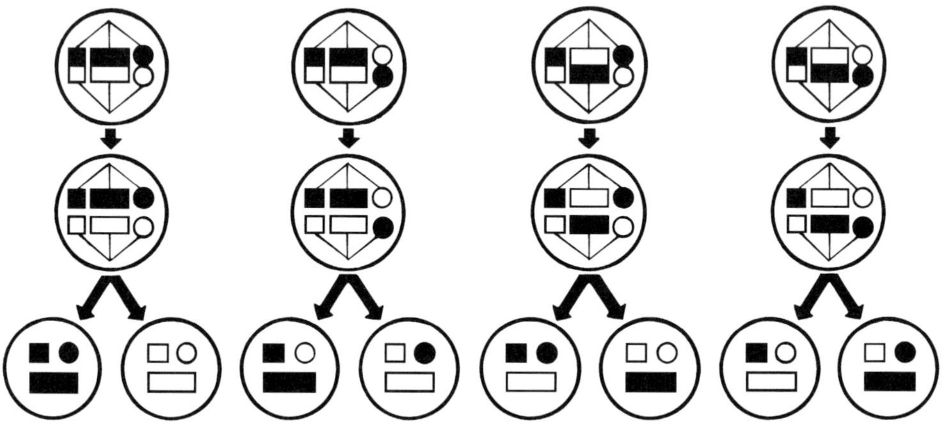

Abb. 51 Weitergabe der Erbanlagen

Annahme ausgeht, bei der Paarung bekäme jedes Küken die Hälfte der Anlagen (des ‚Blutes') vom Vater, die Hälfte vom Muttertier. Wir wissen längst, daß die Trennung der väterlichen und mütterlichen Kernfäden bei der Reduktionsteilung zufällig erfolgt. Der Vorzug dieses Paarungsschemas besteht darin, daß es als Ausgangspaare Tiere einsetzt, die nur in bezug auf die entscheidenden Rassemerkmale gleich und damit verwandt sind, im übrigen als ‚blutsfremd' gelten können. Es handelt sich um eine ‚geschlossene Zucht', die allmählich zur Inzucht führt. Eine andere Methode, die ebenso von vier Einzeltieren (Tauben) ausgehen kann wie von vier Inzuchtlinien (Hühner), sieht die Verpaarung der jeweiligen Vettern und Basen vor. Auch hier wird die sehr enge Inzucht vermieden und doch weitgehende Homozygotie erreicht. Gehört die Steigerung der wirtschaftlichen Eigenschaften zum Zuchtziel, wirkt sich die Verpaarung verschiedener Inzuchtlinien günstig aus (die selbst über mehrere Generationen in geschlossener Zucht vermehrt wurden), ein Verfahren, das mit Recht als ‚Linienkreuzung' bezeichnet wird und wovon noch die Rede sein wird. Der Zuchterfolg ist um so größer, je besser ingezüchtet die verwendeten Linien sind. Werden die verschie-

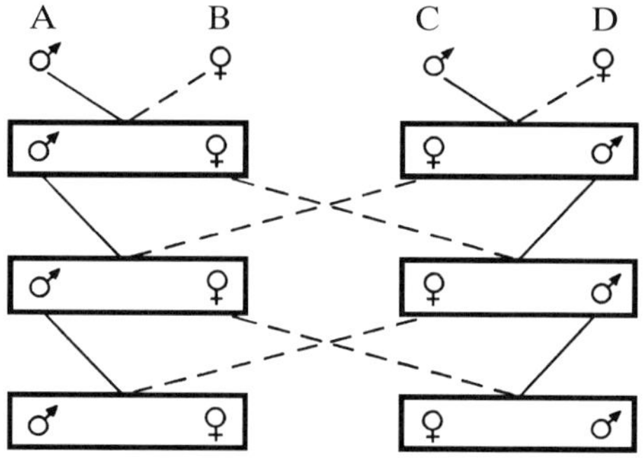

Abb. 52 Inzuchtlinien (Vettern und Basen)

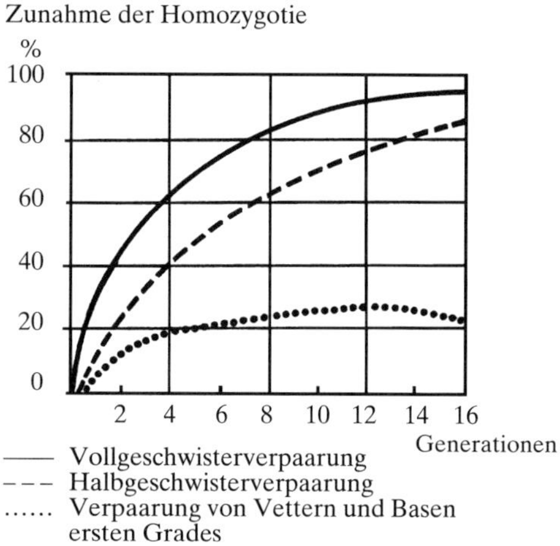

Abb. 53 Verpaarung von Vettern und Basen ersten Grades

denen Inzuchtverfahren verglichen, wie schnell sie zu einer genetischen Gleichheit des Bestandes führen, erreicht der Züchter mit der Vollgeschwisterpaarung dieses Ziel am ehesten und am langsamsten über die Verpaarung von Vettern und Basen ersten Grades." (ENGELMANN 1975).

DORN empfiehlt als spezielle Methode der Linienzucht, von zwei sich völlig fremden und in Bau und Leistung erstklassigen Elterntauben auszugehen und „etwa drei Gelege zu ziehen". Im darauffolgenden Zuchtjahr soll dann der Vogel mit seinen besten Töchtern verpaart werden, die Täubin in entsprechender Weise an ihre Söhne. Die dabei anfallenden Töchter (bzw. Söhne) können wiederum an den Stammvater (ihren Großvater) gestellt werden (bzw. an ihre Großmutter). Dasselbe Verfahren läßt sich mit Töchtern (bzw. Söhnen) der nächsten Zuchtperiode wiederholen. Bereits von der zweiten Generation ab ließen sich auch Anpaarungen geeigneter Nachkommen „aus der väterlichen und der mütterlichen Linie auslesen und unter sich verpaaren. So entstehen die Kreuz- und Querlinien innerhalb der ‚Blutlinienzucht'" (DORN 1953).

Kreuzung (Fremdzucht)

Wie schon ausgeführt, spielen sich die züchterischen Maßnahmen der Brieftaubenzüchter innerhalb der Rassengruppe „Brieftauben" ab, zur Einkreuzung anderer Rassen (zum Beispiel Tümmler oder Schautauben) kommt es wegen des allgemeinen hohen und gefestigten Leistungsstandes der modernen Brieftauben nicht mehr. Solche echten Einkreuzungen beschränken sich auf Ausnahmefälle.

Beliebt ist dagegen die Aufnahme von Zuchttieren aus anderen erfolgreichen Zuchten. Je einheitlicher dabei der eigene Bestand geworden ist (und dasselbe trifft auch für die Tauben des ausgesuchten Tauschpartners zu), desto mehr entspricht diese Fremdpaarung einer echten Kreuzung. Deshalb wird hier und im folgenden die Fremdzucht in ihren verschiedenen Formen als „Kreuzungsverfahren" bezeichnet: Es werden Tauben verpaart, die sich in ihren Erbanlagen oder -faktoren mehr oder weniger erheblich unterscheiden, nicht weniger als es bei Kreuzungen verschiedener Rassen oder Farbenschläge bei den „Rassetauben" der Fall ist.

Einkreuzung von Einzeltieren aus fremder Zucht

Im einfachsten Falle stellt der Züchter ein Tier aus fremder Zucht ein und baut mit ihm die Methode der Familienzucht oder der straffen Linienzucht eine eigene Linie oder Familie auf. Gelingt es, diese in „geschlossener Zucht" zu vermehren und den übrigen Bestand ebenfalls wie bisher weiterzuführen, besitzt der Züchter nach wenigen (drei bis vier) Generationen zwei erblich verschiedene Gruppen oder Linien in seinem Schlag, die sich unter Umständen, je nach der Beschaffenheit der eingekreuzten Taube (Vogel oder Täubin) und der Vererbung (Dominanz) ihrer Merkmale bereits äußerlich erkennen und voneinander unterscheiden lassen.

Nach den Erfahrungen der Wirtschaftsgeflügelzüchter führt die Kreuzung oder Hybridisation zweier leistungsstarker Linien zu einer weiteren Verbesserung der Leistungsfähigkeit, zum Beispiel, wenn eine Linie auf Eigröße, die andere auf hohe Eizahl je Henne selektiert wurde. Nun ist diese Linienkreuzung kein sicheres Rezept, zu höheren Leistungen zu kommen; es hängt immer vom Genbestand der einzelnen Linien ab und der Art und Weise, wie sie sich zueinander verhalten, ob sie sich ergänzen, gegenseitig fördern oder gar hemmen. Das Ergebnis, ob die ausgesuchten Linien wirklich zueinander passen oder nicht, läßt sich rechnerisch nicht voraussagen: Erst die Praxis, die durchgeführte Kreuzung oder „Passer-Paarung" wird es zeigen. Dieses Risiko geht auch der Brieftaubenzüchter ein, wenn er eine solche Zuchtaufbesserung mit einer fremden Taube aus erfolgreicher Zucht vornimmt. Die Schwierigkeit wird für ihn dadurch größer, daß nicht gleich die erste Nachzuchtgeneration (F_1) wesentliche Verbesserungen zu bringen braucht, sondern unter Umständen erst die Linienkreuzung zwischen dem ursprünglichen, weitervermehrten eigenen Bestand und der zweiten oder dritten Generation (F_2 oder F_3) der neu aufgebauten Linie.

Familien- und Linienkreuzung

Die Unsicherheit, die dem eben geschilderten Aufbau einer neuen Linie innewohnt, die von einer Taube aus fremder Zucht ausgeht, kann vermindert werden, wenn der Züchter nicht eine, sondern mehrere Tauben aus fremder Zucht aufnimmt und mit ihnen „Passer-Paarungen" durchführt. Am günstigsten wirkt sich eine derartige „Linienkreuzung" aus, wenn die zugeführten Tauben ebenfalls aus „geschlossenen Zuchten" oder ingezüchteten Linien stammen, zum Beispiel vom Sportsfreund A und B. Die Einkreuzung in den eigenen Bestand verrät dann dem Züchter, ob zu seinen Tieren die Tauben aus der Zucht von A oder die von B besser passen. Er kann daraufhin die Aufbesserung im größeren Stil, das heißt, mit mehreren Tieren aus der für ihn geeigneten Zucht vornehmen. Dadurch ist er der Mühe enthoben, beide Eltern der günstigsten Paarung in „reiner Linie" zu halten, weil er jederzeit auf die fremde Linie zurückgreifen kann und sich nur um die weitere Vermehrung der einen Linie, der eigenen, zu kümmern braucht. Dieses Verfahren setzt aber eine gute Zusammenarbeit zweier Züchter voraus, die sich gegenseitig unterstützen und fördern.

Eine andere Methode stellt die Wechselkreuzung dar, bei der abwechselnd die Vögel zweier Linien A und B an die Weibchen aus der Kreuzung A × B gestellt werden.

Versucht ein Brieftaubenzüchter im eigenen Schlag zwei verschiedene Linien aufzubauen, stehen der Anwendung dieser Methode in der

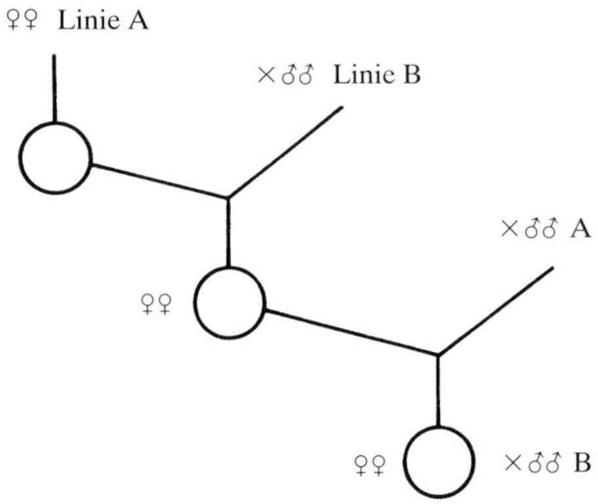

Abb. 54 Wechselkreuzung

Praxis große Schwierigkeiten entgegen, allein schon aus Platzmangel, denn das gleichzeitige Halten zweier genetisch verschiedener Linien in einem Schlag verlangt vom Züchter viel Aufmerksamkeit, Zeit und gewissenhafte Zuchtbuchführung. Hinzu kommt, daß die Züchter bisher gewohnt waren, von Einzeltieren auszugehen und noch wenig Bereitschaft zeigen, ihren Bestand in geschlossener Zucht zu einer gewissen genetischen Einheitlichkeit zu bringen. Bei „offener Zucht" hat der Taubenhalter die Möglichkeit, unter dem genetisch so heterogenen Tiermaterial im eigenen Schlag Partner zu finden, deren Paarung zu ähnlicher „Heterosis" führt, wie sie bei der Kreuzung von Inzuchtlinien erwartet werden kann. Er hat also Aussicht, schneller zum Erfolg zu kommen – wenn auch auf schmalerer Grundlage – als bei der Familien- oder Linienkreuzung.

Vor- und Nachteile beider Zuchtverfahren

Es hat jahrelang oft heftige Auseinandersetzungen zwischen den Brieftaubenzüchtern gegeben, ob die Reinzucht oder die Fremdzucht die geeignetere Methode wäre, um zu hohen Leistungen und Erfolgen im Wettflug zu kommen. Jeder Autor, der sich mit diesem

Thema beschäftigt, führt eine Reihe von Namen verdienstvoller Züchter an, die sich mehr oder weniger leidenschaftlich für die eine oder die andere Methode eingesetzt haben. So nennt DORN (1953) BACKS (der eine Augendiagnose zum Erkennen des Leistungsvermögens der Tauben ausgearbeitet hat) und KNIERIEM als Fürsprecher der Inzucht (Reinzucht) und zitiert dessen Aussage: „Die Inzucht ist ein Segen für den Züchter und ein Fluch für den Stümper." Er hält den Züchter LANDERCY aus Belgien als Beispiel für einen weitsichtigen Mann, der beiden Zuchtverfahren Gerechtigkeit widerfahren ließ und die Inzucht auf Tauben mit besonderen Eigenschaften beschränkt wissen wollte, in allen anderen Fällen aber die Kreuzung empfahl. Die Einstellung der Züchter war oft von den Vorurteilen ihrer Zeit beeinflußt. So galt die Inzucht um die Jahrhundertwende aus ethischen Gründen als verwerflich, obendrein fürchteten die Züchter Degenerationserscheinungen, die in der Folge bei den Tauben auftreten würden. LEVI (1963) führt ebenfalls die Meinung von Experten von 1904 bis 1936 an und nennt WEBER, CHAMBERLAIN und BARKER als Vertreter der Fremdzucht, DEVLIN und SWANSON als Fürsprecher der Inzucht.

Klare und grundsätzliche Aussagen über die Anwendung der beiden Verfahren macht DORN: „Die Fremdzucht", so schreibt er, „ist die einzige Zuchtform für alle Freunde, die mit der Zucht erst beginnen. Fremdzucht gehört aber auch auf alle die Schläge, auf denen die Tauben in ihrer Vererbung noch nicht erforscht sind. Hat der Reisetaubenzüchter sicher vererbende Siegertauben durch die Fremdzucht geschaffen, dann hat er sich eine Basis geschaffen und kann versuchen, durch Inzucht mit ihnen weiterzukommen."

Ergänzend ist hinzuzufügen, daß einzig und allein über Inzucht, insbesondere die Linienzucht, eine annähernde Übereinstimmung oder Gleichmäßigkeit in der Verteilung der Erbfaktoren oder Gene in der Population der Schlaginsassen zu erreichen ist. Der Nachteil dieser Verwandtenzucht liegt darin, daß sich bei enger Inzucht rezessive, für die Leistungsfähigkeit nachteilige Gene anreichern und in einigen Tauben reinerbig (homozygot) vorliegen können. Die Inzucht ist daher immer nur eine Zeitlang möglich, obwohl es Tierarten gibt, die inzuchtfest sind und nach vielen Generationen Bruder-Schwester-Inzest völlig gesund und vital bleiben. Zur schnellen Überwindung etwaiger Inzuchtschäden führt die Fremdzucht, das heißt, das Einbringen anderer Gene in den ingezüchteten Bestand.

Die Fremdzucht als Verfahren, nur miteinander nicht verwandte Tauben zu paaren, ist belastet durch die Unkenntnis über die Erbanlagen, die in den einzelnen Tieren verborgen sind. Ein Meisterflieger kann, züchterisch gesehen, ein Blender sein, wenn er seine Fähigkeiten der Heterosiswirkung der in ihm vereinigten Gene aus dem Erbgut seiner Eltern verdankt: Mit einer anderen Taube verpaart, geht nur ein Teil der so glücklich gemischten Erbfaktoren in die nächste Generation ein (Zweites MENDELsches oder „Spaltungsgesetz": In der Reduktionsteilung trennen sich die Chromosomenpaarlinge mütterlicher und väterlicher Herkunft, und nur je ein Paarling geht in die Ei- oder Samenzelle ein, den ergänzenden anderen Partner liefert der Ehegatte über seine Samen- bzw. Eizelle). Doch leider wissen wir über die erblichen Grundlagen der Leistungseigenschaften unserer Brieftauben sehr wenig.

Die Fremdzucht, als Einkreuzung eines oder mehrerer Tiere aus fremder Zucht, verliert viel von dieser Unsicherheit, wenn die erworbenen Tauben aus einer ingezüchteten Familie oder Linie stammen. Verdankt eine erfolgreiche Taube ihr Können u. a. einigen sich summierenden Genen, ist die Wahrscheinlichkeit groß, daß sie ihre guten Anlagen sicher vererbt.

Bei beiden Formen der Züchtung handelt es sich nach alledem für den Taubenhalter nicht um die Wahl, für welche der beiden er sich entscheiden soll, sondern beide Methoden sollen einander ergänzend eingesetzt werden, jede im rechten Augenblick. Es wird noch geschildert, wie das in der Praxis im einzelnen geschieht. Im Grunde genommen ist – wegen der Mischerbigkeit der Brieftauben – jede erste Paarung, die ein Anfänger vornimmt, eine Fremdpaarung oder Kreuzung. Mit ihr beginnt praktisch jede Zucht. Hebt sich unter den verschiedenen Paarungen eine als besonders erfolgreich oder als relativ beste heraus, sollte sie in Reinzucht (Linienzucht) weitervermehrt werden. Nach einigen Generationen empfiehlt sich dann eine erneute Kreuzung, am vorteilhaftesten mit Tieren aus einer fremden, in ähnlicher Weise ingezüchteten Linie.

Praktische Zucht

Natürlicher Paarungs- und Brutverlauf

Unter den Geflügelarten haben sich die Tauben ihr natürliches Sozial- und Sexualverhalten erstaunlich unverändert erhalten: „Bei den Tauben ist es nicht die ‚Familie', sondern das Paar, das die unterste Einheit innerhalb der Gemeinschaft darstellt. Zweifellos kennen sich Tauben ebenso persönlich wie Hühner oder Gänse, und doch ist ihnen die Persönlichkeit des anderen Tieres nicht so wichtig. Wohl als Erbe der Felsentaube, die zwar in Kolonien, aber Paar für Paar in eigenen Felsenhöhlen getrennt, zusammenlebt, ist es hinzunehmen, daß noch heute unsere Tauben ihren Nistplatz als den Mittelpunkt ihrer Welt ansehen und ihn entsprechend verbissen und mutig verteidigen.

Um das Nest herum versucht sich jeder Täuber eine gewisse Einflußzone zu sichern. Betritt sie ein anderer, wird er im ‚Imponiergehabe' angedroht und gewarnt. Bleibt er trotzdem, wird er angegriffen und – wenn möglich – vertrieben. Ist der andere stärker, flieht der Unterlegene ins Nest und droht hier von neuem gurrend und sich aufblähend. Verfolgt sein Besieger ihn bis hierher, kämpft der am neutralen Ort oder im Gebiet der Einflußzone unterlegene Täuber völlig unabhängig vom bisherigen Kampfausgang mutig und zäh, und triumphiert deshalb meist über alle anderen, selbst körperlich weit stärkere Tiere, von denen er anderswo einwandfrei besiegt worden ist. Die Tauben erkennen in gewissem Sinne den jeweiligen Nistplatz als Eigentum seines Inhabers an und wagen es daher nicht recht, hier stark aufzutrumpfen. HEINROTH (1949) spricht geradezu von einem ‚Tabu' des Nistgebietes. Die Rangordnung behält dadurch eine gewisse Beweglichkeit, sie ist nie absolut und an ein bestimmtes Tier gebunden, sondern weitgehend ortsabhängig. Sie wird bei jeder sich bietenden Gelegenheit neu festgelegt. So besitzt jedes Tier, so lebhaft und so aufregend auch das Leben im Schlag sein mag, falls ein ‚Tyrann' über alle anderen herrscht, einen sicheren Ort der Zuflucht, der ihm immer Schutz und Geborgenheit gewährt" (ENGELMANN 1972).

In Paarungsstimmung lockt der Täuber, auf dem Nest sitzend, paarungswillige Täubinnen herbei. Er umbalzt die herangekommene Taube und folgt ihr, wenn sie davonfliegt, gurrend und unter ständigem Sich-Verneigen und Wiederaufrichten. Fliegen beide im Schwarm, setzt der Täuber die Werbung fort, sobald die Tauben niedergehen – sei es auf einem Dach oder auf dem Erdboden. Die Balzlaute des Vogels stimulieren die Täubin und regen ihren Eierstock zum Wachstum an. Macht die Werbung schließlich Eindruck auf die Täubin, bleibt sie stehen, schnäbelt sich mit dem Täuber, und nach Flügeltippen und gegenseitigem Berühren im Gefieder und im Gesicht kommt es zum Tretakt. Von dem Augenblick an „treibt" der Täuber die Taube zum Nest, bis das erste Ei gelegt ist. Von nun an ist auch für die Taube das Nest zum Mittelpunkt ihrer Welt geworden.

Zwischen dem ersten Tretakt und der Eiablage vergehen im Durchschnitt acht bis zehn Tage. 18 Tage später schlüpfen die Jungen. Während dieser Zeitspanne sitzen die Eltern besonders fest und lassen sich nicht oder nur ungern vom Partner ablösen. Rund drei Wo-

Abb. 55 Umwerben des Weibchens (Foto: RATAJCZAK)

Abb. 56 Schnäbeln als Vorbereitung zum Tretakt (Foto: RATAJCZAK)

Abb. 57 Sehr gut entwickelte Jungtiere (Foto: HARTMANN)

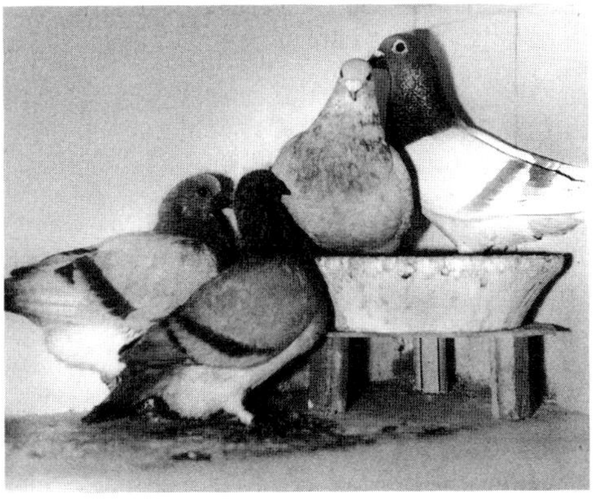

Abb. 58 Brut und Aufzucht auf zwei Etagen. Dieses Problem wird mit einem kleinen Hocker in der Nistzelle gelöst. Die Nistschale mit dem neuen Gelege wird auf den Hocker gestellt. (Foto: BARTH)

Abb. 59 Die Brut ist in vollem Gange (Foto: Barth)

Abb. 60 Ablösung (Foto: Barth)

chen später (19 ... 21 Tage) beginnt die zweite Brut in einem anderen Nest, während der Vogel die Jungen weiterhin füttert, die im Alter von 30 ... 35 Tagen selbständig zu fressen beginnen und flügge werden, das heißt das Nest verlassen.

Züchterische Eingriffe

Verpaarungsmethoden

Der Züchter, der planmäßig, das heißt, nach einem bestimmten System (Familienzucht, Linienzucht) sein Zuchtziel zu erreichen trachtet, ist gezwungen, den natürlichen Ablauf des Paarungs- und Brutverhaltens mehr oder weniger abzuändern. Schon die Auswahl des Zuchtpaares nach züchterischen Gesichtspunkten, das heißt nach der Abstammung oder nach der Leistung, stellt einen derartigen Eingriff dar: Die künftigen Ehepartner werden zwangsweise zusammengebracht. Diese Abweichung vom natürlichen Paarungsverlauf ist noch verhältnismäßig harmlos; denn selbst bei freier, unbeeinflußter Partnerwahl spielen viele Begleitumstände und sogenannte Zufälligkeiten eine große Rolle. Dazu gehört auch der Anblick des Sexualpartners: Ringeltäubinnen, die Lehrmann und Friedmann (1969) künstlich durch Hormonbehandlung in Brutstimmung versetzen wollten, begannen erst dann ernsthaft zu brüten und zu legen, als sie eine andere Taube gesehen hatten. Es genügte dabei, wenn sie ihr eigenes Spiegelbild erblickten.

Unter den Züchtern sind Praktiken bekannt, die sich sehr weit vom angeborenen Verhalten der Tauben entfernen und die Tiere im äußersten Falle zwingen, sich nicht artgemäß zu betragen. Schon der Belgier Landercy (Dorn 1953) gab ein Rezept, wie ein Züchter schnell zu einer zahlreichen Nachkommenschaft von einer hervorragenden Taube kommen kann. Er empfahl, eine Täubin zum Beispiel nacheinander an drei verschiedene Vögel anzupaaren, im Abstand von wenigen Tagen. Die Nachzucht sollte im folgenden Zuchtjahr unter sich gepaart werden, und mit der darauffolgenden Generation in gleicher Weise verfahren werden.

Noch einen Schritt weiter geht eine andere Methode, die vom gleichen Züchter stammt. DORN (1953) schildert sie mit diesen Worten: „Hat man einen erstklassigen Vogel, so kann man auf ihn etwa folgendermaßen inzüchten: Er wird mit sechs verschiedenen guten Weibchen, die alle ihren Käfig haben müssen, in einen Sonderschlag gesetzt. Der Vogel wird sich mit allen Täubinnen paaren, die zehn Tage später legen werden. Die Eier werden dann Ammenpaaren untergelegt, die die aus ihnen schlüpfenden Jungen großziehen. Die sechs Zuchttäubinnen erhalten Toneier, die sie bald verlassen. Der von ihnen inzwischen entfernt gewesene Vogel wird ihnen nach zwei Wochen nochmals im Sonderschlag zugeteilt. Dadurch kann man von einem Klassevogel in einem Jahr 24 Junge erhalten. Die Jungtauben werden im nächsten Jahr untereinander verpaart.“

Das dabei von den Zuchttieren geforderte Reagieren entspricht nicht ihrem angeborenen arteigentümlichen Verhalten, es verlangt geradezu eine entgegengesetzte Reaktionsweise. Deshalb sind immer Tricks nötig, um das gewünschte Ergebnis zu erreichen. Dazu gehört bereits die gesonderte Haltung der Täubinnen in eigenen Käfigen. Hätte der Vogel freie Bewegungsmöglichkeiten, würde er sich nur um eine, ihm in seinem Nest angepaarte Täubin kümmern und in ihr seine Sexualpartnerin im Sinne der für Tauben typischen Einehe sehen. Auch die Unterbrechung der Brut durch Wegnahme der Eier und Austausch gegen künstliche sowie der Abbruch der Brutpflege durch erzwungenes Verlassen der Eier und das Fernhalten des Täubers kann zu Streß-Situationen bei allen beteiligten Tauben führen. Die Nachwirkungen können eine spätere erneute Verpaarung unter ähnlichen unnatürlichen Bedingungen erschweren, sogar verhindern. Hinzu kommt, daß es nicht immer gelingt, die zur Zucht nach dieser Methode ausgesuchten Tiere in Brutstimmung zu bringen.

Wie dargestellt, wirken sich als Stimulans die Anwesenheit des Täubers und seine Balzlaute günstig aus. Den Täubinnen müßte also der gekäfigte Vogel hör- und sichtbar sein. Der Züchter könnte auch andere, im Aussehen ähnliche Täuber zum In-Stimmung-Bringen der Täubinnen verwenden; zur Paarung (zum Tretakt) muß er natürlich den ausgesuchten Zuchttäuber einsetzen. Treffen zwei paarungswillige Tauben unter den extremen Umständen der engen Käfighaltung zusammen, wie es diese Methode verlangt (die mehr an die Paarungsverhältnisse bei den polygamen Hühnern erinnert), fallen mehrere Phasen der Balz aus oder verkürzen sich zeitlich. Die Werbung des Vogels beschränkt sich auf das Umtänzeln, Schnäbeln und Flügeltippen, so daß nach wenigen Minuten die Kopulation zustande kommt. Das Treiben entfällt, da die Täubin nach wenigen Schritten das Nest erreicht. Nur wenn sie es verläßt – vor der Eiablage – treibt sie der Täuber zurück (auch bei erfahrenen älteren Tauben verkürzen sich einzelne Elemente des Paarungsverhaltens, zum Beispiel das Schnäbeln und Flügeltippen, wodurch es schneller zum Tretakt kommt).

Trennung der Geschlechter

Die Geschlechtertrennung ist ein allgemein übliches Verfahren, weil es dadurch mühelos gelingt, bisher verpaarte Tauben aus ihrer Ehe-Bindung herauszulösen und für neue geplante Bindungen bereitzuhalten. Es ist nicht genau bekannt, wie lange sich eigentlich Tauben an ihren Ehepartner erinnern; Hühner vergessen einander etwa nach vier bis sechs Wochen, wenn keine besonderen Beziehungen, zum Beispiel sehr affektgeladene Erlebnisse vorlagen.

Diese Trennungen der Täubinnen von den Täubern nehmen viele Züchter etwa zwei Wochen vor Beginn der Paarung vor, wenn die ersten Vögel zu locken beginnen, manche bereits im Spätherbst, manche im Winter, zumal dann, wenn milde Witterung herrscht. Die Vögel bleiben dabei im Schlag mit den vertrauten – geschlossenen – Nistzellen, damit sie ihr „Reich" im Auge und im Gedächtnis behalten. Die Paarungsbereitschaft läßt sich verzögern, wenn die beiden Geschlechter so weit voneinander getrennt sind, daß sie sich weder sehen noch hören können.

Eine Woche vor dem geplanten Paarungstermin werden die Nistzellen geöffnet, in die dann die Täuber sogleich einziehen, wobei jeder seine alte, vorjährige wieder in Besitz nimmt. Jungtäuber wählen in den unteren, noch freien Zellen eine als Nistplatz aus; in den beliebteren oberen Nestern richten sich die stärksten alten Vögel ein. DORN macht darauf aufmerksam, daß alte Täubinnen, denen der Züchter einen neuen Partner anpaarte, diesen und dessen Nest verlassen, wenn sie ihre vorjährige Nistzelle entdecken und darin ihren früheren Gatten. Derartige Schwierigkeiten lassen sich vermeiden, wenn die Züchter über viel Platz verfügen, die Geschlechter lange Zeit getrennt unterbringen und jede Gruppe für sich fliegen lassen können.

Verpaarungstermine

Dem Zeitpunkt der Verpaarung kommt große Bedeutung zu, weil er in enger Beziehung zur „Kondition" der Taube steht. Nach allgemeiner Ansicht der Praktiker erreichen Brieftauben ihre Hochform, wenn sie zehn Tage alte Junge im Nest zu betreuen haben. Wen ein Brieftaubenzüchter seine Tiere an einem bestimmten Wettflug teilnehmen lassen will, dessen Termin ihm früh genug bekannt ist (hier beispielsweise der 12. Juni), kann er von diesem Datum ausgehen und rückwärts rechnend folgende Überlegungen anstellen (nach DORN):

Zehn Tage alte Junge sollen im Nest liegen am:	12. Juni
Zweites Gelege schlüpft am:	2. Juni
Zweites Gelege, Eier gelegt am:	15. Mai
Erstes Gelege war hier etwa 19 Tage alt, also geschlüpft am:	26. April
Erstes Gelege, Eier gelegt am:	8. April
Verpaarung:	31. März.

Von unten nach oben gelesen, lautet also des Rätsels Lösung: Die Taube, die zu einer besonderen Leistungsprüfung am 12. Juni herangezogen werden soll, wird am 31. März gepaart. Sie hat 8 Tage später das erste Ei am 8. April. Nach achtzehn Tagen, am 26. April, fallen die ersten Jungen aus. Wenn diese 19 Tage alt sind, legen die Alten wieder, etwa am 15. Mai. Jetzt beginnt die zweite Brut, nach 18 Tagen erneutes Schlüpfen: 2. Juni. Nach 10 Tagen findet der Preisflug statt und die Jungen sind rund 10 Tage alt. Die Zeit zwischen Schlüpfen des ersten Geleges und Legen des zweiten Geleges ist natürlich schwankend. Sie kann je nach Veranlagung der Paare kürzer oder länger sein. In meinem Beispiel habe ich 19 Tage als Durchschnitt angenommen.

Sechs Tage nach dem Legen des ersten Eies im zweiten Gelege werfen die Tauben die erste Schwinge, wodurch sie nach alter Züchtererfahrung in Form kommen, das wäre in unserem Beispiel am 21. Mai. Was unter Form zu verstehen ist, wird im Kapitel „Preisflüge" näher behandelt.

Bei der Verpaarung der obengenannten Tauben handelt es sich um Tauben, die auf den Preisflügen verwendet werden. Der Paarungstermin für die eigentlichen Zuchttauben, deren Leistungen feststehen und die daher – wie der erfahrene Züchter sagt – „aus dem Rennen genommen und in die Zucht eingestellt worden sind", ist von den entwickelten Fragen unabhängig. Man wird die Tauben nach entsprechend langer Geschlechtertrennung zu einer Zeit verpaaren, in der für die Nachzucht gutes Wetter erwartet werden kann. Je freundlicher das Wetter und je wärmer die Außenluft ist, um so besser werden die Kleinen gedeihen. Auch deshalb sollte man die Zuchttauben nicht zu früh verpaaren.

Die Entwicklung der Jungen ist in der wärmeren Zeit besser.
Alle den Paarungstermin betreffenden Überlegungen des Züchters sind wichtig. Sie müssen bereits im Laufe des Winters erwogen und bei Bekanntwerden des Flugplanes letztmalig festgelegt werden. Das verpflichtet zugleich auch jede Reisevereinigung ihrerseits, wohlüberlegt zu handeln, damit nicht durch später notwendige Abänderungen des Flugplanes der Lohn für die mühevolle Arbeit unserer Züchter verlorengeht.
Dieses Schema erscheint manchem Sportfreund heute überholt, und einige setzen die Verpaarungstermine, verlockt durch die große Anzahl von Flugwettbewerben, recht grob an, indem sie zum Beispiel ihre Tauben entweder an den früh oder an den spät angesetzten Flügen teilnehmen lassen. Der systematisch und exakt vorgehende Züchter hält sich nach wie vor an dieses Schema, freilich grundsätzlich, nicht wortwörtlich. Denn ob die von DORN im Beispiel angegebene volle Aufzuchtzeit von 19 Tagen eingesetzt wird, oder ob der Sportfreund sich für eine kürzere Frist unter Anwendung der Schonmethode entscheidet, das ist ihm allein überlassen. Möglichkeiten zur Abwandlung gibt es mehrere, entscheidend ist, daß dem Brieftaubenhalter hier ein Hinweis gegeben wird, wie er den Termin errechnen kann, zu dem seine Tauben in Höchstform sein sollen.

Auslese der Zuchttiere

Zuchtauslese nach der Gesundheit

Die Grundlage jeder erfolgreichen Zucht bildet ein gesunder Tierbestand. Zu Erkrankungen neigende Tauben oder solche, die auf Witterungseinflüsse empfindlich, das heißt übermäßig stark reagieren, gehören nicht in einen Brieftaubenschlag. Reisetauben müssen robust sein, um den an sie gestellten Anforderungen gewachsen zu sein. Den besten Schutz vor Erkrankungen bieten Maßnahmen zu einer ordentlichen, sauberen Unterbringung und Haltung der Tauben sowie eine zweckentsprechende, vollwertige und ausreichende Fütterung. Wenn diese Bedingungen erfüllt sind, hat der Züchter die wichtigsten Vorbeugungsmaßnahmen getroffen.
Grundsätzlich ist eine gesunde Taube lebhaft, munter und bewegungsfreudig, sie hat ein glattes, anliegendes Gefieder, ein klares, lebhaftes Auge mit weit geöffneten Lidern, einen sauberen Schnabel, der frei von Schmutzpartikeln und Schleim ist, und eine straffe Körperhaltung. Durch ständiges, zumindest aber aufmerksames Beobachten der Tauben im Schlag erkennt der Züchter schnell die matten und müden Tiere, die sich nicht wohlfühlen. Allein schon die Beschaffenheit des Kotes gibt deutliche Hinweise. So kann eine unterschiedliche Färbung oder eine abweichende Konsistenz wichtige Anhaltspunkte geben.

Zuchtauslese nach Körpermerkmalen

Über die Eigenschaften, die eine leistungsstarke Brieftaube besitzen soll, ist bereits ausführlich berichtet worden. Weitere Anhaltspunkte gibt der Standard. Nun ist keinesfalls der züchterische Erfolg gesichert, wenn zwei weitgehend standardgerechte Tauben miteinander verpaart werden. Es kommt vielmehr darauf an, um einen Ausgleich kleiner Mängel (oder auch bei erfolgreichen Fliegern) größerer bemüht zu sein. Das Hauptaugenmerk ist auf die Befiederung zu richten; daneben kommt der Brustbeinform und -höhe sowie dem Körperbau insgesamt große Bedeutung zu.
Viele Züchter versuchen Fehler, die eine bewährte Taube, am Standard gemessen, besitzt, durch Anpaarung an einen möglichst mustergültigen, standardgerechten Partner auszugleichen. Vor der Verpaarung zweier extrem verschiedener Tauben (groß – klein, flaches – hohes Brustbein, spitzer – runder Kopf usw.) ist zu warnen. Allerdings haben diese äußeren Merkmale weniger Bedeutung,

wenn die zur Verpaarung vorgesehenen Tauben zwei ingezüchteten Linien angehören; dann haben ihre jeweiligen, durch Inzucht gefestigten Leistungseigenschaften eindeutig den Vorrang.

Bei den Züchtern gelten aber einige körperliche Merkmale der Tauben als Kriterien oder zuverlässige Anzeichen für hohe (oder auch mindere) Leistungsfähigkeit beim Wettflug. Zu den günstigen Kennzeichen werden gezählt: breite Flügelflächen, hoher Brustbeinkiel, fest anliegendes Gefieder, gleich lange Armschwingen. Manche Züchter scheuen sich noch heute, Tauben mit Perl- oder Glasaugen zur Zucht zu verwenden bzw. miteinander zu verpaaren. Diese Abneigung geht auf Anschauungen der Rassetaubenzüchter zurück, nach deren Schönheitsempfinden das Perlauge minderwertiger ist im Vergleich mit farbigen (schwarzen, roten, orangen oder gelben) Augen, obwohl gerade die fluggewandtesten Rassen wie die Tümmler sogenannte Perlaugen besitzen.

Bei Tauben mit Perl- oder Glasaugen fehlt den Farbstoffkörnern, die sich in der Regenbogenhaut befinden, der Farbstoff, ebenfalls fehlen die dort sonst üblichen Fettablagerungen. Auf den Sehvorgang und das Sehvermögen wirkt sich diese Farblosigkeit nicht aus. Deshalb sind Tauben mit Perlaugen vollwertige Zuchttiere, und die Jungen, die aus der Paarung zweier solcher Tauben stammen, sind lebenstüchtig und fluggewandt wie andere mit „feurigen“ Augen!

Farbstoffmangel im Gefieder wird dagegen zu Recht mit Bedenken betrachtet. Völlig weiße Tauben werden nicht zum Wettflug eingesetzt, weil ihre Auffälligkeit Feinde aus der Luft anlockt. Zur Zucht werden sie dagegen herangezogen und das um so gefahrloser, weil es bei Tauben – im Gegensatz zu Hühnern – kein dominantes Weiß gibt, und die Jungen aus der Kreuzung Weiß mal Farbig immer farbig und allenfalls Schecken sind (als „Schecke“ werden bereits farbige Brieftauben bezeichnet, die einige weiße Federn im Flügel tragen und unter Rassetaubenliebhabern als „Weißspitze“ gelten). Weiße Tauben nehmen aber nicht allein wegen ihrer Auffälligkeit eine Sonderstellung ein. In Züchterkreisen ist die durch Erfahrung gefestigte Überzeugung weit verbreitet, weiße Tauben (und ebenso weiße Hühner, Puten usw.) wären weniger robust und belastungsfähig als farbige Tiere. Ohne Zweifel trifft diese Einschränkung auf die Federstruktur und -stärke zu. Bei farblosen, weißen Federn scheint tatsächlich die Fahne weniger fest zu sein, weil die einzelnen Federstrahlen bereits weicher sind. Die mikroskopisch kleinen Farbstoffkörner und -stäbchen erhöhen anscheinend durch ihre bloße Gegenwart die Festigkeit der einzelnen Federstrahlen. Gerade bei den Brieftauben wird aber seit Jahrhunderten bewußt auf feste, starke Federfahne gezüchtet.

Was den Körperbau betrifft, so sollen schwere Tauben besonders für Langstreckenflüge geeignet sein, leichte gelten als bessere Kurzstreckler oder Sprinter. Nicht nur aus diesem Grund werden junge Tauben zum Kurzstreckenflug eingesetzt, ältere (zweijährig und ältere) für Langstrecken gemeldet. Viele Züchter lehnen eine solche Zuordnung ab, andere richten sich streng danach. Im Grunde genommen bleiben die Größen, um die es sich hierbei handelt, im Rahmen durchschnittlichen Körperwachstums; Übergrößen, wie sie uns bei den *Römern*, *Coburger Lerchen* und anderen Rassen begegnen, sind nicht darunter verstanden.

Zuchtauslese nach Abstammung

Theoretisch gibt es bei einem Zuchttier nur dann die Garantie, daß es seine Eigenschaften und Merkmale auf die Nachkommenschaft überträgt, wenn es in den Erbfaktoren, die zugrunde liegen, reinerbig oder homozygot ist. Wie schon erörtert, handelt es sich bei den Brieftauben nicht um reinerbige, sondern weitgehend um mischerbige Tiere, die allein dann, wenn sie aus einer ingezüchteten „reinen Linie“ oder einer „geschlossenen Zucht“

stammen, hinsichtlich ihrer Leistungseigenschaften mehr oder weniger reinerbig sind. Will der Züchter die in einer erfolgreichen Taube vereinigten Eigenschaften erhalten und in seiner Zucht festigen, bietet sich ihm als aussichtsreichste Methode die Wiederholung der Verpaarung der zugehörigen Elterntiere an. Ist eine derartige Reproduktion nicht mehr möglich, stehen dem Züchter die „geschlossene Zucht“ als empfehlenswerte Methode zur Verfügung oder andere Inzuchtverfahren.

Auf jeden Fall gibt die Einzelleistung einer Taube keine hinreichende Sicherheit für die Erblichkeit der guten Anlagen, die sie besitzt. Mehr erfährt der Züchter, wenn er sich mit der Abstammung der Taube beschäftigt und mit den Flugleistungen ihrer nächsten Verwandten, insbesondere der Geschwister und Halbgeschwister. Falls sich unter ihnen mehrere Tauben mit guten oder überdurchschnittlichen Erfolgen befinden, spricht das für eine Erblichkeit der Leistungsgrundlagen, und es handelt sich bei ihnen um ein erstrebtes Familienmerkmal. Im entgegengesetzten Fall, wenn sich unter den näheren Verwandten keine auffälligen Siegertiere befinden, muß die erfolgreiche Taube als einmalige Erscheinung, als Sonderfall oder Zufallsprodukt angesehen werden, kurz als ein Tier, das seine Fähigkeiten mit großer Wahrscheinlichkeit nicht zu vererben vermag.

Voraussetzung planmäßiger züchterischer Arbeit ist daher die Buchführung, das heißt eine Niederschrift über die verpaarten Zuchttiere, ihre Abstammung und ihre Flugerfolge, ferner Hinweise auf ihre typischen Merkmale (und auch Gewohnheiten), speziell im Hinblick auf Befiederung und Körperbau, sowie entsprechende Angaben über die Nachkommen und ihre Besonderheiten, ferner über deren Abschneiden bei den Flugwettbewerben und die züchterischen Maßnahmen.

Dorn beschreibt die „Stammtafel“ als „Spiegelbild eines Stammes“: „Die Stammtafel erfüllt ihren Zweck überhaupt erst durch die eingehenden Notierungen der Flugleistungen. Nur so kann dieses Dokument über eine für Zuchtzwecke in Frage kommende Taube den erwünschten Aufschluß geben. Aus diesem Grunde muß die Stammtafel auch die Fehler und Mängel jeder Taube enthalten, weil uns die Anführung solcher nicht gewünschten Eigenschaften bei der Auslese ebenso wichtig sind. Auch die anscheinend unwichtigen Dinge können für spätere Forschungen und Zuchtpläne bedeutungsvoll sein. Mag die Notierung zunächst auch unnötig erscheinen, so wird sie doch von großem Interesse, wenn sich im Laufe der Jahre gleiche Eintragungen bei den Nachkommen einstellen und sich damit eine Vererbung dieser scheinbaren Kleinigkeit herausstellt. Wenn man z. B. in einer Familie einen Zweig besitzt, dessen Tauben nach ihrer Rückkehr vom Flug gleichbleibend nervös sind und schlecht in den Schlag gehen, so ist eine entsprechende Bemerkung in der Stammtafel zunächst vielleicht nebensächlich. Wenn dieses unangenehme Merkmal aber auch bei den Nachkommen erscheint, so wird man solche Tauben von der Zucht ausschließen. Denn Tauben, die ihre Preise auf dem Dache versitzen und dabei noch andere vom Wettflug heimkehrende Tauben vom raschen Einflug in den Schlag abhalten, können dem Züchter die Freude am Sport nehmen.“

Zuchtauslese nach Flugleistungen

Dieses Vorgehen erweckt zweifellos den Eindruck, am geeignetsten zu sein, um zu dauerhaften Hochleistungen zu kommen. Doch ist das so einfach auch wiederum nicht. Aus zwei leistungsstarken Tauben können wertvolle Jungtauben hervorgehen, es muß aber nicht so sein. Oft genug bleibt die Nachzucht solcher Paarungen weit unter den an sie gestellten Erwartungen.

Zuverlässiger als die Verpaarung zweier Tauben aufgrund ihrer Einzelleistungen ist der Aufbau geschlossener Zuchten, also von Inzucht-Familien, ausgehend von überragenden

Tieren, und ihre Weiterführung über mehrere Generationen. Jeder Familienangehörige besitzt dann das erfolgversprechende Erbgut und kann als wertvoller Partner – selbst bei Einkreuzung in fremde Zuchten oder Familien – angesehen werden, auch wenn von ihm speziell keine Wettflugerfolge vorliegen (bei verhinderter oder versäumter Teilnahme usw.). Hat ein Züchter beispielsweise zwei Vollbrüder zur Verfügung, von denen der eine große Zuchterfolge brachte, kann er bei dessen plötzlichem Unfalltod den Bruder an die Stelle des Verunglückten setzen. Voraussetzung ist dabei, daß beide aus einer ingezüchteten Familie stammen. Bei offener Zucht können zwei Vollbrüder so unähnlich sein wie zwei Tiere aus verschiedenen Zuchten.
Auch hier wollen wir den erfahrenen Züchter und Autor DORN zu Wort kommen lassen:
„Es ist also grundsätzlich festzustellen, daß wir die Gründung eines eigenen Stammes oder die Fortführung unseres züchterischen Weges nur mit erstklassigem ‚Reiseblut' vornehmen können. Das braucht nicht in jedem Falle eine gereiste Taube zu sein. Stammt nämlich eine Ungereiste von Eltern ab, die sich in der Leistung als wertvoll erwiesen haben, und deren Nachkommen sich in den Wettflügen übereinstimmend siegreich bewähren, so kann sie ohne weiteres zur Zucht herangezogen werden; bestehen diese Voraussetzungen nicht, so müssen wir mit der Auswahl der nicht gereisten Kinder vorsichtig sein. solche in ihrer Reisebefähigung nicht ausprobierte Nachzucht guter Eltern ist züchterisch fragwürdig. Man muß daher die eingestellte unbekannte Taube zunächst auf ihren Wert prüfen, indem man ihre Nachzucht ausprobiert. Die Flugleistungen der Nachzucht entscheiden, ob man der Taube noch weitere Zuchtchancen gibt oder ob sie mit ihren Kindern wieder ausscheidet. Haben die Jungen der ungereisten Taube gute Erfolge, so kann man vorsichtshalber noch eine neue Generation ziehen lassen, um auch diese auszuprobieren. Die Beurteilung der Nachkommen ist aber nicht so früh möglich, wie wir es uns wünschen. Denn das Ergebnis der Jungflüge ist für die Bewertung einer Taube überhaupt wertlos, und die Hauptflüge, die die Spreu vom Weizen scheiden, können die Tauben erst im Alter von zwei Jahren absolvieren. Man muß daher vorsichtig sein und darf unbekanntes ‚Blut' zunächst nicht weiter vermehren oder zumindest nicht in den bereits bewährten Bestand einpaaren. Dies darf erst dann erfolgen, wenn die Leistungsgüte erwiesen ist."

Vererbung der Leistungen und ihrer Merkmale

Körpermerkmale

Obwohl jahrhundertelang Züchter um die Verbesserung ihrer Reisetauben bemüht waren und ihre Erfolge ebenso groß wie offensichtlich sind, wissen wir über die Vererbung der Fähigkeiten und Kennzeichen nichts, die dem Erfolg zugrunde liegen und ihn überhaupt erst ermöglichen. Die Praktiker glauben – oder meinen, es erfahren zu haben – daß bestimmte körperliche Merkmale mit hoher Leistungsfähigkeit gekoppelt sind. Das ist bereits erörtert worden.
Leider ist über die Erblichkeit der einzelnen, positiv bewerteten Eigenschaften bei Tauben nichts bekannt, und Rückschlüsse aus den Verhältnissen bei den anderen Geflügelarten zu ziehen, bleibt ein fragwürdiges Unterfangen. Immerhin gibt es bei Hühnern und Enten klare Versuchsergebnisse, aus denen hervorgeht, daß der Fleischansatz an der Brustpartie genetisch beeinflußt wird, die Heritabilität oder der Erblichkeitsgrad dieser Brustbemuskelung wird als mittel (40 %) bezeichnet. Darauf deuten auch Erfahrungen amerikanischer Brieftaubenzüchter hin, nach deren Meinung die Unterschiede zwischen Lang- und Kurzstreckenfliegern genetischer Natur sind. Sie raten deshalb von der Paarung typischer Vertreter dieser beiden Gruppen ab.
LEVI (1953) führt allerdings als Ausnahme an,

daß von seinen fünf Tauben (vier Vögel, eine Täubin), die eine Strecke von über 1 000 Meilen (1609 km) fliegen mußten, von den robusten und für Langstrecken geeigneten Täubern nur zwei am Ziel eintrafen, und das erheblich später als die soviel leichtere Täubin, die am dritten Tag wieder im Schlag war. Zweifellos sind bei der Taube – in Übereinstimmung mit den übrigen Geflügelarten – mehrere Zuwachsfaktoren an der Körpergröße und -masse beteiligt, und bei kleinen Taubenrassen wie den Mövchen ist die Schilddrüse bezogen auf die Körpermasse erheblich kleiner als bei großen Rassen. Diese Verhältnisse entsprechen ganz denen, die wir bei großen Hühnern und Zwerghühnern vorfinden. Obwohl es bei den Tauben zu besonders vielen, sogar extremen Veränderungen in der Kopf- und Schnabelform sowie im Körperbau gekommen ist, scheinen alle diese Abwandlungen auf geringen genetischen Umbildungen zu beruhen; es dürften an der Merkmalsausbildung im einzelnen mehrere, sich summierende Erbfaktoren beteiligt sein und die Umwandlung eines üblich langen Schnabels in einen Kurzschnabel durch Ausfall einiger der für die normale Ausbildung erforderlichen Gene zustande kommen. Bei der Kreuzung von Tauben mit ungewöhnlichen Schnabelformen und solchen von natürlicher Beschaffenheit besitzt die Nachzucht wieder die gewöhnliche Schnabelform und -größe. Bei den Brieftauben sind die Unterschiede von Tier zu Tier so gering, daß dieses Merkmal züchterisch belanglos bleibt.

Zu den besser erforschten Merkmalen gehören krasse Abweichungen von der normalen Ausbildung wie übergroße Beinlänge, Rumpfverkürzung, Schwimmfuß und Vielzehigkeit. Beim Gefieder zählen das Strupp- und Seidengefieder dazu, ferner Hauben- und Wirbelbildungen, Beinbefiederung, zusätzliche Schwanzfedern usw., kurz Veränderungen, die oft krankhaft anmuten und in der Brieftaubenzucht zu den unerwünschten Merkmalen gehören und in den Zuchten nicht auftreten. Die Mehrzahl von ihnen vererbt sich rezessiv, verschwindet also in der F_1 nach Kreuzung mit normal gebauten und befiederten Tauben.

Physiologische Eigenschaften

Zu den Leistungseigenschaften gehören üblicherweise beim Geflügel auch Vorgänge aus dem Bereich der Fortpflanzung, zum Beispiel der Eintritt der Geschlechtsreife (früh oder spät), die Befruchtungsfähigkeit, Eiqualität, Lebensfähigkeit (Zahl der Todesfälle in bestimmten Lebensabschnitten), das Wachstum, die Befiederungsgeschwindigkeit, der Mauserverlauf u. a. m..

Alle diese Erscheinungen und die physiologischen Prozesse, die ihnen zugrunde liegen, sind an der Wettflugleistung kaum oder gar nicht beteiligt, dafür aber an der Zuchttauglichkeit und -fähigkeit der einzelnen Taube. Der Züchter sollte diese Eigenschaften daher nicht so gering achten und seine Tiere darauf beobachten, vergleichen und auslesen (selektieren).

Heimfindeleistung

Auf die Heimfindeleistung wirken viele Faktoren ein. Selektierend im Sinne erblicher Auslese kann das Flugergebnis angesehen werden: Tauben, die bummeln oder Schwierigkeiten mit dem Heimfinden haben, gehen entweder verloren oder werden als Zuchttiere nicht eingesetzt. An der Zunahme der Heimkehrsicherheit und -schnelligkeit mit steigender Flugzahl ist nicht die Selektion, sondern die Erfahrung beteiligt; die Verluste verringern sich während der ersten Flüge von Mal zu Mal ganz deutlich. Dabei spielt das zunehmende Alter der Tauben eine geringere Rolle als die Anzahl der Flüge und die Länge der Flugstrecken. Was die Tauben dabei eigentlich lernen, ist nicht mit Sicherheit anzugeben. Landmarken und vertraute Landschaft sind allem Anschein nach weniger einflußreich als das Erfolgserlebnis, nach Hause gekommen zu sein. Das „Fliegen auf Sicht“ bestimmt das Verhalten nur in einem ganz kurzen Abschnitt des Fluges, und die automatische Fernorientierung ist durch Üben und Lernen kaum beeinflußbar. Tauben behalten wie Zugvögel eine einmal eingeschlagene Richtung gern starr bei – allein die Fähigkeit, den Flug trotzdem zu korrigieren, wird vermutlich durch Lernvorgänge geschult.

Führen von Schlagunterlagen

Jeder Züchter wird sich alle züchterischen Vorkommnisse notieren. Dazu bedarf es der Führung eines „Schlagbuches“. In ihm sollte der Züchter alle Beobachtungen eintragen, denn das Gedächtnis reicht wohl in keinem Fall dazu aus, sich alles zu merken. In das Schlagbuch, das nur aus einem Notizheft mit angebundenem Bleistift zu bestehen braucht, trägt man am besten alles ein, auch das, was nicht unmittelbar mit der Zucht zusammenhängt. Dieses Buch erhält mit den aufgezeichneten Beobachtungen einen großen Wert.

Außer dem Schlagbuch für die eventuellen täglichen Notizen sollte auch eine Buchführung über Zuchtvorgänge bestehen. Hierein überträgt der Züchter auch die Notizen aus seinem Schlagbuch, soweit dies notwendig ist. Nur derjenige hat einen Überblick und kann den Leistungsstand seiner Tauben exakt einschätzen, der Buchführung betreibt. So besteht die Möglichkeit, am Ende jedes Zuchtjahres das Ergebnis festzuhalten und dies mit dem der Vorjahre zu vergleichen. Der Zuchtplan, den sich ein Brieftaubenzüchter gestellt hat, kann nur etappenweise verwirklicht werden. Eine solche Etappe ist jedesmal ein Zuchtjahr.

Zwei Möglichkeiten der Buchführung haben sich bewährt. Das ist einmal die Führung von Karteikarten für jede einzelne Taube und zum anderen die Einrichtung eines Buches für den Gesamtbestand.

Das Führen der Karteikarten ist etwas aufwendiger durch die häufigen Wechsel der Tauben. Manche Taube bleibt beim Wettflug oder bei der Futtersuche aus. Andere schlagen nicht ein und werden gemerzt. So wächst der Kartenstoß der nicht mehr vorhandenen Tauben ständig.

Die ökonomische Form des Zuchtbuches für ein Zucht- und Wettflugjahr hat sich allgemein eingebürgert. Hier ist die Gesamtaufstellung des Bestandes übersichtlich. Die alljährlichen Flugleistungen und Zuchterfolge sind ausführlich ausgewiesen.

Von besonderem Wert für den Züchter ist der Abstammungsnachweis. Er gibt Auskunft über die direkten Vorfahren sowie deren Zucht- und Leistungserfolge. Solche Nachweise sind auch deshalb wichtig, weil die Züchter meistens Tiere austauschen. Dadurch ist es später möglich, Nachkommen der einst abgegebenen Tauben mit passender Linie wieder zurückzuholen und mit bestimmter Zielsetzung in den eigenen Stamm einzubauen. Es bleibt stets ein Risiko für den Züchter, Tauben in den Bestand hineinzunehmen, für die keine schriftlichen Abstammungsunterlagen vorhanden sind.

Ein gewissenhaft geführter Abstammungsnachweis hingegen ermöglicht es, nur die Tiere in den Bestand aufzunehmen, die auch hineinpassen. Daher wird eine Taube, deren Eltern und Großeltern als erfolgreich bekannt sind, begehrter sein als eine gleichgute ohne Herkunftsbild.

Selbstverständlich ist eine gute Abstammung noch keine Garantie für hohe Leistungen, läßt jedoch zu Recht gute Leistungsanlagen vermuten, vor allem dann, wenn die Vorfahren verwandten Linien angehören. Es sind die unmittelbaren Vorfahren, also die Eltern, die in erster Linie den Zuchtwert einer Taube bestimmen. Je weiter die guten Vorfahren zurückliegen, desto geringer wird ihre Bedeutung.

Wer auf Dauer mit seinen Tauben erfolgreich sein will, kann auf planmäßige Verpaarungen und die Registrierung und Auswertung aller erzielten Wettflugleistungen nicht verzichten.

Orientierung und Heimfindevermögen

Räumliche Orientierung

Zur Orientierung im Raum dient im allgemeinen die Schwerkraft als Bezugsebene. Es gibt viele Mechanismen, mit deren Hilfe Organismen sich ausrichten, d. h., ihre Position zur Schwerkraft bestimmen und eine bestimmte Lage oder Stellung einhalten, sich orientieren.

In vielen Fällen vermitteln freie oder befestigte Partikel über den Druck auf Nervenzellen die erforderlichen Informationen. Solche Organe, Statolithen, befinden sich z. B. im Ohr der Wirbeltiere und ermöglichen eine Lagekorrektur.

Eine andere Art der Orientierung, die Unterscheidung von oben und unten, beruht auf der Ausrichtung nach der Sonne als Richtpunkt in der Vertikalen, eine andere auf dem Horizont als Anhalt im gleichen Sinne in der Horizontalen.

Viele Sinne stehen im Dienste der Orientierung und ermöglichen, je nach dem Grad ihrer Empfindlichkeit (Sensibilität), Eindrücke von der Außen- oder Umwelt aufzunehmen, die es den Tauben gestatten, sich zurechtzufinden. Tauben können bei diesem extrem ausgebildeten Leistungsvermögen aus großer Entfernung (500 ... 600 km) zur Schlaganlage heimfinden.

Zeitliche Orientierung

Bei Versuchen mit Zugvögeln konnte der Nachweis erbracht werden, daß die Grundlage für die Heimwärtsorientierung unter natürlichen Umweltbedingungen zeitabhängig ist. Durch Verschiebung des Hell-Dunkel-Wechsels gelang es, die Anfangsorientierung zu verändern (SCHMIDT-KÖNIG 1960).

Jahresperiodische Rhythmen sind seit langem bekannt und treten bei Vögeln in Form der Mausererscheinungen, des Vogelzugbeginns – Aufbruch zu den Winterquartieren bzw. Brutplätzen – der Zugunruhe, der Balz u. a. m. in Erscheinung. Als Zeitgeber für die Abstimmung der annuellen Periodik mit dem Kalenderjahr dürfte u. a. die Tageslichtdauer ausschlaggebend sein. Neben diesen, vom Jahresablauf und damit von kosmischen Rhythmen abhängigen, sich immer wiederholenden Vorgängen gibt es auch solche, deren Phasenverlauf kürzer ist und eng mit dem Tagesablauf (24-Stunden-Rhythmus), d. h. einer Erdumdrehung, gekoppelt ist. Viele Prozesse im Organismus laufen nach diesem endogenen, circadianen (etwa einen Tag langen) Rhythmus ab und stellen einen „physiologischen Zeitgeber" dar, für den sich die Bezeichnung „innere Uhr" eingebürgert hat. Über den jeweiligen Phasenzustand der zugrunde liegenden Stoffwechsel- wie Nervenvorgänge, auch Äußerungen im jeweiligen Sozialverband, wird den Tieren vermittelt. Hierbei wirkt nicht nur ein Faktor allein für sich, sondern es bilden viele gemeinsam ein kompliziertes Regulationssystem, von dem wir die Funktionsweise noch nicht kennen. Auf jeden Fall versetzt die „innere Uhr" ihre Träger in die Lage, Handlungen vorzugsweise im 24-Stunden-Rhythmus zu wiederholen. Sie vermittelt aber auch eine Zeitbestimmung, bezogen auf die Sonnenbahn; denn der wichtigste Zeitgeber ist das Licht, dessen Photoperioden bei Vögeln wie bei Reptilien, Amphibien und Fischen auch nach Ausschaltung der Augen noch wahrgenommen werden (bei Säugern nur über die Augen). Die zuständigen Empfangsorgane (Rezeptoren) liegen vermutlich im Zwischenhirn; in die Regelung der Tagesperiodik ist die Epiphyse (Zirbeldrüse) eingeschaltet. Während manche, täglich zur gleichen Stunde vorgenommenen Handlungen, wie beispielsweise das Ablösen bei der Brut, nachweislich vom Hell-Dunkel-Wechsel im Tagesverlauf abhängen, gibt es andere wie die Orientierung nach dem Sonnenstand, die in strenger Bindung an diesen inneren (endogenen) Zeitgeber ablaufen. Die Tauben lernen es, wo zu bestimmten Tageszeiten die Sonne an ihrem Heimatort steht. Werden sie an fremde Orte gebracht, können Tauben aus dem dort beobachteten Winkel zur Sonne die Richtung ihrer Versetzung entnehmen und damit die Heimflugrichtung bestimmen. Grundsätzlich in gleicher Weise arbeitet der Orientierungssinn, wenn die Horizontlinie am Heimatort und ihre Schräge (Abweichung vom Lot, das nur an den Polen senkrecht steht) zur Ortsbestimmung dient.

Rolle der Sinnesorgane

Gesichtssinn

Das Rüstzeug an Sinnen, das die Taube aufgrund ihrer anatomischen und physiologischen Anlagen zur Bewältigung dieser Orien-

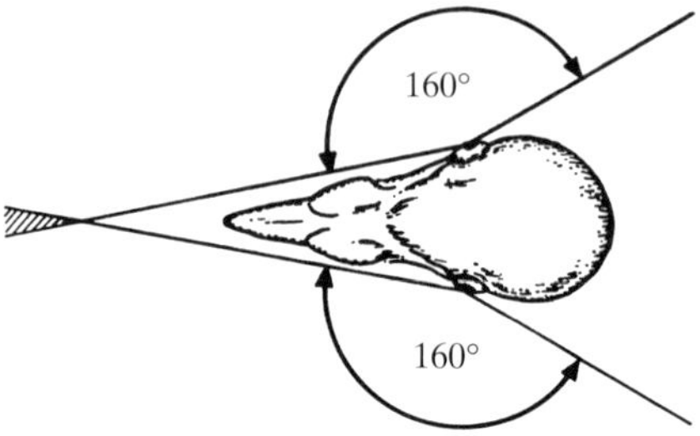

Abb. 61 Gesichtsfeld der Taube

tierungs- und Navigationsaufgaben mitbringt, besteht zu allererst in einem sehr gut ausgebildeten Sehvermögen. Durch die seitliche Augenstellung am Kopf besitzt die Taube ein Gesichtsfeld, das 160° weit von der Mittellinie nach rechts und links reicht. Das heißt, sie überblickt einen Raum, der vor ihr, seitlich und zum Teil hinter ihr liegt. Diesen Raum nimmt die Taube bis auf einen kleinen Ausschnitt, der vor dem Schnabel liegt, wo sich die Gesichtsfelder des linken und rechten Auges überschneiden, flächig statt räumlich wahr. Die uns geläufige Tiefenwahrnehmung erreicht die Taube – wie alle Geflügelarten – durch abwechselndes Fixieren mit dem linken und rechten Auge, also durch Kopfwendungen. Bei dieser Art des Sehens werden die einzelnen Gegenstände in dem Maße optisch wirksam, wie sie sich auf der Netzhaut (Retina), dem Augenhintergrund, spiegeln bzw. abbilden. Als Besonderheit verfügt die Taube über etwa doppelt so viele Sehzellen in der Retina wie der Mensch. Dadurch vermag sie mehr optische Eindrücke aufzunehmen, z. B. 150 Bilder in der Sekunde, während beim Menschen 18 Bilder in der Sekunde bereits den Eindruck fließender, ununterbrochener Bewegung hervorrufen. Ein seitlicher Ausschnitt des Gesichtsfeldes, der dem Fernsehen oder dem „panoramischen Sehen" dient, ist in der Netzhaut durch die Dichte seiner Sehelemente (Zapfen) vor anderen herausgehoben (CATANIA 1964). So kann die Taube rascher auf Gesichtssinneseindrücke reagieren, beispielsweise Hindernissen schneller auswei-

chen, als es der Mensch vermag. Ebenfalls können sie bei schwachem Licht (Dämmerung) besser sehen als der Mensch.
Darüber hinaus nehmen Tauben polarisiertes Licht wahr und sind befähigt, sich aufgrund der Polarisationsverhältnisse bei Sonnenauf- und -untergang eine Nord-Südrichtung festzulegen. Die Bedeutung des Auges für die Navigation vermitteln Versuche, bei denen man den Tauben trübe Haftschalen eingesetzt hatte. Die derart behinderten Brieftauben waren nicht mehr in der Lage, Landmarken zu erkennen, auf die sie vorher trainiert waren. Sie beachteten diese selbst aus 6 m Abstand nicht mehr. Die Tauben mit Haftschalen flogen zwar nicht schlechter zielorientiert ab als die Kontrolltiere mit klaren Haftschalen, verfehlten aber den Schlag und gingen in der Nachbarschaft nieder. Die Ergebnisse machen deutlich, daß der Anteil des Sichtssinnes oder der Augen bisher überschätzt wurde, und zwar insbesondere bei der Richtungsorientierung.

Gehörsinn

Der Hörbereich übertrifft in seiner Ausdehnung den des Menschen besonders im Infraschallbereich, also unterhalb seiner Hörschwelle (0,1 Hz bedeutet eine Schwingung in zehn Sekunden). Seine Ausdehnung reicht von 0,06 ... 12000 Hz). Die Schwingungen im Infraschallbereich hören die Tauben tatsächlich, sie nehmen sie nicht etwa als Druckunterschiede wahr. Der Infraschall pflanzt sich über Tausende von Kilometern ohne wesentliche Intensitätsverluste fort. Zweifellos spielt bei Brieftauben der Infraschall für die Navigation eine wichtige Rolle.

Geruchssinn

Immer mehr Beachtung gewinnt der Geruchssinn, wenn es um die Heimkehrleistung geht. Während in früheren Experimenten nur der Nachweis des Riechvermögens interessierte (Zahn 1933, Michelsen 1959), weisen neuerdings Versuche darauf hin, daß der Geruchssinn wesentlich an der Orientierung für das Heimkehrverhalten der Tauben beteiligt ist. Schon im anatomischen Bereich bemerkte man nach Reizung des Riechnervs, daß sich im Vorderhirn der Taube das „olfaktorische Projektionsfeld" weit ausbreitet und im allgemeinen dem anderer Wirbeltiere ähnelt (Hutchinson, Wenzel 1982). Durch Verstopfen eines Nasenlochs bei Tauben kann die Geruchswahrnehmung wesentlich herabgesetzt werden, so daß ihre Heimkehrleistung dadurch erheblich beeinträcht werden kann. Mit anderen Vögeln durchgeführte Verfrachtungsversuche, denen man in entsprechender Weise den Riechnerv durchtrennt oder ein Nasenloch verstopft hatte, bestätigten die Befunde an Tauben. So fand die Mehrzahl der Kontrolltiere unter Seglern, die 40 ... 70 km verfrachtet waren, heim, während von den riechbehinderten nur wenige zurückkehrten, und zwar jene, die ihren Nasenpropf verloren hatten (Papi 1975). Auch Höhlenbrüter (Wellenläufer) lassen sich beim Aufsuchen und Finden ihres Nestes von Gerüchen leiten.
Tauben fanden in kurzer Zeit zu Orten zurück, deren spezifischer Geruch ihnen bekannt war. In Laborversuchen wurden die Tiere darauf dressiert, die von Süden einströmende Luft mit Olivenduft zu assoziieren und die von Norden kommende Luft mit Terpentingeruch zu verbinden. Als die Brieftauben dann freigelassen wurden, entweder a) mit Olivenöl oder b) mit Terpentinöl getränkten Schwämmchen am Schnabel, flog die Gruppe a) nach Norden und die Gruppe b) nach Süden. Die Mehrzahl der Versuchstiere kam schließlich am heimatlichen Standort an, nachdem sich die künstlichen Geruchsstoffe verflüchtigt hatten. Demnach dienen den Tauben Gerüche als Orientierungshilfe, die dann wichtig wird, wenn zuverlässige Informationen wie optische Eindrücke, Sonnenstand oder Magnetfeld fehlen, ausfallen oder – wie hier – von Geruchsreizen überdeckt werden.

Die Vermutung PAPIS, daß sich Brieftauben nach den Gerüchen richten könnten, die während des Transportes zum Auflaßort zu ihnen dringen, wurden also experimentell bestätigt. Auch Städte sollen durch ihre spezifischen Gerüche als Orientierungspunkte dienen.

Erdmagnetismus und magnetischer Sinn

Mitte der 60er Jahre entdeckte WILTSCHKO einen Magnetsinn bei Tauben. An jedem Standort auf der Erde hat das Magnetfeld eine bestimmte Stärke und Richtung, wodurch ein dafür empfänglicher Organismus geographische Informationen übermittelt erhält, die sich auf seinen Standort beziehen. Physiologische Wirkungen des erdmagnetischen Feldes sind im gesamten Organismenreich aufgespürt worden. Über die aufnehmenden Sinnesorgane und den Perzeptions- oder Empfangsmechanismus können noch keine klaren oder gar erschöpfenden Angaben gemacht werden. Bekannt wurde, daß biomineralisierte Magnetite bei der Empfindlichkeitssteigerung der Aufnahmeorgane (Rezeptoren) eine Rolle spielen. So wurden Schlammbakterien durch kleine einzelne Magnetitkristalle nach unten, dem Grunde zu, geführt. Diese Teilchen wirken als Magnete und befördern die Bakterien passiv entlang der magnetischen Feldlinien. Auf der Suche nach physiologischen Grundlagen der Magnetorezeption interessiert vor allem, ob sich zwischen Magnetiten und Nervenzellen eine neurobiologische Bindung auffinden läßt.
Im Verlauf der Untersuchungen an mehreren Tierarten konnte WALLRAFF (1982) gut lokalisierte Lagen eisenhaltigen Gewebes nur bei Tauben an drei Stellen im Kopf und bei der Honigbiene im Hinterleib finden. SEM stellte 1982 fest, daß 30 % der Zellen des Pinealorgans (Scheitelauge der Reptilien, Zirbeldrüse der Wirbeltiere) bei Aktivierung oder Hemmung auf Änderungen der horizontalen Komponenten des magnetischen Feldes ansprechen. Andere Forscher schließen den Pekten im Auge der Vögel, dessen Aufgaben noch nicht eindeutig geklärt sind, als magnetischen Sensor aus (SOUTHERN 1982).
Die häufig auftretenden geomagnetischen Anomalien wirken störend bei der Orientierung durch den Erdmagnetismus. Für Vögel, die sich nach einem solchen magnetischen Feldsystem richten, würde mit steigender eigener Sensibilität die Orientierung immer fragwürdiger werden. Nun besitzen Tauben tatsächlich eine extrem hohe erdmagnetische Empfindlichkeit (LEDNOR 1982), doch es läßt sich nachweisen, daß die meßbaren Wirkungen der Anomalien am Erdboden weitaus stärker sind, als in der Flughöhe. Als Tauben unter den anomalen magnetischen Verhältnissen des Kaiserstuhls aufgelassen wurden, verhielten sie sich nur beim ersten, nicht aber beim zweiten Mal desorientiert. Nach KIEPENHEUER, der diese Versuche durchführte, blieben die Wirkungen der anomalen Verhältnisse oberflächlich. Andere, ähnliche Versuche lassen erkennen, daß die geomagnetischen Verhältnisse und ihre Veränderung sich mehr oder weniger auf die Anfangsorientierung auswirken und zu Abweichungen von der Heimwärtsrichtung führen, aber nur während der Anfangsorientierung, also kurzfristig wirksam sind. Die Heimkehrleistung selbst wurde davon nicht betroffen (FREI und BENVENUTI 1982).

Theorien über das Heimfindevermögen

Zur Erklärung des Heimfindevermögens der Brieftaube sind eine Reihe von Theorien aufgestellt worden, die auf die Dauer weder den praktischen Erfahrungen der Züchter noch den Ergebnissen aus Flügen unter Versuchsbedingungen standhalten. Da diese Theorien veranschaulichen, wie kompliziert die Vorgänge der Heimfindeleistung bei Tauben sind und manche der inzwischen aufgegebenen oder korrigierten Anschauungen in Züchterkreisen noch weiterleben, sollen diese kurz erörtert werden:

Als erster Wissenschaftler hat RIVIERE (1926) einen Deutungsversuch für das Heimfindevermögen angeboten; er vertrat die Ansicht, daß die Reisetaube auf Richtungen dressiert werden kann. Dadurch sei sie imstande, über ihr unbekanntes Gebiet hinweg heimzufinden. HEINROTH (1941), der zu den Begründern der modernen Verhaltensforschung (Ethologie) zählt, war der Meinung, daß Tauben vom Auflassungsort bei ausdauerndem Suchen immer weitere Spiralen flögen, bis sie dabei auf ein ihnen bekanntes Panorama stießen, in dem sie zielsicher und geradlinig den Heimatschlag anflögen. Diese Theorie des Fluges in Suchspiralen ließ sich nicht mit den Flugzeiten erfolgreicher Brieftauben in Einklang bringen; die Tauben hätten unwahrscheinlich hohe Geschwindigkeiten erreichen müssen, um bei diesem zeitaufwendigen Such-Fliegen zurückzufinden.

Außerdem widerlegen die Beobachtungen des Flugverhaltens beim Auflassen der Tauben diese Annahme. Die Tauben kreisen nur wenige Sekunden, im Höchstfall zwei bis drei Minuten in engen Bahnen über dem Auflassungsort und fliegen dann in einer bestimmten Richtung sicher ab.

Sonnenkompaßtheorie

KRAMER und von ST. PAUL (1950) bestätigten den Einfluß der Richtungsdressur. Ihre Tauben, die auf eine Richtung eingeflogen waren (z. B. S–NW–Kurs), versagten, wenn sie anschließend quer zur bisherigen Fluglinie eingesetzt wurden (W–NO). Ihre Beobachtungen, daß die Sonne dabei eine wichtige Rolle spielt – bei trübem, regnerischem Wetter verschlechterte sich die Orientierungsleistung erheblich – wurde von MATTHEWS (1953) als Grundlage eigener Versuche und schließlich einer Theorie echter Sonnennavigation verwendet. Danach soll die Reisetaube ihre geo-

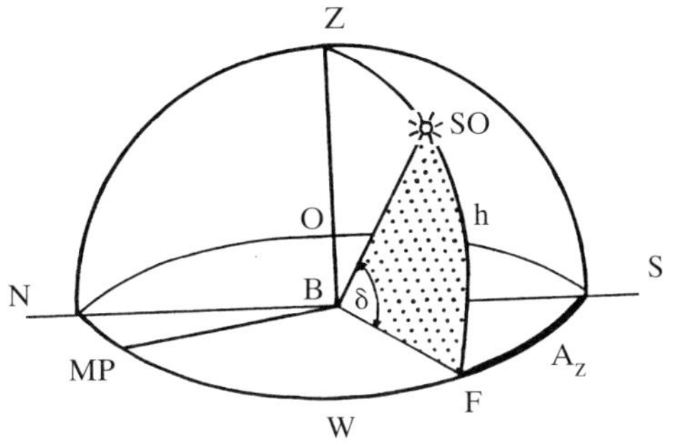

Abb. 62 Orientierung mit Hilfe des Sonnenazimuts

graphische Position und die Himmelsrichtung nach dem Stand der Sonne, das heißt nach deren Bahn und Höhe, bestimmen können, ebenso wie der Navigator eines Schiffes. Die Nutzung des Sonnenkompasses hatte der Forscher an Stockenten bewiesen, deren „innere Uhr" er umgestellt hatte (MATTHEWS 1953, 1961). KRAMER (1957) widerlegte diese Theorie ausschließlicher Sonnenorientierung durch eigene Versuche. Die Vermutung lag nahe, daß an der Orientierung außer dem Sonnenstand ein weiterer Faktor beteiligt sein müsse. Dieser schien anhand von Versuchen mit Staren ein innerer Zeitgeber zu sein, das heißt, die Tiere sind in der Lage, einen inneren Rhythmus einzuhalten, der eine Zeitbestimmung erlaubt. Mit dieser, als „innere Uhr" bezeichneten Fähigkeit beschäftigte sich vor allem SCHMIDT-KÖNIG (1958, 1960, 1970, 1986). Er konnte nachweisen, daß bei der Brutablösung der Zeitrhythmus vom Hell-Dunkel-Wechsel im Tagesverlauf bestimmt wird und kaum von der inneren Periodik (24-Stunden-Rhythmus) abhängt. Im Dauerlicht bricht der Ablöseplan schnell zusammen, und die geregelte Brutablösung unterbleibt. Dagegen läuft die Orientierung nach dem Sonnenstand in strenger Bindung an die „innere Uhr" ab. Zur Orientierung ist der Blick auf den Horizont erforderlich. Hält man Tauben abgeschirmt in einer Voliere, so daß sie weder ihre nahe Umgebung noch den

Horizont sehen können, entwickelt sich bei ihnen die Fähigkeit zur Heimorientierung nicht. Derart gehaltene Tauben verfliegen sich hoffnungslos.

Die Orientierungsfähigkeit besitzen bereits völlig unerfahrene Tauben, doch ist sie erst im Alter von einem Jahr voll entwickelt. Noch nicht einjährige Jungtauben zeigen ebenfalls bereits gute Leistungen. Das gleiche trifft auf Erstflieger zu (ABRAM 1954). Sie werden von erfahrenen Fliegern vorwiegend an Ausdauer übertroffen.

In speziellen Heimfindeversuchen aus 8,8; 22; 44; 94 und 167 km Entfernung aus verschiedenen Himmelsrichtungen bei Sonnenschein wichen die um sechs Stunden umgestimmten Tauben nach links ab, selbst wenn sie in 8,8 km Entfernung aufgelassen, den Zielort sehen konnten. Die Tauben orientierten sich mithin innerhalb der ersten 2 km ihrer Flugstrecke unabhängig von Landmarken und ohne direkte, geradlinige Bezugnahme zum Ziel. Sie sind imstande, während ihres Fluges die anfangs eingeschlagene Richtung zu korrigieren. Die Ablenkung stimmte hier mit der Voraussage überein. Daraus konnte eindeutig abgeleitet werden, daß die Brieftauben sich nach dem „Sonnenkompaß" orientierten. Diese Ergebnisse wurden inzwischen mehrmals bestätigt. Als den Tauben während der künstlichen Umstimmung auf eine „falsche", um sechs Stunden verschobene Tageszeit, halbtags die Sicht auf die Sonne ermöglicht wurde, ändert das ihr Verhalten in keiner Weise, sie blieben bei der Umstellung und beachteten die neuen Eindrücke nicht. Ließ SCHMIDT-KÖNIG die Tauben innerhalb der Versuchsserie einen halben Tag frei fliegen, nahm der Erfolg dieser Umstimmung jedoch sichtlich ab. Zur Deutung dieser Ergebnisse wird angenommen, daß sich Tauben bei der Anfangsorientierung streng nach ihrem „Sonnenkompaß" richten und der Besonderheit ihrer Umgebung keinerlei Beachtung schenken. Diese Erklärung erfuhr eine weitere Bestätigung durch Versuchsergebnisse, die bei Auflassungen zur Zeit eines wolkig bedeckten Himmels gewonnen wurden. Unter diesen Verhältnissen, wenn das menschliche Auge die hinter den dichten Wolken verborgene Sonne nicht mehr zu erkennen vermag, kamen die um sechs Stunden umgestimmten Tauben genau so sicher und schnell in ihren Schlag zurück wie die Kontrolltauben bei Sonnenschein. Falls die umgestimmten Tauben die Sonne trotz der Wolken gesehen haben sollten und zur Navigation nutzten, müßten sie den um 90° verschobenen Kurs gewählt haben. Da das nicht geschah, wird angenommen, daß sie sich nach einem anderen Orientierungssystem gerichtet haben; das könnte durchaus der „Magnetkompaß" gewesen sein, zumal er zeitunabhängig ist, d. h., nicht von der „inneren Uhr" abhängt oder beeinflußt wird. Auf jeden Fall beweisen diese Ergebnisse, daß Brieftauben bei der Anfangsorientierung sich vorwiegend nach dem „Sonnenkompaß" richten und bei trübem Wetter oder nachts sich von einem anderen Orientierungssystem leiten lassen.

Für eine gewisse Verwirrung sorgte bereits der Nachweis von der Lichtwahrnehmung nach Ausschaltung der Augen bei den wissenschaftlichen Experimenten. Experten sahen bereits in den beschriebenen Versuchen bei Tauben mit trüben Haftschalen eine Bestätigung ihrer Theorie, daß optische Landmarken nur in unmittelbarer Nähe des Schlages, also während der letzten Phase des Wett- oder Trainingsfluges, eine Rolle spielen, die Heimrichtung aber unabhängig von Gesichtssinneseindrücken gefunden wird (SCHMIDT-KÖNIG 1986).

Völlige Überraschung lösten daher die Veröffentlichungen KÖHLERS (1975, 1978) aus, der eine Filmkamera entwickelt hat, mit der er nachweisen kann, wohin Tauben in den ersten Minuten nach dem Auflassen blicken. Sobald die Tauben etwas fixieren und dabei den Kopf stillhalten, wird der Film durch einfallende Sonnenstrahlen belichtet, d. h., es bildet sich ein heller Fleck. Nach Vergleich mit topografischen Karten konnte KÖHLER feststellen, daß die Tauben auffällige Landmarken am

Horizont „angepeilt" hatten, bei Sonnenschein nur kurz, bei trübem Wetter mehrmals und in kürzerer Folge. Danach muß angenommen werden, daß Tauben über mehrere Navigationsmöglichkeiten verfügen, die sich nicht nach den Umständen verschieden einschalten, sondern nebeneinander wirksam sein können, aber je nach der Situation ungleiche Beachtung finden. Unter diesen noch nicht sicher erfaßten Mechanismen scheint dem Erdmagnetfeld vorrangige Bedeutung zuzukommen.

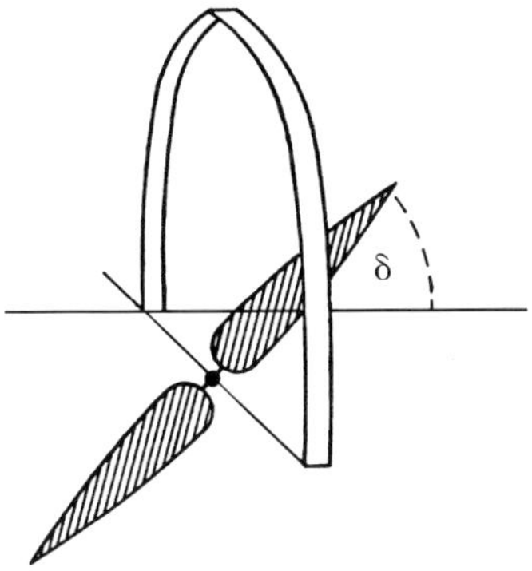

Abb. 63 Einfluß der Inklination

Magnetfeldtheorie

Die Orientierung nach den magnetischen Kraftlinien scheint sich vorzugsweise bei der Anfangsorientierung praktisch bestätigt zu haben. Es spricht aber viel dafür, daß die Kompaßorientierung bereits während des Transportes zum Auflaßort und während der Wartezeit bis zum Öffnen der Transportbehälter den Reisetauben Informationen liefert. Der „magnetische Kompaß" gilt als ein verläßliches, wenig anfälliges Orientierungssystem. Der Vorgang, wie im einzelnen ein Vogel das Magnetfeld ermessen kann, ist noch ungeklärt. Aber so viel ist bekannt, daß es sich im Gegensatz zum menschlichen „Polaritätskompaß", der Nord- und Südpol unterscheidet, beim „Magnetkompaß" der Vögel um einen „Inklinationskompaß" handelt, der den Winkel mißt, unter dem die Feldlinien des Magnetfeldes der Erde deren Oberfläche schneiden. Dieser „Inklinationswinkel" ist im Norden, besser polwärts, klein. In unseren Breiten beträgt er ungefähr 60°, am Äquator 0°. „Offenbar prüfen die Vögel, wo das Feld den kleineren Winkel mit der Vertikalen bildet. Dort ist Norden oder – genau besehen – polwärts." (Schmidt-König 1986). Es erscheint nicht ausgeschlossen, daß der „Magnetkompaß" das älteste, primäre Orientierungssystem darstellt, nachdem der „Sonnenkompaß" eingeordnet oder geeicht wird.

Der Nachweis der Orientierung am Magnetfeld der Erde gelang bei Tauben. Bei den Zugvögeln wurde das schon eher bestätigt, noch bevor Keeton (1974) seinen Tauben Stabmagneten auf den Rücken klebte (mit „Nord" kopfwärts gerichtet) und sie (erfahrene, wie Erstflieger) bei Sonnenschein und bei bedecktem Himmel aufließ. Schien die Sonne, kehrten die erfahrenen, wie die zur Kontrolle mit Messingattrappen auf dem Rücken versehenen Tiere in gleicher Weise heim. War der Himmel bedeckt, flogen die Kontrolltiere ebenfalls zielgerichtet heimwärts, während sich die in vielen Wettflügen erprobten und bewährten Tauben mit Stabmagneten im Gefieder desorientiert verhielten und in allen Himmelsrichtungen ihren Schlag suchten. Ebenso verwirrt zeigten sich die Erstflieger unter der Wirkung der ihnen angehefteten Magneten und deren Feldlinien – und das bei vollem Sonnenschein. Aus diesen und anderen Versuchen läßt sich die große Empfindlichkeit der Tauben gegenüber Magnetfeldern ableiten. Schon Reisetaubenzüchter hatten beobachtet, wie nachteilig sich Orte mit magnetischen Abweichungen auf die Wettbewerbsergebnisse auswirken, z. B. Erzlager. Wissenschaftliche Nachprüfungen bestätigten die Beobachtungen der Praktiker, schränken jedoch dabei ein, daß es sich aber nur um die Anfangsorientierung handelt, je-

doch nicht für die Heimkehrleistung insgesamt zutrifft.
Es gibt Anhaltspunkte dafür, daß Tauben wegen ihrer hohen Empfindlichkeit auf flüchtigere Änderungen im Erdmagnetfeld von weit geringerer Stärke und weicherer Amplitude reagieren. Bisher liegen aber noch keine verläßlichen Beweismittel vor.

Geruchsorientierungstheorie

Über die Wahrnehmung von Gerüchen und deren Beteiligung am Heimfindevermögen der Vögel besteht kein Zweifel mehr. Fraglich und umstritten ist der Anteil, den der Nase am Wegfinden zufällt. Durch Versuche, bei denen der natürliche Wind durch Deflektoren um 70°, a) gegen, b) im Uhrzeigersinn abgelenkt war, bevor er Tauben erreichte, die in Volieren lebten, gelang es Papi (1973), die in 21 bzw. 26 km Entfernung aufgelassenen Tauben um diesen Winkelbetrag von der wirklichen Heimrichtung abzulenken. Dieser Versuch mit aus künstlich veränderter Richtung kommenden Duftstoffen ist mehrmals von anderen Forschern wiederholt und bestätigt worden.
Papi (1982) hat das Für und Wider seiner Hypothese von der Geruchsorientierung ausführlich besprochen und nach Argumenten gesucht, die unbefriedigend verlaufenden Versuche im Freiland doch noch zugunsten der Geruchstheorie auswerten zu lassen. Vorerst ist die Geruchswahrnehmung in Laborversuchen einwandfrei nachgewiesen worden. Im Freien durchgeführte Versuche brachten bisher keine klare, unwiderlegbare Bestätigung. Papi freilich wertet die vorliegenden, von ihm zusammengestellten Ergebnisse im positiven Sinne aus und sucht nach Erklärungen dort, wo die Ergebnisse unter den Erwartungen blieben. Er glaubt schlußfolgern zu können, daß sich Tauben nach einer kurzen Phase unsicheren Verhaltens am Auflaßort nach den Gerüchen dort sowie in weit stärkerem Maße nach der ihnen auf längerem Flug nacheinander begegneten Folge von Gerüchen orientieren. Nach seiner Auffassung trägt das Verhalten der zur Kontrolle verwendeten Tauben wegen ihrer Unausgeglichenheit (geruchsstumpf oder riechfähig, flugerfahren oder nicht) dazu bei, daß es zu großen Meinungsverschiedenheiten bei der Auswertung der Flugergebnisse kam. Nicht zu erklären ist bislang, welhalb die zu Versuchszwecken um ihr Riechvermögen gebrachten Tauben zwar genau so sicher wie die Kontrolltauben abfliegen, unterwegs aber Ruhepausen einlegen und dadurch verspätet am Schlag eintreffen.
Das fehlende Riechvermögen begünstigt nicht die Anfangsorientierung der Taube, beeinflußt aber offensichtlich die Heimkehrleistung und -schnelligkeit .
Zu einer Bestätigung der Geruchstheorie führten Versuche, bei denen Tauben dadurch irritiert wurden, daß ihnen eine Serie von Gerüchen (Luftproben) geboten wurden, die von einer anderen Reiseroute stammen (Baldaccini u. a. 1982).

Gravitationstheorie

In jüngster Zeit entwickelte Köhler (1975) eine neue Navigationshypothese aufgrund der Ausbildung und des Verlaufs der Horizontlinie, welche die Tauben in der Jugend am Heimatort kennenlernten. In eine fremde Umgebung versetzt, würden diese Tauben aus den Abweichungen der dortigen von der heimatlichen Horizontlinie und der durch die Erdkrümmung bedingten Abweichung beider voneinander (Neigung der beiden Kreisebenen gegeneinander) die Heimrichtung ermitteln.
Die Hypothese läßt sich mit allen bisherigen Versuchsergebnissen gut in Einklang bringen. Zur Veranschaulichung dienen die Abbildungen.
Zur Erklärung sei vorausgeschickt, daß sich zwei Kreisebenen am besten vergleichen lassen, wenn sie übereinander gelegt werden,

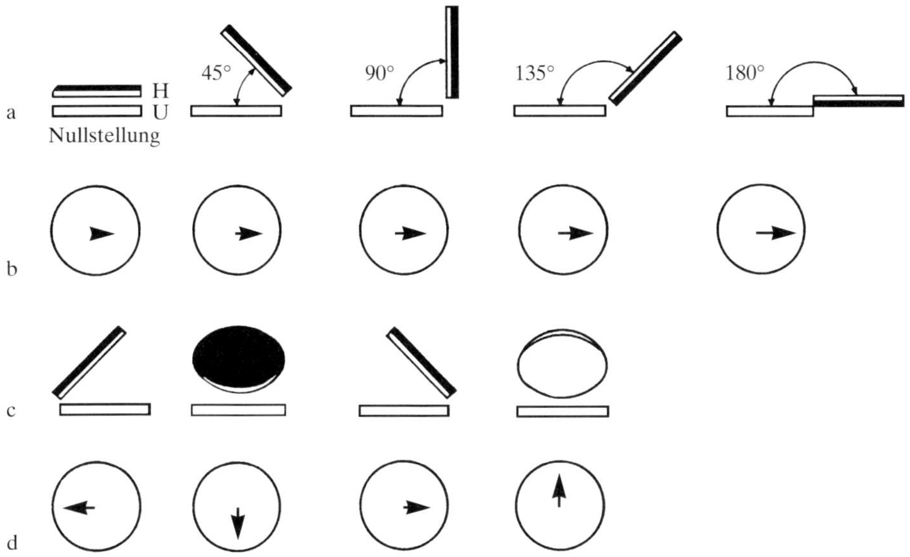

Abb. 64 Der Vergleich der Heimat- (H) und der Auflaßebene (U) informiert über die Entfernung durch die Neigung (= Winkeldifferenz); (a) und über die Richtung durch die Berührungspunkte (c). Dazu muß immer die Heimat- auf die Auflaßebene gelegt werden. Je größer die Winkeldifferenz, um so weiter entfernt sind die beiden Orte, um so länger sind die Pfeile der Kreisdiagramme (b). Die Pfeile in d sind nur zur Verdeutlichung verlängert.

denn dann unterscheiden sie sich, ausgehend von ihrer Parallellage (Nullstellung) in Neigungsgrad und Neigungsrichtung.

Der Berührungspunkt zweier in verschiedener Richtung übereinanderliegender Kreisebenen gibt, ausgehend vom Zentrum der Kreisebenen, die Richtung zum gesuchten Ort an, die Winkeldifferenz zwischen beiden Ebenen, dazu die Entfernung (KÖHLER 1975). Die Kreisebenen des Heimatortes prägen sich Tauben – wie KÖHLER bereits hervorhebt – wohl beim ersten Blick auf das heimatliche Panorama tief ein, vermutlich im Sinne eines „Prägungsvorganges" aufgrund gesteigerter Sinnesempfindlichkeit (Sensibilität), wie es z. B. für die Prägung auf Artgenossen bereits bekannt ist.

Dieses Bild haftet der Taube im Gedächtnis und dürfte weitgehend anschaulich jederzeit reproduzierbar sein. Die Kreisebene des Auflassungsortes nehmen Tauben unmittelbar beim Auflassen wahr. Aus örtlich oder landschaftlich bedingten Unregelmäßigkeiten des Panoramas am Auflaßort kommt es zu Abweichungen von der idealen, der geographischen Lage des betreffenden Ortes. Diese Abweichungen können bei Tauben zu Fehlleistungen (Fehlorientierungen) und zur Mißweisung der Tauben führen („Nonsens-Orientierung"), so daß die Taubenkarte nicht mehr mit den wirklich vorliegenden geographischen Verhältnissen übereinstimmt. Die Abweichungen verringern sich mit steigender Entfernung vom Heimatort, weil sich der Einfluß der Erdkrümmung auf die Lage der Kreisebene am Aufenthaltsort (Auflaßort) immer mehr bemerkbar macht. Somit wäre geklärt, warum sich Tauben bei Flügen auf Kurzstrecken häufig verfliegen und unsicher navigieren, auf Landstreckenflügen dagegen kaum.

In einer neueren Veröffentlichung betont

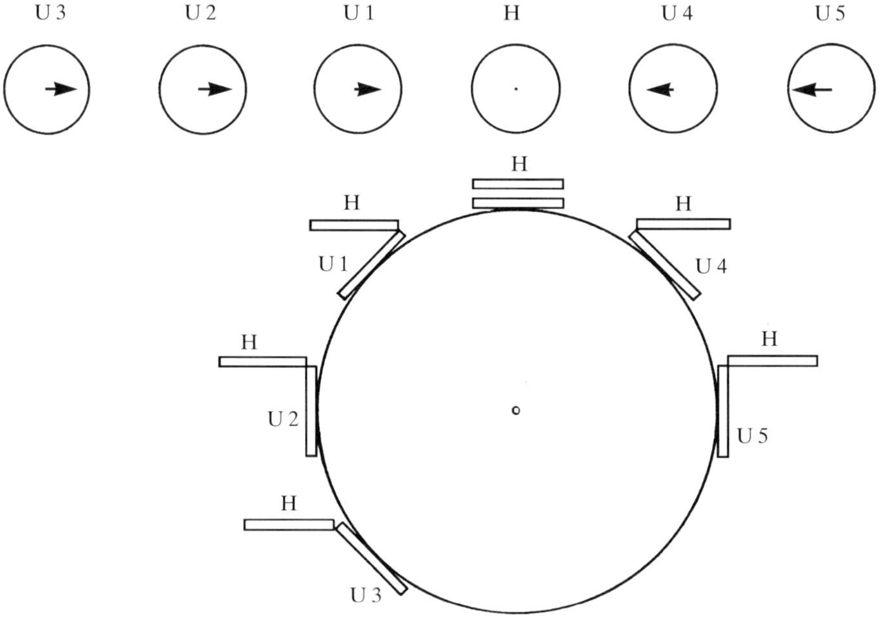

Abb. 65 *Mit zunehmender Entfernung der Auflaßorte wird die Winkeldifferenz der Heimatebene (H) und der Auflaßortsebenen (U 1 bis U 5) durch die Krümmung der Erdoberfläche (großer Kreis) größer. Die entsprechenden Entfernungsangaben und eindeutigen Richtungsangaben sind wieder in Kreisdiagrammen dargestellt.*

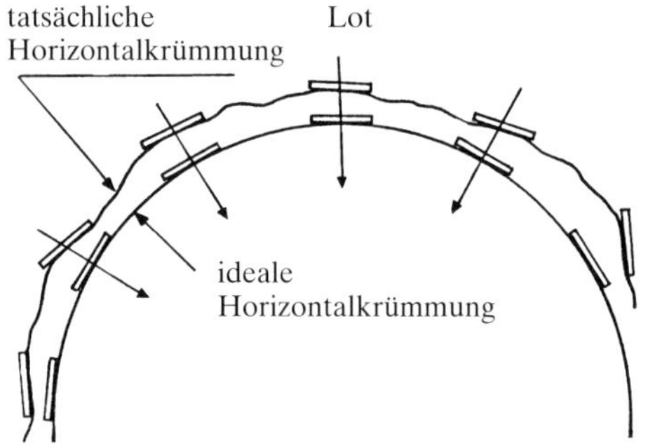

Abb. 66 *Die Ebenen der idealen Horizontkrümmung liegen immer im rechten Winkel zum Lot. Die tatsächliche (optisch erfaßbare) Horizontkrümmung, die sich aus der morphologischen Beschaffenheit der Erdoberfläche ergibt, weist jedoch große Unregelmäßigkeiten auf. Die Lage von Ebenen, die sich auf optischem Wege aus der Landschaft gewinnen lassen, sind ebenso unregelmäßig. Diese „schiefe" Lage kann durch den Winkel zum Lot festgestellt werden.*

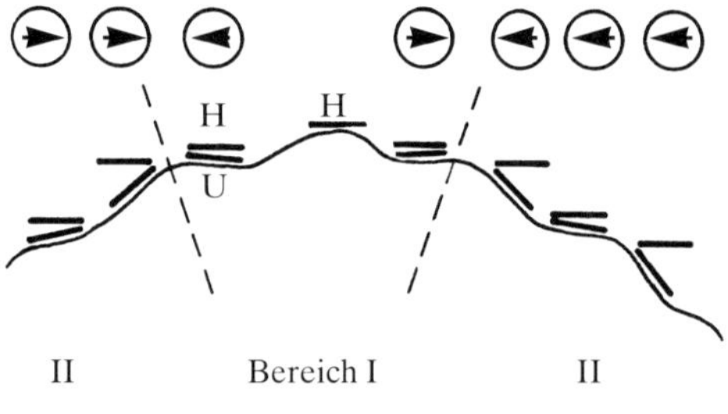

Abb. 67 *Die Lage der auf optischem Wege ermittelten Ebenen schwankt durch die Unregelmäßigkeiten in der Landschaftsausbildung. Diese Schwankungen lassen die Richtungs- und Entfernungsweisen besonders im Nahbereich (Bereich I) zu Mißweisungen werden. Im Fernbereich (Bereich II) wird der Einfluß der landschaftsbedingten Unregelmäßigkeiten sehr viel geringer, weil sich die Lage der Ebenen sehr viel stärker durch die Erdkrümmung ändert.*
(Die Welligkeit des Horizonts ist stark übertrieben dargestellt.)

KÖHLER (1978), daß es neben dieser, auf die Horizontalebene bezogenen Orientierung eine vertikale gibt. Bei Letzterer orientieren sich die Tauben an der Lotrechten am Heimatort und aus der Abweichung des Lots am Auflaßort hinsichtlich Richtung und Entfernung zum Heimatort. Diese vertikale Orientierung arbeitet genauer als die horizontale, doch scheinen die Tauben – wie aus den vielen Fehlleistungen hervorgeht – häufiger das horizontale System anzuwenden.

Mit dieser KÖHLER'schen Hypothese stimmt grundsätzlich die Modellvorstellung überein, wie W. und R. WILTSCHKO äußerten, als sie von „Navigationskarten" sprachen. Diese sogenannte Navigationskarte ist bei jeder Taube aufgrund ihrer Eindrücke bei den ersten Flugerlebnissen individuell geprägt.

So kommt die Taube zu Richtpunkten, die zum Vergleich mit den Eindrücken auf dem Flugweg herangezogen werden und zur Richtungsfindung führen. Diese „Gradienten" könnten zweifellos die Lage der Heimatebene und das Lot am Heimatort sein, die KÖHLER als Orientierungs-Richtpunkte oder Wegweiser angibt und deren Besonderheit von den Tauben gelernt werden muß.

In einem ausführlichen Bericht über ein internationales Symposium zu Fragen des Orientierungsverhaltens von Vögeln, das im September 1981 in Italien stattfand, wirft der Referent J. BOVET, Quebec, zum Schluß die Frage auf, ob denn die Taube überhaupt das richtige, geeignete Versuchstier zur Klärung der Orientierungsprobleme wäre. Bei den Vorträgen wären zu oft entgegengesetzte Deutungen bei gleichem Sachverhalt geäußert worden, und es bliebe schließlich eine lange Liste unbeantworteter Fragen übrig. Und damit ist die Gravitation bei Tauben als Orientierungshilfe nach wie vor als nicht eindeutig erwiesen.

Beobachtungen aus der Praxis

Flugablauf

Dem natürlichen Vogelzug im Frühling zum Aufsuchen der jeweiligen Brutgebiete einerseits und den Heimfindeleistungen der Brieftauben andererseits liegen grundsätzlich die gleichen Aufgaben oder Probleme zugrunde. In beiden Fällen geht es darum, ein Ziel zu erreichen, das weit außerhalb der Sichtweite liegt und nur über eine Navigationsleistung zu erreichen ist. Es handelt sich also um ein Zurückfinden zu einem fernab liegenden bekannten Ort unter Zuhilfenahme von Mitteln, die Hinweise auf den eigenen Standort sowie auf die Richtung und Entfernung dieses Zieles geben. Meist wird bei Tauben zwischen Nah- und Fernnavigation unterschieden. Beim Abflug – selbst in Sichtweite des Schlages – drehen die Tauben oft wenige Kreise oder Schleifen, ehe sie in einer Richtung, die keineswegs immer die zutreffende ist, abziehen und aus dem Gesichtskreis des Beobachters entschwinden. Andere Vögel wieder fliegen in Schlangenlinien oder weiten Spiralen bis zu 100 m hoch, bevor sie sich für eine Richtung entschieden haben. Das Kreisen wird als Schwarmverhalten gewertet, das zum Sammeln der Tiere und zugleich der Navigation dient, nämlich zur Bestimmung des eigenen Standortes. Erfahrene Tauben fliegen nach dem Freilassen meist sofort ab. Seltener verhalten sie sich abwartend, also sitzen oder laufen kurze Zeit herum, unter Aufblicken zur Sonne.

Flugrichtung

Selbst bei erstmaligem Auflassen in fremder Umgebung liegt die endgültige Flugrichtung schon nach 10 … 20 Sekunden fest, also noch bevor der Zuschauer die Tauben aus dem Auge verliert. Im allgemeinen weicht die bevorzugte Abflugrichtung – auch bei Mittelstrecken – verhältnismäßig wenig mehr als 90°

von der Heimrichtung ab. Einigen Forschern, die sich mit dem Heimfindevermögen befassen, fiel auf, daß ihre Tiere dazu neigten, immer in eine bestimmte Kompaßrichtung abzufliegen, jedoch in einem Falle eine Richtung einschlugen, die unabhängig vom Auflaßort und vom Ziel war, mit der Tendenz zur Heimwärtsrichtung konkurrierten. Am Riechen gehinderte Tauben richteten sich nahezu ausschließlich nach einer bevorzugten Kompaßrichtung. Bei völlig intakten Tieren konnte GRÜTER (1982) keinerlei Beeinträchtigungen durch Geruchsausfälle feststellen. Bei sehr kurzen Distanzen orientieren sich Brieftauben höchstwahrscheinlich nach bekannten Landmarken. Zwischen 20 ... 50 km überwiegt die Kompaß-, über 150 km die Heimrichtung, denn die Zielstrebigkeit der Flüge nimmt zwischen 20 und 50 km mit steigender Entfernung stark ab, erhöht sich jedoch mit zunehmender Streckenlänge und erreicht bei rund 200 km ihr Optimum. Der tatsächlich eingeschlagene Kurs erweist sich meist als Kompromiß zwischen beiden Richtungen. 20 Sekunden nach dem Start trennen sich Brieftauben noch nicht so stark in die Mittelrichtungen wie beim Verschwinden an der Sichtbarkeitsgrenze. Bei stärkerem Wind lassen sie sich oft von diesem mitnehmen, bevor sie aktiv in eine Richtung fliegen. Erfahrene Tauben orientieren sich anfangs abhängig von der jeweiligen Entfernung zum Heimatschlag.

Heimziehende Brieftauben können zum Teil länger über Orten kreisen, sich auf Dächern niederlassen und fliegen unter Umständen erst nach Stunden wieder weiter. Gelegentlich werden sie durch fliegende Tauben und feldernde Schwärme verleitet, sich diesen anzuschließen. In der letzten, offenbar überwiegend von den Gesichtssinneseindrücken beeinflußten Flugphase, nehmen Brieftauben über Gesichtssinneseindrücke markante Punkte der Umgebung ihres Schlages wahr (Türme, hohe Häuser, Hochspannungsmasten, Baumgruppen). Durch die genaue Kenntnis der ihnen vertrauten näheren und zum Teil auch weiteren Umgebung ihres Schlages finden sie im Gegensatz zu ausschließlich in Volieren gehaltenen Tieren ihre Unterkunft verhältnismäßig schnell.

Flughöhe

Die Flughöhe reisender Tauben entspricht normalerweise dem Niveau der Baumwipfel. Gelegentlich fliegen Tauben in 300 m Höhe, meist nicht über 200 m. Bei normaler Witterung und Rückenwind fliegen sie höher, bei Gegenwind dagegen relativ niedrig. Als mittlere Flughöhe werden 40 m, als niedrige 5 bis 10 m, als extrem niedrige 2 m und als ungewöhnlich hohe 2000 m angegeben. Schlecht orientierte Tauben sollen in größeren Höhen fliegen (HITCHKOCK 1952, Beobachtungen vom Flugzeug aus). LEVI (1953) schildert in seinem Standardwerk u. a. die Ergebnisse, die Nachrichtenabteilungen beim Einsatz von Meldetauben im zweiten Weltkrieg hatten. Nach ihren Eintragungen flogen Tauben, die 41 km von ihrer Landbasis entfernt bei schlechtem Wetter auf See aufgelassen wurden, schneller heim als bei Überlandflügen aus gleicher Entfernung. Die Tiere ließen sich bei nebligem Wetter bis auf „wenige Fuß" (0,50 ... 1,5 m) über dem Meeresspiegel hinab und flogen ohne Sonne und unter schlechten Sichtverhältnissen direkt nach Hause.

Als Durchschnittsgeschwindigkeit gibt LEVI 35 miles/h, das heißt 56 km/h an.

Als ausgesprochen lichtaktive Tiere fliegen Tauben nur tagsüber. Sie sind aber auch schon versuchsweise zu Nachtflügen abgerichtet worden. Bei Dämmerung suchen heimkehrende Brieftauben als nachtblinde Lebewesen fremde Schläge oder andere geschützte Orte auf, um bis zum Morgen zu ruhen und erst dann weiterzufliegen. Von zu Nachtflügen trainierten Tieren legte nur ein kleiner Teil Entfernungen zum Schlag bis zu etwa 25 km zurück. Der größere Teil blieb am Auflaßort sitzen und kehrte erst am Morgen heim. Durch die fehlende Anpassung des Taubenauges an die Dunkelheit können sich nachts fliegende Tauben nicht so gut orientieren, um in der Flugbahn liegende Hindernisse (Bäume, Hochspannungs- und Telefondrähte, Gebäude) rechtzeitig zu erkennen.

Fluggeschwindigkeit

Über die Fluggeschwindigkeit liegen zahlreiche Angaben vor, bei denen die oft entscheidenden meteorologischen Einflüsse (Lufttemperatur und -feuchtigkeit, Luftdruck, Niederschlag, Windverhältnisse) nicht immer berücksichtigt wurden. KRAMER (1957) gibt 66 km/h als Durchschnittszahl für die Eigengeschwindigkeit der Taube an, Züchter rechnen mit bis zu 70 km/h. Unter günstigen Verhältnissen (gutes Wetter, lange Tageshelle) können Brieftauben an einem Tag 800 km und mehr zurücklegen. Für Entfernungen von 300 km benötigten sie bei durchschnittlich 50 … 60 km/h insgesamt 5 … 6 Std., für maximale Entfernungen bis zu etwa 1200 km 20 … 24 (und mehr) Stunden reine Flugzeit. Dabei ist hervorzuheben, daß uns der wirkliche Flugweg, den die Reisetauben nehmen, noch weitgehend unbekannt ist. Nur unter günstigen meteorologischen Bedingungen (gutes Flugwetter) und geographischen Verhältnissen (keine größeren Berge, Waldgebiete und Wasserflächen) entspricht der Flugweg etwa der Luftlinie zwischen Auflaßort und Heimatschlag. Beträchtliche Höhenunterschiede (Gebirgsketten) werden von ihnen meist nicht über-, sondern umflogen. Wegen der Greifvogelgefahr meiden Tauben auch größere Waldgebiete. Außerdem scheuen sie sich, ausgedehnte Wasserflächen zu überqueren.

Flugergebnisse

Wiederholter Flugeinsatz

Diesem Thema widmet sich LEVI in einem umfangreichen Kapitel, wiederum gestützt auf die Aufzeichnungen von Nachrichtenabteilungen (Signal-Corps) im zweiten Weltkrieg, die mit Meldetauben arbeiteten. Er berichtet von einer Einheit, die über 134 Tauben verfügte, die von drei verschiedenen Orten aus so oft zum Einsatz kamen, daß die Tiere innerhalb von sechs Tagen nur 30 Stunden Ruhe im Heimatschlag im Nachrichtenzentrum hatten. Sie mußten dabei die Roer (Rur) in Holland überqueren und kamen zu 98,5 % zurück. Über die Entfernung ist nichts gesagt; es dürfte sich um Strecken über 50 km gehandelt haben. Andere Tauben wurden viermal eingesetzt, wobei ihre Ruhezeit zwischen den Einsätzen im Schlag bei der Nachrichtenzentrale weniger als sechs Stunden betrug. Unter den hervorragenden Leistungen dieser Nachrichtenüberbringer sei nur die „Burma-Queen“ erwähnt, die im Alter von sechs Monaten über einer, von der Truppe abgeschnittenen Gruppe Soldaten vom Flugzeug abgeworfen wurde und 515 km (320 miles) über die höchsten Berge Burmas hinweg in neun Stunden flog, das heißt, mit 57,3 km/Stunde Durchschnittsgeschwindigkeit beim Rückflug zur zentralen Einsatzstelle.

Einfluß der Erfahrung

Diesem Thema widmete sich WALLRAFF (1959). Aufgrund seiner Auswertung von 2 000 Flügen, aus Entfernungen zwischen 10 und 50 km, kommt er zu der Feststellung, daß die Heimkehrleistung mit der Anzahl durchgeführter Flüge zunächst sprunghaft, dann allmählich ansteigt. Die Tauben mit der größten Flugerfahrung (16 und mehr Flüge) kommen schneller heim und haben die wenigsten Ausfälle, ihre Verlustquote liegt am niedrigsten. In den Gruppen der schnellen Heimkehrer (24 … 48 km/h und mehr) herrschen die flugerfahrenen Tauben vor, und ihre Anzahl nimmt von Gruppe zu Gruppe zu. Immer weniger erfahrene Tauben befinden sich unter den langsamen Fliegern (24 … 12 km/h) und gänzlich verlorenen Tauben. Hier nimmt die Zahl ständig ab. Die Gesamtleistung einer

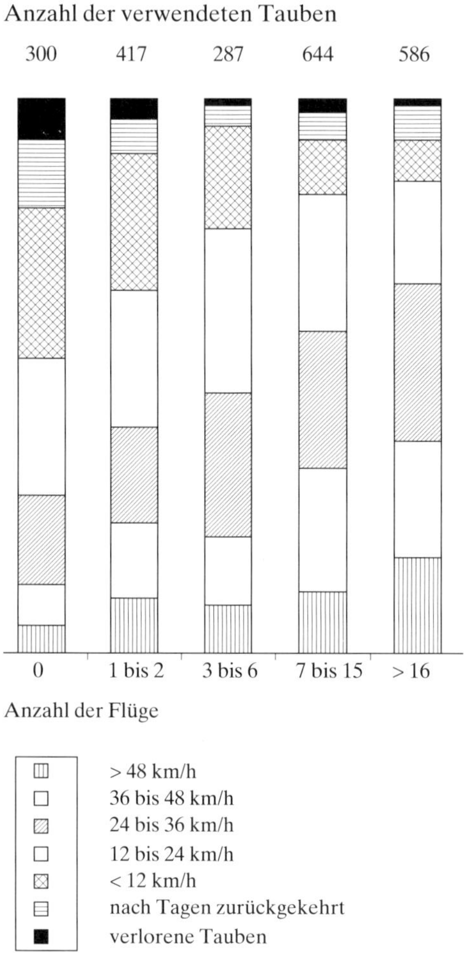

Abb. 68 Einfluß der Erfahrung auf die Heimkehrleistung

Gruppe nimmt von Flug zu Flug zu. Der Grund dafür liegt nicht allein in der zunehmenden Erfahrung, sondern zum Teil auch in der Auslese, denn Tauben, die sich schlecht zu orientieren vermögen, gehen eben verloren. Die unerfahrenen Tauben bilden den Hauptanteil an den langsamen Heimkehrern.

Die Heimkehrleistung ist zum Teil abhängig von dem Auflaßort und der einzuschlagenden Himmelsrichtung. Bei Auflaßorten, die etwa 22 km vom Heimatschlag entfernt waren, flogen unerfahrene Tauben, wenn sie südlich und westlich von diesem Ziel aufgelassen wurden, in östlicher Richtung davon, erfahrene Tauben dagegen nach Norden. Das trifft aber nur für Kurzstreckenflüge zu. Bei größeren Entfernungen fliegen Erstflieger ebenfalls – im Süden aufgelassen – nach Norden oder Nordwesten (90 ... 150 km Entfernung). Es ist bemerkenswert, daß sich durch Erfahrung nicht so sehr die Abflugrichtung verbessert als vielmehr die Heimkehrleistung.

Auf kurzen Strecken bestimmt bereits die „Fernorientierung" das Verhalten der Tauben, nicht aber die dem Tier vertrauten Landmarken. MATTHEWS hatte schon 1952 herausgefunden, daß es keine Beziehungen zwischen Heimkehrvermögen und Gedächtnisleistungen gibt. von seinen Tauben besaßen die langsamen Lerner ein besseres Gedächtnis. Nach ein bis zwei dressurfreien Jahren erinnerten sich einige Tiere noch an die einstmals erlernten Lösungen. Unter den Geschlechtern waren es die Vögel, die den Täubinnen in der Lernschnelligkeit und in der Anzahl richtiger Entscheidungen etwas überlegen sind.

Es spricht viel dafür, daß die Erinnerung an einmal zurückgelegte Wegstrecken mehr Einzelfälle dieser Gedächtnisleistungen sind, nichts aber mit der Lernleistung bei Dressuraufgaben zu tun hat. Das deutet sich bereits im Vergleich der verschiedenen Geflügelarten an, wenn diese einen neuen Weg kennenlernen. Hühner brauchen z. B. mehrere Wiederholungen, bis sie die neue Wegstrecke fehlerlos durchlaufen, den Enten genügt ein einmaliges Erlebnis, ebenso den Gänsen. Tauben, die sich in Dressurversuchen keineswegs durch überragende Ergebnisse hervortun, haben unzweifelhaft für das Heimfinden besondere Fähigkeiten entwickelt.

Seeflüge

Die Taube – auch die Brieftaube – ist ein Landvogel. Bei Wettflügen „Über See" sind zwei Möglichkeiten praktikabel. Entweder werden die Tauben auf hoher See aufgelassen, um zum Land zurückzukehren, oder sie

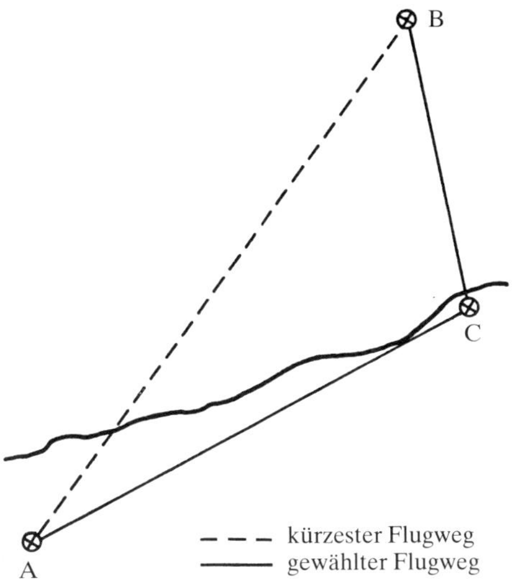

Abb. 69 Flugverlauf bei Auflassen auf See

A Heimatschlag
B Auflassung Schiff
C nächster Landpunkt

werden auf dem Festland aufgelassen, um „Über See“ zu fliegen und wieder Land zu erreichen. Besonders zu kämpfen haben Tauben bei Seeflügen gegen Dunst und Nebel, wobei insbesondere der Nebel über der See länger als über dem Land liegt. Über der See gibt es viele niedrige Wolken, welche die Sicht einschränken. Dabei gleichen die dunklen Wolken in ihrer Farbe und Form oft Inseln. Wenn wir von einer Sichtweite von 10 km ausgehen und dabei nur eine geringe Höhe über dem Wasserspiegel als übliche Flughöhe annehmen, so verschwinden die dunklen Wolken beim Näherkommen und andere tauchen in gleicher Weise als Täuschungen auf. Eine weitere Erschwernis erwächst aus der Tatsache, daß die horizontale Sichtweite auf See durch das Fehlen von markanten Punkten stark behindert ist und somit eine Entfernungsschätzung sehr erschwert.
Großen Einfluß bei solchen Flügen haben die Windverhältnisse (Stärke und Richtung). Zusätzlich können sie den Tauben durch Transport feiner Sandkörnchen den Flug erschweren. Das trifft z. B. bei Flügen im Gebiet der Kanarischen Inseln zu, wo der warme Mittelmeerwind (Schirokko) Sand aus der Sahara mit sich führt. Es kommt dort nicht selten vor, daß Tauben bei Wettflügen vom Küstengebiet Afrikas zu den Inseln aufgeben und zurückkehren, mit vom Sand und Salzen verklebten Augenrändern und Schnabelwarzen. Werden Tauben auf See aufgelassen oder müssen sie Wasserflächen überqueren, schlagen sie nach der Anfangsorientierung meist die Richtung auf die nächstliegende Landmasse ein und fliegen dann über Land geradewegs ihrem Heimatschlag zu. Solche Flüge werden wegen des dabei zurückgelegten Umweges als „Dreiecksflüge“ bezeichnet.

Verfehlen des Heimatschlages

Allgemein sind Brieftauben in der Lage, ohne vorherige Erfahrung bei Erstflügen heimzufinden. Allerdings kommt es vor, daß Tauben ihr Ziel verfehlen, d. h., sie landen entweder neben dem Heimatort und -schlag oder überfliegen ihn. Im Verlauf des Fluges stabilisiert sich die Flugrichtung. Dabei können sich noch

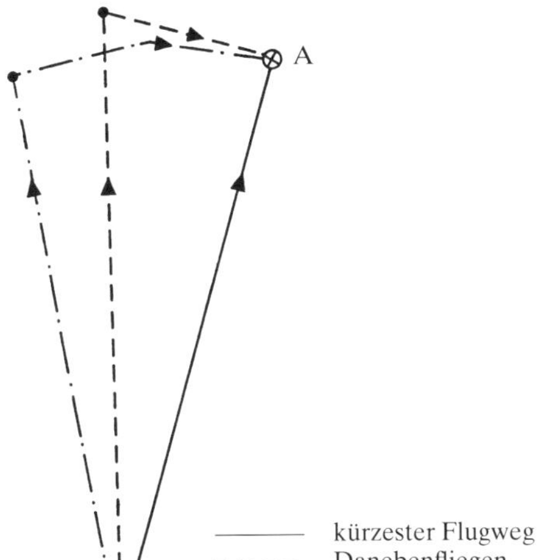

Abb. 70 Verfehlen des Heimatortes durch Danebenfliegen

A Heimatort
B Auflaßort

unerfahrene Tauben von anderen verleiten lassen, ihnen zu folgen, sich „mitziehen“ zu lassen, wobei deren Schlag an einem anderen Ort liegt. Diese Beeinflussung ist nicht auf Erstflieger beschränkt. Merkwürdig daran ist, daß die Tauben, nachdem sie in fremder Umgebung zur Ruhe gekommen sind, nach erneuter Auflassung sofort richtig orientiert abfliegen. Es gibt aber auch Fälle, wo Tauben am neuen Ort blieben und ihrem Züchter zugeschickt werden mußten. Hier war sozusagen ihr Heimkehrimpuls geschwächt. Mitunter rasten Tauben auch an Orten, die zwischen Auflassungs- und Heimatort liegen. Manche fliegen nach gewisser Verweildauer nach Hause, andere bleiben „hängen“. Nach Aussage von KRAMER (1973) ist jedoch nicht bekannt, daß sich Tauben nach einer solchen Zwischenlandung vor oder hinter ihrem Reiseziel noch weiter vom Heimatschlag entfernt hätten.

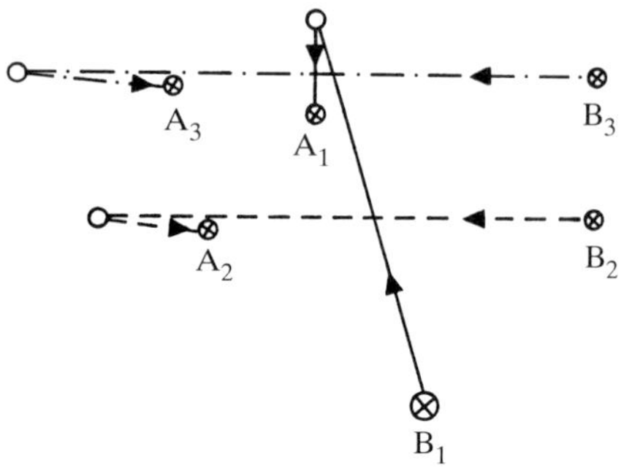

Abb. 71 Überfliegen der Heimatorte A_1, A_2, A_3; Auflaßorte B_1, B_2, B_3

Beeinflussung der Flugleistung

Psychische Förderung der Reisestimmung

Zugvögel zeigen nur zu bestimmten Jahreszeiten, also im Herbst und im Frühjahr, Zugunruhe, die sich auch bei ausschließlicher Haltung im Käfig zu erkennen gibt. Sie steht im Zusammenhang mit den sich allmählich verändernden äußeren (Umwelt-)Bedingungen wie Tageslänge, Temperatur u. ä., wie auch mit den inneren, hormonal-neuralen Vorgängen, unter deren Veränderungen in der Hypophyse wie im Sexualbereich vorrangig sind. Durch Hormongaben lassen sich diese „Stimmungen“ künstlich hervorrufen bzw. beeinflussen. Die „Zugunruhe“ kündigt die innere Bereitschaft zum Aufbruch an, sobald die Reisebedingungen als günstig erscheinen. Diese jahresperiodischen Wanderungen auf dem Wasser-, Luft- oder Landweg finden sich bei Fischen, Insekten, Amphibien, Vögeln und Säugern, verlaufen auf bestimmten Routen und sind im Laufe erdgeschichtlicher Zeiträume zu erblich fest eingeprägten Verhaltensweisen geworden.

Brieftauben sind keine Zug-, sondern Standvögel. Ihre Befähigung zur Heimkehr verdanken sie der Zuchtauswahl und der Beharrlichkeit ihrer Züchter. Die Heimkehrleistung unterliegt jahreszeitlichen Schwankungen. Sie fällt außerhalb der Zuchtperiode, also im Herbst und Winter, stark ab und ist folglich in den verschiedenen Himmelsrichtungen nicht gleich. So sind die Heimkehrleistungen aus Auflaßorten in Westrichtung vom Schlag weit schlechter als aus anderen. Die Züchter haben sich diese Zusammenhänge zwischen Heimkehrbereitschaft und sexueller Periode, der Fortpflanzungsphase oder dem „Neststand“ während der Zuchtsaison auf ihre Weise zunutze gemacht und Haltungsmethoden entwickelt, die bei ihren Reisetauben den „Zug zum Nest“ (oder zum Erfolg) optimal verstärken sollen. Das kommt in den Bemühungen zum Ausdruck, die weniger aktiven Tauben in Reisestimmung zu bringen. So wenden verschiedene Züchter möglichst geheim gehaltene Tricks und Haltungsmethoden an mit dem Ziel, den Willen zur Heimkehr bis zum Äußersten zu steigern. Diese Methoden sind in enger Anlehnung an menschliches Verhalten als „Eifersuchts-“, „Witwer-“ und „Ablösemethode“ bezeichnet worden. Im Grunde sollen die Tauben künstlich in einen „körperlich-seelischen“ Zustand versetzt werden, der dem von Zugvögeln beim Aufbruch zu ihren langen Wanderungen gleicht bzw. nahekommt. Gegenüber den Zugvögeln sind die Brieftauben dadurch im Nachteil, daß sie den Einwirkungen der Umwelt am Tage des Preisfluges innerlich unvorbereitet sind. Sie müssen sich spontan auf Wetterverhältnisse und auf geographische Bedingungen einstellen und mit ihnen fertig werden, während sich Zugvögel auf die Großwetterlage, Jahreszeit, Temperatur usw. sowie durch endogene, sich in ihrem Körper abspielende hormonale und neurale Prozesse allmählich in Zugunruhe und Aufbruchstimmung einstellen können. Zu diesen, vornehmlich auf die „Psyche" der Tauben wirkenden Förderungsmethoden kommen besondere Fütterungstechniken und der Einsatz spezieller Futtermischungen hinzu. Außerdem verfügt jeder Züchter über individuelle Erfahrungen und demzufolge über spezielle Führungsmaßnahmen.

Natürliche Reisemethode

Hier wird der natürliche Ablauf der Fortpflanzungsphasen wie Werbung, Paarung, Zu-Neste-Treiben, Brut und Aufzucht nicht gestört. Die einmal zum Paar vereinigten Tauben bleiben während der gesamten Flugsaison hindurch ein Zuchtpaar, also „Ehepartner". Dem Züchter fällt die Aufgabe zu, durch Beobachten und Aufzeichnungen herauszufinden, in welcher Phase des Zuchtablaufes die einzelne Taube die besten Flugleistungen zu bringen verspricht. Ausschlaggebend ist das Verhalten bei den täglichen Trainingsflügen, im Nest (Abwehrreaktionen, festes Sitzenbleiben bei Annäherung des Züchters), am Futtergefäß u. ä. m.

Treiben

Grundsätzlich sind Tauben während des Treibens in keiner günstigen Reiseverfassung. Das gilt für beide Geschlechter. Diese Werbungsphase mit der ihr innewohnenden Unsicherheit, ob die umworbene Täubin tatsächlich das Nest bezieht (und die „Ehe" eingeht) oder nicht, endet mit dem Legen des ersten Eies, etwa sieben Tage nach dem Zusammensetzen des Paares. Bei den Vögeln gibt es während dieses Zeitabschnittes allerdings auch Ausnahmen. In der Fachpresse berichten Züchter von guten Flugergebnissen, die sie mit noch treibenden Vögeln erreichten, betonen aber, daß die Eignung dieser Tiere individuell sehr verschieden sein kann. Der Züchter soll deshalb unbedingt vor der Auswahl der Tauben aufmerksam beobachten. Es fallen z. B. einige treibende Vögel durch besondere Aktivität auf, etwa durch hervorragend kraftvolle Flugeinlagen; andere wiederum fallen auf durch heftiges Hacken nach dem Weibchen, besonders kurz vor der Eiablage. In diesem Falle sollte der Züchter das betreffende Paar trennen und dem Täuber erst kurz vor dem Einsetzen zum Wettflug, dem Einkorben, ein kurzes Zusammensein mit der Täubin gewähren. Das heftige Hacken nach der Täubin wird als Ausdruck gesteigerter Nervosität gedeutet. Es liegt nahe, daß die leichte Reizbarkeit und der schnell eintretende Erregungszustand dem Orientierungsvermögen entgegenwirkt und eine erfolgreiche Rückkehr vom Wettflug in Frage gestellt werden muß.

Brüten

Während des Brütens, dem festen Sitzen auf den Eiern, kommen die meisten Tauben in eine gute Flugverfassung. Dabei wirken sich die einzelnen Phasen des Brutablaufes unterschiedlich günstig aus. Allgemein wird die Meinung vertreten, daß Täubinnen kurz vor dem Legen nicht an Preisflügen teilnehmen sollten oder das erste Ei gerade gelegt haben. Ebenso einhellig äußern die Züchter ihre Überzeugung, Tauben flögen am besten vom Nest, wenn sie Junge haben. Das trifft auf beide Geschlechter zu. Da die Brutdauer bis zum Schlupf der Jungen 17 ... 18 Tage beträgt und nicht anzunehmen ist, daß die Elterntiere während dieser Zeit mit gleicher Intensität auf den Eiern sitzen, d. h. brüten, weichen die Beurteilungen, welche Brutphase sich am günstigsten auf die Heimkehrleistung auswirkt, weit voneinander ab. Es ist leicht zu verstehen, daß die Züchter bemüht sind, den „Neststand", den sie für besonders erfolgversprechend ansehen, zu erhalten oder ihn zu verlängern suchen. In manchen Fällen bedienen sie sich sogenannter Kunstgriffe oder „Tricks", mit denen sie ihre Tiere täuschen, d. h. genau genommen, betrügen. So werden den Tauben über das übliche Maß hinaus zusätzlich Eier untergelegt, beispielsweise zwei Tage vor dem vorgesehenen Flugeinsatz ein vorgewärmtes drittes Ei. Folgt der nächste Wettflug eine Woche später, wird ein viertes Ei zu den bisherigen drei Eiern hinzugefügt und das wiederum zwei Tage vor dem Einkorben. Eine andere Methode ist das Verlängern der Bebrütungsphase. Hier werden die bebrüteten Eier fortgenommen (eventuell anderen brütenden Tauben untergelegt) und durch Attrappen ersetzt; dadurch läßt sich die Brutdauer hinauszögern und die entsprechende „Nestverfassung", vor allem bei den Täubinnen, um mehrere Tage verlängern.

Schlupfvorgang

Eine besonders enge Bindung an das Nest und damit die Bereitschaft zur schnellen Heimkehr erwarten viele Züchter von dem Zeitpunkt an, wo der Schlupfvorgang einsetzt und das Junge seine Schale aufbricht. Da sich der Beginn des Schlüpfens nicht so genau mit dem Einsatztermin in Einklang bringen läßt, bedient man sich verschiedener Überlistungsmethoden. Beispielsweise ist bekannt, daß man Tauben kurz vor dem Einsatz ihre Eier mit denen anderer Paare austauscht, deren Junge eben beginnen, die Schale aufzubrechen. In einem anderen Verfahren versucht man, den Schlupfbeginn vorzutäuschen, indem man Taubeneier ausbläst und sie soweit mit Sand füllt, bis sie die übliche Masse erreicht haben. Dann wird eine große Fliege oder ein Käfer in den verbliebenen Hohlraum gesetzt und das Ei mit einem Papierstreifen oder dgl. verschlossen. Der brütenden Taube wird durch die Krabbelgeräusche und Summtöne dieser Fliege der Schlupfbeginn vorgetäuscht, um das Festsitzen auf dem Nest schnell und sicher zu erreichen. Obwohl sich Züchter in der Fachpresse zu dieser Methode bekannten und von Erfolgen zu berichten wußten, erscheint es theoretisch sehr unwahrscheinlich, daß sich Tauben derart täuschen lassen und Krabbeln sowie Summen mit den härteren Pickschlägen und hörbaren Drehbewegungen des Taubenjungen verwechseln. Doch Tatsache ist, daß sich Täuber wie Täubinnen während der Zeit des Brütens in einer, für den Einsatz zum Wettflug günstigen Verfassung befinden. Das aber ändert sich, sobald die Jungen geschlüpft sind.

Nach dem Schlupf

Nach dem Schlupf der Jungen ist das Elternpaar Belastungen ausgesetzt, die seine Kondition herabsetzen und seinen Flugeinsatz in Frage stellen. In diesem Sinne wirkt sich die Fütterung der Jungen nachteilig aus, die über die Bildung der Kropfmilch beider Eltern erfolgt. Diese „Kropfmilch" entsteht aus der fettigen Entartung bei gesteigertem Wachstum der Schleimhaut der inneren Kropfwandung. Die Kropfmilchabsonderung beginnt kurz vor dem Schlupf und hält etwa bis zum 16., allenfalls 20. Lebenstag der Jungen an. Der praktisch ständig gefüllte Kropf treibt die Eltern zur Entleerung, d. h., sie bemühen sic h, die Jungen zu füttern und finden darin die Befriedigung ihres „Fütterungstriebes", die beruhigende Endhandlung (consummatory action). Wird diese verhindert – wie beim Wettflug – dürfte der gefüllte Kropf belastend wirken (bewegungshemmend), zumal die Taube selbst die Kropfmilch nicht in ihrem Stoffwechsel völlig verarbeiten kann. Da die Kropfmilchbildung in den ersten sechs Tagen ihren Höhepunkt erreicht, ist erst nach diesem Zeitpunkt ein Flugeinsatz zu befürworten. Mit dem Rückgang der Kropfmilchbildung, zwischen dem 7. und 16. Lebenstag, nimmt die zu erwartende Leistungsfähigkeit bei beiden Geschlechtern wieder zu. Um die Elterntiere zu entlasten, ist es ratsam, von der 2. Brut und den folgenden nur ein Junges im Nest zu belassen.

Übergang zur nächsten Brut

Beim Übergang zur nächsten Brut werden in den ersten Lebenswochen die Jungen von den Eltern ständig gehudert und umwärmt, danach geschieht dieses immer weniger. Bald suchen die „Ehepartner" das Nest nur noch zum Füttern der Jungen auf (Die Jungen sind am 12. Lebenstag zu etwa 75 %, am 15. zum größten Teil befiedert). In dieser Zeit wählt der Täuber einen neuen Nistplatz aus und bereitet damit eine neue Brut vor. Bis etwa zum 35. Lebenstag werden die Jungen von ihren Eltern gefüttert, überwiegend vom Täuber. Danach werden die Jungen ihren Eltern immer lästiger, die Alttauben weisen sie mehr und mehr ab und verdrängen sie allmählich. Die Jungtauben verlassen schließlich das Nest und werden vom Züchter in den Jungtierschlag umgesetzt.
Sind bei einem Taubenpaar keine Jungen geschlüpft, so daß dieses eine neue Brut vorbereitet und erneut mit dem Treiben beginnen will, sollte der Züchter diesem Paar ein fremdes Junges ins Nest legen. Da die Elterntiere auf diese Aufzuchtphase stoffwechselmäßig eingestellt sind, werden sie das „Adoptivkind" ohne Schwierigkeiten annehmen und großziehen, selbst wenn inzwischen die Täubin ein neues Nest bezieht. Natürlicherweise wird dann die Versorgung und Fütterung der Jungen überwiegend vom Vogel übernommen, der dabei in eine erfolgversprechende Flugverfassung kommt. Mitunter beginnen die Täuber bereits mit dem Treiben, wenn ihr Junges noch sehr klein ist. Hier genügt die vorübergehende, kurzfristige Entfernung des Weibchens, um den Täuber wieder zu einer intensiveren Betreuung und Beschäftigung mit der Nachkommenschaft zu veranlassen.

Abweichungen von der natürlichen Reisemethode

Ablösemethode

Unter den Bedingungen der natürlichen Haltung brütet die Täubin meist von 15 ... 9 Uhr (18 Std.), der Täuber von 9 ... 15 Uhr (6 Std.). Häufig bringt der ablösende Partner die größere Aktivität auf und drängt den anderen durch leichtes, vorsichtiges Wegschieben zur Seite und erreicht so, daß dieser, ebenfalls schwach widerstrebend, das Feld räumt, d. h. das Nest verläßt. Der Ablösemethode liegt das Bemühen zugrunde, brütende Paare für die Dauer der Wettflugsaison an das Nest zu binden. Um dieses Ziel zu erreichen, versetzt der Züchter das einzelne brütende Paar in Verwirrung und Unruhe, indem er willkürlich den Ablöserhythmus ändert und damit zugleich stört, überwiegend durch Verzögerung des Platzwechsels. Der jeweils gerade brütende, festsitzende Partner wird am Einsatztag unmittelbar vom Nest in den Transportkorb gesetzt und verfrachtet. Die Ungewißheit über die Situation am Nest, ob das Nest verlassen zurückgeblieben oder der Ehepartner doch noch zur Ablösung erschienen ist, soll die betreffende Reisetaube in eine nervöse Unruhe versetzen, eine Erregung, die den natürlichen Drang zur Heimkehr verstärkt. Für die Anwendung der „Ablösemethode" werden an die Schlagräumlichkeiten und -einrichtungen sehr spezielle Forderungen gestellt. So muß ein Abteil als Nist- und Brutraum vorhanden sein und ein anderes für die Aufnahme des abgesperrten Partners. Dabei ist Sorge zu tragen, daß keine Sichtverbindung zwischen beiden Räumen besteht. Es wäre ein weiterer Vorteil, wenn sich beide Tiere auch nicht hören könnten, doch dürfte diese Isolation schwer zu erreichen sein. In dem Raum für den isolierten, auf seinen Einsatz wartenden Partner, gehören Sitzgelegenheiten, Tränke, Futterkrippe und ein Gritkasten, während sich die Einrichtung im Brutraum auf die Nistzellen beschränken sollte. Um zu verhindern, daß die Elterntiere von ihren Jungen durch Betteln um Futter gestört werden, sollten die (größeren) Jungen von ihnen durch ein Gitter getrennt werden, das die weitere Versorgung mit Futter gestattet. Dieses Gitter ist zugleich so beschaffen, daß der Züchter nach- oder zufüttern kann, damit die Alten wesentlich entlastet werden.

Die Ablösemethode verläuft in zwei Phasen. In der ersten Phase, die vom Brutbeginn bis zum Alter der Jungen von 10 Tagen dauert, werden die Vögel abends in den abgesonderten Aufenthaltsraum umgesetzt und verbleiben dort bis zum folgenden Mittag. Die Täuber erhalten dann wieder Einlaß in den Brutraum und lösen ihre Weibchen ab. Dann werden die Täubinnen ausgesperrt und erst am Abend zur Ablösung in den Nestraum gelassen. Die jeweils in den Aufenthaltsraum umgesetzten Tiere erhalten Freiflug. Dieser Vorgang wird nun täglich wiederholt, um die Bindung ans Nest mehr und mehr zu steigern.

Am Tag des Einsatzes werden die Täubinnen nicht abgelöst. Sie erhalten ihr Futter am Nest und kommen von hier direkt in den Transportkorb, ohne daß sie ihren Partner zu sehen bekommen. Die Vögel werden nach dem Einkorben der Weibchen in den Brutraum gelassen. Sie fliegen sofort ihre Nistzelle an und brüten weiter. Nach einer gewissen Zeit kann der Züchter auch sie vom Nest nehmen und zum Wettflug einkorben (Die Nistschale mit den Eiern stellt man während der Abwesenheit der Tauben in einen Brutschrank).

Eine weitere Ergänzung dieser Form der Ablösung besteht in einer Sonderbehandlung der Weibchen. Für diese Methode sind natürlich nur die Täubinnen auszuwählen, die sich durch gute Flugleistungen auszeichnen.

Haben ihre Jungen ein Alter von sechs bis sieben Tagen erreicht, läßt der Züchter sie gleich nach dem Wettflug zum Nest, nimmt die Täubin nach einiger Zeit aber wieder fort, um sie in eine Voliere umzusetzen, die ausschließlich den Täubinnen zum Aufenthalt dient. Dort bleiben die durch den Flug mitgenommenen Mütter eine volle Woche bis zum nächsten Flugeinsatz. Die Täuber betreuen währenddessen die Jungen allein. Da Täubinnen von der Temperatur stärker abhängig sein sollen als Täuber, wäre es günstig, diese Methode erst dann anzuwenden, wenn es wärmer geworden ist (beispielsweise ab Ende Mai). Die Weibchen vertragen dann die ihnen zugemuteten Belastungen besser.

Sind die Nestjungen 10 Tage alt geworden, und setzt das Treiben der Eltern erneut ein, ändert sich die Behandlung, und es beginnt die zweite Phase der Ablösemethode. In diesem Zeitabschnitt versucht der Züchter zu verhindern, daß sich die Brutpartner bei der Ablösung sehen. Beide sollen annehmen, die Betreuung der Nestjungen allein durchzuführen. Dieses Bewußtsein, eine an „Pflichtgefühl" grenzende Stimmung, soll sie beim Wettflug zur schnelleren Heimkehr veranlassen. Inwieweit diese Vermutung den wirklichen Verhältnissen nahekommt, wird sich vielleicht später einmal klären lassen.

Als ungünstigster Neststand für die Anwendung der „Ablösemethode" gilt die Zeit kurz vor und nach dem Legen, genau genommen wird darunter der Zeitraum von zwei Tagen vor dem Eiausstoß und bis zu sechs Tagen nach dem Legen verstanden.

Die Elterntiere werden bis zum ersten gelegten Ei zusammen gehalten. Treibt der Vogel zu heftig, wird er nur kurze Zeit am Abend zum Weibchen gelassen. Dabei kommt es gewöhnlich recht schnell zur Paarung. Hat die Täubin das erste Ei gelegt, beginnt die Ablösung mit dem Absperren des einen Tieres auf eine, wie oben beschrieben, begrenzte Zeit.

Einige Taubenzüchter sind der Überzeugung, den Abstand zwischen dem Legen des ersten und des zweiten Eies dadurch verlängern zu können, daß sie den brütenden Täubinnen wenige Tage alte Nestjunge unterschieben.

Die Vorzüge dieses Verfahrens bestehen also darin, daß beide Zuchtpartner zu Wettflügen umgesetzt werden können. Hinzu kommt, daß durch den nicht gehinderten Ablauf der Brut beiden Eltern durch Bindung an das Nest ausgleichende Bewegung verschafft wird und sie die Möglichkeit erhalten, selbst ihr Futter suchen zu können. Einziger Nachteil dieser Methode, verglichen mit der Wintermethode, ist die zeitweilige Mehrbelastung des Züchters.

Eifersuchtsmethoden

Diese Verfahren beruhen auf der Vorstellung, ein gepaarter Täuber würde in nachhaltige Erregung versetzt und beim Flugeinsatz zur schnellen Heimkehr angetrieben, wenn er sein Weibchen mit einem anderen Vogel verpaart oder im Nest mit diesem zusammen gesehen hat. Der Brieftaubenzüchter mutet mithin dem Täuber Gefühle zu, die den menschlichen Eifersuchtsempfindungen ähneln, und er schürt sie, um den Drang zum Nest und zur Täubin bis zum äußersten zu steigern. Das Verfahren selbst besteht darin, daß der Züchter im Schlag eine Nistzelle für drei Tauben anlegt. Ein Weibchen, das selbst nicht an Wettflügen teilnehmen soll, wird nacheinander mit zwei Vögeln gepaart, von denen der eine für Wettflüge vorgesehen ist und in die erfolgversprechende Flugstimmung gebracht werden soll. Der andere soll als „Nebenbuhler" die Eifersucht hervorrufen. Von ihm wird Kampflust, sicheres Auftreten und eine möglichst auffällige, z. B. helle Gefiederfärbung verlangt. Der Ablauf beginnt damit, daß der Reisevogel mit einer Täubin verpaart wird. Haben sich beide aneinander und an das Nest gewöhnt, setzt der Betreuer den Vogel in einen anderen Schlag um, von dem aus dieser Flüge unternehmen kann. Inzwischen wird der „Nebenbuhler" zur Täubin gesetzt. Beide Tiere paaren sich bald und beginnen zu nisten. Zu diesem Zeitpunkt wird der Reisevogel dazugesetzt. Schnell entbrennt zwischen dem Reisevogel und seinem Konkurrenten ein hartnäckiger Kampf, der durch Eingriffe des Züchters „ohne Entscheidung" enden muß. Keiner der Gegner darf unterliegen oder sich besiegt fühlen. Die Begegnungen der beiden Widersacher werden beliebig wiederholt. Der Reisetäuber soll möglichst bei jeder Rückkehr vom Trainingsflug seinen Nebenbuhler in der Nistzelle antreffen.

Auch vor dem Einsetzen zum Transport sollten sich beide Täuber sehen, damit der Reisevogel den anderen in Erinnerung behält und zu Höchstleistungen beim Heimflug angespornt wird.

Sobald die Taube gelegt hat, bleibt sie mit dem „Reisevogel" als Zuchtpaar zusammen.

Als eine spezielle Abwandlung dieser „Eifersuchtsmethode" bedienen sich manche Züchter eines besonders wirksamen Antriebes für die Heimkehrleistung.

Der Reisevogel wird in einen Kasten gesetzt, der in Augenhöhe einen Sehschlitz aufweisen muß. Dieser Behälter wird in der Nähe der Zelle des Reisevogels abgesetzt, so daß er seine Täubin mit dem Nebenbuhler vereint, sehen kann. „Jeder Brieftaubenzüchter kann sich vorstellen, welche ‚Wut' sich jetzt beim Reisevogel anhäuft" (Rösler 1982). Der Reisevogel wird daraufhin eingekorbt, ohne seine Zelle noch einmal betreten zu haben.

Die „Eifersuchtsmethode" wird auch bei Täubinnen angewandt. Ein kräftiger, feuriger Vogel wird aus dem Bestand ausgewählt, der mit zwei Täubinnen verpaart wird, zuerst mit der für Wettflüge bestimmten, danach mit einer zweiten, die für die Rolle der „Nebenbuhlerin" vorgesehen ist. Etwa fünf Wochen vor dem vorgesehenen Wettflug wird der Vogel für fünf bis sechs Tage allein gehalten. Dann wird die „Nebenbuhlerin" hinzugesetzt, am besten in den Abendstunden. Beide paaren sich, meist schon am darauffolgenden Tag. Danach tauscht der Züchter die Täubinnen miteinander aus. Der Vogel nimmt seine vertraute, bisherige Partnerin ohne Umschweife wieder an. In den darauffolgenden Tagen werden die beiden Weibchen dem Vogel so nacheinander zugeführt, daß sich die zweite, als Nebenbuhlerin vorgesehene Taube, immer etwas länger bei dem Täuber aufhält. Etwa zur gleichen Zeit werden beide Tauben zu legen beginnen. Die eine wird mit ihrem Ei aus dem Schlag entfernt, damit die andere,

z. B. die „Zweitfrau", wenn sie eingesetzt wird, das Nest leer, d. h. unbesetzt, vorfindet. Wenn beide Tiere zwei Eier gelegt haben, läßt der Züchter sie brüten, aber stets nacheinander, indem er die eine Taube entfernt und in eine andere Zelle umsetzt. Das Spiel kann sich bis zum Tag des Einsatzes wiederholen. Am letzten Tag vor dem Einkorben darf die „Reisetäubin" kleine Trainingsflüge unternehmen. Kehrt sie zum Schlag zurück, findet sie in ihrer Zelle die Nebenbuhlerin vor.
In dem jetzt beginnenden Kampf ist darauf zu achten, daß die für den Wettflug bestimmte Täubin nicht unterliegt bzw. der Kampf vor einer Entscheidung unterbrochen wird. Auf diese Weise lassen sich beide Täubinnen zum Preisflug einsetzen.

Allgemeine Grundsätze bei Anwendung der natürlichen Reisemethode

In Züchterkreisen haben sich Haltungs- und Behandlungsweisen für Brieftauben grundsätzlich durchgesetzt, die weitgehend unabhängig von der Reisemethode sind und auf die in den folgenden Ausführungen näher eingegangen werden soll. Die Trennung der Geschlechter erfolgt etwa im Dezember und hält bis zur 2. Woche vor der Paarung an.
Als Paarungstermin hat sich die Zeit zwischen dem 10. und 15. März als günstig erwiesen. Viele Züchter halten zwei bis drei überzählige Täuber gleichsam in Reserve, um sie als Zuchtpartner einsetzen zu können, wenn Verluste auf Preisflügen eingetreten sind und „Witwen" zurückbleiben. Durch die dabei notwendige Umpaarung – die auch aus anderen Gründen erfolgen kann – erwachsen für die Täubinnen Belastungen, die ihrer Form abträglich sind. Wird z. B. eine Taube einem neuen Vogel angepaart, und befindet sich dessen Zelle in dem bisher vertrauten Reiseschlag, fliegt die Täubin häufig ihre frühere, wohlbekannte Zelle an, die inzwischen von einem anderen Paar bezogen wurde. Die daraus entstehenden Streitigkeiten und Verunsicherungen setzen der betroffenen Taube derart zu, daß sie völlig außer Form geraten kann.
Die Jungen verbleiben bei der ersten Brut im Nest. Wenn sie größer geworden sind, wird oft eines von ihnen fortgenommen und Adoptiveltern anvertraut. Von der 2. Brut bleibt von Anfang an nur ein Nestjunges bei den Eltern.
Bei der Fütterung erhalten Tauben während der winterlichen Flugruhe ein handelsübliches Futter, meist durch Zusatz von Gerste gestreckt, um den Nährstoffgehalt zu senken. Etwa zwei Wochen vor der Paarung wird ein eiweißreiches Futter (Reisefutter) verabreicht, das in der Woche vor dem Einsatz nach und nach im Proteingehalt gesteigert wird. Am Flugtag bzw. am Tag zuvor ist die Fütterung mit Hülsenfrüchten möglichst zu meiden, weil die Tauben dann vermehrt Wasser aufsuchen. Getreidekörner und Ölfrüchte sind das Grundfutter für die Mischung.
Beim Training erhalten die Tauben, die nach der natürlichen Methode fliegen, entweder ständigen Freiflug bei geöffnetem Schlag, oder sie fliegen morgens von 5.30 ... 9.00 Uhr und abends von 18.00 ... 20.00 Uhr. Selbst am Einsatztag dürfen sie eine halbe Stunde fliegen. Einige Züchter verdunkeln den Schlag (auch am Einsatztag) außerhalb dieser Zeit, damit die Tauben Ruhe finden. Auch zwei bis drei Stunden Ruhe vor dem Einkorben wirken sich günstig auf die Verfassung der Reisetauben aus.
Beim 1. Einsatz zum Wettflug werden alle Tauben vom Nest eingesetzt. Bis zum 5. Wettflug wird diese Methode vielfach beibehalten. Änderungen erfolgen in vielen Fällen während der 2. Brut, sobald die Jungen ein Alter von 10 Tagen erreicht haben und die nächstfolgende Brut ihren Anfang nimmt. Beispielsweise wechselt man zur Ablösemthode über, oder man verwendet Eiattrappen, um das Brutpaar zum Überbrüten zu zwingen. Es gibt aber noch eine Reihe anderer „Tricks", die die Züchter zu diesem Zeitpunkt anwenden.
Wenn die auf diese Weise überlisteten Tau-

ben ihre Holzeier verlassen, gehen manche Züchter auf die „Witwermethode" über.

Witwerschaftsmethode

Die diesem Verfahren zugrunde liegende Vorstellung besteht in der weitgehenden Schonung der zum Wettflug vorgesehenen Tauben, insbesondere der Vögel. Von ihnen sollen alle kräftezehrenden Betätigungen ferngehalten werden, damit sie ihre ganze Energie für den Wettflug aufsparen und hier voll einsetzen können. Als besonders belastend gelten dabei sexuelle Handlungen, vor allem der Tretakt, aber auch das ganze Werbungs- und Paarungsritual, das vor der Paarung selbst abläuft und mit dieser noch nicht abgeschlossen ist. Auch das Brüten und die Versorgung der Nachzucht gehören zur Fortpflanzungsperiode. Die Züchter allerdings sehen in diesen Triebhandlungen „Störungen", die den zu erwartenden sportlichen Leistungen ihrer Tauben beim Wettflug entgegenwirken. Besonders bedenklich wirkt sich dabei das Übergreifen dieser Vorgänge auf die nervliche Verfassung der Tauben aus, auf ihr Reaktionssystem und damit auf ihre Stimmung, Aufmerksamkeit und ihren Erregungszustand. Die Schwierigkeit für den Züchter besteht darin, einen geeigneten Ausgleich zwischen der sexuellen Aktivierung einerseits – das reicht bis in die Fütterungsphase und die feste Bindung an den Nistplatz und Schlag – und den Antrieb zur Heimkehr andererseits zu finden. Als Lösung dieses Problems hat sich folgendes Verfahren bewährt, das die sexuellen Prozesse anregt und die Tiere beständig reizt, aber zugleich auch in Schranken hält, indem die Erfüllung der Triebe, d. h., der Ablauf der Triebhandlungen bis zur Endphase – wie dem Tretakt – verhindert wird. In dieser labilen Schwebelage zwischen gewecktem Begehren und verweigerter Erfüllung entsteht eine Spannung, die der Flugverfassung, also der Kondition, zugute kommt und Höchstleistungen ermöglicht. Einer völligen „Enthaltsamkeit" der für diese Methode bestimmten

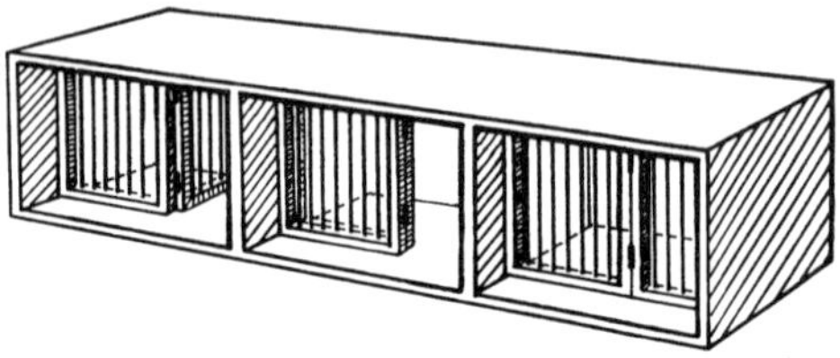

Abb. 72 Zelle für die Witwerschaftsmethode.

Idealmaße: Länge 0,8 m, Breite 0,4 m, Höhe 0,4 m. Bei geschlossener Zelle dient der Platz vom Zellengitter bis zur Vorderkante (etwa 20 cm) als Sitzplatz.

A Weibchenabteil, abgesperrt
B geöffnete Zelle
C geschlossene Zelle

Tauben steht die praktische Forderung entgegen, von diesen mit großer Erwartung ausgewählten Tieren eine Nachzucht zu erhalten. Um auch dieses Ziel zu erreichen, sind zwei Auswege beschritten worden:

1. Die künftigen Witwer werden vor dem ersten Flugeinsatz gepaart und erst als echte „Witwer" gehalten, wenn die zweite Brut begonnen hat.
2. Die Witwer werden nach Abschluß der Flugsaison im Herbst normal verpaart, damit ihnen die Aufzucht der anfallenden „Spätjungen" ermöglicht wird.

Bei diesem Verfahren handelt es sich also teils um eine Verbindung von „natürlicher Reisemethode" mit der „Witwermethode", teils um eine reine oder „absolute", besser „strenge" Witwerhaltung.

Voraussetzungen für die Witwerschaftsmethode ist einmal der Witwerschlag. Er sollte allenfalls aus zwanzig Zellen bestehen. Jedem Witwer muß natürlich eine eigene Zelle zur Verfügung stehen. Das Anbringen anderer Ruheplätze im Schlag ist nicht erforderlich. Als geeignet sind solche Täuber anzusehen, die ein ruhiges Naturell besitzen, nicht schreckhaft sind und zum Betreuer bald ein zutrauliches Verhältnis finden, ohne dabei handzahm sein zu müssen. Es hat sich bewährt, vorzugsweise zweijährige Vögel zu verwenden, deren Balzgebaren dem Züchter bekannt ist. Täuber, die mit großer Ausdauer oder hartnäckig treiben, ohne dabei rücksichtslos zu wirken, sind bevorzugt auszuwählen. Als Kennzeichen für die Eignung der Weibchen sind außer einem ruhigen Wesen eine nicht aufdringliche Bereitschaft zur Paarung zu nennen. Diese äußert sich in der Art der Begrüßung des Vogels, einem Sichdrehen und Umkreisen des Partners bei gefächertem Schwanz, sowie im Aufsuchen des im Nest gurrenden Täubers unter zärtlicher Berührung seiner (erogenen) Wangenpartie und des Schnabelwinkels. Täubinnen, die sich ohne Vorspiel treten lassen, werden von den meisten Züchtern für die Witwerschaftsmethode abgelehnt.

Bei der Kombination von natürlicher Reisemethode und Witwerschaft, wie die im 1. Fall bezeichnete Verfahrensweise, erfolgt die Verpaarung etwa im März, und beide Partner können unter natürlichen Lebensbedingungen die Jungen der 1. Brut aufziehen. Viele Züchter überlassen dem Elternpaar nur ein Junges und geben das andere den „Adoptiveltern“ ins Nest. Sobald die 2. Brut begonnen hat oder die Jungen das 10-Tage-Alter erreicht haben, werden die Geschlechter getrennt, und es erfolgt der sogenannte „Umtrieb“: Die Täubinnen bleiben nachts bei der Nachzucht auf dem Nest, während die Vögel tagsüber die Betreuung übernehmen. Dieser Umtrieb, das Austauschen der Elterntiere am Nest, muß regelmäßig und stets zur gleichen Zeit vorgenommen werden. Die jeweils abgelösten Tauben werden in einem Aufenthaltsraum oder in einer Voliere untergebracht. Dort finden sie nur Sitzgelegenheiten, aber keine Nistzellen vor. Wann die Zuchtruhe beginnt – und damit der Übergang zur strengen oder absoluten Witwerschaft einsetzt –, wird unterschiedlich gehandhabt. Einige Züchter beginnen damit, sobald die Jungen vom 2. Gelege zehn Tage alt sind, andere nach dem 3. Wettflug oder sobald die Eier der 1. Brut gelegt sind. Entscheidend ist, daß die Reisetauben frei sind von allen Belastungen durch Brut und Aufzucht. Sie sollen ihren Zuchtpartner nach jedem Flug, auch nach Trainingsflügen, in der Nistzelle vorfinden, ihn aber nur sehen, allenfalls berühren, aber nicht in nähere Beziehung (z. B. Paarung) treten können, weil dieser durch ein Gitter abgesperrt ist. Wiederum ist es Ansichtssache, wie lange dieses Wiedersehen dauern soll. Es werden Zeiträume zwischen einer Stunde und einem halben Tag angegeben.

Ob die zum Wettflug vorgesehenen Tauben ihren Partner (oder ihre Partnerin) vor dem Einkorben noch einmal zu Gesicht bekommen oder nicht, wird wiederum verschieden gehandhabt. Viele Züchter verzichten auf diese Begegnung, wenn es sich um flugerfahrene Tiere handelt. Ansonsten sollte den jungen und unerfahrenen Tauben die Gelegenheit, sich noch einmal zu sehen, im Sinne einer Gedächtnisstütze gegeben werden. Ebenso verhält es sich bei Tieren, die – aus welchen Gründen auch immer – am vorgesehenen Wettflug nicht teilgenommen haben.

Ihnen sollte vor dem Einsatz zum nächsten Wettflug grundsätzlich der „Ehepartner“ gezeigt werden.

Der zweite Fall, wo die Verpaarung nach der Flugsaison erst im Herbst erfolgt, findet immer mehr Anhänger. Nach der Aufzucht der Jungen werden die Geschlechter getrennt, das geschieht zumeist im Oktober. Im Witwerschlag werden die Nistzellen geschlossen bzw. in Sitzplätze umgewandelt. Die Vögel verbringen den Winter gut, wenn sie hier freie Bewegung haben. Früher sperrte man sie in die Zelle ein, um sie an ihren Nistplatz zu binden. Bei dieser Art der Haltung kann jedoch die Freßlust erheblich beeinträchtigt werden. Außerdem wird die Betreuung der Tauben zeitaufwendiger. Freiflug ist zu gewähren. Bei zeitlicher Begrenzung lernen es die Tauben, während dieser Zeit ohne Zwischenpausen in der Luft zu bleiben. allgemein erhalten die Tiere morgens und abends etwa eine Stunde Freiflug. Eine schnelle Rückkehr in die

Schlaganlage wird durch zurückhaltende Fütterung vor dem Freilassen begünstigt. Im März werden die Nistzellen wieder geöffnet, so daß jeder Vogel sein Nest beziehen kann. Kurz danach kann mit dem Verpaaren begonnen werden, falls es vorgesehen ist. Die Witwer bleiben in ihren Zellen eingesperrt. Das Training der Witwer setzt im April ein und beginnt mit Flügen aus kurzer Entfernung. Nach der Rückkehr sind die Tiere mit Sämereien (Leckerbissen) zu belohnen. Die Weibchen sollten ihnen in dieser Vorbereitungsperiode nicht gezeigt werden; das ist erst bei den Wettflügen zu empfehlen. Allerdings ist streng darauf zu achten, daß der Reisevogel immer sein Weibchen vorfindet, auch wenn er verspätet eintrifft; es hält sich in der abgetrennten Zellhälfte auf. Dieser Sichtkontakt kann auf wenige Minuten beschränkt bleiben oder bis auf eine Stunde oder gar einen halben Tag ausgedehnt werden. Der Züchter muß auf jeden Fall dafür sorgen, daß der Heimkehrer bald Ruhe findet und sich erholen kann. Dazu tragen auch die richtige Fütterung (leichtes Entschlackungsfutter"), Traubenzuckergaben und eine Badegelegenheit bei.

Als extreme Form der Witwerschaftsmethode hat sich die doppelte Witwerschaft herausgebildet. Zu ihrer Anwendung ist eine dreigeteilte Zelle erforderlich, wobei zwischen den abgetrennten Schlagabteilen keine Sichtverbindung bestehen darf. Vor allem soll der mittlere Teil keine Möglichkeit bieten, das Treiben im Schlag zu beobachten. Ein Weibchen wird in diesem Mittelstück der Zelle untergebracht, in den Räumen links und rechts von ihm werden Vögel gehalten. Im April wird das Weibchen nacheinander an beide Vögel angepaart. Dieses geschieht durch Austausch der jeweiligen Trennwand gegen einen Gitterrahmen. Die wieder in ihr Abteil zurückversetzten Witwer können nunmehr in der üblichen Weise zu Preisflügen eingesetzt werden. Über ihre Beteiligung am Brutgeschäft gibt es keine verbindlichen Regeln. So haben Züchter diese doppelte Witwerschaftsmethode derart abgewandelt, daß sie den Reisevogel vor Beginn der Preisflüge zwar mit einem Weibchen für einige Stunden in die Nistzelle lassen, aber ihn am Tretakt hindern. Der Vogel wird dann wieder entfernt.

Während seiner Abwesenheit wird das Weibchen mit einem anderen Vogel verpaart, der spätestens ebenfalls herausgenommen wird, sobald das Weibchen das zweite Ei gelegt hat. Jetzt bekommt der zuerst verwendete Witwer wieder Zugang zur Nistzelle, damit er sich an der Brut beteiligt. Haben beide Partner zehn Tage lang bebrütet, quartiert der Züchter den Vogel in den Witwerschlag um und gewährt ihm nur vor dem Einsetzen bzw. nach der Rückkehr vom Preisflug ein Zusammensein mit seinem Weibchen, wobei eine Paarung nicht gestattet wird.

Einzelne Züchter wenden eine andere Abwandlung der Methode an, wobei der Vogel mit einer Tochter verpaart wird. Obwohl das Verfahren dem natürlichen Verhalten nicht entspricht, läßt der Züchter das Elternpaar zunächst das Gelege ausbrüten.

Etwa am zehnten Lebenstag der Jungen wird die Täubin mit einem Jungen entfernt, so daß der Vater mit dem sicher als Weibchen erkannten anderem Jungen zurückbleibt, das er allein aufzieht. Hat dieses Jungtier die Geschlechtsreife erreicht, verbleibt es in der Nistzelle.

Je nach der Frühreife beginnt diese junge Taube, sich mit dem väterlichen Vogel zu paaren, darüber können sechs bis sieben Wochen vergehen. Die Vorzüge dieses Kunstgriffs sind umstritten. Handelt es sich jetzt dabei um echte, nahe Verwandtschaft, also Inzestzucht, könnte sich der Züchter von der Anhäufung oder dem Zusammentreffen familieneigentümlicher Merkmale bei der Nachzucht gewisse Leistungssteigerungen versprechen.

Wenn der Vogel aber nur ein „Scheinvater“ ist, der wahre dagegen jener Nebenbuhler, der bei der „doppelten Witwerschaft“ die Befruchtung vollzogen hat, dann verspricht das ganze Verfahren kaum Verbesserungen oder Vorteile im Vergleich mit der Verpaarung an irgendeine andere Täubin.

Mit dem Training wird im April begonnen. Dazu werden alle zum Wettflug vorgesehenen Tauben herangezogen.

Hindernisse beim Einsatz zu Preisflügen

Gleichgeschlechtliche sexuelle Beziehungen

Sowohl unter den Täubinnen als auch unter den Täubern kommt es verhältnismäßig häufig zur Paarbildung, also unter Angehörigen des gleichen Geschlechts, vorwiegend aber bei den Weibchen. Zu dieser sexuellen Entartung trägt ohne Zweifel die äußere Ähnlichkeit beider Geschlechter bei. Insbesondere den Vögeln fehlen die bei den anderen Geflügelarten so auffälligen „sekundären Geschlechtsmerkmale“.

Unter den Täubinnen im Witwerschlag oder in der Voliere, wo sie ausschließlich Sitzplätze, doch keine offenen Nistzellen vorfinden, treten verhältnismäßig oft derartige „lesbische Verbindungen“ auf. Sie haben zwangsläufig eine Lockerung der Beziehung jener Weibchen zu ihrem männlichen Zuchtpartner zur Folge und verringern dementsprechend den Anreiz zur Heimkehr bei dem Reisevogel. Zur Verhinderung solcher unerwünschten „Scheinehen“ versucht der Züchter, Nischen und Winkel im Aufenthaltsraum zu vermeiden, die Wände möglichst glatt herzustellen und auf keinen Fall offene Nistzellen anzubieten. Da jene „lesbischen“ Weibchen nur auf dem Fußboden zusammentreffen und auch nur dort brüten können, empfehlen erfahrene Züchter, ein älteres Zuchtpaar in den Witwenschlag aufzunehmen und am Boden brüten zu lassen. Dieses Brutpaar beherrscht im Schlag mehr oder minder despotisch alle übrigen Täubinnen, verjagt jede, die sich dort balzend bewegt oder gar Anstalten zum Nisten macht und zwingt sie, zu ihrem Sitzplatz zurückzukehren.

Als Witwer gehaltene Vögel bewohnen im Witwerschlag eine Nistzelle, in der die Nistschale umgestülpt wurde und nunmehr als Sitzplatz in Anspruch genommen werden kann. Zuweilen locken die Witwer, in ihrer Zelle sitzend und gurrend, andere Täuber an. Sie zeigen keinerlei Abwehrreaktionen, wenn daraufhin einer der Mitbewohner die Zelle betritt, auch keine Angriffslust, so daß sich beide Tiere nach einiger Zeit paaren. Wenn sich dieser Vorgang wiederholt, wird es Zeit, verhindernd einzugreifen. Es wäre ratsam, den Eindringling zu entfernen, ihn im Zuchtschlag anzupaaren und damit in das normale Fortpflanzungsgeschehen einzuordnen. Andernfalls ist zu befürchten, daß beide Vögel im darauffolgenden Zuchtjahr durch ihre Neigung zueinander für Wettflüge nicht mehr in Betracht kommen. Der Besitzer der Nistzelle kann ohne Bedenken als Witwer weiterhin eingesetzt werden. Im Anfangsstadium hilft es mitunter, wenn der Nestinhaber in die Zelle seines Besuchers umgesetzt wird; dann ruft er dort als Eindringling Abwehr und Angriff hervor, es kann sich dabei zwischen beiden eine anhaltende Feindschaft entwickeln, die weitere sexuelle Bindungen ausschließt.

Anders zu beurteilen ist die Paarbildung unter Jungvögeln oder Einjährigen während der Trennung der Geschlechter vor der Anpaarungszeit. Derartige Bindungen lösen sich gewöhnlich reibungslos, sobald die Beteiligten selbst ein Weibchen erhalten. Nicht in jedem Falle hat die Paarung männlicher Tauben untereinander nachteilige Folgen für die Beteiligten. Regenstein (1948) schildert einen solchen Fall: „Vögel, die ihre Zelle in der Nähe des Fußbodens haben, treten meistens nicht in der Zelle, sondern am Boden davor. Es gibt ältere Weibchen, die gegen Störungen des Tretaktes durch andere dazwischenkommende Tauben sehr empfindlich sind. Wird ein solches Paar nach vorangegangenem Schnäbeln wiederholt zu Beginn des Tretaktes gestört, ziehen sich die Weibchen vorzeitig in die Zelle zurück. Der zugehörige, übererregte Vogel jedoch fährt fort, vor der Zelle die dem Schnäbeln vorausgehenden Instinktbewegungen (Betupfen der Flügel mit dem Schnabel, Öffnen des Schnabels usw.) auszuführen. In solchem Fall fangen ein oder mehrere andere Vögel an, sich diesem Vogel mit denselben Bewegungen zu nähern und ihn solange zu umkreisen, bis er sich setzt und dann von einem der anderen Vögel getreten wird. Der Vorgang ist ähnlich, wie wenn eine Täubin nach dem Tretakt den Vogel tritt, wie das bei manchen Paaren häufig vorkommt."

Auf die Streitsucht zänkischer Täuber ist bereits oben hingewiesen worden. Auch Täubinnen erweisen sich als ungeeignet für den Wettflugeinsatz, wenn sie den in der Nistschale sitzenden Vogel ungestüm hinausdrängen, um selbst darin Platz zu nehmen. Derartige aktive, unbekümmerte Weibchen neigen im übrigen dazu, sich während der Trennung von ihrem reisenden Partner mit anderen zu paaren, um dann bei dessen Rückkehr wenig Bereitschaft und Neigung zu zärtlichem Entgegenkommen aufzubringen. Zu Beginn der „strengen Witwerschaft", wenn die Weibchen entfernt sind und die Witwer die Eier verlassen haben, zeigen die Vögel oft mehrere Tage lang ein auffälliges Verhalten, eine Art Lustlosigkeit und scheinen „zu trauern". Ihre Futteraufnahme geht zuweilen zurück, und ihre Teilnahme an Vorgängen um sie herum ist gering. In diesem Zustand sind sie für den Einsatz zum Wettflug völlig ungeeignet. Auch für diese Situation weiß REGENSTEIN (1948) guten Rat: „Nach der Trennung wird der gewohnte Morgen- und Abendflug zum Zwangsflug. Wenn die Vögel hierbei in den ersten Tagen unlustig sind, läßt man vor ihnen eine paarige Täubin heraus, deren Vogel nicht mitfliegt. Nach einigen Tagen versuchen die Vögel so schnell wie möglich hinauszukommen und suchen die Umgebung nach der Täubin ab. Hierbei beginnen sie weit zu ziehen, und damit ist erst die richtige Form des Trainingsfluges erreicht. Denn das mehr oder weniger krampfhafte Umkreisen des Schlages aus Angst vor der Fahne strengt die Tiere nur an und kann im Trainingswert nie das mehr freiwillige weite Ziehen ersetzen."

Einfluß meteorologischer und geophysikalischer Faktoren

Über die Wirkung meteorologischer und geophysikalischer Faktoren auf die Heimkehrleistung von Brieftauben hat nach WALLRAFF (1959) der Wind als Störfaktor keine entscheidende Rolle. Schwache bis mäßige Windstärken verändern die Abflugrichtung und das Heimfindevermögen nur gering. Auch die Bewölkung kann die Wirksamkeit des „Sonnenkompasses" nur wenig beeinträchtigen, da Tauben imstande sind, den Sonnenstand auch dann noch auszumachen, wenn das menschliche Auge bereits versagt. Die Sichtweite wirkt sich auf die Heimfindeleistung nur in extremen Fällen aus, wenn dichter Nebel herrscht. Ob die atmosphärische Trübung tatsächlich als optische Sichtbehinderung oder indirekt über andere Faktoren wirksam wird, ist bisher nicht geklärt. Wie wenig die Orientierung mit der Sicht zu tun haben kann, geht aus den Versuchen mit den, durch trübe Haftschalen am Sehen gehinderten Tauben hervor. Eindeutig geht die Heimkehrleistung im Jahresverlauf mit der Temperatur einher. In den Wintermonaten (September bis März) finden Tauben wesentlich schlechter heim als im Sommerhalbjahr (April bis August). Im Winter besteht sogar eine klare Parallelität zwischen der Heimkehrleistung und kurzfristen Wetterveränderungen.

Nach WALLRAFF (1960) stehen Tage mit guten Heimkehrfolgen häufig unter dem Einfluß arktischer und polarer Kaltluft, während an den Tagen mit schlechter Leistung gemäßigte oder warme Luft vorherrscht.

Der Anteil arktischer oder polarer Luft beträgt bei guten Heimkehrleistungen 65 %, bei mittleren 58 % und bei schlechten 38 %.

Großen Einfluß haben dabei die Witterungsverhältnisse am Tag vor der Auflassung. Es besteht eine Beziehung zwischen der Heimkehrleistung und der Änderung der Druckverhältnisse in 500 m Höhe vom Vortag zum Flugtag, nicht aber zur Sichtweite. Dieser

„Höhendruckeffekt" ist unabhängig von der mehr oder weniger ausgeprägten optischen Sichtbehinderung. Bezogen auf die einzelnen Monate, ist die Heimkehrleistung im August am besten, am schlechtesten im Januar (Auf die Abflugrichtung übt die Jahreszeit keinen Einfluß aus). Es ist trotz alledem unwahrscheinlich, daß die Temperatur unmittelbar den Orientierungsmechanismus beeinflußt, weil im Sommer, zu dem bereits der kühle April zählt, keine derartige Beziehung nachzuweisen ist. Welcher Wirkungsfaktor dazwischengeschaltet sein kann, bleibt noch zu klären. Änderungen des Luftdrucks üben einen spürbaren Einfluß auf das Heimfinden der Brieftauben aus. Bei steigendem Höhendruck in der mittleren und oberen Troposphäre (2 ... 10 km) – verursacht durch horizontale Verschiebung großer Luftmassen – sind die Leistungen schlechter als bei fallendem. Zum Luftdruck in Bodennähe bestehen keine derartigen Beziehungen. Die Luftdruckschwankungen wirken sich nach WALLRAFF (1960) nicht auf das „Allgemeinbefinden" der Tauben, auf ihre „Fluglust oder auf das Heimfindevermögen" aus, sondern „greifen direkt ins Orientierungssystem ein".

In Laborversuchen hat KREITHEN (1978) die Wahrnehmung von Druckunterschieden bei Tauben geprüft und ermittelte 10 mm Quecksilbersäule oder 1 Millibar als kleinsten, an der Änderung der Herzschlagfrequenz noch nachweisbaren Wert. Dieser entspricht einem Höhenunterschied von etwa 10 m. Danach ist die Druckempfindlichkeit der Taube als sehr groß zu bezeichnen. Über die optischen Orientierungshilfen wie Flußläufe, Küstenlinien, Kirchtürme, Baumgruppen u.a.m. ist bereits berichtet worden. Welche Bedeutung diese Orientierungshilfen haben, ergibt sich aus Beispielen, die der Praxis entnommen sind.

So machten die Brieftaubenzüchter an der Ostsee die Beobachtung, daß bei gemeinsamen Wettflügen (Langstreckenflüge, z. B. mit Start in Warschau) die Tauben am schnellsten heimfanden, deren Schläge sich in Orten unmittelbar an der Küste befanden, beispielsweise in Kühlungsborn. Die Züchter aus den benachbarten Städten (Rostock), deren Schläge etwa 20 km südlicher lagen, hatten dabei das Nachsehen; obwohl ihre Tauben etwa 30 km kürzere Strecken zu fliegen hatten, trafen sie immer später zu Hause ein. Daraufhin starten jetzt beide Züchtergruppen ihre Tiere getrennt voneinander, der Heimkehrverlauf wird ebenfalls getrennt ausgewertet.

Heimkehrende Tauben schrecken keineswegs vor Städten zurück, sie werden eher von diesen angelockt und gelten als „Anziehungspunkte", sicher aufgrund spezifischer Gerüche, die jeder Stadt zu eigen sind.

Flugwetter

Atmosphäre

Die Atmosphäre umgibt den Erdball wie ein riesiger Gasmantel. Sie ist ein Teil unserer Umwelt, die nahezu alle Lebensbereiche des Menschen und der Tiere beeinflußt. So ist auch die Brieftaube bei ihrem Flug vom Startplatz zur Heimat den mannigfaltigen Einflüssen des Wetters ausgesetzt. Wir wissen mit Sicherheit, daß die Zahl der heimkehrenden Tauben zwar nicht ausschließlich, aber doch hauptsächlich vom Wetter auf der Flugstrecke abhängt. Es ist bei jedem Start unerläßlich, Informationen von den Meteorologischen Diensten über das Wetter der gesamten Flugstrecke einzuholen. Aus einem ruhigen und ungestörten Wetterbild am Startort Folgerungen über das Wetter abzuleiten, ist nicht möglich und deshalb unzulässig. So wie man als Beobachter des Wetters nicht selten erlebt, daß innerhalb weniger Stunden eine Schönwetterperiode durch heftige Gewitter, Regen und einen erheblichen Temperaturrückgang abgelöst wird, so kann es auch den Tauben auf der Flugstrecke ergehen. Sie kommen innerhalb weniger Minuten von einem Gebiet mit angenehmen Temperaturen und wenig Wind in ein Gebiet mit kräftiger turbulenter Luftbewegung, mit Regen und mit Temperaturen, die 10 ... 15 °C niedriger liegen als am Startplatz. Dadurch wird der Flug erschwert, das Gefieder durchnäßt, und es ist vielen Tieren nicht mehr möglich, ihre Heimat zu erreichen. Besonders wenn die Flugstrecken nach Westen orientiert sind, und die gefährlichen Wetterfronten in Europa infolge der großräumigen Zirkulation vorwiegend in östliche Richtung ziehen, ist die Gefahr überraschender Wetteränderungen auf den Flugstrecken besonders groß. Es ist deshalb notwendig, daß sich die Taubensportler Grundkenntnisse über die Atmosphäre erwerben und die Möglichkeit der Zusammenarbeit mit den Meteorologischen Diensten kennen und nutzen. Die Atmosphäre ist ein Gemisch verschiedener Gase. Sie enthält etwa 78 % Stickstoff, 21 % Sauerstoff, 1 % Edelgase, verschiedene Spurenelemente und Beimengungen wie Wasser, Kohlendioxid und Aerosol. Ohne Atmosphäre wäre die Erde wie andere Planeten unbelebt. Sie beschützt uns vor der vernichtenden Wirkung kosmischer Strahlung. Sie verhindert, daß sich die sonnenbestrahlte Seite der Erde so stark erhitzt, daß jedes Leben unmöglich wäre und gleichzeitig auf der Schattenseite eisige Kälte herrscht. Ohne die Atmosphäre gäbe es kein Blau des Himmels, keinen Wind, keine Wolke, keinen Regen. Eine besondere Bedeutung für das Wettergeschehen hat das

Wasser, das in gasförmigem, flüssigem und festem Aggregatzustand in der Atmosphäre vorhanden ist. Es gelangt durch die Verdunstung an der Erdoberfläche (insbesondere der Meere) und durch die Transpiration der Pflanzen in die Atmosphäre. Die Aufnahmefähigkeit der Luft für Wasserdampf hängt von der Temperatur ab. Sie schwankt zwischen 4 % in feucht-warmer Luft und Bruchteilen von 1 Prozent in kalten arktischen Luftmassen. Bei Übersättigung bilden sich in der Atmosphäre – je nach den herrschenden Temperaturen – Tröpfchen oder Eiskristalle, die Bestandteile der Wolken sind.

Nebel

Ebenso wie die Wolken besteht Nebel aus einer Vielzahl von kleinen Wassertröpfchen. Auch in der Entstehung gibt es keine Unterschiede zwischen Nebel und Wolken. Der Nebel ist eine auf dem Erdboden aufliegende Wolke. Wir unterscheiden zwei Arten von Nebel, den Strahlungsnebel und den Mischungsnebel. Der Strahlungsnebel bildet sich in Nächten mit geringer Bewölkung.

Die Dicke der Nebelschicht liegt in den Sommermonaten meist unter 100 m, und in den Vormittagsstunden löst sich der Nebel verhältnismäßig schnell wieder auf.

Der Mischungsnebel entsteht durch das Zusammentreffen unterschiedlich temperierter Luftmassen und reicht mehrere hundert Meter hoch. Tagsüber hebt er sich von der Erdoberfläche ab und wandelt sich damit in eine tiefliegende Wolke um. Beginnen Wettflüge in einem Gebiet mit Mischungsnebel oder führt die Flugstrecke durch ein solches Gebiet, muß mit Verlusten gerechnet werden. Obwohl die Orientierung der Tauben nicht auf dem Sehvermögen basiert, werden die Tiere doch versuchen, die Nebeldecke zu durchstoßen. Im Nebel wird das Gefieder durch die feinen Wassertröpfchen mehr und mehr durchnäßt und damit der Flug erschwert oder gar unmöglich. Weniger gefährlich ist der Strahlungsnebel, da die Nebeldecke neben der geringeren Höhe auch meistens nicht völlig geschlossen ist. Das trifft insbesondere für die Sommermonate, also für die Zeit der Wettflüge zu.

Wolken

Der Wolkenhimmel zeigt eine zeitlich und räumlich stark veränderte Struktur. Für den ungeübten Beobachter ist es schwierig, die vielfältigen Wolkenformen zu systematisieren und bestimmten meteorologischen Entwicklungen zuzuordnen. Andererseits sind Menschen, die sich viel im Freien aufhalten und die Natur, insbesondere den Wolkenhimmel genau beobachten, oftmals in der Lage, kurzfristige Veränderungen des Wetters mit erstaunlicher Sicherheit vorherzusagen.

Wolken können sowohl aus feinen Wassertröpfchen als auch aus Eiskristallen bestehen.

Abb. 73 Cirren

Abb. 74 Altostratus und Altocumulus

Abb. 75 Stratus fractus

Abb. 76 Cumulonimbus

Entsprechend der Höhenlage, in der sich die Wolken befinden, unterscheidet man vier Familien, die Familie der Cirren (Höhe 6 bis 12 km), der mittelhohen Wolken (Höhe 2 bis 6 km), der tiefen Wolken (Höhe im allgemeinen unter 2 km) und die Familie der Wolken mit großer vertikaler Erstreckung (Untergrenze zwischen 100 m und 2 km, Obergrenze 8 ... 12 km). Diese Wolkenfamilien werden dann weiter in Gattungen, Arten und Unterarten unterteilt.

Von besonderem Interesse sind die tiefen Wolken und die Wolken mit großer vertikaler Erstreckung. Die wichtigsten Gattungen der tiefen Wolken sind der Stratus und der Stratocumulus. Beide Wolkenformen kommen in den Sommermonaten vor allem in den Früh- und Vormittagsstunden vor und werden durch die Sonneneinstrahlung im Verlauf des Tages aufgelöst. Sie bilden kaum eine Gefahr für die Tauben. Gattungen der Wolken mit großer vertikaler Erstreckung sind die Cumuluswolken, im allgemeinen als Schönwetterwolken bezeichnet, der Cumulonimbus oder Schauer- bzw. Gewitterwolke und der Nimbostratus oder Regenwolke. Cumuluswolken, die sich im Verlauf des Vormittags entwickeln und sich abends auflösen, sind typische Begleiter sommerlichen Hochdruckwetters. Diese Wolken beeinträchtigen die Sonneneinstrahlung nur unwesentlich. Die unteren Grenzen liegen im allgemeinen zwischen 500 und 1000 m. Unterhalb der Wolke ist im allgemeinen eine gut ausgeprägte, nach oben gerichtete Vertikalbewegung vorhanden, die unter dem Namen Thermik bekannt ist.

Gewitter

Eine Besonderheit im Wettergeschehen unserer geographischen Breiten sind die Gewitter, die vorzugsweise (aber nicht ausschließlich) in den Sommermonaten auftreten. Voraussetzung für die Entstehung von Gewittern ist eine hohe Luftfeuchtigkeit, die wir als

Schwüle empfinden, und eine starke Temperaturabnahme mit der Höhe. Es entstehen in der Atmosphäre starke Umlagerungen, so daß Luftkörper mit Geschwindigkeiten bis zu mehreren Metern je Sekunde in große Höhen getragen werden.

Durch einen komplizierten Mechanismus kommt es zur Entstehung der Gewitterelektrizität, deren Ausgleich sich uns als Blitz eindrucksvoll manifestiert. Der Donner als Folge des Blitzes wird durch den Zusammenprall der Luft im Blitzkanal und durch ein durch den Blitz entstehendes Knallgasgemisch hervorgerufen. Die Gefahren, die mit Gewittern verbunden sind wie Blitzeinschläge, Windböen, Starkniederschläge oder Hagel, sind allgemein bekannt. Wenn man bedenkt, daß selbst Verkehrsflugzeuge Gewittern ausweichen müssen bzw. nicht landen dürfen, falls sich ein Gewitter über dem Flughafen befindet, haben die Tauben erst recht keine Chance, ein Gewitter zu durchfliegen. Den mechanischen Beanspruchungen ist der vergleichsweise empfindsame Tierkörper in keiner Weise gewachsen.

Wind

Eine uns allen bekannte Eigenschaft der Atmosphäre ist ihre andauernde Bewegung, der Wind. Der Wind als vektorielle Größe hat eine Geschwindigkeits- und Richtungskomponente. Die Windgeschwindigkeit unterliegt großen Schwankungen, die in unserem Gebiet von völliger Windstille (Calme) hin zu Windgeschwindigkeiten bis zu 120 km/h reichen. In anderen Teilen der Erde treten in Verbindung mit tropischen Wirbelstürmen noch wesentlich höhere Windgeschwindigkeiten auf. Hat man keine Möglichkeiten, Windmessungen durchzuführen, so kann man die Windgeschwindigkeit mit hinreichender Genauigkeit über die Wirkungen des Windes bestimmen. In der Tabelle 15 sind die Wirkungen des Windes dargestellt. In diese Tabelle wird zusätzlich die BEAUFORT-Skala als Orientierung aufgenommen, weil sie auch heute noch häufig verwendet wird.

In den Berichten der Meteorologischen Dienste werden die Windgeschwindigkeiten in Meter je Sekunde oder in Kilometer je Stunde angegeben, bzw. sie werden verbal beschrieben. Die Termini, die bei einer verbalen Beschreibung verwendet werden, und ihre Bedeutungen sind in Tabelle 16 wiedergegeben. Alle Angaben der Tabelle 15 und 16 beziehen sich auf mittlere Windgeschwindigkeiten.

Kurzzeitige Schwankungen der Windgeschwindigkeit (Böigkeit) sind in den unteren Schichten der Atmosphäre besonders stark. Diese Böigkeit wird vor allem von der Reibung des Windes am Erdboden hervorgerufen.

Die Windstärke ist zusätzlich von der vertikalen Temperaturschichtung abhängig. In einer labil geschichteten Luft ist die Böigkeit stärker als in einer stabil geschichteten Luftmasse. Dafür nimmt dann die mittlere Windgeschwindigkeit in einer stabil geschichteten Luft mit der Höhe schneller zu, als in einer labil geschichteten Luft. Aus gleichzeitgen Messungen der Windgeschwindigkeit in 365 m Höhe (f T) und in 12 m Höhe über Grund (f s) wurde eine damit in Zusammenhang stehende Beziehung abgeleitet. Man erkennt aus der Beziehung, daß die Windgeschwindigkeit im Mittel mit der Höhe zunimmt, das heißt, daß der Widerstand durch Gegenwind bzw. die Abdrift durch Seitenwind stärker ist, als es für den Beobachter am Boden sichtbar wird. Will man die Windverhältnisse in der Flughöhe der Tauben vollständig beurteilen, so muß man berücksichtigen, daß sich neben der Windzunahme auch die Windrichtung mit der Höhe verändert. Diese Änderung wird ebenfalls durch die Bodenreibung hervorgerufen und erfolgt in Uhrzeigerrichtung.

Besonderen Anforderungen sind die Tauben ausgesetzt, wenn sie Gebirge oder Küstenstreifen überfliegen müssen. Beim Überfliegen eines Gebirges ist es notwendig, den Anstieg des Geländes zu überwinden, das heißt,

Tab. 15 Wirkungen des Windes bei verschiedenen Windgeschwindigkeiten

Windgeschwindigkeit (km/h)	Windgeschwindigkeit (m/s)	Auswirkung	Beaufort
1	1	Rauch steigt glatt auf, spiegelglatte Wasserfläche	0
1 bis 5	0,3 bis 1,5	Rauchfahnen werden in Richtung des Windes abgelenkt, sonst kaum bemerkbar	1
6 bis 11	1,6 bis 3,3	Bewegt Wimpel und Laub, Windfahnen zeigen Richtung an	2
12 bis 19	3,4 bis 5,5	Dünne Zweige und Laub sind in ununterbrochener Bewegung	3
20 bis 28	5,5 bis 7,9	Staub und lockerer Schnee wird aufgewirbelt	4
29 bis 38	8,0 bis 10,7	Kleine Laubbäume beginnen zu schwanken. Auf den Seen bilden sich weiße Schaumkämme	5
39 bis 49	10,8 bis 13,8	Wind pfeift in Telefon- und Telegraphenleitungen. Auch größere Äste schwanken	6
50 bis 61	13,9 bis 17,1	Bäume schwanken. Gehen ist bei Gegenwind behindert	7
62 bis 74	17,2 bis 20,7	Zweige werden von den Bäumen gebrochen, erschwertes Gehen im Freien	8
75 bis 88	20,8 bis 24,4	Schaden an Häusern, insbesondere an Dächern	9
89 bis 102	24,5 bis 28,4	Bäume werden entwurzelt, größere Schäden an Gebäuden	10
103 bis 117	28,5 bis 32,6	Erhebliche Schäden in allen Bereichen	11

Tab. 16 Bedeutung der im Meteorologischen Dienst verwendeten Begriffe zur verbalen Beschreibung der Windgeschwindigkeit

Verbale Beschreibung	Windgeschwindigkeit m/s
Schwachwindig	0 bis 2
Schwacher Wind	1 bis 5
Schwacher bis mäßiger Wind	3 bis 7
Mäßiger Wind	5 bis 10
Mäßiger bis starker Wind	8 bis 14
Starker Wind	11 bis 17
Stürmischer Wind	15 bis 20
Sturm	über 21

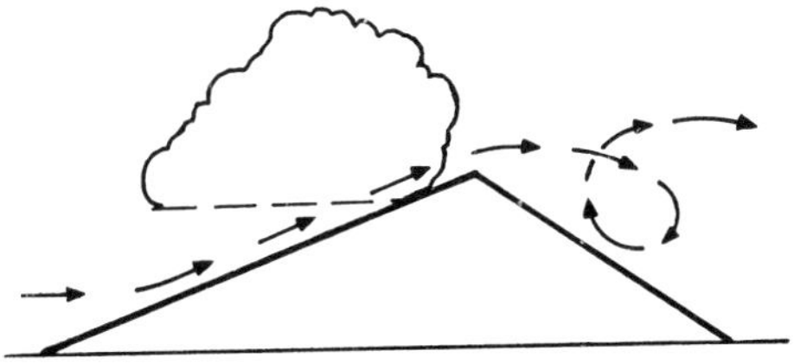

Abb. 77 Luftströmung über ein Gebirge hinweg

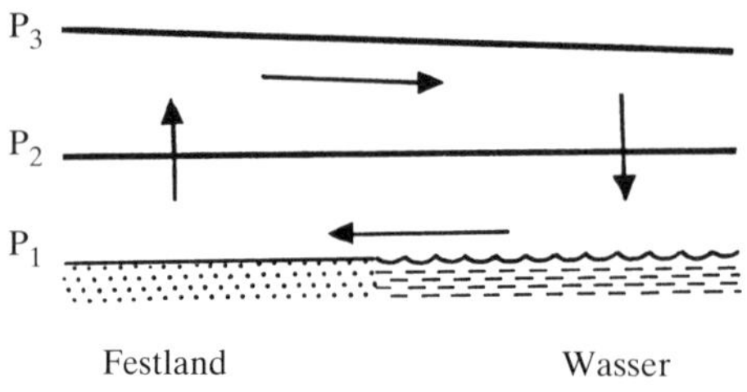

Abb. 78 Land-Seewind-Zirkulationssystem

die Tiere müssen ähnlich einem Bergsteiger in immer höhere Luftschichten aufsteigen, und zum anderen erschweren die durch die Geländeform hervorgerufene Zirkulation und deren Auswirkungen den Flug. Im Luv eines Gebirges wird eine Hebung der ankommenden Luft erzwungen. Daraus resultiert nicht nur eine nach oben gerichtete Windkomponente (die den Flug der Tauben durchaus unterschätzen kann), sondern daraus resultiert auch eine verstärkte Wolken- und Nebelbildung, die, wie vorher bereits ausgeführt wurde, eine Gefahrenquelle für die Tiere darstellt. Ist das Hindernis überwunden, verschwindet gleichzeitig die geschlossene Wolkendecke, es herrschen gute Sichtverhältnisse, die Temperaturen steigen an, und damit haben sich die Flugbedingungen entscheidend verbessert. Die beschriebenen Wetterverhältnisse im Lee eines Gebirges sind unter dem Namen Föhn bekannt.

Eine andere durch die Geländeform verursachte Zirkulation ist das Land-Seewind-System. Es hat seine Ursache darin, daß Festland und Wasserflächen durch die Sonneneinstrahlung unterschiedlich erwärmt werden. Während sich das Wasser wegen seiner großen Wärmekapazität und dem Vermögen eines vertikalen Austausches der Wasserteilchen langsam erwärmt und nur geringen Tagesschwankungen unterworfen ist, kann sich das umgebende Festland tagsüber schneller erwärmen und kühlt nachts auch schneller wieder aus.

Durch diese unterschiedlichen Eigenschaften wird das in sich geschlossene Land-Seewind-Zirkulationssystem verursacht.

Geht man von einer gleichmäßigen Druck- und Temperaturverteilung aus, so erwärmt sich das Festland durch die Sonneneinstrahlung schneller als die Wasserfläche. Daraus resultiert, daß die Flächen gleicher Temperaturen und gleichen Luftdrucks über dem Festland angehoben werden. Es entsteht in wenigen hundert Metern über dem Erdboden ein Gefälle, das vom Land zum Meer gerichtet ist, und es setzt eine entsprechende Luftbewegung ein. Gleichzeitig setzt in den bodennahen Schichten eine Bewegung ein, die vom Wasser zum Land gerichtet ist. Diese durch die Geländeform verursachte Luftzirkulation kann sich nur an windschwachen Wetterlagen (mit geringen Luftdruckgegensätzen) und sonnenscheinreichen Tagen bilden. Da die Windgeschwindigkeiten in diesem Zirkulationssystem nicht stark sind, ist eine Beeinträchtigung der Flugleistung der Tauben durch dieses Zirkulationssystem kaum zu erwarten.

Lufttemperatur

Eine der wesentlichen Eigenschaften, die das Flugvermögen der Tauben beeinflußt, ist die Lufttemperatur. Jeder Preisflug stellt an den Körper der Tauben hohe Anforderungen, und nur unter optimalen Bedingungen sind Höchstleistungen möglich. Aus diesem Grunde müssen die Verantwortlichen bei der langfristigen Planung von Preisflügen mögliche extreme Wettersituationen berücksichtigen. Die Zeit des Auflassens der Tiere muß so gewählt werden, daß die Temperatur über 12 °C liegt. Bei niedrigeren Temperaturen fällt den Tieren das Fliegen schwer, weil die Muskulatur kalt ist.

In mitteleuropäischen Breiten sind die Temperaturen großen Schwankungen unterworfen. Die Ursache liegt darin, daß die wetterbestimmenden Luftmassen in Gebieten mit unterschiedlichen Strahlungseigenschaften entstehen. Zur Entstehung einer einheitlichen Luftmasse sind stationäre Hochdruckgebiete Voraussetzung, denn eine Luftmasse benötigt mehrere Tage, um sich den Strahlungseigenschaften der entsprechenden Gebiete anzupassen. Auf dem Weg vom Ursprungsgebiet nach Mitteleuropa werden die Eigenschaften der Luftmassen durch die Unterlage verändert, manchmal so stark, daß die ursprünglichen Eigenschaften kaum noch erkennbar sind, und daraus resultiert die Vielfalt der Luftmassen und die großen Temperaturschwankungen, die in jeder Jahreszeit möglich sind. Die Tabelle 17 gibt einen Überblick über die Maxima der Tageshöchsttemperaturen (Txx), die Minima der Tageshöchsttemperaturen (Txn), die Maxima der nächtlichen Tiefsttemperaturen (Tnx) und die Minima der nächtlichen Tiefsttemperaturen (Tnn), aufgeschlüsselt nach Dekaden in den Monaten Mai bis August, also der Zeit für die Preisflüge. Die Werte entstammen der Temperaturreihe von Potsdam aus den Jahren 1900 bis 1975. Sieht man von geringen Abweichungen ab, können die Werte auch auf andere Orte des Binnentieflandes übertragen werden.

Es ist bekannt, daß die Temperatur mit zunehmender Höhe abnimmt, in den unteren Schichten im Mittel 0,6 K/100 m. Einzelbeobachtungen zeigen jedoch, daß besonders in den unteren Luftschichten (der Grundschicht) dieser vertikale Temperaturgradient häufiger geringer ist als der Mittelwert, und nicht selten wird sogar eine Temperaturzunahme mit der Höhe (Inversion) bis zu einer bestimmten Schicht beobachtet. Vor allem in Nächten mit geringer Bewölkung bilden sich infolge der Ausstrahlung am Erdboden Inversionen aus, die dann am Tage wieder aufgelöst werden. Je nach der Höhenlage der Inversion und dem Aufbau der Grundschichten werden verschiedene Grundschichttypen unterschieden, von denen hier Grundformen beschrieben werden.

Beim Inversionstyp nimmt die Temperatur vom Boden bis in einer Höhe von nur wenigen hundert Metern zu (Aus vertikalen Temperaturmessungen ist bekannt, daß diese Temperaturzunahme über 10 K betragen kann). Die

Tab. 17 Absolute Extremwerte der Temperatur in °C von Potsdam, aus dem Zeitraum 1900 bis 1975

Monat	Dekade	Maxima der Tageshöchsttemperaturen	Minima der Tageshöchsttemperaturen	Maxima der nächtlichen Tiefsttemperaturen	Minima der nächtlichen Tiefsttemperaturen
Mai	Erste	31	4	17	−4
	Zweite	33	6	17	−2
	Dritte	34	9	19	1
Juni	Erste	35	16	19	2
	Zweite	36	10	19	4
	Dritte	36	10	20	5
Juli	Erste	37	12	20	6
	Zweite	38	12	20	6
	Dritte	36	12	20	7
August	Erste	37	12	21	7
	Zweite	37	13	21	7
	Dritte	37	12	21	6

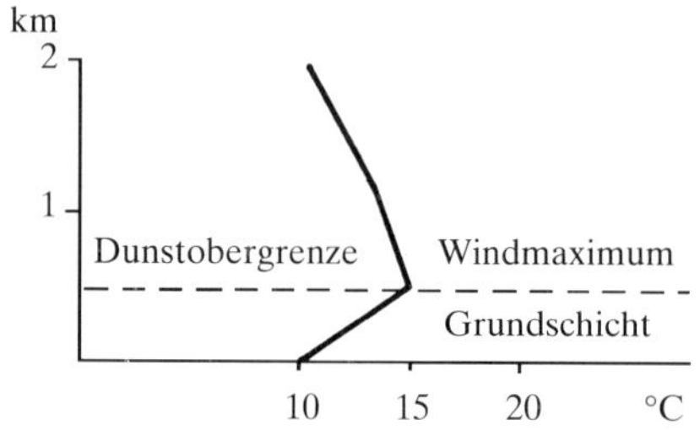

Abb. 79 Inversionstyp

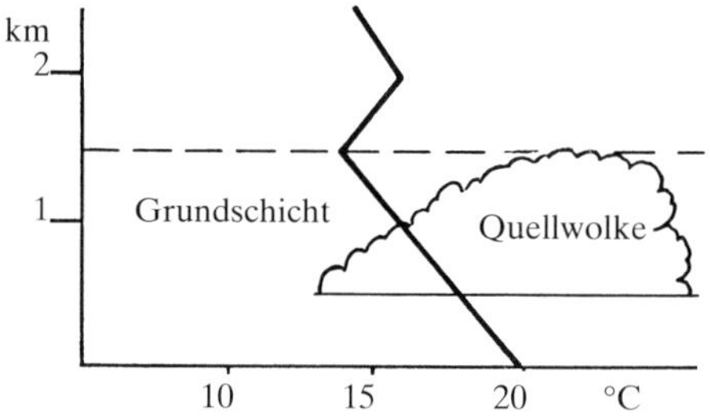

Abb. 80 Konvektionstyp

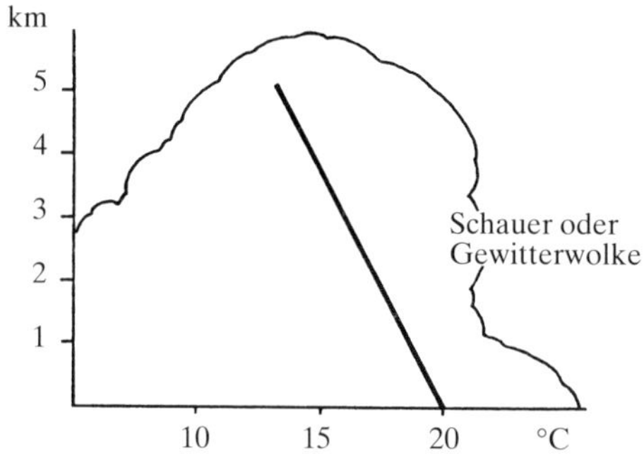

Abb. 81 Auflösungstyp

Schicht zwischen dem Erdboden und der Inversionsobergrenze ist mit starkem Dunst angereichert, teilweise kommt es auch zur Nebelbildung. Oberhalb der Inversion ist es meist sonnig. Wenn man davon absieht, daß im Bereich der Inversionsobergrenze eine Schicht mit kräftigem Wind vorhanden ist, bildet diese Wetterlage nahezu ideale Preisflugbedingungen, denn die Inversion wird im Sommer bereits in den Früh- oder Vormittagsstunden aufgelöst.

Auch der Konvektionstyp bietet gute Preisflugbedingungen. Die Inversion liegt im allgemeinen zwischen 1 und 2 km Höhe. Darüber liegt der Konvektionsraum, in dem sich im Sommer tagsüber Quellwolken entwickeln, deren Untergrenze meistens über 500 m liegen. Der darüber liegende Reibungsraum ist wolkenfrei, und es herrschen gute Sichtverhältnisse. Beim Auflösungstyp verschwindet die Inversion auch in der Höhe. Damit sind Voraussetzungen für hochreichende Quellwolken mit Schauern und Gewittern gegeben.

Wetter und Vorhersage

Haben wir uns bisher mit einigen wesentlichen Eigenschaften der Atmosphäre und ausgewählten Wetterelementen befaßt, so wollen wir uns nun den Druckgebilden, den Luftmassen und den Wetterfronten sowie der Arbeitsweise der Meteorologen im Wetterdienst zuwenden. Grundlage für jede Wetterprognose eines beliebig kleinen Gebietes ist eine genaue Analyse des aktuellen Wetterzustandes, die anhand der Wetterkarten unter Zuhilfenahme vielfältiger Zusatzinformationen erfolgt.
Diese Analysen geben einen Überblick über die Verteilung aller benötigten meteorologischen Elemente und Erscheinungen vom Boden bis in große Höhen.
Sie sind eine Momentaufnahme des sich ständig verändernden Wetters. Die Wetterkarten, die im Meteorologischen Dienst verwendet werden, überdecken ein Gebiet, das von Ostkanada bis zum Ural und vom Nordpol bis nach Nordafrika reicht. Entsprechend den spezifischen Aufgaben werden zusätzlich Karten kleineren Ausschnittes gezeichnet.

Wetterkarte

Die Abbildung 82 zeigt die Bodenwetterkarte vom 29.4.1977, 7.00 Uhr, mit ausgewählten Stationseintragungen. Die Eintragung der

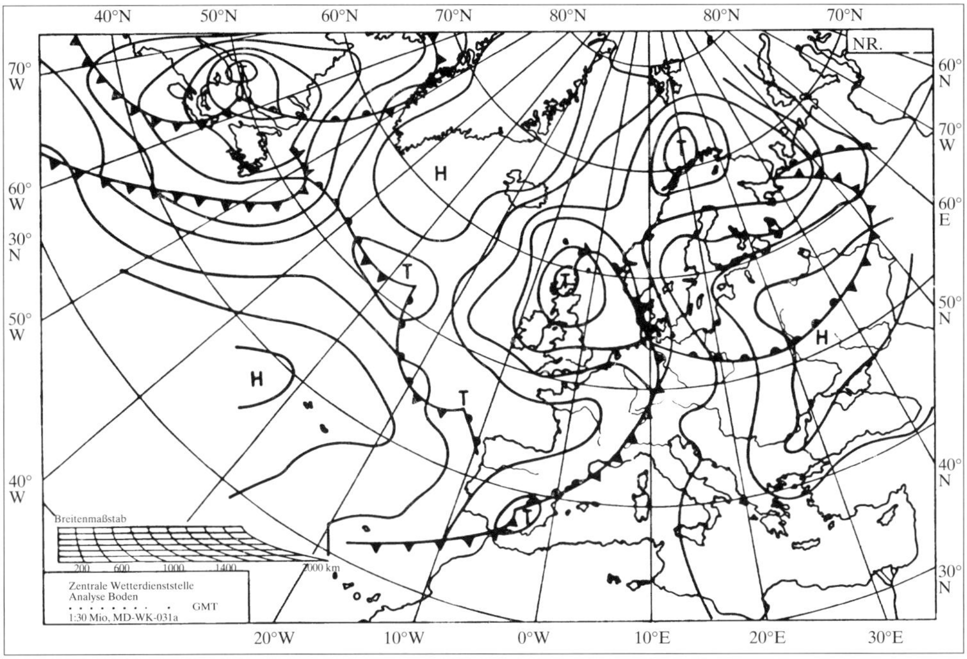

Abb. 82 Wetterlage vom 29. 4. 1977, 7.00 Uhr MEZ

Bodenwettermeldungen an den einzelnen Stationen erfolgt nach einem international einheitlichen Schema, das nachfolgend wiedergegeben ist. Die Schlüsselbuchstaben haben folgende Bedeutung:

- TT Lufttemperatur
- VV horizontale Sichtweite
- ww Wetterzustand während der Beobachtung
- TdTd Taupunkt
- CH Art der hohen Bewölkung
- CM Art der mittelhohen Bewölkung
- N Gesamtbedeckungsgrad
- CL Art der tiefen Bewölkung
- h Untergrenze der tiefen Bewölkung
- PPP Luftdruck
- Pa Änderung des Luftdruckes in den vergangenen drei Stunden
- a Art der Änderung
- Nh Bedeckung mit tiefen Wolken
- W markanteste Wettererscheinung in den letzten Stunden.

In den täglich verwendeten Arbeitswetterkarten sind Meldungen von 300 bis 350 Bodenstationen nach diesem Schema eingetragen. Früher dauerte die Zeit, die ein Technischer Assistent für Meteorologie für diese Eintragungen benötigte, zweieinhalb bis drei Stunden.

Heute werden diese Eintragungen mittels Plotter vorgenommen, die von einer elektronischen Datenverarbeitungsanlage gesteuert werden. Damit hat sich die Eintragungszeit ganz erheblich verringert, so daß dem Meteorologen die Unterlagen wesentlich früher zur Verfügung stehen.

Eine Voraussetzung dafür ist auch, daß sämtliche Meldungen über Nachrichtenvermittlungssysteme eingehen, die international die manuelle Übermittlung abgelöst haben. Entsprechende Eintragungsschemata gibt es auch für Höhenwetterkarten. Sie sind jedoch einfacher, da aus der Höhe nur Messungen der Temperatur, des Luftdruckes, des Windes und der Luftfeuchtigkeit vorliegen. Ist die

Eintragung der Meldungen in die Wetterkarte abgeschlossen, folgt eine genaue Analyse des Wetterzustandes. Zunächst wird durch das Zeichnen der Isobaren (Linien gleichen Luftdrucks) die Lage der Druckgebilde sowie deren zeitliche Veränderung festgelegt. Danach wird unter Zuhilfenahme von Satellitenbildern der Verlauf der Wetterfronten bestimmt, und letztlich werden die Gebiete mit markanten Wettererscheinungen (Regen, Nebel, Gewitter usw.) gekennzeichnet.

In der Abbildung 82 dargestellten Wetterlage liegt ein kräftiges Tiefdruckgebiet, das das Wettergeschehen in West- und Mitteleuropa wesentlich beeinflußt, über den Britischen Inseln. Wetterfronten (in Wetterberichten oft als Tiefausläufer oder Störung bezeichnet) erstrecken sich sowohl von der Nordsee über den Nordosten Deutschlands und Polen hinweg bis nach Rußland als auch vom Westen Deutschlands über Frankreich und Spanien hinweg nach Südwesten. Weitere Tiefdruckgebiete mit entsprechenden Wetterfronten liegen über Nordskandinavien, dem mittleren Nordatlantik und Ostkanada. Das kräftige Hochdruckgebiet, das mit seinem Schwerpunkt über der Ukraine liegt, ist durch eine Hochdruckbrücke mit dem Hoch im Raum Island/Grönland verbunden.

Druckgebilde und Wetterfronten

Es wird häufig die Auffassung vertreten, daß Tiefdruckgebiete mit schlechtem Wetter und Hochdruckgebiete mit schönem Wetter verbunden sind. Diese Auffassung ist zwar im Mittel richtig, jedoch trifft sie für den Einzelfall nicht immer zu. Die Entstehung der Druckgebilde ist sehr kompliziert und kann hier nicht näher beschrieben werden.

Entscheidend für die Wetterwirksamkeit der Tiefdruckgebiete ist die Lage und Intensität der Wetterfronten, die Grenzgebiete zwischen Luftmassen mit verschiedenen thermischen Eigenschaften sind. Die daraus resultierenden vertikalen Umlagerungen sind die

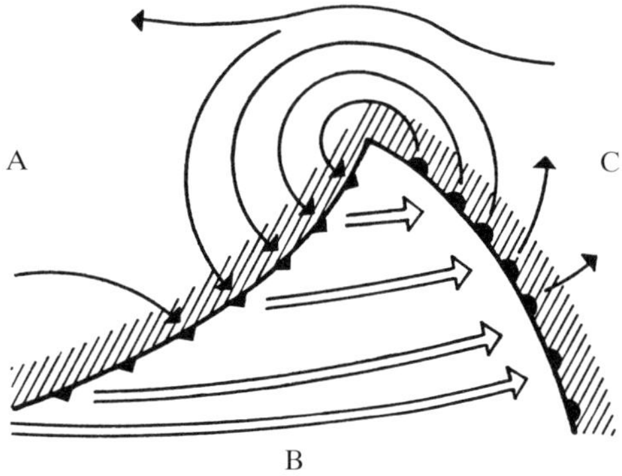

Abb. 83 Wetterfronten eines Tiefdruckgebietes

A Kaltfront
B Warmsektor
C Warmfront

Ursache für die Bildung von Schlechtwettergebieten. Grundsätzlich unterscheidet man zwei Arten von Wetterfronten, die Warmfront und die Kaltfront. Während die Warmfront vorgelagerte Kaltluft von nachfolgender Warmluft trennt, trennt die Kaltfront vorgelagerte Warmluft von nachfolgender Kaltluft. Die Zuggeschwindigkeit der Tiefdruckgebiete und der mit ihnen verbundenen Wetterfronten ist sehr unterschiedlich. Sie kann von nur wenigen Kilometern je Sekunde bis zu hundert Kilometern je Stunde, in Einzelfällen auch über hundert Kilometer je Stunde betragen. Des weiteren ist die horizontale und zeitliche Veränderlichkeit der Wettererscheinungen im Bereich der Tiefdruckgebiete und an den Wetterfronten sehr groß. Trotz dieser großen Variabilität gibt es Merkmale, die in dieser oder jener Form beim Durchzug eines Frontensystems beobachtet werden können. Zunächst sind dünne Cirruswolken bereits zu erkennen, wenn die Front noch mehrere hundert Kilometer entfernt ist. Die Wolken verdichten sich mehr und mehr, bis der Himmel von einem dichten Nimbostratus bedeckt ist, aus dem ein gleichmäßiger Regen fällt. Hat die Warmfront den Ort des Beobachters über-

quert, hört der Niederschlag im Warmsektor auf, der Himmel hellt sich vorübergehend auf, bevor die Bewölkung dann vor der Kaltfront wieder zunimmt und erneut Regen einsetzt.
Mit dem Durchgang der Kaltfront ändert sich das Bewölkungsbild nahezu schlagartig. Aus der gleichmäßig den ganzen Himmel bedeckenden Schichtbewölkung ist eine unregelmäßige, hochreichende Quellbewölkung geworden, und es treten Schauer und Gewitter auf. Dazwischen kommt es in den Wolkenlücken vorübergehend zu Sonnenschein.
Im Bereich von Kaltfronten ist es vor allem in den Sommermonaten nicht selten, daß die Kaltluft in höheren Schichten der Atmosphäre der Kaltluft am Boden vorauseilt.
In diesen Fällen fehlt der Niederschlag vor der Kaltfront völlig, und die sich im Bereich der Kaltfront bildenden Schauer und Gewitter sind besonders heftig.
Hochdruckgebiete zeichnen sich im Sommer häufig durch wolkenarmes, windschwaches und recht warmes Wetter aus. Die Zuggeschwindigkeit der Hochdruckgebiete ist vergleichsweise gering, so daß nicht selten mit dessen Überqueren eine mehrtägige Schönwetterperiode verbunden ist.
Wenn hier auch der ideale Witterungsablauf beim Überqueren von Druckgebilden kurz charakterisiert wurde, so muß man aber eindringlich darauf hinweisen, daß im Einzelfall die Abweichungen von diesem Normalfall sehr groß sein können. Aus dieser Erkenntnis muß man die Forderung ableiten, daß sowohl bei der Vorbereitung als auch bei der Durchführung von Preisflügen eine enge Zusammenarbeit mit den Meteorologischen Diensten notwendig ist, um Verluste von Brieftauben auf ihrem Flug zur Heimat zu vermeiden.

Wettervorhersage

Der Meteorologische Dienst verfügt über moderne Geräte zur Beobachtung, Verbreitung und Verarbeitung meteorologischer Daten. Er hat unter anderem die Aufgabe, alle Bereiche der Wirtschaft und Gesellschaft mit den von ihnen benötigten meteorologischen Informationen zu versorgen, und dazu gehören auch die Sportorganisationen. Zum Organisieren und Durchführen von Preisflügen sind Wettervorhersagen von großer Bedeutung. Dem internationalen Erkenntnisstand entsprechend, können gegenwärtig Wettervorhersagen für einen Zeitraum bis zu fünf Tagen herausgegeben werden. Voraussetzung dafür sind Wetterbeobachtungen von der gesamten Nordhalbkugel aus verschiedenen Schichten der Atmosphäre sowie Großrechenanlagen zur Verarbeitung dieser Informationen und zur Berechnung des zu erwartenden Zustandes der Atmosphäre.
Wissenschaftlich fundierte Wettervorhersagen über diesen Zeitraum hinaus sind gegenwärtig noch nicht möglich, jedoch ist zu erwarten, daß zu einem späteren Zeitpunkt Wettervorhersagen bis zu zehn Tagen berechnet werden können.
Es ist eine Aufgabe der international koordinierten Forschungsarbeit, durch neue und bessere Möglichkeiten der Wetterbeobachtung und der Informationsverarbeitung (Satelliten, Radardaten, hochleistungsfähige elektronische Datenverarbeitungsanlagen u. a.) neue und verbesserte Methoden zur Präzisierung der Vorhersagen und zur Verlängerung des Vorhersagezeitraumes zu finden.
Alle Wettervorhersagen, die über einen Zeitraum von fünf Tagen hinausgehen, sollten für anstehende Entscheidungen nicht genutzt werden. Sie sind von unterschiedlicher Herkunft („Hundertjähriger Kalender", Mondphase u. a.) und halten keiner exakten statistischen Prüfung stand. Das schließt nicht aus, daß die großräumige Zirkulation zu bestimmten Zeiten des Jahres Besonderheiten aufweist, die sich „überzufällig" wiederholen (Siebenschläfer, Weihnachtslauwetter u. a.).
Aus der Erkenntnis dieser „Regelfälle (in der Fachsprache Singularitäten genannt) sind Rückschlüsse für den Wetterablauf einzelner Tage oder Wochen auch nicht möglich.

Aufgaben der Preisflugorganisatoren

Grundsätzlich können Preisflüge nur in der warmen Jahreszeit durchgeführt werden. Die Veranstaltungspläne beinhalten auch keine anderen Ansätze. Es muß berücksichtigt werden, daß selbst in der warmen Jahreszeit (Mai bis August) kalte Witterungsperioden mit Temperaturen in den Nacht- und Vormittagsstunden, die unter 10 °C liegen, nicht selten sind.

Des weiteren kommen extreme Wettererscheinungen (Gewitter, schnelle Wetteränderungen auf Strecken an weniger als hundert Kilometer) vor allem in dieser Jahreszeit vor.

Es sollte deshalb für jeden Organisator eines Preisfluges eine Selbstverständlichkeit sein, drei bis vier Tage vor dem Veranstaltungstermin den Kontakt mit dem Meteorologischen Dienst aufzunehmen und diesen in bestimmten Abständen zu wiederholen.

Einzelheiten über diesen Beratungsmodus müssen langfristig mit dem Meteorologischen Dienst geklärt werden.

Besonders wichtig ist die Bereitschaft der Veranstalter, den Beginn des Starts zu verschieben bzw. den Start abzusagen, falls die Wetterlage größere Verluste erwarten läßt.

Flugberichte und meteorologische Auswertung

Eine Durchsicht der Flugberichte zeigt deutlich, wie stark die meteorologischen Bedingungen auf der Flugstrecke das Heimkehrverhalten der Tauben beeinflussen.

Das folgende Beispiel zeigt eine Wetterlage, bei der man bereits zur Auflaßzeit mit Sicherheit sagen kann, daß große Schwierigkeiten und hohe Verluste zu erwarten sind. Am 19. und 20.7.1975 veranstalteten die Kreisorganisationen Genthin und Brandenburg Preisflüge von Tarnow und Lodz.

Dem Flugbericht der Kreisorganisation Genthin ist zu entnehmen: „Es war ein völlig verkrachter Preisflug. Am Auflaßtag erreichte kein Tier seinen Heimatschlag. Am ersten und am zweiten Folgetag kamen nur vereinzelt Tauben an, und erst am dritten Folgetag fanden sich die Tiere nach und nach ein.“

Die Fluggeschwindigkeit der ersten Taube betrug nur 547,55 m/min (aus der Zeitschrift „Die Sporttaube“, 10/1975).

Aus den Wetterlagen vom 19.7.1975 und 20.7.1975, 7.00 Uhr MEZ (siehe Abbildungen 84 und 85) ist zu erkennen, daß sich ein Tiefdruckgebiet von Südeuropa nach Polen verlagert. Die Wetterfronten dieses Tiefs verursachten in diesem Gebiet verbreitet schauerartige und gewittrige Niederschläge. Die Tiere hatten vom Auflaßort bis zur Heimat mit diesen Witterungsunbilden zu kämpfen. Dadurch wurden die Hoffnungen vieler Züchter auf einen guten Meisterschaftsplatz zunichte gemacht.

Die Tabelle 18 verdeutlicht zwei Preisflugergebnisse vom 17.6.1978 (Abb. 86) und vom 15.7.1978 (Abb. 87). Die Fluggeschwindigkeiten der Brieftauben weisen erhebliche Unterschiede auf, die mit den jeweiligen Wetterlagen zusammenhängen.

Am 17.6.1978 lag dieses Gebiet zwischen hohem Druck über Skandinavien und tiefem Druck über Westeuropa in einer östlichen Luftströmung. Es herrschte wolkenarmes und mäßig warmes Wetter. Die Tauben fanden ideale Flugbedingungen vor und wurden durch den Wind zusätzlich noch unterstützt. Die Tiere erreichten hohe Flugleistungen.

Völlig anders waren die Flugbedingungen am 15.7.1978.

Auf der Rückseite einer nach Osten abgezogenen Kaltfront fließt mit einer nordwestlichen Strömung von der Nordsee her kühle und wolkenreiche Luft in unser Auflaßgebiet. Örtlich kommt es zu etwas Niederschlag. Neben der empfindlichen Kühle ist es der Gegenwind, der den Flug behindert.

Die Fluggeschwindigkeit liegt dadurch im Mittel um 50 % niedriger als am Flugtag vom 17.6.1978.

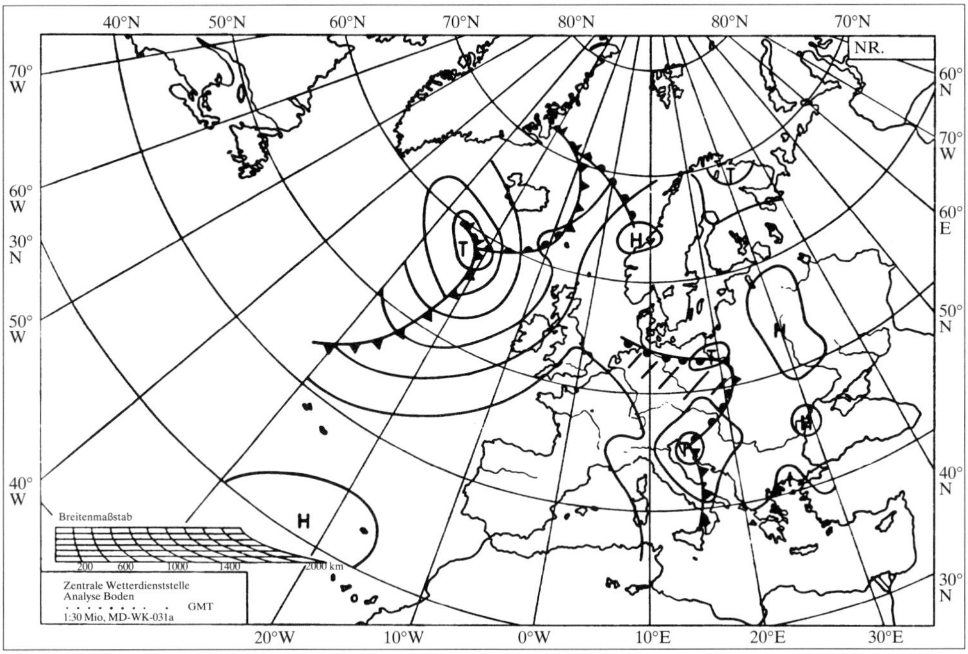

Abb. 84 Wetterlage vom 19. 7. 1975

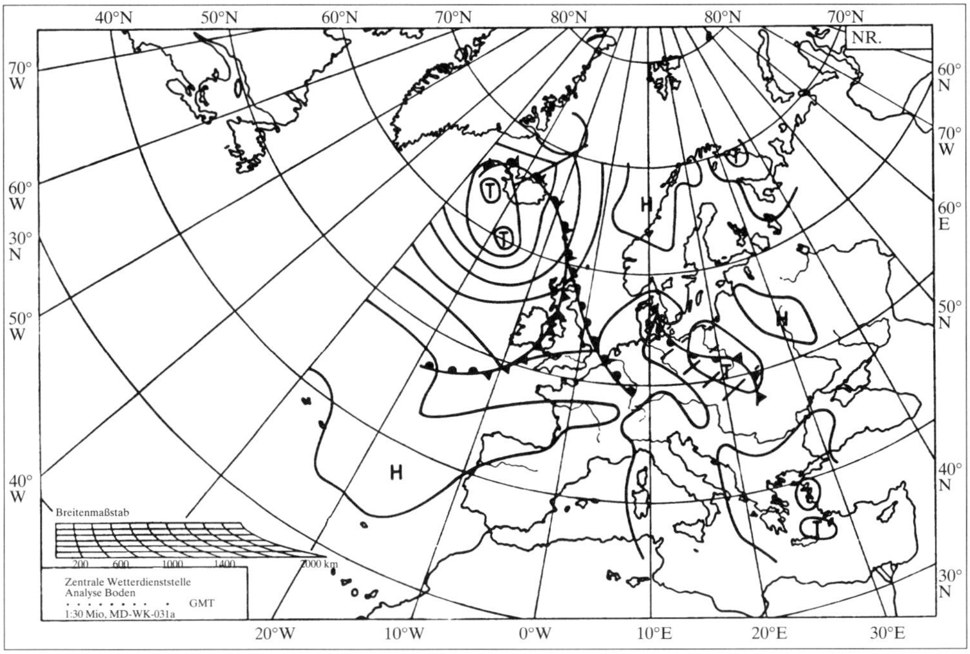

Abb. 85 Wetterlage vom 20. 7. 1975

Tab. 18 Beispiele von Flugergebnissen am 17. 6. 1978

Kreisorganisation	Auflaßort	km	Geschwindigkeit (m/min) Erste Taube
Nordhausen	Poznan	439	1882
Meiningen	Poznan	504	1750
Halberstadt	Frankfurt/O.	246	1722
Ilmenau	Poznan	460	1719
Wernigerode	Konin	512	1683
Leipzig	Poznan	336	1648
Schwerin	Frankfurt/O.	260	1571

Flugergebnisse am 15. 7. 1978

Kreisorganisation	Auflaßort	km	Geschwindigkeit (m/min) Erste Taube
Rügen	Katowice	601	669
Greifswald	Katowice	564	811
Anklam	Katowice	539	828
Demmin	Katowice	570	679
Pasewalk	Katowice	501	802
Neubrandenburg	Katowice	590	804
Wolgast	Katowice	538	774
Berlin	Przemysl	705	824

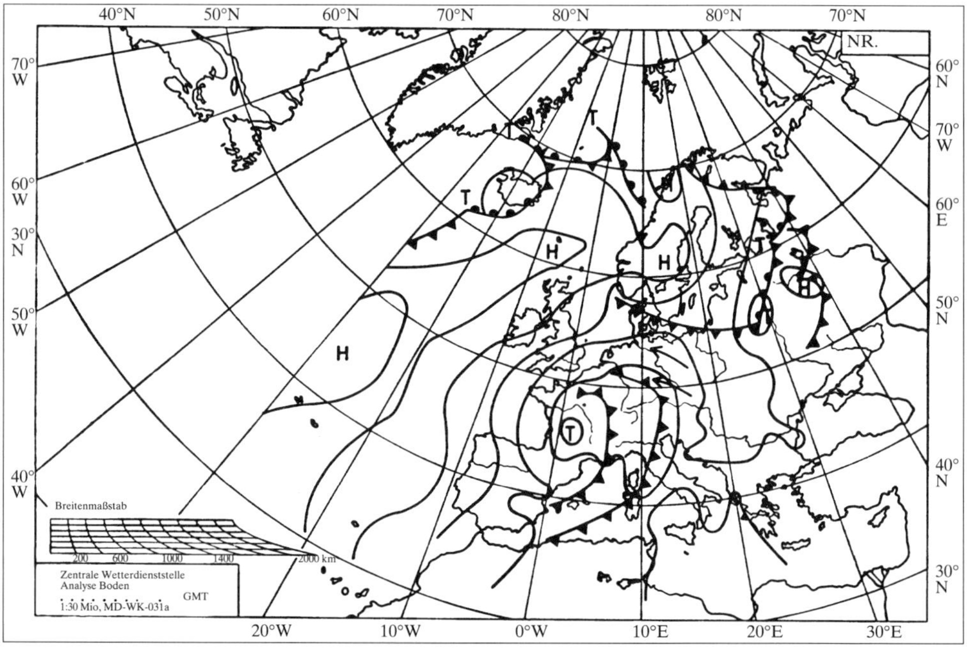

Abb. 86 Wetterlage vom 17. 6. 1978

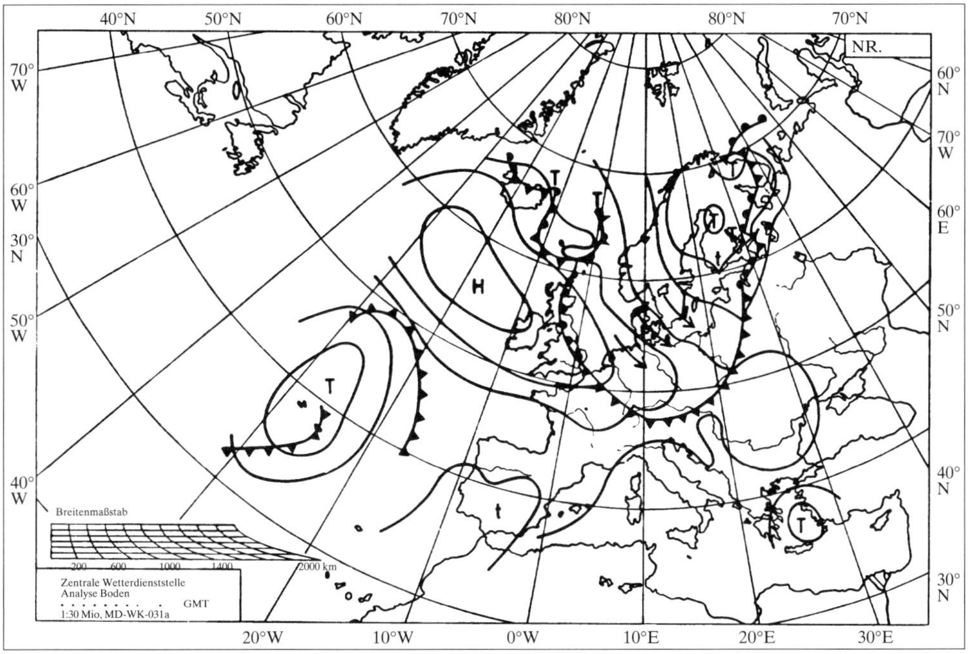

Abb. 87 Wetterlage vom 15. 7. 1978

Preisflüge

Die Preisflüge sind unbestritten der Höhepunkt im sportlichen Alltag aller Taubensportler. Zu diesem Zweck investieren sie Wissen, Können, Geduld und sehr viel Zeit für die Zucht, Führung und Vorbereitung ihrer Tauben. In jedem Jahr streben sie mit großen Hoffnungen auf Erfolg diesem Höhepunkt entgegen. Aber erfolgreich werden auf die Dauer nur die Züchter sein, die die Vorbereitung auf die Preisflüge nicht nur zur Zeit der Flugsaison sehen, sondern sie zielstrebig, planvoll und langfristig betreiben. Bereits nach Abschluß der alten Preisflugperiode wird der umsichtige Züchter mit der gewissenhaften langfristigen Vorbereitung beginnen. Die Auswahl der Tauben für die Zucht- und Flugmannschaften des kommenden Jahres orientiert sich bewußt auf hohe Maßstäbe. Von der exakten Beobachtung der Hauptmauser, über die Geschlechtertrennung und die planmäßige Fütterung im Winter, die stimulierende und für die Zukunft des Schlages bedeutsame Zuchtzeit bis zur kurzfristigen Vorbereitung in der neuen Preisflugsaison erstreckt sich ein kontinuierliches Betätigungsfeld für den Züchter. Er kann und darf sich im Verlaufe eines Jahres keine Vernachlässigung seiner Tauben erlauben. Hier gilt der weise Ausspruch erfahrener Züchter: „Die Preise werden weit vor den Flügen gemacht."

Langfristige Vorbereitung auf die Preisflüge

Die langfristige Vorbereitung der Tauben auf die Preisflüge erfolgt in drei Etappen, die sich durch ihre besondere Spezifik kennzeichnen. Von August bis in den November erstreckt sich die Hauptmauser. Sie ist die Phase der Federerneuerung, eine entscheidende Voraussetzung für das ungehinderte Flugvermögen jeder Taube. Sie ist aber auch gleichzeitig die Phase der entscheidenden Auslese für die kommende Saison. Die Winterzeit, also die Monate Dezember bis Februar, erfordern eine intensive und folgerichtige Führung im Hinblick auf die Preisflüge. Mit dem Monat März beginnt die Zeit des Anpaarens und der Zucht. Eine Etappe, die sehr viel Erfahrung und exakte Kenntnisse über die Tauben erfordert bezüglich der unmittelbaren Flugvorbereitung. Erst in den Monaten Mai bis August wird sich die Effektivität aller unserer langfristigen Maßnahmen erweisen.

Hauptmauser

Unmittelbar nach dem letzten Preisflug beginnt die Phase der zielgerichteten Auswahl der Tauben für das kommende Zucht- und Reisejahr. Die Maßstäbe müssen dabei konsequent hoch angelegt werden, um nicht im Mittelmaß zu verharren. Das Ziel muß immer darin bestehen, besser als im vergangenen Flugjahr abzuschneiden. Diese Selektion hat aber nur dann einen Sinn, wenn man sich über die Ursachen des Erfolges oder Mißerfolges bei den einzelnen Tauben oder gar der gesamten „Flugmannschaft" völlige Klarheit verschafft hat. Hierbei sollte jeder Züchter sehr gründlich und umfassend analysieren, um keine nachwirkenden Fehler zu begehen.

Es empfiehlt sich, die Trennung von den leistungsschwachen Tieren vor Abschluß der Hauptmauser vorzunehmen. Mit dem neuen, glänzenden Federkleid und der erholten körperlichen Verfassung blenden sie den inkonsequenten Züchter, der nachsichtig wird. Die Monate September, Oktober und November bilden aber auch den Zeitpunkt einer intensiven Beobachtung aller Tauben. Mit der Hauptmauser und der damit verbundenen Erneuerung des Gefieders vollzieht sich eine wichtige Etappe in der Vorbereitung auf den Preisflugerfolg im neuen Jahr. Jeder Züchter ist bestrebt, diesen natürlichen Prozeß so zu unterstützen und zu beeinflussen, daß im Hinblick auf das neue Flugjahr eine noch bessere Federqualität als Voraussetzung eines kräfteschonenden Fliegens erreicht wird. In dem Ausspruch, „Ohne gute Mauser kein Erfolg im nächsten Jahr", erkennen wir eine wichtige Erfahrungsweisheit.

Im Taubensport bezeichnet man den Beginn der Mauser, die sich über den größten Teil des Jahres erstreckt, mit dem Ausfall der ersten kürzesten Handschwinge. Der Zeitpunkt läßt sich durch den Anpaarungstermin wesentlich steuern, denn dieser Vorgang beginnt, wenn die Tauben einige Tage das zweite Gelege bebrüten. Der weitere Verlauf hängt vom Rhythmus der Fortpflanzung und von den Witterungsbedingungen ab. Trennt man die Paare, stockt die Mauser ebenso wie durch kaltes Frühlingswetter. Fällt die fünfte Schwinge des aktiven Flügels, beginnt die Mauser des Deckgefieders, also die Hauptmauser. Die Qualität und Widerstandskraft des nun heranwachsenden Federwerkes ist von der Gesundheit der Tauben, einer wohldurchdachten Ernährung, vom Hautzustand und auch von der eventuellen Einwirkung der Federparasiten abhängig. Die Gesundheit der Taube ist die erste Voraussetzung einer einwandfreien Mauser. Besonders Erkrankungen des Darmtraktes wirken sich negativ aus. Dazu zählen der Befall mit Kokzidien oder Würmern und mikrobische Krankheiten, wie beispielsweise die Darmform des Paratyphus.

Befindet sich die Taube in einem schlechten Allgemeinzustand und sind besonders die Drüsen nicht voll funktionstüchtig, können zeitlich begrenzt Mauserstörungen auftreten, denn von der Schilddrüse wird zum Beispiel die Geschwindigkeit der Mauser geregelt. Leber, Nieren und Nebendrüsen sind für die Blutreinheit sowie für die Blutzirkulation und somit für den Nährstofftransport zu den Federn verantwortlich. Solche Störungen können nach Abschluß der Mauser sehr oft als „Macken", besonders in den Schlagfedern des Flügels beobachtet werden. Sie mindern die Federqualität und damit die Vollwertigkeit der Taube für Preisflüge.

Es ist verständlich, daß eine neu wachsende Feder notwendige Aufbau- und Nährstoffe benötigt, wenn sie in guter Qualität heranwachsen soll. Der Züchter muß deshalb in Erkenntnis dieser wichtigen Tatsache den Entwicklungs- und Wachstumsprozeß durch eine ausgewogene Fütterung unterstützen.

Während der Hauptmauser ist es nicht ratsam, die Tauben fortwährend in die Hand zu nehmen. Das schadet unnötig den im Wachstum befindlichen jungen Federn. Im November muß aber eine erste gründliche Kontrolle des Mauserverlaufs erfolgen, um eventuelle Schäden rechtzeitig erkennen und korrigieren zu können. Die weiteren Betrachtungen zur Mauser konzentrieren sich bis Anfang Dezember auf die Flügelfedern erster Ordnung. Bis zum vollständigen Nachwachsen der zehnten Schwinge ist vollwertiges Mauserfutter zu verabreichen. Eine vorzeitige Umstellung auf eiweißwarme Winterfütterung führt

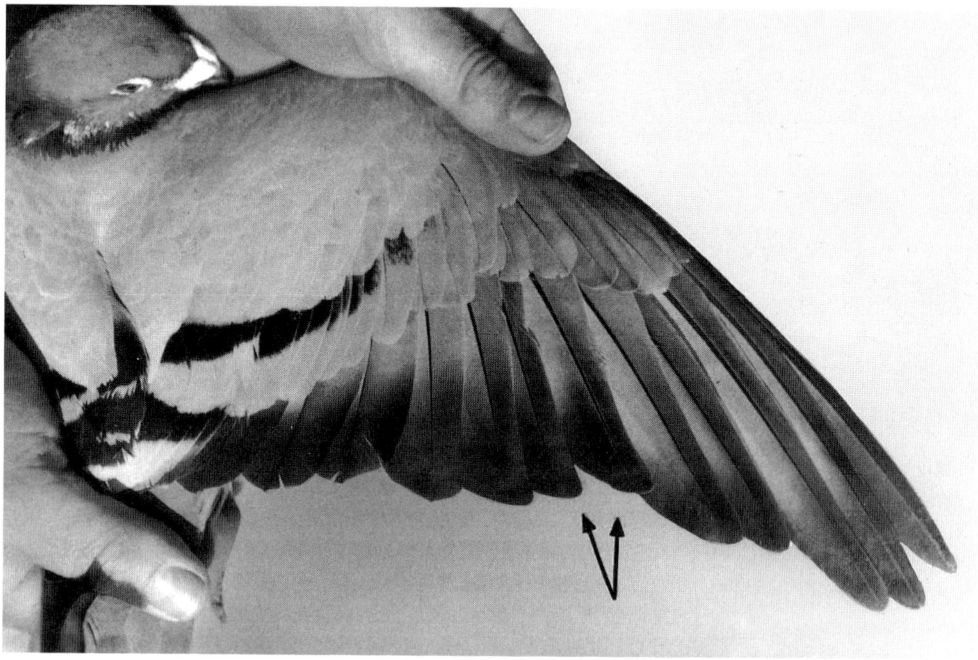

Abb. 88 Dieser Vogel erkrankte im Juni an der Herpesvirusinfektion. Die Federn 3 und 4 I. Ordnung bestätigen die Körperschwäche in dieser Zeit auffallend. (Foto: WEGENER)

unweigerlich zu Mauserschäden der für die Preisflüge so wichtigen letzten Handschwingen, die den Vortrieb zu gewährleisten haben. Jede Erkrankung, Körperschwäche oder unzureichende Ernährung der Taube widerspiegelt sich besonders in der Mauser der Federn des aktiven Flügels. Erfahrene Züchter lesen deshalb an dem gemauserten Flügel wie in einem Gesundheitsbuch des Tieres und können im Nachhinein entsprechend den Gesetzmäßigkeiten der Mauser den Zeitpunkt einer Körperschwäche (bis auf 14 Tage) genau angeben. So sind sie in der Lage, die Ursachen der Mauserabnormität zu ergründen und Schlußfolgerungen zu ziehen.

Da das Treiben, die Eiablage und die Aufzucht von Jungtieren die Tauben belastet, muß man genau abwägen, ob und welche Paare noch ein Gelege nach der Reisezeit aufziehen. Eine Herbstzucht empfiehlt sich besonders bei den Witwern, um bei ihnen wieder einen natürlichen Lebensrhythmus aufzubauen. Auf alle Fälle ist es ratsam, die Aufzucht nur auf ein Jungtier zu beschränken.

Durch eine Zucht im September/Oktober wird die Mauser zeitweilig unterbrochen. Das bewirkt eine deutliche Verzögerung, und die Mauser zieht sich dann bis in die kältere Jahreszeit hin. Je zeitiger die Tauben in einen Zuchtruhestand versetzt werden, desto früher kommen die Tiere in die Mauser, und um so eher wird diese dann abgeschlossen sein.

Die problemlose Mauser wird also maßgeblich durch die Umsicht des Züchters mitbestimmt und bildet so eine entscheidende Voraussetzung für die neue Preisflugsaison.

Winterzeit

Nachdem die Hauptmauser mit der Erneuerung der zehnten Handschwinge beendet ist, beginnt Anfang Dezember die Winterzeit.

Die Tauben präsentieren sich in einem glänzenden Federkleid, zeigen sich von allen Belastungen der Zucht- und Reisezeit erholt, in bester Gesundheit und Vitalität. Wer es bisher versäumte, sich von den leistungsschwachen und gesundheitlich anfälligen Tauben zu trennen, dem wird es nun doppelt schwerfallen, diese „strahlenden Athleten" auszumerzen.

Die besondere Behandlung der Tauben im Winter erfordert eine gewisse Kenntnis und Geschicklichkeit. Nur derjenige, der sich in der Winterzeit genauso seinen Tieren widmet wie im Frühjahr und Sommer, kann in der nächsten Preisflugsaison auf verdiente Erfolge hoffen.

Welches sind nun die hauptsächlichsten Arbeiten, die ein Züchter unbedingt in dieser Zeit beachten muß? Erste Voraussetzung ist ein gesundes Schlagklima, weil die Tauben sich jetzt mehr in ihrer Unterkunft aufhalten als zu anderen Jahreszeiten. Obwohl die winterliche Kälte den Tauben nicht schadet, müssen aber alle Vorkehrungen getroffen werden, um Zugluft und Feuchtigkeit im Schlag zu vermeiden. Zu einem gesunden Klima gehört auch die regelmäßige Säuberung. Ein gut funktionierendes Be- und Entlüftungssystem mit angemessener Luftzirkulation ist wichtig, um die feuchte Luft und die sich bildenden Gase aus dem Schlag zu entfernen.

Einige Züchter bedecken im Winter den Schlagboden mit einer Strohschicht, in der sich die Tauben offensichtlich wohlfühlen. Hat man sich für diese Möglichkeit entschieden, dann muß aber die Einstreu regelmäßig erneuert werden. Wenn das Stroh längere Zeit liegt, wird es durch den Kot faulig und stickig und verschlechtert die Luft. Außerdem bildet eine überlagerte Einstreu die Lebensgrundlage verschiedener Krankheitserreger.

Ein zweiter wichtiger Gesichtspunkt ist die Winterfütterung. Sie ist in verschiedener Hinsicht eine wichtige Maßnahme in Vorbereitung auf die neue Preisflugsaison. Die Umstellung vom Mauser- auf das Winterfutter beginnt, wenn die zehnte Handschwinge vollständig ausgewachsen ist. Dabei ist zu beachten, daß der Futterwechsel nicht abrupt, sondern allmählich erfolgt, um Verdauungsstörungen zu vermeiden.

Hinsichtlich der Anzahl der täglichen Fütterungen gibt es verschiedene Praktiken. Züchter, die zweimal füttern, werden ein leichtes Futter am Morgen, die Hauptmahlzeit am Abend geben. Wird nur einmal am Tag gefüttert, muß das unbedingt am Abend geschehen, damit die Fluglust am Tage nicht beeinträchtigt und der Wärmehaushalt der Taube in der Nacht, in der sie sich durch Bewegung nicht erwärmen kann, aufrecht erhalten wird.

Im Winter hat der Züchter meistens mehr Zeit, um den Kontakt mit den Tauben zu pflegen. Da die Tauben nicht übermäßig gefüttert werden, sind sie sehr ansprechbar auf kleine Leckerbissen. Das sollte man hinreichend nutzen, um Ruhe und Zutraulichkeit weiter auszuprägen, denn dieses vertrauensvolle Kontaktverhältnis im Umgang mit den Tieren ist für das Wohlbefinden, das Sicherheitsgefühl unbedingt notwendig, es fordert die natürliche Bindung an den Schlag. Auch die Reinigung des Schlages sollte durchaus im Beisein der Tauben erledigt werden, um diesen Gewöhnungsprozeß durchzusetzen.

Die Winterzeit ist aber auch Trainingszeit. In allen Sommersportarten kommt man ohne Wintertraining nicht zum gewünschten Erfolg. Nicht anders verhält es sich im Taubensport. Die Bewegung aller Extremitäten und Gelenke, das Training der Muskeln und der Atmungsorgane sind unerläßlich. Ein ständiger Freiflug ist sicherlich für viele Schläge durch die Einwirkungen der Greifvögel eine Gefahr. Deshalb empfiehlt sich ein zeitlich begrenztes Flugtraining. Dabei erhält man auch einen Überblick über die Flugbereitschaft der einzelnen Tauben und muß eventuell individuelle Gesundheitskontrollen bei den Tieren durchführen, die es an Fluglust und Flugvermögen fehlen lassen. Der Freiflug und das Flugtraining sollten stets in Abhängigkeit vom jeweiligen Wetter gewährt werden. Bei Regen, Schneefall, Nebel oder stürmischem

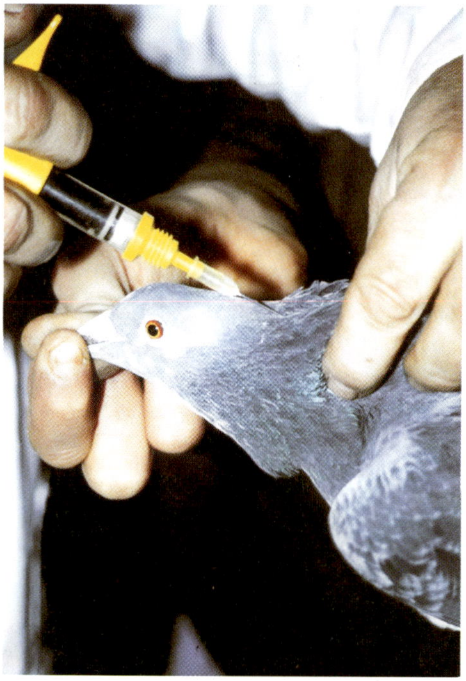

Abb. 89 Impfung beugt vor
(Foto: BARTH)

Wind bleiben die Tauben im Schlag, um Verluste zu vermeiden und ein Durchnässen des Gefieders zu verhindern, das bei der kalten Jahreszeit gesundheitliche Schäden zur Folge hätte. Das Flugtraining erfolgt unmittelbar vor der Hauptfütterung. Damit erzieht man seine Tiere zum sofortigen Aufsuchen des Schlages, eine Maßnahme, die sich bei der Ankunft der Tauben von den Preisflügen auszahlt. Vielfach hört man von Anfängern, daß sie es im Frühjahr und Sommer interessanter auf dem Schlag fänden, denn es gäbe dann mehr Abwechslung. Doch der erfahrene Züchter und Trainer versteht es, gerade im Winter den richtigen Grundstein für einen reibungslosen Startbeginn im Mai zu legen. Manche Züchter haben dafür noch nicht das richtige Empfinden und Verständnis und entfremden sich durch die oberflächliche Behandlung von ihren Tauben. Sie sind es dann aber auch, die dem Beginn der Preisflüge skeptisch entgegensehen, weil sie auf den ersten Flügen keine Erfolge vorweisen können. Zu fette Tiere, dadurch kurzatmig und ohne Ausdauer, werden oft von ihnen an den Start gebracht. Diese Tauben werden erst durch die Flugwettbewerbe zwangstrainiert und das heißt für einige schon das „Aus".

Gerade im Winter gilt es, die Kräfte, die für die kommende Saison benötigt werden, uneingeschränkt zu erzielen. Kommt die Kraftquelle in dieser Zeit durch Vernachlässigung ins Stocken, kann man keine Leistungen erwarten.

In den Wintermonaten sollten die Züchter in Ruhe und mit gewissenhafter Überlegung die Zuchtpaare sehen und auf dem Papier zusammenstellen und über die Flugmethode entscheiden. Dabei spielt die Auswertung aller schriftlichen Beobachtungsunterlagen des vergangenen Zucht- und Reisejahres eine wesentliche Rolle, speziell, wenn es um charakteristische Formmerkmale einzelner Tauben geht, die erneut angestrebt werden sollen.

Damit wird der unmittelbare Schritt in die Zuchtperiode vorbereitet und jegliche überhastete und eventuell falsche Handlung weitgehend vermieden.

Zuchtzeit

Mit den wärmer werdenden Tagen des zeitigen Frühjahres stellt sich unter den Tauben bald der Paarungstrieb ein. Da die Anpaarung aber durch den Züchter gelenkt werden soll, wird er etwa vier Wochen vor diesem Termin die Geschlechter trennen. Vögel und Weibchen können sich in dieser Zeit weder sehen noch hören. Damit zieht eine gewisse Beruhigung ein, und die Paare verlieren zunehmend ihre bisherigen Bindungen. Diese Maßnahme erleichtert eine neue Zusammenstellung der Tiere für die Zucht. Die Vögel verbleiben während der Trennung im Zucht- bzw. Witwerschlag, um ihre Zellen zu beziehen, in denen sie etwa ab Mitte März mit ihren Weibchen zur Paarung schreiten.

Die Trennungszeit muß im Interesse der folgenden schnellen Anpaarung vorbereitend genutzt werden. Dazu zählt in erster Linie, die Paarungslust der Tauben schrittweise zu erhöhen. Mit zusätzlichen Gaben von Weizenkeimöl (Vitamin E) läßt sich der natürliche Paarungstrieb stimulieren. Mit vorsichtigen Gaben von Sämereien am Ende der Trennungszeit wird dieses Vorhaben ebenfalls unterstützt. Jeder Züchter sollte sich davor hüten, schon jetzt eine Umstellung auf das Zuchtfutter vorzunehmen. Das würde zum Fettansatz führen, der sich sowohl für die Zucht als auch für das Fliegen nachteilig auswirkt. Tägliches Flugtraining unterstützt die gesunde und zugleich sportliche Führung der Tauben.

Für das Anpaaren nutzt man zweckmäßigerweise ein Wochenende, an dem man genügend Zeit hat, die Weibchen an die ihnen zugewiesenen Zellen zu gewöhnen, um Raufereien zu vermeiden, bei denen besonders das Gefieder in Mitleidenschaft gezogen werden kann.

Für die Tauben, die nach der natürlichen Methode an den Preisflügen teilnehmen sollen, ist der Paarungstermin eine wichtige Vorbedingung. Nach Möglichkeit sollen diese Tauben mit Beginn der Preisflüge die erste Feder des aktiven Flügels gemausert haben, um in ansteigende Flugform zu kommen. Diese fällt, wenn die Tauben etwa zehn Tage das zweite Gelege bebrüten. Oder es soll ein bestimmter Neststand, der Aussicht auf Erfolg verspricht, bei einem Flug erreicht sein, dann kann der Züchter den Paarungstermin rückwärtsrechnend vom Preisflugdatum festlegen. Dazu wird er den Abstand zwischen zwei Gelegen mit 40 Tagen annehmen. Der Tag der Zusammenstellung der Paare wird für die Flugtauben aber auch durch den Endflugtermin bestimmt. Tauben, die für die letzten Flüge der Saison vorbereitet werden, dürfen noch nicht die fünfte Handschwinge geworfen haben, um mit einem festen Deckgefieder die Flüge zu bestreiten. Hier empfiehlt sich eine spätere Anpaarung oder eine zwischenzeitliche Trennung vom Partner, um die Mauser zu verzögern. Unterteilt man seinen Bestand in Zucht- und Flugtiere, in Kurz- und Weitstreckenflieger, in Witwer und Nestflieger, so ist die notwendige differenzierte Führung nur dann möglich, wenn dazu mehrere Schläge zur Verfügung stehen.

Es gibt Züchter, die die gesamte Zucht dem Zufall überlassen und meinen, es wird schon etwas Vernünftiges dabei herauskommen. Bei einem durchgezüchteten Stamm guter Auswahltauben wird das Ergebnis auch nicht sehr abwegig sein. Aber der versierte, in die Zukunft schauende Züchter sucht jedes Jahr erneut nach mindestens einem weiteren guten Zuchtpaar. Nur wer dieses mit gezielter Paarung oder auch über den Zufall findet, wird eine sichere Basis für den Erfolg schaffen. Solche Zuchtpaare erhält man vorwiegend durch überlegte Auswahl und systematische Paarung. Gelingt dabei die Feststellung, daß aus einer Linie die meisten Sieger hervorgehen, so wird sie zur Stammesgrundlage erklärt.

Aber nicht alle Tauben müssen auswahlgerecht gepaart werden. Es gibt dabei verschiedene Möglichkeiten. Entweder man überläßt den leistungsstärksten Tieren die Paarung selbst, oder man nutzt das im Linienverband. Eine andere Möglichkeit bietet sich in der freien Paarung aller Tauben, deren Zuchtwert weniger bedeutsam ist. Für jeden Schritt, den ein Züchter für diese Phase wählt, sollte er immer eine wohldurchdachte und möglichst erfolgversprechende Begründung haben, denn mit der Zucht wird der Grundstein für die folgenden Jahre gesetzt.

Bei der gelenkten Paarung können allerdings auch Schwierigkeiten auftreten, weil sich die Partner nicht unbedingt zugetan fühlen. Hier sollte man sich in Geduld üben. Nach ein paar Tagen erneuter Trennung, verbunden mit einer Reizfütterung, wird die Zusammenfügung der Partner, nach Möglichkeit an einem sonnigen Tag, wiederholt. Das Sonnenlicht veranlaßt mit seiner Strahlungsintensität über die Nervenzellen der Augen eine Drüsensekretion und erhöht damit den Paarungstrieb.

Auch während der Paarungszeit seiner Tauben muß der Züchter selbst ruhig zu Werke gehen. Jede Hektik, jedes hastige Ergreifen der Tiere bringt besonders die Jährigen in Erregung und erschwert unnötig den Zuchtbeginn. Zutraulichkeit, Ruhe und für die Tauben eine ummerkliche Führung durch den Züchter sind oberstes Gebot. Tauben sind Höhlenbrüter. Sie fühlen sich während des Brütens besonders wohl, wenn man die Vorderseite der Nistzelle durch ein Brettchen bis zur halben Höhe abdunkelt. Dieser Effekt erhöht den Nesttrieb und die Nestliebe. Es empfiehlt sich, in der Paarungszeit Grit und Futter in die Zellen zu stellen, um den Weibchen das nötige Nährstoffangebot zu garantieren, von dem sie oftmals durch das hektische Treiben des Vogels abgehalten werden. Auch leichte Gaben von Sämereien erleichtern das Legen. Das geregelte Legen der Weibchen ist von großer Wichtigkeit. Normalerweise geschieht dieses am 9. oder 10. Tag nach der Paarung. Erfolgt die Eiablage wesentlich später, so muß man die Ursachen ergründen. Von diesen Tauben, die von der Regel abweichen, können wir meistens in der Zucht nicht viel erwarten. Günstiger ist es, wenn am 13. Tag noch keine Eiablage erfolgte, dem Paar Kunsteier unterzulegen, um das kräfteraubende Treiben zu unterbinden. Das zweite Gelege wird dann meistens normal ablaufen, wenn das Weibchen gesund ist.

Mit der Zuchtzeit beginnt schon eine wichtige Phase der Auswahl künftiger Tauben. Die erste Selektion sollte bereits am Ei vorgenommen werden. Es werden rein weiße Eier von mittlerer Größe und glatter Oberfläche gefordert. Eier mit rauher körniger Schale sollten aussortiert werden. Ein weiterer entscheidender Ausleseschritt erfolgt mit dem Schlupf der Jungen. Beide Jungtiere müssen ohne großen Zeitunterschied schlüpfen. Mehrere Stunden Differenz sind dabei nicht zu tolerieren. Die leeren Eierschalen dürfen kein Blut und keine Dottersackreste aufweisen. Nur dann ist das Taubenküken wohlgenährt und gesund geschlüpft.

Etwa am 8. Tag werden die Jungtiere beringt. Diese Gelegenheit müssen wir zu einer weiteren Kontrolle nutzen. Der Nabel der Jungen ist nun vollkommen trocken. Beide Jungtiere müssen gleichmäßig wachsen. Die Exkremente liegen rund um die Nistschale. Wäßriger Kot ist immer ein Alarmzeichen und fordert zu erhöhter Aufmerksamkeit auf. Wird der Zustand nicht kurzfristig behoben, kann man im Hinblick auf zukünftige Leistungen der Jungen nicht viel erwarten.

Nach 16 bis 18 Tagen wird durch einen Zellennapf den Jungtauben Futter gereicht. Damit werden sie zur Selbstversorgung angelernt und können nach kurzer Zeit zur Schonung der Alttauben den Jungtierschlag beziehen.

Nach einer konsequenten Auslese in der Aufzucht werden einige Jungtauben auf der Strecke bleiben. In der Zucht ist nicht die Masse ausschlaggebend, sondern die Qualität. Ob aber auch alle Jungtauben Flugqualitäten haben, ist damit noch nicht entschieden. Sicher ist nur, daß die Ausgewählten die besten körperlichen und gesundheitlichen Voraussetzungen dafür mitbringen.

Die Zuchtzeit beinhaltet aber auch eine wesentliche Vorbereitungsetappe auf die unmittelbar bevorstehende Preisflugsaison. Durch sie wird die innere Bindung der Taube an den Schlag, an den Partner, die Nistzelle und die Jungen wesentlich geprägt. Der Paarungs-, Brut- und Fütterungsreflex, die Verteidigung als Schutzfunktion gegenüber der Nachzucht sind weitere Elemente, die das Heimwärtsdrängen bei einem Preisflug stimulieren.

Je besser es der Züchter versteht, diese Stimuli für die Saison aufzubauen und zu prägen, desto erfolgreicher wird er die Reisezeit bestreiten können.

Die Vorbereitung wird aber auch durch eine angemessene Zuchtschonung getroffen. Tauben, die für die Flüge ausgewählt sind, sollten nach der Aufzucht der ersten Brut entweder ganz oder teilweise von einer weiteren kräftezehrenden Jungenfütterung verschont werden. Mit der Witwerschaftsmethode ist sicherlich eine ideale Schonung gefunden. Tauben, die nach der natürlichen Methode fliegen, läßt man nur ein Junges aufziehen, und auch hierbei kann der umsichtige Züchter noch variieren, indem er dieses Jungtier teilweise von Ammen mitfüttern läßt. In der Konkurrenz der Preisflüge benötigen die Tauben ihr volles Leistungsvermögen. Das besitzen sie nur, wenn wir alle Kraftreserven aufspüren und sie für die physische Stärkung den Tauben zukommen lassen. Wer von seinen Leistungstauben mehr Junge ziehen will, sollte das über Ammentauben realisieren.

Kraftreserven liegen aber auch in einer gut gewählten Zuchtfütterung. Viele Züchter begehen den Fehler, ihren Tauben nach der Paarung bis zum August, also während der Zucht- und Reisezeit, dasselbe Futter zu reichen. Das aber führt besonders in der Brutzeit zu einer Überfütterung und zur Fettanreicherung bei den Tauben.

Züchter, die ihre Tauben nach der Witwerschaftsmethode fliegen lassen und deren Bestand relativ klein ist, wollen mit ihren Leistungstauben den Bedarf an guter Nachzucht ebenfalls ausreichend absichern. Diesen Züchtern ist die Winterzucht zu empfehlen. Bereits Ende November erhalten die Witwer die ihnen zugedachten Weibchen und schreiten zur Brut.

Die Winterzucht sollten sich aber auch alle die Anhänger der Witwerschaftsmethode vorbehalten, die entsprechend der Jungenaufzucht notwendig temperierte Schläge besitzen.

Schließlich mündet die Zuchtperiode kontinuierlich in die unmittelbare Vorbereitung der Preisflüge. Tägliches Training am Haus ist eine Voraussetzung für eine gute Flugkondiditon der Tauben. Dieses Training reicht aus für die Erhaltung der Festigkeit und Geschmeidigkeit der Muskulatur und erhöht das Ausdauervermögen mit zunehmender Flugzeit. Das Training der Witwer läßt sich mit Zwangsflügen leichter als mit Zuchttauben realisieren und verbessert damit die gute Flugverfassung dieser Vögel.

Viele Züchter geben ihre preisflugerfahrenen Tauben nur auf eine Trainingstour, um sie an dieses neuerliche Milieu zu gewöhnen. Jährige, unerfahrene Tiere, sollte man auf die Saison systematisch vorbereiten. Das betrifft sowohl die Gewöhnung an die mit vielen Artgenossen besetzte Kabine, als auch den Massenstart für ein effektives Reagieren zu den Preisflügen selbst. Besonders die Wasseraufnahme sollte mit diesen Tauben in Transportkörben trainiert werden, in dem sie mehrmals einen Tag verweilen müssen. Wie umfassend die einjährigen Tauben mit den Preisflügen belastet werden können, hängt von verschiedenen Faktoren ab. Es gibt frühreife Stämme, denen man ein umfangreiches Programm zumuten kann. Unter diesen gibt es Tiere, die sich schon im Jungflug durch hervorragende Leistungen auszeichnen. Auch die Schlaganlage, das Schlagklima beeinflussen diese Entwicklung. In den meisten Fällen empfiehlt sich aber Geduld mit diesen Tauben. Die jährlich großen Verluste an Jährigen sprechen schon deutlich dafür. Wir sollten die einjährigen Tauben, die sich noch in der Entwicklung befinden, nicht vorzeitig durch Überanstrengung und Unbedachtsamkeit hinsichtlich Zucht und Reise verschleißen.

Mit der Reisezeit beginnt die Phase der unmittelbaren, der kurzschrittigen Vorbereitung der Tauben, die sich in der gesamten Preisflugzeit fortsetzt. Da gibt es keinen Tag, an dem nicht wohlüberlegt gehandelt werden muß, um die Leistungsform der Tauben auf das erforderliche Niveau zu bringen, das Erfolg garantiert.

Preisflugleistungen

Jeder Züchter ist daran interessiert, mit seinen Tauben auf den Preisflügen gute und sehr gute Leistungen zu erzielen. Bei einigen gelingt das Jahr für Jahr. Andere dagegen schaffen es gelegentlich oder nie. Die Gründe dafür liegen zweifelsohne in den angeborenen Eigenschaften der Tauben. Dazu zählen wir einen ausgeprägten Orientierungssinn, eine anatomische Ausgewogenheit, besonders im Verhältnis von Flügel und Körper, aber auch ein möglichst idealer aerodynamischer Körperbau und ein gewisser Grad an Schlag- und Nesttreue. Das alles läßt sich bei der Herauszüchtung eines Taubenstammes auf längere Sicht berücksichtigen. Aber es ist auch ein ungeschriebenes Gesetz, daß 60 % der Preisflugerfolge über den Züchter erreicht werden. Das wiederum erfordert ein gerüttelt Maß an Wissen und Können sowie einen umfangreichen Erfahrungsschatz in der Vorbereitung und Beurteilung der Tauben.

Merkmale einer leistungsfähigen Brieftaube

Erkennen der Leistungsform

Der erfolgreiche Züchter versteht es, wie es ein Trainer vermag, seine Sportler zu den Wettkämpfen der Saison in eine Leistungsform zu bringen.
Unter der Leistungsform einer Taube versteht man den Zustand, den das Tier unter Beachtung aller natürlichen Umwelteinflüsse oder planmäßiger Einwirkungen des Züchters erreicht, um ein Maximum an Leistungsfähigkeit zu erzielen.
Es gibt für die Einschätzung der Form kein Rezept, denn viele Anzeichen einer guten Leistungsform sind von Stamm zu Stamm, von Schlag zu Schlag unterschiedlich. Manche Tauben eines Schlages zeigen ganz unterschiedliche Formmerkmale, die aber der Züchter kennen muß, um eine reale Einschätzung vornehmen zu können. Der Züchter wird neben der intensiven Beobachtung seiner Tauben sehr viel Zeit investieren, um die typischen individuellen Merkmale der Leistungsform auf seinem Schlag zu erkennen. Dazu sind Beobachtungen und Aufzeichnungen unerläßlich. Am zweckmäßigsten erweisen sich dafür Karteikarten, auf denen man für jede Taube, schnell und griffbereit, jederzeit die Eintragungen der Merkmale laufend ergänzen kann. Diese Karten charakterisieren letztlich eine Taube hinsichtlich ihres typischen Formzustandes. Wer sich bei der Größe seines Bestandes eine derartige Beobachtung und Beurteilung nicht zumutet, sollte soweit reduzieren, bis er eindeutige Aussagen zu jeder Taube machen kann. Alles andere ist ein Spiel mit dem Zufall. Die Kondition einer Taube ist von vielen Einflüssen abhängig. Sie wird bestimmt durch das Zusammenwirken physischer Komponenten und erblicher Faktoren hinsichtlich der Vitalität, des Verhaltens, vom Schlagmilieu, von der Gesundheit, der Fütterung, dem Neststand und vielen anderen Dingen. Die Leistungsform kann oftmals schwanken, wenn nur einer der genannten Faktoren nicht im positiven Sinne wirksam wird. Es kommt also immer darauf an, ein gut abgestimmtes Ensemble von formstimulierenden Wirkungselementen zu garantieren.
Wir hatten bereits festgestellt, daß es typische individuell unterschiedliche Verhaltensweisen bei guter Leistungsform der einzelnen Tauben gibt. Dennoch existieren genügend allgemeine Kennzeichen, die für den größten Teil der Brieftauben zutreffen. Ein erstes Zeichen guter Form ist zweifelsohne die Fluglust, die eine Taube zeigt. Beim Öffnen des Schlages starten die Tiere zu einem spontanen Flug, ohne das Anflugbrett zu berühren. Sie gewinnen an Höhe und fliegen aus eigenem Antrieb minutenlang in großen Kreisen um den Schlag. Am Dach angekommen, umfliegen die Vögel noch einige Runden flügelklatschend das Haus, um dann rasch wieder in den Schlag zu eilen und ihre Nistzelle aufzusuchen.
Sie umwerben die Weibchen am Flugbrett, fliegen ihnen klatschend nach, zeigen sich im Gesamtverhalten sehr vital.
Andere, besonders einige Witwer, bewegen sich nach dem Flug kaum aus ihrer Zelle. Sie dösen scheinbar herum, lassen hin und wieder ein leises Heulen hören, beobachten aber ihre Umgebung sehr genau. Sie werden sofort gestrafft und verteidigungsbereit, wenn sich an-

dere Tauben ihrem Stammplatz nähern oder der Züchter sich in ihre Nähe begibt. Im Schlag fliegen sie leicht und man vernimmt kaum ihre Bodenberührung. Andererseits fliegen sie ihre Nistzelle sehr temperamentvoll an.

Viele Züchter sehen auch in einigen Eigenheiten des Gefieders ein Erkennungsmerkmal der guten Form. Das Federkleid soll eng und straff anliegen, es wirkt geschmeidig und ist gut mit Federstaub gepudert. Gibt man den Tauben ein Bad, so werden die Tiere mit der besten Puderbildung auch am schnellsten trocken. Am Ende der letzten beiden Schwingen erster Ordnung treten bei einigen Tauben ölige Flecken auf, die mit steigender Form größer werden. Diese „Fettflecken" sind ein sichtbares äußeres Zeichen, auf das viele Züchter sehr genau achten, bevor sie ihre Tauben zum Preisflug einsetzen. Diese Flecken kennzeichnen die gute Funktion der Bürzeldrüse, aber auch die Aktivität der Taube bei der Pflege ihres Gefieders. Das wiederum ist ein Spiegelbild der absoluten Gesundheit.

Gibt man seinen Tauben regelmäßig Gelegenheit zum Baden, so haben sie eine saubere und gut durchblutete Haut an der Brustmuskulatur. Je intensiver und glänzender die Rosafärbung, desto besser ist die Form. Kann man zahlreiche Äderchen durch die Haut erkennen, wird das als weiteres Formmerkmal gewertet. Dabei tritt am Brustanfang der Taube ein kleines, intensiv rotes Blutäderchen hervor, das man auch als den „springenden roten Punkt" bezeichnet. Es ist besonders gut bei brütenden Tauben zu beobachten. Blaue, mit Schinnen bedeckte Brustmuskeln deuten immer auf eine schlechte Leistungsform hin. Tauben in guter Form haben trockene, saubere und vor allen Dingen warme Füße. Letzteres ist das Zeichen eines gut funktionierenden Kreislaufes.

Erfahrene Züchter beurteilen die Leistungsform ihrer Tauben auch nach deren Idealgewicht. Diese Begutachtung erfordert sehr viel Fingerspitzengefühl und Kenntnis über jede einzelne Taube, die zum Flug eingesetzt werden soll. Dazu muß man sich im Laufe der Zeit durch individuelle Beurteilung der Tauben das richtige Bewertungsmaß aneignen. Eine in Leistungsform befindliche Taube wird nie fett sein, wenn der Züchter die Fütterung seiner Tiere über das ganze Jahr planvoll betreibt. Die Brustmuskulatur ist leicht geschwollen, elastisch und geschmeidig. Schwammigweiche Muskeln sind immer ein Merkmal einer zu fetten Taube. Bei der Einschätzung des Idealgewichtes sind einige konkrete Bezugsgrößen zu beachten. Eine kleine Taube wird sicherlich leichter sein als eine große. Man muß daher das Körpergewicht, die Körpergröße, den Umfang und die Flügelausmaße mit einbeziehen. Diese Relativbetrachtung soll eine harmonische Einheit, das Ideal ergeben. Das ideale Relativgewicht ist immer dann erreicht, wenn Volumen und Umfang des Tieres durch das formbedingte Anschwellen der Muskeln am Brustbein nicht größer erscheinen als im Normalzustand, d. h. nicht mit einer Massenzunahme einhergeht, die uns den Eindruck einer schweren Taube vermittelt.

Die Beobachtung des Taubenkopfes bietet dem versierten Züchter weitere Formbegutachtungsmöglichkeiten. In den Augen der Tauben läßt sich der bekannte „Porzellanglanz" feststellen. Die Irisfärbung ist besonders ausgeprägt und verleiht dem Auge einen intensiven Glanz. Die Iris des Auges widerspiegelt im besonderen Maße die Gesundheit und Vitalität der Taube. Farblich matte, dazu an den Rändern noch feuchte Augen sind untrügerisch das Zeichen mangelnder Form. Die Nasenwarzen sind normalerweise trocken, sauber und weiß, die Augenränder grau und trocken, die Nasenöffnung unterhalb der Nasenwarzen schleimfrei. Letzteres ist wichtig für eine ungestörte Atmung. Eine Reisetaube in Form muß selbstverständlich gesund sein. Kranke Tauben besitzen viele der genannten Parameter der Leistungsform nicht. Ein sicheres Gesundheitsbarometer ist der Kot. Ihn täglich zu begutachten, gehört somit für die Formanalyse zu den wichtigsten Maßnahmen. Tauben in ansteigender Form setzen den Kot in kleinen Ballen ab, die weiß getüpfelt sind. Je kleiner und fester die Exkremente, desto günstiger sind die Bedingungen einer erfolgreichen Leistungsform.

Neben diesen Formmerkmalen muß sich aber jeder Züchter psychologisch bedingten Verhaltensweisen seiner Tauben zuwenden. Diese zu erforschen, ist außerordentlich schwer und erfordert eine aufwendige Beobachtung jedes Tieres. Allgemeine Merkmale, die eine gute Form präsentieren, lassen sich nicht verbindlich auf alle Tauben anwenden. Es gehören aber solche Kennzeichen dazu wie Ruhe, Nervosität, Aggressivität am Nest oder am Sitzplatz, Verhalten zum Nestpartner und zu den Jungen sowie viele andere Verhaltensweisen, die man eingehender beobachten muß. Alle diese Kennzeichen sind von Taube zu Taube unterschiedlich, ja sogar entgegengesetzt ausgeprägt, so daß nur die Erfahrung des Züchters und seine Kenntnis über das Tier das Formverhalten analysieren helfen.

Einflußfaktoren auf die Form

Tauben optimal in Form zu bringen, ist Ausdruck des Könnens der Züchter, ist die Kunst im Taubensport. Viele Faktoren gilt es dabei zu berücksichtigen. Den Formzustand wird man schwerlich erreichen, konzentriert man sich dabei ausschließlich auf die Reisezeit. Wer seine Tauben während der Mauserzeit und im Winter unter dem Gesichtspunkt des langfristigen Formaufbaus pflegt und versorgt, sie vor allen Dingen überlegt und planmäßig ernährt, dem wird es im Frühjahr leichter fallen, die Form seiner Tauben zielgerichtet aufzubauen. Im Vordergrund stehen dabei eine tiergerechte Haltung und Ernährung. Ebenso wichtig ist die Schlaghygiene sowie die Lagerung und Qualität des Futters. Oftmals ist verunreinigtes, mit Schimmelpilzen behaftetes Futter die Ursache von Verdauungsstörungen bei Tauben, die einen Formaufbau mehr oder minder beeinträchtigen können.

Es gibt unter den Züchtern noch immer echte Verfechter einer streng natürlichen Taubenhaltung, die den Einsatz jeglicher Arneimittel strikt ablehnen. Aber ohne Medikamente sind die Bestände auf die Dauer nicht mehr gesund zu halten. Die Vielzahl der Krankheiten und Übertragungsmöglichkeiten zwingt uns, die Tauben mindestens gegen den Paramyxovirus impfen zu lassen oder Kuren gegen die gefährliche Trichomoniasis durchzuführen. Nur sollte man sich hüten, zu viele Kuren und Behandlungen und schon gar nicht ohne ärztliche Anweisung zu praktizieren. Sie könnten das Aufbauen einer maximalen Form völlig verhindern.

Ein zweiter wichtiger Aspekt hinsichtlich des Formaufbaues ist das Klima im Taubenschlag. Von Bedeutung sind auch die Lage des Schlages und zum Bau verwendete Materialien. Es gibt Taubenschläge, die den Anforderungen solcher Leistungstiere nicht genügen. Zunächst ist davon auszugehen, daß ein solcher Taubenschlag ein gut funktionierendes Be- und Entlüftungssystem aufweisen muß. Vor allem soll dadurch der Temperaturunterschied zwischen Tag und Nacht so gering wie möglich gehalten werden. Die extremen Temperaturschwankungen sind oftmals der Grund eines zu langsamen Leistungsaufbaues oder eines plötzlichen Leistungsabfalles der Tauben. Eine gute Luftzirkulation vermag die durch Sonneneinstrahlung sich speichernde Wärme tagsüber auszugleichen. Am Abend sind dann die größten Luftabzugsöffnungen zu schließen, damit die Wärme möglichst lange im Schlag bleibt. Demnach sollte auch nachts eine Lufterneuerung gegeben sein. Wer den Schlag während der Nacht verschließt, begeht einen entscheidenden Fehler, denn sauerstoffreiche Luft ist genauso notwendig wie gutes Futter.

Wetterumschläge bringen außer den Temperaturschwankungen auch Veränderungen der Feuchtigkeit in den Schlag. Das ist um so mehr der Fall, je ungeeigneter die zum Bau verwen-

deten Materialien ausgewählt wurden. Baustoffe, die die Temperaturschwankungen sofort übertragen bzw. die Feuchtigkeit des Schlages begünstigen, wirken sich nachteilig auf die Formkonstanz der Tauben aus. Kommt dann noch eine schlechte Luftzirkulation hinzu, ist die Entwicklung einer erfolgversprechenden Form undenkbar.
Manche Züchter versuchen, durch eine Schlagheizung einen Ausgleich zu schaffen. Dabei ist aber zu bedenken, daß die Heizung eine neue Luftzirkulation erfordert und im Frühjahr durch die Wärme die Entwicklung der Leistungsform beschleunigt. Damit kann ein Formhoch zu früh beginnen, das man schwerlich über die gesamte Saison halten wird. Deshalb sollte durch direkte oder indirekte Heizung nur soviel Wärme zugeführt werden, daß der Schlag trocken bleibt. Den Trocknungseffekt können auch Glühlampen von 200 W übernehmen, wenn die erwärmte Luft sofort durch die Zirkulation abgeführt wird. Wie sich die Wärme begünstigend auf die Form auswirkt, erleben wir bei vielen Schlägen, deren Fenster nach Süden gerichtet sind und der Frühjahrssonne vollen Eintritt gewähren. Anders ist es bei Schlägen mit Ostrichtung. Dort kommen die Tauben bei natürlicher Haltung etwas später in Form. Hierbei nachzuhelfen, ist Sache des feinsinnigen Führens durch den Züchter. Deshalb sollte der klimatisch optimale Schlag stets so beschaffen sein, daß selbst im Sommer noch genügend Frischluft zugeführt werden kann, um ein zu starkes Aufheizen zu vermeiden und gleichzeitig ausreichend Sauerstoff für alle Schlaginsassen bietet. Diese regelbare Ventilation ist für die Herausbildung und Konservierung der Form unbedingt notwendig.
An dieser Stelle muß auch auf einen häufig anzutreffenden Fehler einiger Züchter hingewiesen werden. Im Bestreben mit möglichst vielen Tauben an den Flugkonkurrenzen teilzunehmen, übervölkern sie ihren Schlag, werden wissenschaftliche Parameter, die bereits im Schlagbau genannt wurden, vergessen. Eine Taube benötigt für einen optimalen Stoffwechsel je Kilogramm Körpermasse dreimal mehr Sauerstoff als die Säugetiere. Dazu muß die Luft im Schlag annähernd der Außenluft entsprechen. Das ist bei einer Überbesetzung des Schlages in keiner Weise garantiert. Kommen dann noch die Jungtauben hinzu – und sei es nur im Nest – verringert sich der Sauerstoffgehalt der Luft noch mehr. Unter solchen Bedingungen kann keine Leistungsform der Tauben aufgebaut werden. Als Fazit gilt: Ein trockener hygienischer, ohne Zugluft und gut ventilierter Taubenschlag ist Voraussetzung für die Haltung von Leistungstauben.
Die Leistungsform der Tauben läßt sich über die Fütterung wesentlich mitbestimmen. Es gibt kein genaues Maß für die Futtermenge je Taube. Jedes Tier benötigt für seinen Stoffwechsel eine optimale Menge. Die richtige Dosierung muß der Züchter bei seinen Tauben im wahrsten Sinne des Wortes erfühlen. Jeder Fettansatz bedeutet Formverlust. Die Futterration ist entweder zu groß oder zu nährstoffreich.
Bei der Fütterung von anregenden Ölsämereien wird man die Form sehr schnell hochtreiben. Aber die so manipulierte Form hält höchstens 3 Wochen an, dann kommt der unvermeidliche Rückschlag. Das Feuer der Tauben ist ein Strohfeuer. Ein erneuter Aufbau in der laufenden Preisflugsaison wird fehlschlagen.
Eine weitere Ursache der schwindenden Form ist die kräftezehrende Zucht. Immer wieder erleben wir bei den Züchtern, die frühzeitig auf den Preisflügen kapitulieren, daß sie Zucht und Reise mit gleicher Intensität betreiben möchten. Beides wird aber in der Qualität nicht befriedigen. Die Jungen leiden in ihrer Entwicklung, und den Flugtauben fehlt die zum schnellen Heimflug nötige Kraft. Zuchtschonung ist deshalb ein wichtiges Kriterium, um die gewünschte Leistungsform auch mit den Stimuli der natürlichen Nestmethode aufzubauen und zu erhalten. Die Witwerschaftsmethode ist diesbezüglich die effektivste Me-

thode der Formhaltung. Trotzdem kann durch die unterschiedlichsten Einflüsse eine Formminderung der Witwer eintreten. Den Züchtern, die sich dieser Methode zuwenden, ist zu raten, den Vögeln ihre Weibchen zurückzugeben. Nach dem Legen können beide einige Tage brüten, und erst dann werden die Vögel erneut zu Witwern umfunktioniert. Normalerweise ist dann die Formlosigkeit überwunden. Aber auf drei Wochenenden muß man auf ihren Flugeinsatz verzichten.

Die gleichbleibend gute Form der Witwer wird man mit Nesttauben nur schwer erreichen können. Die Nestmethode erfordert bei exakter Durchsetzung eine Vielzahl von Notizen, um die optimal stimulierenden Faktoren der Leistungsform zielgerichtet zu erreichen.

Formreduzierend kann aber auch ein ständig offener Schlag sein, der den Tauben ganztägigen Freiflug gewährt. Das Feldern wird dann nicht ausbleiben. Trotz aller Vorteile, die die Natur den Tauben bietet, besteht heute mehr denn je die Gefahr der Feldvergiftung. Sie ist oftmals Ursache für das rasche Schwinden der Leistungsform bei Tauben. Deshalb sollte besonders in den gefährdeten Zeiten der Freiflug nur kontrolliert durchgeführt werden, um ein dosiertes Flugtraining zu garantieren und die einmal aufgebaute Form möglichst lange zu halten.

Nicht zuletzt beeinflussen die Parasiten im Federkleid der Tauben ihre Leistungsform. Bei der Mehrzahl der zugeflogenen Tiere bemerkt man bei flüchtiger Betrachtung den Befall von Federlingen. Solche Tauben sind meistens schon außer Form und so schnell nicht wieder aufzubauen. Deshalb sollte jeder Züchter der Bekämpfung der Federparasiten ganzjährig gebührende Aufmerksamkeit schenken.

Der Züchter, dem es nicht gelingt, seine Tauben in Form zu bringen bzw. zu halten, muß konsequent nach Fehlern in seiner Führungsarbeit mit den Tieren suchen. Viele Maßnahmen und Umstände beeinflussen die Form. Wer die Zeit und die Geduld für Beobachtungen, Aufzeichnungen, für die Arbeit und Wissensaneignung scheut, darf sich über mangelnden Erfolg nicht beklagen.

Nun ist aber die Form für den Erfolg nur dann entscheidend, wenn bei der Taube auch alle anatomischen Voraussetzungen gegeben sind. Eine in Hochform befindliche Taube mit einem schlechten Flügel wird unsere Erwartungen nicht erfüllen können.

Äußere Merkmale für die Leistungskriterien

Jeder Züchter wird mehrmals im Jahr mit der Einschätzung der äußeren Leistungsmerkmale seiner Tauben konfrontiert. Insbesondere hat er sich damit zu befassen, wenn es um die bewußte Auswahl seiner Tauben in Vorbereitung auf die Zucht- und Preisflugsaison geht.

Kriterien für die Bestandsselektion gibt es mehrere. Einerseits wird sich der Züchter bei der Auswahl seiner Tiere von der Größe seiner Schläge leiten lassen. Die quantitative Auswahl wird er sowohl nach den typischen Stammesmerkmalen der Leistungstiere als auch vorrangig nach den erbrachten Leistungen der Flugtauben vornehmen. Es fällt bei einer Vielzahl guter Leistungsergebnisse relativ leicht, die richtigen Tauben für die bevorstehenden Preisflüge auszuwählen. Jeder Züchter hat dabei seine eigenen Qualitätsanforderungen. Je höher die Leistungsparameter liegen, desto mehr ist mit Erfolgschancen zu rechnen.

Nicht alle Tauben haben an den Preisflügen teilgenommen, es kommen die Jungtauben hinzu, deren Leistungen mit Vorbehalt betrachtet werden müssen, manche können auch noch keine Leistungen vorweisen. Hier bleibt für den Züchter nur die Auswahl nach äußeren Leistungsmerkmalen, also die Handselektion. Diese Kennzeichen bilden die Voraussetzung, die eine gute Flugtaube auszeichnen sollten, die ihr optimale Möglichkeiten eines schnellen Heimfluges bieten. Solche

Erfolgreiche Brieftauben

I.

II. 04 122-93-350. 1. national Barcelona 1997.
Karl-Heinz Schneider und Elsa Schneider, Mülheim/Ruhr.

III. 04 298-94-814. 1996 = 12 Preise, 1997 = 11 Preise.
Züchter: Rudolf Brinkmann, Emsdetten.
Eigentümer: Horst Elis, Solingen.

IV. 01 073-95-156. 1996 = Platz 23 Weltmeisterschaft Versele Laga Mittelstrecke, 1997 = 12 Preise, bester Vogel der RV Essen-Borbeck/West.
Züchter: SG RUNZHEIMER, Weimar/Roth.
Eigentümer: KÜHNTOPP/ROHKEMPER, Essen.

V. 08 969-89-594. 1997 = 11 Preise, insgesamt 84 Preise.
Züchter: SG BOMM, Dorsten.
Eigentümer: SG RENTMEISTER, Dorsten.

VI. 04 457-95-145. 1997 = 10 Preise, Ruhrgebietssieger ab Görlitz gegen 40.809 Tauben. Züchter und Eigentümer: Horst Busemann, Wickede.

VII. 08 176-95-622. 1997 = 11 Preise. Beste Täubin der RV Essen-Katernberg. Züchter und Eigentümer: Berthold Sommerfeld, Essen.

charakteristischen äußeren Merkmale sollen an dieser Stelle näher beschrieben werden.

Körper

Der Körper verleiht der Taube maßgeblich ihre äußere Gestalt. Dabei sollte man sich weniger von der Größe beeindrucken lassen. Leistungstauben können sowohl kleine, mittlere als auch große Körpertypen sein. Gute Flugeigenschaften sind jedoch immer nur dann zu erwarten, wenn die Körperform Harmonie und Proportionalität aufweist. Der heutige Trend in der Zucht neigt bei Leistungstauben mehr zum mittelgroßen Taubentyp.

Obwohl der Körperbau aller Tauben im wesentlichen den Flugeigenschaften gut angepaßt ist, sollten spezielle aerodynamische Gesetze bei der Auswahl berücksichtigt werden. Eines dieser Gesetze (Formwiderstandsgesetz) besagt, daß der Strömungswiderstand bei gleichem Profil mit dem Quadrat der Geschwindigkeit zunimmt. Eine schnelle Brieftaube wird deshalb unter gleichen körperlichen Bedingungen einen größeren Widerstand überwinden müssen als eine langsam fliegende, den sie natürlich nur mit größerem Kraftaufwand bewältigen kann.

Der Strömungswiderstand ist aber auch von der Form des umströmten Körpers abhängig. Den geringsten Widerstand hat dabei die Stromlinienform. Sind also die aerodynamischen Parameter eines Taubenkörpers günstiger, so wird sie bei gleichem Kraftaufwand schneller fliegen. Diese Tatsache nutzen alle Flugzeug- und Schiffkonstrukteure, um ihren Fahrzeugen die Form zu geben, die bei geringstem Kraftaufwand die maximale Geschwindigkeit garantiert.

Aerodynamisch ist der Taubenkörper dann, wenn er der Tropfenform am nächsten kommt. Die Tropfenform ist als Stromlinienmodellkörper, in Strömungsrichtung gesehen, breit und gerundet, verjüngt sich nach hinten und läuft spitz aus.

Nehmen wir eine Taube in die Hand, muß uns ihr Körper förmlich entgleiten, wenn die Idealform erreicht ist. Von der gut gerundeten Brust verläuft die Stromlinienform bis zum Schwanz gleichmäßig abnehmend. Das bedeutet natürlich auch, das Brustbein muß sowohl vorn als auch hinten leicht gebogen sein. Am Ende muß es harmonisch in die Schambeine übergehen. Die Hautbrücke zwischen Brust- und Schambein sollte nicht mehr als 1,5 cm betragen. Bei einem zu tiefen Brustbein würde die ideale Rundung fehlen, und bei einem zu kurzen Brustbeinkiel vergrößert sich der Abstand zu den Schambeinen. Damit ist auch eine ideale Stütze der inneren Organe beim Flug nicht gegeben.

Zum Tropfenmodell gehört ebenso ein fest gepolsterter, breiter Rücken, dessen Seiten gut gerundet sind. Alle Senken und Ecken am Schwanzansatz bewirken eine Wirbelbildung, die beim Flug die Bewegung bremsen.

Zur Beurteilung des Rückens nimmt man die Taube in die Hände und schiebt mit beiden Daumen die Flügel zur Seite. Damit liegt der Rücken frei, und man kann sehr leicht die zum Schwanzende sich verjüngende Form erkennen, die dem Stromlinienmodell entspricht.

Der Taubenkörper muß neben dieser aerodynamischen Form auch eine bestimmte Festigkeit aufweisen. Er muß einer Deformation bei der Flugbelastung ebenso widerstehen, wie den Kräften der tätigen Muskeln während des Fluges. Zur Beurteilung der Festigkeit des Körpers nimmt man die Taube in die linke Hand. Den Daumen der rechten Hand legt man auf den Rücken der Taube, die Finger umfassen das Brustbein. Übt man nun einen leichten Druck nach rechts oder links aus, so muß bei diesen Bewegungen der Eindruck entstehen, daß Rücken und Brustbein ein mechanisches Ganzes bilden und sich nicht gegenseitig verschieben lassen. Für diese Beurteilung braucht man jedoch Übung, um sich ein gewisses Beurteilungsgefühl anzueignen.

Die Festigkeit spüren wir auch an den Schambeinen. Sie müssen dicht beieinander liegen und einem leichten Fingerdruck standhalten.

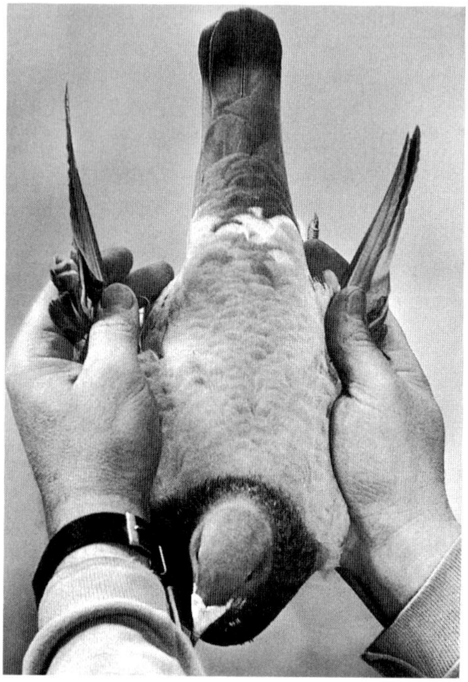

Abb. 90 Prüfen des Rückens (Foto: JANKU)

Schließlich muß der Taubenkörper ein relatives Gleichgewicht aufweisen. Darunter verstehen wir in erster Linie einen harmonischen Bau, bei dem alle Teile in einem guten proportionalen Verhältnis zueinander stehen. Tauben mit zu langem Körper, zu hohen Beinen und zu kleinen Flügeln machen nicht nur optisch einen unschönen Eindruck; diese Disproportionen beeinträchtigen die Bewegungsabläufe erheblich.

Kopf und Auge

Kopf und Auge sind als Einheit wohl der Teil, der von den meisten Züchtern in erster Linie bei der Beurteilung herangezogen wird. Besonders das Auge mit seiner Farbenpracht und seinem Glanz faszinierte so manchen Propheten, im Auge alles abzulesen, was eine gute Taube ausmacht, ob sie für kurze oder lange Strecken vorrangig geeignet sei, ob sie bei gutem oder schlechtem Wetter besonders gut fliegt. Es wurde der Wertring des Auges als Maßstab bei der Auswahl der Tauben angelegt, und viele andere Dinge mehr sollte das Auge verraten.

Bei der Begutachtung einer Taube geht es zunächst darum, am Kopf das Geschlecht der Taube zu erkennen. Ein Vogel muß also den Kopf einer männlichen Taube haben. Beim Weibchen ist ein etwas größerer Kopf erlaubt, wenn es damit nicht das typisch weibliche Aussehen verliert. Der Kopf sollte schon abgerundet wirken, in dem die Augen etwas nach oben hin liegen. Das Auge muß fest geschlossen im Kopf sitzen, auf keinen Fall darf es nach vorn offen sein. Der Augapfel soll sich harmonisch dem Kopf anpassen, darf nicht zu groß und nicht zu klein sein, darf auch nicht aus dem Kopf hervorquellen.

Ein farbintensives, leuchtendes in sich regbares Auge, das temperamentvoll auf alle Vorkommnisse in der Umgebung reagiert, sollte jeder Züchter bei seinen Tauben anstreben. Von besonderem Interesse ist die Pupille. Gute Leistungstauben besitzen zumeist kleine Pupillen. Bei der Beurteilung sollte man aber stets von gleichen Lichtverhältnissen ausgehen. Die Pupille reagiert bei Lichteinfall vergleichsweise wie die Blende beim Fotoapparat. Bei grellem Sonnenschein wird sie sich verengen, bei Dunkelheit erweitern. Bei einer großen Pupille unter Normalbedingungen handelt es sich zumeist um eine Sehschwäche, die aber bei erhöhtem Lichteinfall auf die Netzhaut ausgeglichen wird. Andererseits kann eine zu große Pupille angeboren sein. In diesem Fall kann dann die Netzhaut durch den hohen Lichteinfall überlastet werden. Derartig vergrößerte Pupillen sind meistens eine Degenerationserscheinung. Wenn die Pupillen leicht zum Schnabel hin zeigen, entsteht der Eindruck, als würden die Tauben schielen. Das ist durchaus ein gerngesehenes Zeichen, das bisher nur bei leistungsstarken Tauben registriert wurde.

Viele Jahre hielt sich die Legende um den Wertring der Taube, einer farbstoffverarmten

Abb. 91 Kopfstudie einer erfolgreichen, standardgerechten Brieftaube, Vogel (Foto: HARTMANN)

Grenze zwischen Pupille und Iris. Sie erscheint dem Betrachter dunkel, weil die Gefäßhaut von der Rückseite der Regenbogenhaut durchscheint. Dieser dunkle Ring ist bei einigen Tauben breiter, bei anderen schmaler oder nur teilweise vorhanden. Vom Ausprägungsgrad dieser Augenzone Schlußfolgerungen auf den Flugwert der Taube abzuleiten, hat keine Bestätigung gefunden.
Die Färbung der Iris spielt eine untergeordnete Rolle. Ob kastanienbraun, kirschrot, bierfarben oder scheckfarbig, es sind Stammesmerkmale und für die Flugleistung nicht aussagekräftig. Ebenso ist die Körnungsart der Iris stammesbedingt. Man sollte aber auf eine gute Schichtdicke und kräftige Farbintensität achten. Zu flache Körnungen und das Nachlassen der Farbstärke können Degenerationserscheinungen sein und sollten deshalb bei der Auswahl der Tauben Berücksichtigung finden.
Auf alle Fälle muß das Auge durch Glanz und intensive Farbreflektion, Gesundheit, Vitalität und „Intelligenz" geprägt sein.

Flügel

Die aktivste Rolle während des Taubenfluges kommt den Flügeln zu. Sie haben die Aufgabe, die in den Muskeln gespeicherte chemische Energie in kinetische Energie umzuwandeln. Das geschieht über die mechanische Arbeit mit fünf bis acht Schlägen je Sekunde. Die Energie dient nicht ausschließlich nur der Fortbewegung, sondern auch dazu, den Körper der Taube in der Luft zu tragen. Wenn es um die Beurteilung der Flugtüchtigkeit geht, so widmet der Züchter zunächst dem Gesamtbild der Taube seine Aufmerksamkeit, bevor er den Flügel im Detail betrachtet. Es kommt, wie bereits erwähnt, auf die Ausgewogenheit der Körperproportionen an. Es ist zwar durchaus möglich, daß eine kleine Taube einen großen Flügel hat, doch eine große Taube sollte auch einen großen Flügel aufweisen, andernfalls wird sie mit kleiner Tragfläche eine große Masse halten und transportieren müssen. Das verlangt zusätzliche Energie, die aber zum schnellen Vortrieb fehlt. Der Brieftaubenzüchter legt sein Hauptaugenmerk auf die Zucht schneller Tauben, deshalb ist die Ausgewogenheit von Körper und Flügel von außerordentlicher Bedeutung. Es gibt viele weitere typische Kennzeichen des Flügelsketts und der Federn, die als Leistungsmerkmale der Taube für eine reale Einschätzung des Flugvermögens betrachtet werden müssen.
Nimmt man die Taube in die Hand und breitet den Flügel aus, so muß im Querschnitt die Stromlinienform deutlich werden. Damit verringert sich beim Durcheilen der Luft der Strömungswiderstand. Außerdem sollte die Flügelunterseite schwach muschelförmig ausgebildet sein, damit sich beim Flügelschlag ein Luftpolster unter dieser Fläche halten kann und die Trageigenschaft erhöht. Betrachtet man das Skelett des Taubenflügels, so läßt es sich unschwer in Oberarm, Unterarm und Hand einteilen. Der Oberarm erstreckt sich vom Schultergelenk, das das Schulterblatt mit dem Rabenbein und dem Gabelknochen verbindet, bis zum Ellenbogengelenk, das ihn mit dem Unterarm zusammenhält. Der Unterarmknochen, bestehend aus Elle und Speiche, reicht bis zum Handgelenk. Mit diesem Gelenk sind schließlich die Handknochen verbunden. Sie bilden die Spitze des Flügels.
Bei Untersuchungen hinsichtlich der Abhängigkeit der Geschwindigkeit verschiedener Vögel von der Länge ihrer Unterarme, führten MAREY zu dem Ergebnis: Je kürzer der Oberarm, desto größer ist die Geschwindigkeit dieser Tiere.
Nun ist die Längenbestimmung des Oberarmes am Taubenflügel sehr kompliziert. Tauben mit kurzen Oberarmen besitzen fast ausschließlich relativ kurze Unterarmknochen. Deshalb kann man sich bei der Begutachtung des Flügelskeletts auf den Unterarm konzentrieren. Dieser Knochen läßt sich bequem fühlen. Jeder Züchter muß sich aber ein gutes Einschätzungsvermögen durch praktisches

Abb. 92 Voraussetzung des sportlichen Erfolges ist auch ein vertrauensvolles Verhältnis zwischen dem Züchter und seinen Tauben.
(Foto: Wegener)

Üben aneignen, um die optimale Länge herauszufinden. Das ist um so schwieriger, weil die Differenzen im Bereich von Millimetern liegen. Die günstigste Länge liegt etwa bei fünf Zentimetern. Langjährige Untersuchungen ergaben, daß die schlechtesten Flugtauben die längsten Unterarme und damit auch die längsten Oberarme haben.

Ein weiteres Qualitätsmerkmal speziell für die Weitstreckentauben ist die Stärke des Unterarmes. Ein starker Unterarm ist ein Kennzeichen für eine große Ausdauerfähigkeit der Taube. Für Kurzstreckentauben ist diese Ausprägung weniger bedeutungsvoll.

Untersuchungen von Müllenhof erbrachten bei der Abhängigkeit der Fluggeschwindigkeiten von Ruderflüglern, zu denen auch unsere Tauben gehören, hinsichtlich der Flügeleigenschaften einige wichtige Aufschlüsse, die man sich in der Begutachtung der leistungsfähigen Taubenflügel zunutze macht. Diese Untersuchungen zeigten folgende Ergebnisse: Die Geschwindigkeit ist um so größer, je kürzer der Hinterflügel, je länger die Schwingungen, je geradliniger die Federn erster Ordnung und je flacher das Flügelprofil ist. Der Taubenflügel unterteilt sich in den aktiven Vorderflügel und den passiven Hinterflügel. Der Hinterflügel ist aber für das Flugverhalten der Taube nicht ganz so passiv, wie es der Name aussagt. Ihm kommt u. a. die Rolle des Bremsens beim Landen zu und ist notwendig, um die Auflagefläche beim Auffliegen zu vergrößern. Hierbei kommt es auf ein gutes Luftpolster an, das unter diesem Teil des Flügels liegt. Auf die Beschleunigung hat er jedoch keinen fördernden Einfluß, deshalb kann diese Fläche relativ klein sein. Die Fläche wird aber von den Längen des Unterarms und den Federn zweiter Ordnung, den Armschwingen, gebildet. Da auf einen kurzen Unterarm bereits verwiesen wurde, müssen auch die Armschwingen dicht und relativ kurz sein. Verfechter der Flügeltheorie sehen die richtige Länge der Armschwingen als optimal an, wenn beim nichtausgebreiteten Flügel die dritte Handschwinge nicht vollständig von den Federn des Hinterflügels überdeckt wird. Für den passiven Flügel wird im ausgebreiteten Zustand eine gerade Linie der 12 Federenden gefordert. Hier könnten aber bereits nach der zweiten Mauser kleine Unebenheiten auftreten. Gute Leistungstauben behalten die Geradlinigkeit des hinteren Flügels bei.

Die kleine Hinterflügelfläche bildet verständlicherweise einen Absatz zum aktiven Flügel der Taube. Das heißt, die erste Handschwinge wird die erste Armschwinge um etwa 5 bis 10 mm überragen. Auf diesen Vorsprung hat bereits Vanderschelden in seiner bekannten Flügeltheorie hingewiesen und erklärte es zum typischen Merkmal leistungsstarker Tauben.

Am aktiven Flügel betrachten wir zunächst die ersten sechs Handschwingen. Ihnen

Abb. 93 Gute Leistungen versprechender Flügel (Foto: HARTMANN)

kommt als Teil der Flügelfläche die Aufgabe zu, den starken Luftwirbel, den die vier ersten Schwungfedern erzeugen, aufzunehmen. Sie müssen deshalb eine möglichst große Fläche und Widerstandsfähigkeit bieten und so dicht liegen, daß keine Luft zwischen ihnen beim Niederschlagen des Flügels auf die Rückseite entweicht. Von den ersten sechs Handschwingen wird ein eckiger Endabschluß erwartet, der gleichzeitig die Geradlinigkeit dieses Flügelteils in ausgebreitetem Zustand aufweisen muß. Die Federfahnen werden so entlang des Schaftes die gleiche Breite aufweisen und eine gute Abdichtung des Flügels garantieren.

Eine besondere Bedeutung haben die vier letzten Federn des aktiven Flügels. Sie bewirken den Vortrieb der Taube im Flug. Wenn man den Flügel ausbreitet, erkennt man zwischen diesen Federn einen relativ großen Abstand. Mit dieser Ventilation erzeugt die Taube den sie vorwärtstreibenden Kraftstoß. Beim Niederschlagen des Flügels verdreht die Taube diese Vortriebsfedern so, daß sie schräg nach hinten zeigen und damit die Luft entgegen der Flugrichtung unter die Flügelflächen schleudert. Das erzielt die vorwärtstreibende Wirkung. Die Federn 7 ... 10 des aktiven Flügels unterliegen dadurch besonderen Kraftwirkungen. Von ihnen ist in erster Linie Geschmeidigkeit, Festigkeit und Elastizität zu verlangen.

Während bei den Federn 1...6 eine auffallende Breite erwartet wird, sind die Vortriebsfedern schmaler und verjüngen sich zu einem gut abgerundeten Ende. Sie sind gleichzeitig die längsten Federn. Bereits die siebente Handschwinge überragt ihren Vorgänger deutlich, ist aber etwas kürzer als die achte Handschwinge. Die letzten drei Federn des aktiven Flügels sollten etwa die gleiche Länge aufweisen. Im leicht geöffneten Flügel müssen die Handschwingen wie die Federn zweiter Ordnung eine gerade Linie bilden. Bei der Begutachtung des Flügels ist auch auf eventuelle Wellungen der Federfahnen erster Ordnung zu achten. Diese Wellungen sind häufig die Folge feuchter Taubenschläge. Wenn trotz Abänderungen am Schlag derartige Zeichen erneut auftreten, sollten diese Tauben ausgemustert werden.

An der Unterseite ist der Flügel üppig und seidig mit Federn gepolstert. Bei guten Leistungstieren fühlt man die Schäfte der Schwungfedern nicht oder erahnt sie nur, wenn man mit dem Daumen auf den Oberflügel und mit den Fingern auf die Unterseite einen leichten Druck ausübt. Die gute und seidige Polsterung verringert den Reibungswiderstand der von den Vortriebsfedern anströmenden Luft.

Eine hinreichende Flügelbeurteilung erfordert eine langjährige Praxis in der Beobachtung und Abschätzung der einzelnen Teile. Deshalb ist jedem Züchter geraten, sich die notwendigen Kenntnisse durch praktische Übungen umfassend anzueignen.

Flugmuskeln

Die Flügel beziehen ihre Bewegungsenergie aus der in den Flugmuskeln in Form von Glykogen gespeicherten Energie. Das Umsetzen

Abb. 94 Kontrolle der Wettflugverfassung (Foto: Kupke)

dieser Arbeitsfähigkeit ist ein Prozeß, der über die Muskelkontraktionen, gesteuert durch das Nervensystem, abläuft.

Für die Flügelbewegung sind die Brustmuskeln von ausschlaggebender Bedeutung. Sie liegen zwischen dem Brustbeinkamm und der Brustbeinplatte. Entsprechend ihrer Ausmaße unterscheidet man den großen und den kleinen Brustmuskel. Dem großen Brustmuskel kommt die wichtige Aufgabe zu, den Flügeln beim Herunterschlagen über die Sehnen die notwendige Kraft zu übertragen (Flügelherabzieher). Weil dieser Bewegungsvorgang gegen den Luftwiderstand erfolgt, wird dazu eine größere Energie benötigt als beim Anheben der Flügel, weil sich die Schwingen derart verdrehen, daß die Luft wie bei einer Jalousie hindurchgleitet und der Luftwiderstand damit wesentlich geringer ist. Diese Aufwärtsbewegung kommt dem kleinen Brustmuskel zu. Da er vom großen Brustmuskel voll überdeckt wird, können wir ihn bei der Taube nicht erfühlen. Die Beurteilung der Flugmuskeln läßt sich deshalb auf den großen Brustmuskel beiderseits des Brustbeinkammes konzentrieren. Die Flugmuskeln sollen sich geschmeidig und dennoch federnd fest anfühlen, etwa so, wie ein straff aufgepumpter Fahrrad- oder Autoschlauch. Bei dieser Einschätzung darf der Züchter aber nicht verwechseln, ob eine Taube gut in den Muskeln oder gut im Fleisch ist. Eine gute Fleischtaube wird immer schwer sein, sich weich und schwammig anfühlen. Solche Tauben sind keine Leistungstiere im Flugsport.

Die Flugmuskeln widerspiegeln auch den Gesundheitszustand, aber auch eine Überanstrengung. Kein anderer Muskel baut bei einer Krankheit oder Überbelastung so stark ab, wie der große Brustmuskel. Bei Krankheit wird sein Volumen immer geringer, ja, es geht soweit, daß die Brust „schmal wie ein Messer“

wird. Erschöpfte Tauben zeigen ihren Zustand in schlaffen Muskeln, denen die Geschmeidigkeit fehlt. Kennt man also die normale Muskelbeschaffenheit seiner Tauben, so läßt sich bei ihrer Begutachtung auf den Leistungszustand des Einzeltieres schließen.
Für die Flugfähigkeit der Taube sind noch weitere Muskeln verantwortlich, so der große Deltamuskel im Schulterbereich. Ihm obliegt die Bewegung des Ellenbogengelenkes und die Spannung der Flügelhaut. Der hintere Teil dieses Muskels, zusammen mit dem kleinen Brustmuskel, vollführt die Auswärtsdrehung des Oberarmes. Diese Muskeln zu beurteilen, ist jedoch bei der Gesamtbegutachtung der Tauben von untergeordneter Bedeutung.
Wenn die großen Brustmuskeln den Anforderungen genügen, so gilt das im allgemeinen auch für die übrigen Flugmuskeln.
Daß man aus der Größe, Geschmeidigkeit und Färbung der Brustmuskeln Schlußfolgerungen auf die besondere Eignung der Tauben für kurze und weite Strecken ziehen könne, sind wissenschaftlich nicht exakt belegt.

Gefieder

Wenn man die Tauben nach der Qualität des Gefieders beurteilt, muß man die jeweilige Funktion der Federn berücksichtigen. In erster Linie reguliert die Taube mit ihrem Federkleid den Wärmehaushalt des Körpers. An kalten Wintertagen erlebt man oft, wie sich die Tiere an ihren Sitzplätzen aufplustern. Zwischen den Federn wird dadurch mehr Luft eingeschlossen. Luft ist ein schlechter Wärmeleiter und auf diese Weise verbleibt die Eigenwärme in Körpernähe. Im Sommer bietet das enganliegende Gefieder ebenfalls Isolationsschutz gegen die erhöhte Außentemperatur. Die konstante Temperatur des Körpers ist aber für die normale Aufrechterhaltung aller lebenswichtigen Körpervorgänge notwendig. Eine solche Wärmeisolation funktioniert um so wirksamer, je umfangreicher die Taube mit Federn, speziell den Daunen, ausgestattet ist. Es ist also zunächst auf ein reichhaltiges Federwerk zu achten.
Eine weitere wesentliche Aufgabe der Federn während des Fluges ist es, alle Unebenheiten des Körpers einzuhüllen und seine Kanten abzurunden, so daß nur ein geringer Reibungswiderstand beim Durcheilen der Luft entstehen kann. Eine gute Polsterung am Becken, am Schwanzansatz und an den Kanten des Flügels ist deshalb für eine optimale Flugeigenschaft vorteilhaft.
Durch die Daunen wird ein Puder gebildet, der zwischen den Federn eine gute Gleitfähigkeit ermöglicht und gleichzeitig den Reibungswiderstand mit der Luft verringert. Außerdem gibt dieser Puder dem Gefieder einen Nässeschutz, da er wasserabweisend ist.
Bei der Beurteilung der Flugverfassung muß man auch auf eine reichhaltige Puderung und die damit verbundene seidenweiche Beschaffenheit des Federwerkes achten.
Schließlich schützt das Gefieder den Taubenkörper weitgehend vor äußeren mechanischen Einflüssen. Die Deckfedern und Daunen verhindern vorrangig das Eindringen von Regen und Witterungsunbilden.
Durch zusätzliches Einfetten der Federn mit Hilfe des Bürzeldrüsensekrets, einer ölhaltigen Flüssigkeit, erhöht die Taube diesen Schutzeffekt. Ist die Funktion der Bürzeldrüse gestört, werden die Federn stumpf und die Schutzwirkung schwindet. Eine gesunde Taube ist daher stets mit einem glatten, glänzenden und geschmeidigen Gefieder ausgestattet.
Spröde Federn brechen leicht, ihnen fehlt die notwendige Elastizität. Deshalb sollte man mit großer Sorgfalt die Federkiele der Schwungfedern betrachten. Es gibt Tauben, deren Federkiele gespalten sind. Dieser Federspliß kann eine erbliche Folge sein, hat aber auch seine Ursachen in ungünstigen Schlagverhältnissen.
Derartig gesplissene Schwungfedern sind aber auch vereinzelt bei guten Leistungstieren anzutreffen.

Optimales Leistungsalter

Mit der Auswahl der Tauben, die in der kommenden Flugsaison zur Flugmannschaft gehören sollen, wird man nicht nur die erbrachten Ergebnisse und die leistungsbestimmenden Körpermerkmale zu berücksichtigen haben. Auch das Alter der Tiere muß unbedingt beachtet werden, will der Züchter weiterhin erfolgreich auf den Preisflügen sein.

Im natürlichen Lebensprozeß wird ab einer bestimmten, jedoch flexiblen Altersgrenze das Leistungsvermögen nachlassen. Das gilt ebenso für die Flugleistungen der Tauben.

Statistische Erhebungen auf nationalen Siegerschauen haben über mehrere Jahre gezeigt, daß in den Sportklassen vorwiegend drei- bis vierjährige Tauben das Niveau bestimmen. Daraus das optimale Leistungsalter abzuleiten, ist jedoch relativ, weil die Qualität der Taubenführung zu den Preisflügen, die Preisflüge an sich und deren Anforderungen, sowie die Stammesbesonderheiten der einzelnen Tauben keine Berücksichtigung bei dieser Analyse finden.

Sicherlich werden sich in den einzelnen Fluggemeinschaften, deren Preisflugprogramme vorwiegend aus Kurz- und Mittelstreckenflügen bestehen, die jüngeren Tauben, die Sprinter, durchsetzen und Tauben, die ihre Kraftreserven über eine relativ kurze Zeitspanne des Fluges konzentriert einsetzen. Solche flugfreudigen, schnellen Tauben finden wir hauptsächlich bei den ein- und zweijährigen Tieren, die hierbei die Konkurrenz bestimmen. Mit zunehmender Schlagentfernung der Flüge verschiebt sich die optimale Leistungsgrenze zu den drei- bis vierjährigen Tauben. Auf den Weitstreckenflügen sind es gerade die älteren Tauben, die sich im Vorderfeld der Preisflugliste plazieren. Mit ihrer physischen Kraft, der größeren Ausdauer und den besser ausgebildeten natürlichen Reflexen beim Reagieren auf plötzliche Witterungsunbilden während des Fluges sind sie weitgehend in der Lage, die mit dem Alter nachlassende Dynamik sehr gut zu kompensieren.

Die kürzeren Flüge, bei vorwiegend konstanten, abschätzbaren Wetterlagen, bieten für den Heimflug der Tauben in der Mehrzahl gute Bedingungen. Hier zahlt sich der Verhaltensreflex der älteren Tiere gegenüber Wetterveränderungen wenig aus. Die bessere Flugmotorik der jüngeren Tiere wird dabei über die Ruhe und Ausgeglichenheit der älteren dominieren.

Bei Weitstreckenflügen ist die Wettersituation zeitlich und örtlich vielfach unterschiedlich. Hierbei sind die Tauben im Vorteil, die sich darauf am besten einstellen können. Das ist auch eine Ursache für manchen unerwarteten Spitzenpreis älterer Tauben, die ihr Leistungsoptimum auf den kürzeren Flügen mit meteorologisch ungünstigen Bedingungen bereits überschritten haben.

Das optimale Leistungsalter wird aber auch von charakteristischen Stammesbesonderheiten bestimmt. Es gibt frühreife Tauben, die als Einjährige hervorragend fliegen und mit drei Jahren ihr sportliches Erfolgsmaximum überschreiten. Andere beginnen erst als Zwei- oder Dreijährige ihre sportliche Leistungsentwicklung und dehnen sie bis zum sechsten Lebensjahr erfolgreich aus. Unterschiede müssen bei der Einschätzung der Tauben grundsätzlich berücksichtigt werden. Jeder Züchter muß seinen Taubenstamm gut genug kennen, um zu einer richtigen Beurteilung über den sportlichen Einsatz seiner Tiere zu kommen.

Wie in vielen Sportarten gibt es auch im Taubensport hinsichtlich des Leistungsalters nennenswerte Ausnahmen. Auf allen Landesausstellungen lassen sich einjährige Tauben mit 10...12 Preisflugsiegen bewundern. Aber ebenso finden wir acht- bis zehnjährige Tiere in der Sonderklasse mit der gleichen Preiszahl. Diese Siege liegen dann aber nicht mehr konstant im Vorderfeld, wie zur Zeit des optimalen Alters. Bei den Veteranen des Sports hat sich ein ausreichendes Maß an Grundschnelligkeit mit Ausdauer und gutem Reaktionsvermögen über mehrere Jahre erhalten. Zusammenfassend läßt sich erkennen, daß das optimale Leistungsalter im Normalfall bei den drei- bis vierjährigen Tauben liegt. Abweichungen um ein Jahr früher oder später sind differenziert auf Kurz- und Weitstreckenflüge, sowie auf witterungsbedingte schwere und leichte Flüge und unter Berücksichtigung der Stammesmerkmale, keine Ausnahmen.

Planung der Preisflüge

Die Preisflüge stellen zweifellos den Höhepunkt im Gesamtzyklus der Brieftaubenzucht dar. Sie sind der Gradmesser für alle Tätigkeiten des Züchters im Verlauf eines oder gar mehrerer Jahre.
In der sportlichen Konkurrenz der Preisflüge werden sich stets diejenigen Züchter behaupten, die es mit Meisterschaft verstehen, die vielen theoretischen Lehren zweckmäßig auf die jeweiligen Bedingungen ihrer züchterischen Praxis anzuwenden. Das zu beherrschen, ist fürwahr eine Kunst. Nicht umsonst gilt eine alte Weisheit der Taubensportler: Sich ein Jahr an der Spitze zu behaupten, ist eine Kunst. Sich viele Jahre an der Spitze zu halten, ist eine große Kunst.
Sehen wir uns in der Geschichte des Taubensports um, finden wir viele namhafte Taubensportler, aber nur wenige, die es verstanden, über Jahre oder Jahrzehnte hinweg die Leistungsspitze zu bestimmen. Sich an diesen wenigen zu messen, wird immer das Ziel eines sportlich ehrgeizigen Züchters sein.

Anforderungen an den Flugplan

Jede Preisflugsaison wird langfristig geplant. Der Flugplan wird allen Züchtern am Jahresbeginn bekanntgegeben. Erfahrungsgemäß beginnen die Preisflüge im Mai, weil die Witterungsunbilden und die oft niedrigen Temperaturen im April ein gewisses Risiko darstellen. Die terminliche Festlegung wird aber auch von den örtlichen meteorologischen Bedingungen mitbestimmt. So eröffnen beispielsweise die an der Küste gelegenen Fluggemeinschaften ihre Saison etwas später als Organisatoren im Binnenland. Andererseits ist zu bedenken, daß Ende Juli oder in der ersten Augustwoche die Preisflüge mit den Alttauben wegen der fortgeschrittenen Mauser abzuschließen sind.
Weiterhin ist bei der Ausarbeitung des Flugplanes zu berücksichtigen, daß die Ausschreibungen zu den nationalen und internationalen Meisterschaften gewöhnlich Entfernungsbereiche vorgeben, die optimal ausgeschöpft werden sollten; aber auch einige Züchter einen Teil ihrer jungen Tauben erst zur Mitte der Saison einsetzen. Sie müssen den kontinuierlichen Anschluß für die größeren Strecken finden. Schließlich wird mit der Forderung nach einer günstigen Flugrichtung wohl das umstrittenste Problem in der Flugplanung ausgeworfen.
In allen Reisevereinigungen gibt es hinreichend Erfahrungen, und wo es sich im Interesse des Sports realisieren läßt, wird man diese Erfahrungen in den Reiseplan einbringen. So werden die ersten Flüge möglichst aus westlicher Richtung gestartet, um den Tauben das „Einfliegen" zu erleichtern. Denn mit den zu dieser Zeit vorherrschenden Westwinden bei oft wechselhaftem Wetter ist es für den Gesamtablauf der Flüge vorteilhaft. Wir sollten uns aber davor hüten, den Tauben vorwiegend Rückenwindflüge zu bieten, ohne sie auf die Härten des Gegenwindes zu trainieren. Eine Taube wird zweifellos aus der Ost- oder Südost-Richtung kommend, öfter mit dem kräfteraubenden Medium konfrontiert werden. Das setzt bei erfolgreichen Tauben ein besseres Muskeltraining und damit anspruchsvollere Flugmuskeln voraus. Erfolgreiche Leistungstauben werden sich erst in der Auseinandersetzung mit diesen Witterungsbedingungen beweisen.
Die Meinung, daß ein Richtungswechsel ungünstig für die Reisetauben sei, kann angesichts des realen Fluggeschehens nicht bestätigt werden. Denn die sieggewohnten

Züchter setzen sich erfahrungsgemäß auch bei den veränderten Bedingungen erfolgreich durch.
Der Wechsel der Flugrichtung gerade auf den Mittelstrecken hat zuweilen auch den Vorteil, daß die Tauben bevorzugte Richtungen zum Heimatschlag wählen, die z. T. auch durch die Windverhältnisse begünstigt werden. Tauben, die man am Heimatschlag aus der Südwest-Richtung erwartet, fallen prompt aus der Ostrichtung ein. Innerhalb einer weitgefächerten Reisevereinigung kommt es deshalb oft zu sehr konträren Ergebnissen, die nicht selten – vor allem wenn es sich mehrfach wiederholt – zu Verärgerungen der Mitglieder führen. Die errechneten Fluggeschwindigkeiten der Tauben, die theoretisch der kürzesten Schlagentfernung entsprechen sollten, stimmen dann in der Relation mit den anderen Tauben hinsichtlich der realen Leistung nicht mehr überein. Mit dem Wechsel der Flugrichtung müßte eigentlich ein sportlicher Ausgleich vorgeplant werden.
Der Reiseplan hat aber auch alle natürlichen Besonderheiten, die den Heimflug begünstigen oder ihm hinderlich sind, zu berücksichtigen. Das Überfliegen höherer Gebirgszüge läßt sich nicht immer vermeiden, deshalb sollten Richtungen gewählt werden, bei denen der Höhenunterschied relativ gering ist. Beobachtungen an der Haffküste vor der Insel Usedom bestätigen immer wieder, daß die Tauben ungern den direkten Weg über das große Wasser wählen. Sie überfliegen die schmalsten Stellen. Wer im Sommer an einem Flugtag am Strand der Ostsee den Himmel beobachtet, wird kleinere und größere Schwärme von Brieftauben entlang des Küstenstriches fliegen sehen. Auch hier bildet das Wasser eine natürliche Barriere für sie. Der relativ große Zuflug dänischer und schwedischer Tauben in den Küstenbezirken bestärkt diese Beobachtung.
Im Laufe der Jahre haben die Reisevereinigungen günstige Flugrichtungen herausgefunden. Kommt es dennoch zu mißlungenen Flügen, oft sogar mehrerer in einem Jahr, so sollte nicht in erster Linie die Ursache in der Flugrichtung gesehen werden. Es gibt viele Faktoren, die das Orientierungsvermögen der Tauben beeinträchtigen, wie beispielsweise Gewitterfronten, Störungen des Erdmagnetfeldes, Kaltfronten, heftiger Wind u. a. m..
Mit dem Reiseplan wird aber auch der Auflaßort der Tauben festgelegt und damit die Grundlage der Entfernungsvermessung jedes Schlages zum Startort. Für die Einordnung in die Preisflugliste sind die Entfernung zum Auflaßort und die Flugzeit für die Geschwindigkeitsberechnung anzugeben. Die Schlagvermessungen müssen zum Beginn der Preisflugsaison für jeden Züchter vorliegen.

Auswahl der Auflaßorte

Bei der Festlegung der Flugrichtung sind unbedingt langjährig erfahrene Reisebegleiter in die Beratungen über die Auflaßorte einzubeziehen. Denn auch von diesem Personenkreis müssen verschiedene Anforderungen berücksichtigt werden. Von Bedeutung ist beispielsweise eine verkehrsgünstige Lage des Auflaßortes, damit die Kabinenfahrzeuge schnell auf Autobahnen oder Fernverkehrsstraßen das Ziel erreichen.
Größere Industriestädte und waldreiche oder zu häufigem Frühnebel neigende Täler sind für einen Auflaß wenig geeignet. Der Auflaß in der Nähe von Flugplätzen oder Radaranlagen zur Überwachung des Luftraumes verbieten sich von selbst. Neben guten Sicht- und ungehinderten Abflugbedingungen für die Tauben sollte an jedem Auflaßort genügend Wasser für Taubentränken vorhanden sein. Auch eine Fernsprechverbindung für den Kontakt zur Heimat oder auch für einen Rückruf von dort müßte möglich sein. Unter den heutigen Bedingungen der Wettervorhersage kann diese Verständigung flugentscheidend sein. Letztlich muß der Auflaßort für alle Flugbeteiligten den in den Meisterschaftsausschreibungen vorgegebenen Entfernungen entsprechen.

In allen Reisevereinigungen gibt es über Jahre erprobte Orte mit idealen Auflaßbedingungen. Daß es dennoch aus verschiedenen Gründen zu schweren Flugabläufen kommen kann, sollte nicht gleich dazu führen, den Auflaßort zu wechseln. Es ist immer gut, die Ursachen eines Mißerfolges gründlich zu analysieren und nach der Auswertung entsprechend zu handeln.

Einsetzen zum Preisflug

Jeder Züchter möchte mit seinen Tauben auf allen Flügen des Reiseplanes erfolgreich sein. Dieses Ziel wird er mit Sicherheit nicht erreichen, wenn er nur danach trachtet, jedes Wochenende möglichst viele seiner Tiere an den Start zu bringen. Die Kunst des Züchters besteht gerade darin, die Eignung seiner Tauben zu erkennen, gegebenenfalls weniger geeignete Tiere pausieren zu lassen.
Dazu gehört umfangreiches Wissen über die Gesundheitslehre der Taube, über die Mauser und das wohl Komplizierteste, das Erkennen der optimalen Form jeder Taube. Das zielgerichtete Einsetzen zum Preisflug setzt deshalb eine bewußte Auswahl der Tauben voraus.

Auswahl der Flugtauben

Bereits in den Herbst- und Wintermonaten wird der versierte Taubenzüchter mit der planmäßigen Auswahl beginnen. Wenig erfolgreiche Tiere wurden schon nach der Flugsaison gemerzt. Andere Tiere haben sich als gute Zuchttauben mit positiven Vererbungsmerkmalen hervorgetan. Sie werden gegebenenfalls in der kommenden Saison von den Preisflügen verschont und für eine qualitätsgerechte Nachzucht genutzt. Die Aufzeichnungen während des inzwischen beendeten Preisflugjahres geben Auskunft darüber, welche der Tauben sich besonders für die Nestmethode, welche sich für die Witwerschaft oder für andere individuelle Methoden der Flugvorbereitung eignen. Nicht zuletzt steht auch die Frage, welche der Weibchen bleiben für die Witwerschaftsmethode vom kommenden Preisflugjahr verschont.
Hat der Züchter diese Auswahl getroffen, so wird er sicherlich mit kleinen notwendigen Veränderungen, einen reduzierten Bestand vorfinden, der zu den Preisflügen erfolgreich eingesetzt werden soll. Vor dem Preisflug muß er erneut Entscheidungen darüber treffen, ob jede dieser Tauben für eine Dauerbelastung, wie es der Flug nun einmal darstellt, geeignet ist.

Beobachtung des Mauserverlaufs

Der Liebhaber des Brieftaubensports wird während der Flugsaison in erster Linie die Mauser des Flügels beobachten. Jeder Züchter weiß, daß das Werfen der ersten Handschwinge weitgehend vom Nestzustand und damit vom Paarungstermin bestimmt wird. Normalerweise fällt die erste Feder des aktiven Flügels acht Tage nach dem Gelege der zweiten Brut. Zum ersten Preisflug sehen es viele Züchter gern, daß ihre Tiere die Flügelmauser begonnen haben, denn mit diesem Federwechsel ist der Auftakt für das Informkommen der Tauben gegeben.
Das Beobachten der Mauser konzentriert sich vor dem Einsatz auf einen möglichst lückenlosen Flügel im ausgebreiteten Zustand. Dabei sollte man aber bedenken, daß die Taube ihre Handschwingen leicht gegeneinander bewegen und somit die durch den Ausfall einer Feder entstandene Lücke weitgehend schließen kann.
Wie aber aerodynamische Untersuchungen von MAREY ergaben, liegt an der Stelle der fünften Handschwinge der Punkt, der für das Gleichgewicht, das Öffnen und Schließen des Flügels bedeutsam ist. Die mit dem Ausfall dieser Feder erster Ordnung entstandene Lücke bringt für das Erreichen einer hohen Fluggeschwindigkeit wesentliche Nachteile. Auch sollte man im Interesse der sich neu ent-

wickelnden Feder die Tauben nicht unbedingt zum Flug einsetzen, wenn eine Schwungfeder auf dem Blutkiel steht. Wesentlich günstiger stellt sich ein Flügel dar, dessen neue Feder etwa zur Hälfte nachgewachsen ist.
Jedem Züchter wird auffallen, daß die Tauben seines Bestandes ihre Handschwingen unterschiedlich schnell mausern. Das kann für einige Tiere frühzeitig das „Aus“ in der weiteren Teilnahme an den letzten Preisflügen bedeuten. Denn nach dem Fallen der sechsten Feder erster Ordnung beginnt bereits die Hauptmauser. Das Deckgefieder wird lückenhaft und rauh. In diesem Zustand wird die Taube nicht mehr zu den Preisflügen eingesetzt.
Aber durch geeignete Maßnahmen, wie zeitweilige Trennung der Geschlechter, Überbrüten von Gelegen u. ä., läßt sich der Mauserverlauf bewußt steuern. Das muß vom Züchter zielgerichtet genutzt werden, um im gesamten Flugjahr seine Mannschaft in Flugbereitschaft zu haben.

Gesundheitskontrolle

Nur eine gesunde Taube wird einen Preisflug erfolgreich absolvieren. Deshalb ist auf eine hygienisch einwandfreie Haltung und die damit verbundene ständige Gesundheitskontrolle großer Wert zu legen.
Gegenwärtig sind trotz aller veterinärhygienischer Vorkehrungen gravierende Taubenkrankheiten zu beobachten, die den gesamten Bestand von den Flugwettbewerben ausschließen können. Ob Paramyxovirus- oder Herpesvirusinfektion, Salmonellen, Trichomonaden oder starker Kokzidienbefall, Schnupfen oder gar Ornithose, das Krankheitsumfeld ist groß. Befallene Bestände können nur durch Impfungen oder langwierige Kuren geheilt werden. Damit fallen aber alle Tauben für die weiteren Flüge aus.
Hinzu kommen erhöhte Gefahren durch Feldvergiftungen oder Wurmbefall, die die Tauben wesentlich schwächen. Rechtzeitiges Erkennen der Gefahren und kontinuierliche Vorbeuge verringern die Ausfallquoten.
Eine ständige hygienische Überwachung des Taubenbestandes ist deshalb dringend zu empfehlen. Diese gilt in erster Linie äußeren, dem Auge zugänglichen typischen Merkmalen.
Das glatte Gefieder, das aktive Verhalten im Schlag, die Bereitschaft zur Futteraufnahme sind beispielsweise zuverlässige Anzeichen des Wohlbefindens. Aber auch die Konsistenz des Kotes, die man morgens auf den Sitzplätzen der einzelnen Tauben prüft, gibt uns über den Gesundheitszustand jedes Tieres eine zuverlässige Auskunft. Der Kot muß gut gebunden und mit einem weißen Harnsäurehäubchen versehen sein. Wäßriger Kot ist immer ein Anzeichen einer Verdauungsstörung und somit ein Signal zur individuellen Kontrolle der Taube durch den Züchter.
Vor dem Einsetzen der Tauben zum Preisflug sollte neben dem Mauserstand auch dem allgemeinen Gesamtverhalten auch der Schnabel-Rachen-Raum kontrolliert werden. Im inneren Oberschnabel befindet sich die Gaumen- oder Choanenspalte. Sie ist sehr lang und bei gesunden Tauben zur Schnabelspitze hin so verengt, daß die Schleimhautlippen sie fast verschließen. Zum Schlund hin erweitert sich die Choanenspalte zu einer kleinen rundlichen Öffnung. Hat eine Taube infolge Krankheit, Überanstrengung oder Verfettung Atembeschwerden, so ist die Gaumenspalte erkennbar geöffnet. Sie ist für den Züchter ein Erkennungszeichen einer flugsportlich nicht intakten Taube. Aber auch der Kehlkopf, am hinteren Unterschnabel gelegen, kann ein Gradmesser der Gesundheit sein. Über den Kehlkopf gelangt die Atemluft in die Luftröhre. Atmet eine Taube normal, wird die Kehlkopföffnung oval und rosafarben aussehen. Ist die Atemöffnung jedoch rund, mit rot geschwollenen Rändern umgeben, dann hat die Taube Atemprobleme, deren Ursachen chronische Herzfehler, Herzverfettung, allgemeine körperliche Schwäche infolge einer Infektion oder auch Erschöp-

Abb. 95 Kontrolle des Schnabel-Rachen-Raumes (Foto: WEGENER)

fung sein können. Gesunde Tauben atmen ruhig, ohne Geräusche, ohne daß die Atembewegung durch ruckartige Körperbewegung der Taube wahrgenommen wird. Schließlich sollte der Züchter vor dem Einsatz der Tauben auch kurz die Brustmuskulatur begutachten. Sie muß sich fest, leicht gespannt anfühlen. Tauben mit weicher, schwammiger Muskulatur haben zuviel Fettgewebe oder sind gesundheitlich angegriffen. Zu fette Tauben erkennt man auch an den Legebeinen, dem Ende des Beckens. Da sich an dieser Stelle das Fett besonders konzentriert, führt es dazu, daß die Legebeinknochen auseinandergehen. Ein fester, enger Beckenraum ist somit ein gutes Zeichen für einen erfolgreichen Einsatz.

Man sollte es sich zum Leitsatz machen: Nur die Taube, die alle gesundheitlichen Überprüfungen durch den Züchter besteht, kommt in den Reisekorb.

Kontrolle der Preisflugverfassung

Jeder Züchter muß sich in seiner aktiven sportlichen Laufbahn ein geeignetes Maß an Beobachtungs- und Beurteilungsfähigkeit aneignen, um typische Formmerkmale seiner Tauben zu erkennen.

Dafür gibt es sicherlich kein Rezept, weil sich die Tauben bei guter Kondition individuell unterschiedlich verhalten.

Kennt der Züchter aber diese typischen Verhaltensweisen und gelingt es ihm, einen guten Formzustand für einen Teil seiner Tauben zu erreichen, dann fällt ihm die Auswahl der Tiere, die auf dem Preisflug erfolgreich sein können, relativ leicht.

Die Flugverfassung, speziell die Stimulierung der Tauben für einen starken Heimtrieb, wird aber auch durch die Flugmethode wesentlich bestimmt. Nutzt man die natürliche Methode, wird es von Vorteil sein, die Nestverfassung jeder Taube zu kennen, bei der sie besonders schnell fliegt. Dazu sind kontinuierliche Aufzeichnungen unerläßlich, um exakte Aussagen zu bekommen.

Verspricht der Nestzustand einer Taube dem erfolgreichen Erfahrungswert vorangegangener Flüge, so wird sie auch bei allen weiteren gesundheitlichen und formtypischen Merkmalen besonders für den Flug geeignet sein. Gleiche Sorgfalt gilt der Beobachtung der Witwer. Hier sind es in erster Linie Verhaltensmerkmale – u. a. ihr Appetit –, die Aufschluß über ihren Formzustand geben. Ob sie genügend Temperament ausstrahlen oder ihre Weibchen vor dem Einsetzen noch kurz sehen müssen, liegt in der Entscheidung des Züchters. Diese Beobachtungen müssen Grundsatz über den gesamten Zeitraum der Flugsaison sein. Da die Witwer zu möglichst vielen Preisflügen die Hochform aufweisen sollen, kann die psychische Dauerbelastung durch die Trennung auch zu Ermüdungserscheinungen führen, die man rechtzeitig erkennen und verhindern muß.

Grundsätzlich sollte sich jeder Züchter der großen Verantwortung gegenüber seinen

Tauben bewußt sein, daß er sie nur in Vollbesitz ihrer physischen und psychischen Kräfte zum Preisflug einsetzt, um Überanstrengungen oder gar Verluste zu vermeiden.
Er wird er nur mit den Tauben Spitzenplazierungen erringen, die zusätzlich in Höchstform sind.

Vorbereitung auf den Einsatz

Grundsätzlich sollte die Einsatzvorbereitung immer mit größter Sorgfalt und Ruhe erfolgen. Die technischen Vorbereitungsarbeiten, wie die Herrichtung sauberer Einsatzkörbe, die Bereitstellung der Futtermischung, die vor dem Einsetzen verabreicht werden soll, die exakte Ausfüllung der allgemeinen Angaben auf der Einsatzliste u. a., können schon in der Woche zuvor erledigt werden. Ebenso ist jeder Züchter gut beraten, die abschließende Gesundheitskontrolle bereits am Vortage durchzuführen, um den Einsatz in Ruhe ausführen zu können. Am Einsatztag wird noch einmal eine Kotkontrolle der zum Flug vorgesehenen Tauben vorgenommen, um auch plötzliche Störungen noch rechtzeitig zu erkennen.
Etwa zwei Stunden vor dem Einsetzen sollte die Fütterung der Tauben erfolgen. Die Höhe der Futtermenge hängt wesentlich vom Einsatztermin ab. Die tägliche Fütterungszeit muß auch am Einsatztag beibehalten werden, sollte aber so bemessen sein, daß die Tauben bei der Futtergabe vor dem Einsatz noch einige Körner und anschließend Wasser aufnehmen können. Über die Zusammensetzung des Futters am Einsatztag gibt es unter den Züchtern unterschiedliche Auffassungen. Man wählt jedoch übereinstimmend sehr leicht verdauliche Körnerarten wie Reis, Milokorn, geschälten Hafer, um den Organismus nicht unnötig zu belasten.
Für längere Transportzeiten, die bei größeren Strecken erforderlich sind, setzt man einen Anteil Mais hinzu, um den Energieanteil zu erhöhen. Der Züchter, der seine Tauben nach der natürlichen Methode setzt, sollte darauf achten, daß auch die Tauben, die während der Abschlußfütterung auf dem Nest sitzen, ebenfalls etwas Futter zu sich nehmen, um anschließend noch trinken zu können.
Unter Umständen muß sie der Züchter dazu veranlassen. Diese Fütterungsphase darf nicht zu kurz bemessen sein, weil die Tauben genügend Flüssigkeit aufnehmen müssen.
Häufig erlebt man, daß die Tiere schon in den Einsatzkörben durstig sind, ein Zeichen zu reichlicher Fütterung, Gabe von stark quellenden Körnerarten oder eines zu schnellen Einsatzes nach der Futtergabe.
Eine bessere Kontrolle über die Futterdosierung bekommt man, wenn man die Tauben an eine Zellenfütterung gewöhnt. Das bietet auch die Möglichkeit eines ruhigen Herausnehmens für den Einsatz.
Jeder Züchter sollte am Einsatztag soviel Zeit einplanen, daß der gesamte Vorgang in Ruhe und mit Besonnenheit durchgeführt werden kann. So manche Taube wird durch Hektik und Hast beim Einsetzen so beunruhigt, daß sie nach dem Preisflug nur zögernd den Schlag aufsucht. Das bedeutet verschenkte Zeit und damit eine schlechtere Plazierung in der Preisflugliste.

Einsetzen

Wenn der Züchter alle Vorbereitungsmaßnahmen abgeschlossen hat, werden die Tauben behutsam in die Hand genommen. Eine kurze Kontrolle des aktuellen Federstandes am Flügel dient dazu, eventuell kurzfristig aufgetretene Federschäden zu berücksichtigen.
Beim Herausnehmen aus der Nistzelle entsteht nur eine geringe Unruhe im Schlag. Man hüte sich davor, die Tauben zu beunruhigen, sie eventuell im Flug zu erhaschen. Geknickte Schwungfedern, eventuell ausgerissene Federn, auf alle Fälle aber erschreckte Tauben, werden alle gutgemeinten Vorbereitungen vereiteln.

Ideal sind Taubentransportkäfige, in denen die Tauben Einzelplätze erhalten. Ein gegenseitiges Beschmutzen oder Beißen ist damit ausgeschlossen. Allerdings erfordert es sehr viel Transportraum. Deshalb haben sich Körbe durchgesetzt, in denen die Tauben gemeinsam untergebracht sind. Dabei ist eine Überfüllung unbedingt zu vermeiden, weil sich ansonsten die Gefahr der gegenseitigen Schadenswirkung erhöht.

Als kotbindende Einstreu haben sich Hobelspäne sehr gut bewährt.

Auf den festgelegten Einsatzstellen werden die Tauben und die inzwischen komplettierten Einsatzlisten der bestätigten Einsatzkommission übergeben. Die Aufgabe dieser Kommission ist es, den Tauben den Flugring anzulegen, dessen Nummer in der Einsatzliste zu registrieren und die Tauben in die bereitstehenden Transportkäfige oder Kabinen zu setzen.

Den Kommissionen sollten befähigte Züchter angehören, die ihre Arbeit zuverlässig und gewissenhaft ausführen. Denn auch hier kommt es auf eine gefühlvolle Behandlung der Tauben an, besonders bei der Herausnahme aus den Einsatzkörben. Sie haben die Gummiringauflage und ihren richtigen Sitz gewissenhaft zu kontrollieren. So manche Taube kehrte mit angeschwollenem Fuß zurück, weil der Flugring sich beim Auflegen verdrehte.

Die Tauben werden getrennt nach Geschlechtern in die Transportkassetten eingesetzt. Die Besetzungsdichte in diesen Kassetten oder Kabinen ist festgelegt und darf nicht überschritten werden, denn auch das Sauerstoffangebot würde das Transportklima erheblich beeinträchtigen.

Für die eingesetzten Tauben muß eine ordnungsgemäße Versorgung der Tauben vor dem Auflaß gewährleistet sein. Die dafür notwendige Zeit muß in jedem Fall vorhanden sein und genutzt werden.

In Spezialfahrzeugen mit festen Kabinen bzw. auswechselbaren Kassetten, in denen sich die Tauben während der Fahrt befinden, geht es dem Auflaß entgegen.

Transport der Tauben

Mit dem Transport der Tauben waren seit Beginn der organisierten Preisflüge Forderungen verbunden, die erst im Laufe der Jahre aufgrund neuer Erkenntnisse immer mehr qualifiziert werden konnten. Die Zeit vom Einsetzen bis zum Erreichen des Auflaßortes sollte möglichst kurz sein; eine ausreichende Versorgung der Tauben müßte bei weiten Transporten eingeplant sein. Der manuelle Aufwand sollte möglichst gering gehalten werden und schließlich müßte die Wahl der Auflaßorte variabel sein, insbesondere bei schlechten Wettersituationen.

Entwicklung des Taubentransports

Die zunächst einfachste und zugleich rentabelste Lösung war der Transport mit der Bahn. Die zunehmenden Taubenzahlen und das umfangreichere Preisflugprogramm ließen für den erforderlichen Transportraum keine andere Wahl. Aber es mußten damit auch wesentliche Nachteile in Kauf genommen werden. Für den einzelnen Transportbegleiter war der manuelle Aufwand am Auflaßort zu groß. Hunderte von Körben mußten aus den Güterwagen auf den Bahnsteig abgeladen werden. Korb für Korb wurde mit Tränkwasser versorgt, und schließlich mußten nach dem Auflaß die leeren Körbe wieder ordnungsgemäß in die Eisenbahnwaggons verladen werden. Ohne die Hilfe weiterer Züchter am Auflaßort war das auf die Dauer Schwerstarbeit. Mit der technischen Entwicklung und damit der Elektrifizierung der Bahn stellten sich mit den stromführenden Drähten echte Hindernisse und Gefahren für die Tauben in den Weg, und schließlich war man bei schlechtem Wetter ortsgebunden und mußte oft lange am Auflaßort verharren.

Der zügige Übergang zum Lkw-Transport gab zumindest der Variabilität der Auflaßorte in den Reiseplänen neue Impulse. Nun konnten die Anforderungen an das Auflaßterrain idealisiert und den schlechten Witterungssituationen durch Zurückfahren ausgewichen werden. Der manuelle Aufwand verringerte sich aber erst mit dem Einführen der Kabinenexpresse. Mit einer Hebelbewegung öffneten sich die Klappen der fest eingebauten Kabinen gleichzeitig und gaben somit auch gleichberechtigte Startbedingungen für alle Tauben. Installierte Tränkrinnen konnten mittels Pumpen aus Wasserfässern gefüllt werden. Noch aber blieb die relativ lange Wartezeit der Fahrzeuge auf den einzelnen Einsatzstellen. Damit verlängerte sich die Gesamtfahrzeit der Tauben, die in der ersten Station in den Expreß kamen. Die Umstellung auf austauschbare Kassetten anstelle der Kabinen behob auch diesen Mangel. Mit doppelten Kassetten ausgerüstet, erfolgt nun an der Einsatzstelle nur noch der Wechsel leerer gegen mit Tauben bestückten Einschüben. In wenigen Minuten ist der Expreß wieder auf der Fahrt. Diese Fahrzeuge haben sich durch praktische Möglichkeiten der Futter- und Wassergabe auch für die Weitstreckenflüge bewährt. Der schon 1921 in Belgien praktizierte Transport mit Flugzeugen konnte sich auch in der Folgezeit nicht durchsetzen. Trotz schnellen Transports überwogen die Nachteile, die schon beim Bahntransport genannt wurden. Anstelle der Leitungsdrähte kamen die Radaranlagen unmittelbar an den Flugplätzen mit negativem Einfluß auf das Orientierungsvermögen der Tauben hinzu. Als auch noch Tauben wegen Sauerstoffmangels beim Transport verendeten und zudem die Transportkosten enorm anstiegen, wurde der Lufttransport eingestellt.

Anforderungen an die Transporthygiene

Trotz zunehmender medizinischer Betreuung und hygienischer Haltung in vielen Brieftaubenschlägen, hat die Häufigkeit verschiedener Krankheiten in den Beständen besorgniserregend zugenommen.

Durch wirksame Vakzine kann beispielsweise gegen den Paramyxovirus und die Salmonellose für eine bestimmte Zeit eine Immunität gewährt; sie bieten aber dennoch keinen Dauerschutz.

Hinzu kommen viele andere Krankheiten wie Schnupfen, Pocken, Kokzidiose, Trichomoniasis, Herpesvirose u. a., die unsere Tauben heimsuchen können. Auch wenn wir es den Tieren äußerlich nicht ansehen, sind einmal erkrankte Tauben häufig Dauerausscheider an Viren und somit eine ernste Gefahr für alle Kabinenmitinsassen.

Um die Verbreitung dieser Krankheiten durch den Transport auf ein Minimum zu reduzieren, versteht es sich von selbst, daß die Kabinen bzw. Kassetten nach jedem Flug zu desinfizieren und die Bodeneinlagen durch neue zu ersetzen sind. Diese Maßnahmen können in den einzelnen Einsatzstellen an den Kassetten mit wenig Aufwand vorgenommen werden. Handelsübliche Desinfektionsmittel mit Hilfe von Druckluftspritzen aufgetragen oder besser noch, die Kassetten in ein Desinfektionsbad zu tauchen, sind wichtige Maßnahmen.

Aufwendiger und damit zeitraubender ist die Desinfektion der massiven Kabinenfahrzeuge, weil das gesamte Gefährt an der Einsatzstelle behandelt werden muß.

Für den internationalen Grenzverkehr gibt es diesbezüglich exakte Vorschriften, die durch den Grenzveterinärdienst überwacht werden. Dazu zählen die veterinärhygienische Ausfuhrgenehmigung für Taubenauflässe und das Veterinärzeugnis, auf dem durch den zuständigen Amtstierarzt die Taubenbestände als gesund flug- und transportfähig bescheinigt werden. Diese Atteste können nur dann ausgestellt werden, wenn im Zeitraum von sechs Monaten bestimmte Krankheiten im Herkunftsgebiet nicht aufgetreten sind.

Nach dem Auflaß im Ausland sind die Fahrzeuge einer Grobdesinfektion zu unterziehen. Die notwendigen Sprühgeräte und Desinfektionsmittel sind im Kabinenexpreß mitzuführen.

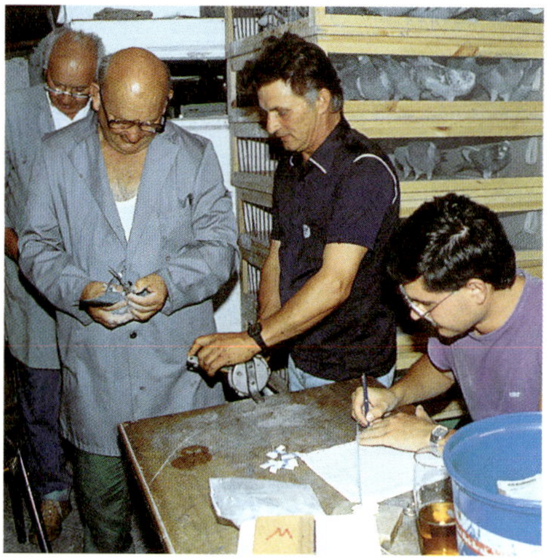

Abb. 96 Die Einsatzkommission prüft die Ringnummer (Foto: HARTMANN)

Abb. 97 Einlegen von Wellpappe in den Einsatzcontainer (Foto: HARTMANN)

Abb. 98 Uhrenkommission bei der Arbeit (Foto: HARTMANN)

Abb. 99 Aufziehen des Gummiringes (Foto: Kupke)

Abb. 100 Einsetzen der Tauben in der Einsatzstelle (Foto: Hartmann)

Abb. 101 Verplomben der Konstatieruhr (Foto: Barth)

Abb. 102 Verladen der Container in den Kabinenexpreß (Foto: Hartmann)

Abb. 103 Vor jedem Fahrtantritt und nach jedem Auflaß muß der Kabinenexpreß gereinigt und desinfiziert werden. (Foto: SCHMIDTKE)

Trotz aller Vorschriften und Maßnahmen ist es aber auch ein Erziehungsanliegen unter den Züchtern zur moralischen Verantwortung gegenüber der Gesundheit aller Tauben, daß trotz Faszination eines Preisfluges aus krankheitsverdächtigen Beständen keine Taube zum Einsatz gebracht wird, selbst wenn sie äußerlich gesund erscheint. Das erfordert eine verstärkte Aufklärungsarbeit über die Ursachen, die Verbreitung, das Erkennen und die Bekämpfung von Taubenerkrankungen. Diese Aufgabe wird von den Hygienebeauftragten in Zusammenarbeit mit den Tierärzten fachlich unterstützt. Die Verantwortlichen an den Einsatzstellen sollten Bestände mit offensichtlich krankheitsverdächtigen Tauben vom Transport und damit vom Preisflug konsequent ausschließen.

Nur bei strikter Einhaltung aller veterinärhygienischer Maßnahmen kann die Übertragung von Krankheitserregern auf ein Minimum begrenzt werden, damit eine wesentliche Grundlage für alle künftigen Preisflüge gegeben ist.

Aufgaben des Transportbegleiters

Mit dem Einsatz des Kabinenfahrzeuges beginnt die Tätigkeit des Transportbegleiters. Ihm kommt die Aufgabe zu, die Tauben vom Einsatz bis zum Auflaß gewissenhaft zu betreuen und alle Voraussetzungen für einen ordnungsgemäßen Auflaß zu schaffen. Das ist ein weites Umfeld mit großer Verantwortung. Deshalb sind alle Flugorganisatoren gut beraten, erfahrene, verantwortungsbewußte und zuverlässige Züchter zu gewinnen, die ein gutes Wissen über die praktische Sportausübung besitzen. Es sollten aber auch Züchter mit Autorität und Konsequenz sein, deren Entscheidungen akzeptiert werden.

In dieser Funktion spielen langjährige Erfahrungen eine wesentliche Rolle. Deshalb ist es lohnenswert, befähigte Züchter möglichst lange als Transportbegleiter zu verpflichten. Gleichzeitig muß der weiteren theoretischen Qualifizierung vorgesehener und bereitwilliger Freunde des Taubensports große Aufmerksamkeit geschenkt werden. Vor dem Einsetzen der Tauben in das Fahrzeug hat sich der Transportbegleiter von der Sauberkeit und weiterer hygienischer Bedingungen bzw. von der Qualität des Futters zu überzeugen, das für die Versorgung der Tauben während des Transports vorgesehen ist.

Er hat dafür Sorge zu tragen, daß die Kabinen oder Kassetten nicht mit Tauben überbesetzt sind, um damit eine Bedingung für eine gute Flugvorbereitung zu schaffen. Wird der Transport über Ländergrenzen hinweg geführt, muß der Begleiter die notwendigen Veterinärzeugnisse mit den vollständigen Eintragungen bereithalten.

Am Auflaßort hat er auch dafür zu sorgen, daß der Startplatz sofort angefahren wird. Hierbei hat der Reisebegleiter auf gute Abflugbedingungen zu achten. Hindernisse wie Hecken, Zäune, Fernsprech- und Hochspannungsleitungen, Bäume u. a. behindern die Tauben nicht nur, sie sind auch eine ernsthafte Verletzungsgefahr bei einem Massenstart. Am Auflaßort angekommen, wird den Tauben nach dem relativ unruhigen Transport eine mehrstündige Ruhepause gegönnt. Diese Zeit nutzen die Tauben bereits für eine Vororientierung. Deshalb sollten nach der Pause die Standplätze, wenn irgend möglich, nicht mehr gewechselt werden. Diese Ruhepause gilt aber nicht für den Transportbegleiter.

Er wird die Tauben mit leichtem Futter versorgen und sie tränken. Auf Kurzstreckenflügen ist eine Fütterung nicht unbedingt erforderlich, ganz sicher aber das Tränken.

Eine von Durst gequälte Taube wird jede Möglichkeit suchen, auf der Flugstrecke eine Flüssigkeitsaufnahme zu nutzen, und das ist nicht immer sauberes Wasser. Außerdem geht dadurch wertvolle Flugzeit verloren.

Der Begleiter wird die Pause bis zum Start auch nutzen, um sich mit der konkreten Wettersituation am Standort vertraut zu machen. Bewölkung, Sicht- und Temperaturverhältnisse sollten von ihm genau beobachtet werden. Erst dann wird er sich telefonisch mit der Heimat über die Gesamtwettersituation und den Zeitpunkt des Auflasses verständigen. Wenn alle Anforderungen an einen guten Flug gegeben sind, steht dem Auflaß nicht mehr im Wege.

Problematisch wird es aber für jeden Transportbegleiter bei schlechtem Wetter. Denn dann übernimmt er trotz telefonischer Rücksprachen eine große Verantwortung, die Tauben zum richtigen Zeitpunkt zu starten, den Auflaßort zu wechseln, den nächsten Tag abzuwarten oder weitere Entscheidungen im Interesse einer gesicherten Heimkehr der Tauben zu treffen. In solchen Fällen kommt dann die Erfahrung, das Wissen und die Umsicht des Begleiters diesem sportlichen Geschehen zugute. Das setzt natürlich das Vertrauen aller beteiligten Züchter voraus.

Jeder Transportbegleiter sollte über seine Tätigkeit ein Tagebuch führen, in dem alle Besonderheiten während des Einsetzens und der Fahrt, aber auch während der Fütterungszeit, die Wetterbedingungen, Auflaßzeit und andere wichtige Informationen enthalten sind.

Auflaß

Mit dem Auflaß der Tauben entscheidet sich schon ein wesentlicher Teil des Fluges. Deshalb müssen am Auflaßort möglichst viele Detailfragen durch den Transportbegleiter überlegt und berücksichtigt werden.

Ist der Auflaßort geeignet ausgewählt, damit die Tauben ungehindert abfliegen können, werden alle Initiativen darauf konzentriert, eine möglichst genaue Wettersituation vom Auflaßort bis zur Heimat zu erhalten.

Letzteres ist bei den heutigen modernen Wettervorhersagen relativ einfach. Viele Fluglei-

Abb. 104 Transportbegleiter bei der Versorgung der Tauben unterwegs (Foto: SCHMIDTKE)

tungen setzen sich außerdem noch mit einer meteorologischen Station in Verbindung, um in den frühen Morgenstunden den aktuellen Stand zu erfassen. In telefonischer Absprache verständigen sie sich mit dem Transportbegleiter. Damit ist ein wichtiger Schritt für einen reibungslosen Flug getan.

Aber Frühnebel, tiefe Wolken oder zeitweilige Schauer können immer noch am Auflaßort Einhalt gebieten. Wie neueste Untersuchungen von SCHIETECAT ergaben, scheuen die Tauben den Dunst (Sichtweiten 1 bis 2 km) nicht, und er beeinträchtigt ihre Orientierung und Heimflugleistung kaum. Auch bezüglich der Auflaßtemperaturen, besonders unter 15 °C, gibt es keine eindeutigen negativen Beziehungen zum Flugverlauf. Dennoch sollten die Tauben bei Temperaturen unter 10 °C möglichst nicht starten. Wenige Stunden mit dem Auflaß warten, bringt dabei sicherlich mehr Gewinn.

Zusätzlich zu diesen Wetterinformationen sollten auswertend aus einigen katastrophalen Flügen des Jahres 1988 in verschiedenen Ländern Europas auch Aussagen über derzeitige Störungen des Erdmagnetfeldes bekanntgegeben werden. Solche Informationen könnten international kurzfristig für den Taubensport im Wetterbericht aufgenommen werden. Es wurde bereits erwähnt, daß sich die Tauben sowohl nach der Sonne als auch mit Hilfe des magnetischen Feldes der Erde orientieren können. Bei starker Bewölkung fällt die Sonnenorientierung weitgehend aus. Ist zusätzlich das Erdmagnetfeld gestört, nehmen solche Flüge einen schlechten Ausgang.

Sind alle Informationen eingeholt und für ausreichend befunden sowie die Tauben mindestens eine Stunde vor dem Auflaß ausreichend getränkt worden, kann der Start erfolgen.

Wie bei allen tagaktiven Lebewesen, hat auch die Taube in den frühen Morgenstunden ihre aktive Phase. Deshalb nutzt man mit einem Auflaß am frühen Morgen diesen Lebensrhythmus, um einen erfolgreichen Flugablauf zu sichern. Das betrifft in erster Linie die Kurz- und Mittelstreckenflüge. Bei Witterungsunbilden in der Frühe ist ein Spätstart bis in die Nachmittagsstunden dennoch möglich, ohne daß das Flugergebnis entscheidend beeinträchtigt werden kann. Es muß aber stets abgeschätzt werden, daß die Tauben am Auflaßtag den Heimatschlag erreichen können. Andernfalls muß am kommenden Tag gestartet oder in Abstimmung mit der Flugleitung ein Auflaßort mit kürzerer Entfernung festgelegt werden.

Weitstreckenflüge unterliegen etwas anderen Überlegungen. Selbst bei normalen Bedingungen würden nur wenige Tauben am Auflaßtag den Heimatschlag erreichen. Außerdem ist die territoriale Ausdehnung der untereinander konkurrierenden Gemeinschaften oft recht erheblich. Deshalb verlegt man die Startzeit so, daß keine Taube am Auflaßtag die Heimat erreicht. Der Flug muß also von den Tauben in zwei Phasen geflogen werden. Die größere Strecke sicherlich am ersten Tag, die restliche am frühen Morgen des zweiten Tages. Damit ist ein gewisser Ausgleich für die unterschiedlichen Strecken der einzelnen Konkurrenzgemeinschaften gegeben, und es bietet den Tauben den Vorteil, nicht unbedingt die Grenzen des Leistungsvermögens an einem Tag zu erreichen. Der Nachteil besteht zweifellos in den vielfältigen Gefahren, die eine Übernachtung mit sich bringt. Bei relativ geringen Entfernungsunterschieden zwischen den einzelnen Reisevereinigungen wird man danach die frühen Morgenstunden zum Start auswählen. Außerdem werden die aktuelle Wetterlage und die Wettervorhersage den Auflaßtermin mitbestimmen.

Die Erfahrungen auf weiten Flügen bestätigen eine aktive Flugphase der Brieftauben von 10 bis 14 Stunden. In dieser Zeit können bei normalen Flugbedingungen bis zu 800 km zurückgelegt werden. Mit entsprechender Windunterstützung kann diese Leistung noch höher ausfallen. Andererseits würde Gegenwind die aktive Flugzeit und damit die bewältigte Strecke reduzieren, weil derartige Flüge kraftraubend an die Leistungsgrenze gehen.

Nachdem alle Überlegungen den Auflaß rechtfertigen, werden mit dem gleichzeitigen Öffnen aller Klappen des Kabinenfahrzeuges die Tauben auf den Heimflug gestartet.

Abb. 105 Auflaß (Foto: Barth)

Verlauf des Preisfluges

Erfahrene Transportbegleiter wissen schon kurz nach dem Start, ob der Flug normal verlaufen wird oder ob Orientierungsprobleme auftreten. Ziehen die Tauben nach kurzem Kreisen sofort in Richtung Heimat ab, gibt es kaum Bedenken. Dehnen sie das Suchen jedoch aus, oder kommt der bereits abgezogene Schwarm nach 10 Minuten gar wieder zurück, dann wird auch der geduldigste Begleiter unruhig.

Einfluß der Wetterfaktoren

Während des Fluges können den Tauben verschiedene Witterungsfaktoren als Unterstützung oder Hindernis begegnen. An erster Stelle ist es der Wind, der durch Richtung und Intensität das Fluggeschehen maßgeblich beeinträchtigen kann. Mäßiger bis starker Rückenwind hat die Tauben zu großen Geschwindigkeiten unterstützt und damit auch schon manchen Züchter durch die frühe Rückkehr seiner Tauben überrascht. Es ist aber auch der Einfluß des Windes, der in einer territorial größeren Konkurrenzgemeinschaft das Gebiet beeinflußt, das den größeren Preisanteil erreichen wird.

Der Taubenschwarm kann durch die Windeinwirkung seitlich aus der idealen Flugrichtung abgedrängt werden. Die Tauben erhalten eine völlig andere Einflugrichtung zur Heimat, und die kann entgegen allen Entfernungsberechnungen die Preisanteile der einzelnen Gebiete beeinträchtigen.

Für die Taube ist es besonders kompliziert, wenn auf der Strecke der Wind mehrfach seine Richtung ändert oder auf der gesamten Strecke kräftiger Gegenwind herrscht.

Weitere erschwerende Witterungserscheinungen während des Fluges sind oft die unterschiedlichen Sichtweiten durch Nebelwände oder Dunst, wie er in den Sommermonaten häufig in den Morgenstunden auftritt.
Während kompakte Nebelfelder mit Sichtweiter unter 500 m für die Tauben ein echtes Hindernis darstellen, beeinflußt der Dunst den Flugverlauf nicht. Die Taube ist in der Lage, sich trotz ungünstiger Sichtverhältnisse ausreichend zu orientieren.
Entlang der Fluglinie werden unsere Tauben vielfach mit den verschiedenen Arten von Niederschlägen konfrontiert. Bei starken Regenschauern unterbrechen viele Tauben ihren Flug, um ihn mit nachlassendem Niederschlag fortzusetzen. Beobachtungen bestätigen, daß ganze Häuserdächer bei einem kräftigen Gewitterschauer von Tauben besetzt waren. Sie flogen gemeinsam nach dem Regenguß auf, um den Heimatkurs wieder einzuschlagen.
Das Orientierungsvermögen wird auch durch die Niederschläge nicht beeinträchtigt, wohl aber werden die Kräfte der Tiere bei mehr oder weniger nassem Federwerk strapaziert.
Wärmegewitter, die sich örtlich in einer feuchten und warmen Luftmasse ausbilden, werden von den Tauben häufig umflogen.
Den Frontgewittern hingegen können sie wegen ihrer großen Ausdehnung kaum ausweichen.
Solche Fronten haben einen merklich negativen Einfluß auf den Flugverlauf und führen in vielen Fällen zu erheblichen Verlusten bzw. zu verspätetem Heimkehren.
Bei schwachem Windeinfluß, heiterem Wetter und Kumulusbewölkung werden die Tauben sicher und problemlos die Flugstrecke meistern. Sie durchfliegen die Strecke in anfangs größeren, später immer kleineren Schwärmen.
Schließlich lösen sich die Schwärme in kleinere Gruppen auf.
Entsprechend der unterschiedlichen Richtungen teilen sie sich kurz vor dem Konkurrenzgebiet weiter auf.

Ankunft am Heimatschlag

Auf den Heimatschlägen sind inzwischen alle Vorkehrungen für den Empfang der Tauben getroffen. Die Uhren stehen aufnahmebereit für die Kontrollgummiringe. Der Einflug ist so hergerichtet, daß die Tauben ungestört in den Schlag gelangen können, die Nistzellen sind geöffnet bzw. die Witwen in die Zellen gesetzt, um ihren Vogel liebevoll zu empfangen. Die Spannung des Wartens bei den Züchtern legt sich erst, wenn die ersten Tauben am Schlag eintreffen. Nun kommt es darauf an, die Tiere so schnell wie möglich in den Schlag zu bekommen, um ihnen den Gummiring abzuziehen. Dabei zahlen sich Gewöhnungskonsequenzen über das ganze Jahr aus. Sind es die Tiere gewöhnt, nach dem Anflug in den Schlag zu eilen, sei es, um Futter zu erhalten oder den Partner vorzufinden, dann werden sie dieser Gewohnheit auch nach dem Flug sofort folgen. Durften sie sich aber in den vergangenen Wochen und Monaten ungehindert in der Freiheit tollen, dann kann es jetzt Verzögerungen geben.
Das Einspringen in den Schlag wird aber auch durch andere Kleinigkeiten begünstigt oder verzögert. Ein Einflug mit Fanggabeln wird trotz Gewöhnung meistens nach dem Flug als Hindernis angesehen. Die nervöse Taube versucht erst mehrmals das Anheben der Stäbe, bis sie den Einsprung wagt. Einsprungfreiheit durch Bügel oder als offener Einflug mit von innen schräggestellter Klappe beschleunigen das Hineingehen. Jeder Züchter hat nun zusätzlich noch seine Lockmethoden, die die Tauben beruhigen und zum schnellen Einfliegen animieren.
Zum Nachteil gereicht es vielen Züchtern, wenn sich in unmittelbarer Nähe des Einfluges höhergelegene Dachfirste oder Antennen befinden. Häufig landen die Tauben zunächst auf diesen „Hochsitzen" und begeben sich erst danach zum Einflug. Wertvolle Zeit kann dabei verstreichen. Aber jede Sekunde ist wichtig für eine gute Plazierung in der Preisflugliste und damit in der Meisterschaft. Des-

halb sollten die Einflüge nach Möglichkeit so angebracht werden, daß sie direkt angeflogen werden können. Es ist auch von Vorteil, wenn die Tauben vom Einflug her ihre Nistzelle und die Tränke sehen können.
Alles, was eine vom Preisflug heimkehrende Taube erschrecken oder verunsichern kann, sollte vermieden werden. Das für die Taube Ungewohnte können handwerkliche Arbeiten mit starken Geräuschen, der Lärm spielender Kinder, das Starten eines Pkw, aber selbst überhastete Bewegungen des Züchters im und am Schlag sein.
Auch beim Ergreifen der Taube nach erfolgtem Einflug in den Schlag muß der Züchter sehr behutsam sein, denn jede Hast würde für die nächsten Flüge ein Zögern der Tiere beim Einsprung zur Folge haben.

Betreuen nach dem Preisflug

Ein schnelles Hineinfliegen in den Schlag und das Konstatieren der Ankunftszeit sind zwei entscheidende Faktoren zur Auswertung des Fluges. Aber bei aller Inanspruchnahme des Züchters muß er die Betreuung der Tauben nach dem Flug gut beherrschen. Denn schon damit wird der Grundstein für weitere Erfolge gelegt.
Eine auf Nestmethode eingesetzte Taube muß nach der Ankunft ihr Gelege oder ihr Junges zugänglich vorfinden und wieder annehmen.
Bei den Witwern hat der Züchter dafür zu sorgen, daß der Partner sich in der Nistzelle aufhält und die notwendige Paarungsbereitschaft besitzt, die den Witwer weiterhin psychisch motiviert.
Der Züchter hat nach Beendigung des Fluges für ausreichend Ruhe im und am Schlag zu sorgen. Dazu können sehr helle Schläge zeitweilig verdunkelt werden. Alle Störfaktoren am Schlag, wie das Herauslassen der Jungtauben, sind im Interesse der Erholung der Reisetiere zu vermeiden.

Fütterung

Eine der wichtigsten Aufgaben nach dem Preisflug besteht darin, die Tauben durch entsprechende Fütterung wieder in körperliche Hochform zu bringen.
Diese Reserven sind aber der Brennstoff, den die Taube in Form von Glykogen in ihrem Blut, der Leber und in den Muskeln speichern bzw. als Protein (Eiweiß) in den Muskeln anlegen kann. Bei langen oder schweren Flügen kann die Taube dieses Glykogen vollständig verbrauchen, dann muß das Eiweiß der Muskeln in Glukose umgewandelt werden. Dabei wird Milchsäure frei, die die Tauben ermüden läßt. Es gilt also zunächst, das Blut von körperlichen Abbauprodukten, die bei der Verbrennung des Proteins entstehen, zu säubern. Deshalb verabreicht man den Tauben an den ersten beiden Tagen nach dem Flug leicht verdauliches Futter, bestehend aus Reis, Milokorn, Gerste, Haferflocken oder Sonnenblumenkernen.
Da die Leber ein wichtiges Organ bei der Säuberung des Blutes darstellt, muß sie in dieser Phase von allen zusätzlichen Beanspruchungen weitgehend entlastet werden. Eine an Proteinen reiche Nahrung mit Bohnen, Erbsen oder Wicken beansprucht jedoch die Leberfunktion erheblich, und deshalb sollten letztere Nahrungsmittel vorerst nicht verabreicht werden. Ein wenig Bierhefe fördert die direkte Eiweißumwandlung und trägt damit zur Entlastung der Leber bei. Erst wenn die Taube wieder ihr Normalgewicht aufweist, sollte eiweißreich gefüttert werden, damit die Tauben wieder einen guten Muskelzustand erreichen. Dazu sollte man einen Wochenfutterplan aufstellen und schrittweise den Anteil eiweiß- und kohlenhydratreichen Futters erhöhen. Erst zum Wochenende wird das volle Leistungsfutter gegeben.
Je nach der Länge und Schwierigkeit des Fluges ist eine Gabe von Traubenzucker oder Bienenhonig über das Tränkwasser zur Aufbesserung des Energiehaushaltes zu empfehlen. Traubenzucker ist die wichtigste Energie-

quelle für Muskeln und Drüse sowie für das Nervensystem. Die Traubenzuckergabe erfolgt dann an mehreren Tagen.

Beachtung der Nachzügler

Immer wieder kehren Tauben noch nach Tagen nach dem Preisflug zurück. Ihnen muß aber, will man sie relativ schnell wieder in Form bekommen, besondere Aufmerksamkeit geschenkt werden. Bei diesen Tauben verläuft der Entschlackungs- und Aufbauprozeß entscheidend länger, denn diese Tiere sind, aus welche Gründen auch immer, stärker beansprucht worden, ihre Substanz an Eiweiß ist intensiver abgebaut. Hinzu kommt, daß sie unterwegs verschmutztes Wasser und Futter zu sich genommen haben, deren Einflußfaktoren schnell aus dem Körper entfernt werden müssen, ohne größeren Schaden anzurichten. Ein Gemisch von Sommergerste und Sonnenblumenkernen fördert die Darmtätigkeit und begünstigt daher diesen Prozeß. Eine „Säuberungskur" über das Futter wird verständlicherweise länger andauern, als bei den am ersten Tag angekommenen Tieren. Je nach dem körperlichen Zustand der Nachzügler sollte man sich im Interesse der Taube und der Aussicht auf Erfolg für eine angemessene Ruhepause im Fluggeschehen entscheiden. Damit ist dann auch die Gewähr eines planmäßigen körperlichen Aufbaus ausreichend gegeben.

Einige Tauben erholen sich von den Flügen nur sehr zögernd. Auch diesen Tieren gilt die besondere Aufmerksamkeit. Sie benötigen eine größere Ruhepause, um ihren Körper wieder zu regenerieren, denn der Flug, den die Taube zu absolvieren hatte, war für sie Streß. Ist diese Beanspruchung für den Organismus zu groß, eventuell ist der Körper durch eine verborgene Infektion geschwächt, dann wird die Taube physiologisch unfähig sein, die Milchsäure in ihren Muskeln auszuscheiden. Das gleicht in etwa der Vergiftung des Körpers. Fällt dann noch die Nebennierenfunktion aus, kommt es zum Erliegen des Muskeltonus. STOSSKOPF hat durch Autopsie nachgewiesen, daß die Nieren dieser Tauben ein doppeltes bis dreifaches Volumen haben und daß das Blut Vergiftungserscheinungen aufweist. Solche Tauben sind unfähig, einen erneuten Preisflug zu überstehen. Hier müssen Geduld und eine entsprechende Versorgung vom Züchter garantiert werden, wenn die Tauben nach entsprechender Genesung wieder erfolgreich eingesetzt werden sollen.

Bei einigen der abgemagerten Spätheimkehrer kann man zuweilen eine relativ schnelle Erholungsphase feststellen. Sie fressen gut, und nach wenigen Tagen sind sie scheinbar im Vollbesitz ihrer Muskeln. Wer diese Tiere aber genau beobachtet, wird unschwer erkennen, daß ihnen das Fliegen nicht mehr so leichtfällt. Am Trog und in der Nistzelle sind sie recht munter, scheuen jedoch den Ausflug, weil sie Schwierigkeiten haben, die Flügel aktiv einzusetzen. Der Eindruck des feisten Körpers ist eine Muskelschwellung. Der Taubenkörper wirkt wie ein aufgepumpter Ballon. Hält man eine solche Taube etwas länger in den Händen, ist auch die Hitze zu spüren, die von dieser Entzündung ausgeht. Die Anschwellung des Muskelgewebes dauert etwa 14 Tage. Übersieht man einen derartigen Zustand, wird die Taube vom Flug unweigerlich ausbleiben. Hier liegt es erneut beim Züchter, seine Nachzügler gründlich zu beobachten. Neben körperlicher Frische muß auch die Fluglust wieder eingekehrt sein, bevor an ein erneutes Einkorben zu denken ist.

Prüfung des Gesundheitszustandes

Die natürliche Widerstandskraft einer Taube verringert sich mit zunehmender körperlicher Belastung bei Preisflügen. Da aber in den Kabinen der Kontakt mit vielen anderen Artgenossen nicht ausbleibt, kann sich auch die zu Hause wohlbehütete Taube infizieren. So unterschiedlich die natürliche Widerstandskraft bei Tauben ist, so unterschiedlich sprechen Tauben auf Infektionen an. Das bedeutet, daß auch die leistungsstärksten Tauben einmal erkranken können. Das ist das Risiko während der Flugsaison, das den Gesamterfolg erheblich schmälern kann.

Deshalb ist die gesundheitliche Kontrolle der hygienischen Führung nach dem Preisflug so außerordentlich wichtig.

Wie an anderer Stelle schon erwähnt, gibt die Konsistenz des Taubenkotes stets einen wichtigen Aufschluß über den Gesundheitszustand der Tauben. Dennoch ist ein grünes, mehr oder weniger flüssiges Exkrement am Preisflugtag noch kein ernster Anlaß zur Besorgnis. Die Tauben haben längere Zeit ohne Nahrungsaufnahme in den Kabinen zugebracht. Ohne Nahrungszufuhr sondert die Galle die grüne Flüssigkeit in den Darm ab, die dem Kot die Farbe gibt.

Zusätzlich können toxische Stoffe mit der Aufnahme verschmutzten Wassers auf dem Heimflug Auswirkungen auf das Verdauungssystem haben. Dabei werden besonders die Nieren beansprucht. Der schlechte Zustand der Nieren ist eine Ursache des wäßrigen Kotes. Ist aber am Folgetag die Normalkonsistenz nicht erreicht, sollte das betreffende Tier um so aufmerksamer beobachtet werden. Eine längere individuelle Diät-Fütterung zur schnelleren Entschlackung ist anzuraten.

Mitte der Woche sollten die Tauben hinsichtlich ihres Normalgewichtes eingeschätzt werden. Tiere, die sich körperlich noch nicht regeneriert haben, bedürfen einer weiteren Schonkost, bevor an einen sportlichen Einsatz zu denken ist. Diese Bewertung erfordert neben dem Fingerspitzengefühl des Züchters in erster Linie auch die Kenntnis vom Normalzustand seiner Tauben.

Am Wochenende werden Rachen und Muskulatur untersucht sowie die Beschaffenheit der Federn begutachtet. Tauben mit gesundheitlichen Mängeln wird man zweckmäßigerweise isolieren, und falls keine natürliche Erholung eintritt, muß ein Tierarzt hinzugezogen werden. Nur bei äußerster Gefährdung sollten Medikamente eingesetzt werden. Bei allen Kuren, vor allem in der Preisflugsaison, muß der Züchter sehr vorsichtig sein. Medikamente auf Verdacht verabreicht, schaden den Tauben mehr, als daß sie nützen. Vor allem sind die Folgeschäden nicht absehbar.

Kuren gegen die Trichomoniasis während der Brut auf dem ersten Gelege sind heute unumgänglich. In jüngster Zeit führen viele Züchter auch in der Flugsaison gegen diese heimtückische Krankheit Kuren durch, ohne dabei Nachteile für den Flugerfolg zu registrieren. Sie mindern damit die Ansteckungsgefahr im eigenen Bestand, die von den Flugtauben ausgehen kann.

Nach dem Preisflug sollte der Schlaghygiene besondere Aufmerksamkeit geschenkt werden, um eingeschleppte Bakterien oder Viren keine Ausbreitungschance zu geben. Sehr spät nachkommende Tauben hält man daher sicherheitshalber einige Tage in Quarantäne. Sie könnten potentielle Krankheitsüberträger sein. Erst wenn sich der Züchter vom positiven Erholungszustand der Tauben überzeugt hat, werden diese wieder in den Schlag gegeben.

Jeder Züchter ist gut beraten, sich der vorbeugenden Gesunderhaltung seiner Tauben, besonders in der Flugsaison, mit Konsequenz zu widmen. Ist erst eine Krankheit auf dem Schlag, dann mag nach einer medizinischen Behandlung rein äußerlich alles in Ordnung sein. Unter den behandelten Tieren können sich aber Dauerausscheider befinden, die jedes Jahr erneut den Ausbruch der Krankheit bewirken können. Daran ist schon manche Begeisterung für den Taubensport zerbrochen.

Deshalb sind die gründliche Gesundheitskontrolle und hygienische Schlagführung zwei unumgängliche Forderungen für sich, die jeder Taubensportler verantwortlich fühlen sollte.

Preisflüge mit Jungtauben

Über den Wert der Preisflüge mit Jungtauben wird nach wie vor unter den Brieftaubenzüchtern strittig diskutiert. Die einen wollen eine

harte sportliche Auslese aus der Vielzahl der aufgezogenen Jungtauben treffen. Sie meinen, nur die besten Tiere werden sich erfolgreich durchsetzen. Die anderen Züchter verweisen auf die noch unfertige körperliche Entwicklung der jungen Tauben, auf den für einen Preisflug uneffektiven Mauserstand und auf die vielfältigen Erfahrungen, daß sehr erfolgreiche Jungtauben als Jährige oder Zweijährige völlig versagen. Es gibt Schläge, die mit den Jungtierflügen hervorragend in Erscheinung treten, mit den Alttauben jedoch nur Mittelmaß erreichen.
Die zunächst einigende Komponente liegt nun wohl in der Nützlichkeit des Trainings der Jungtauben, über die kein Zweifel besteht. Jungflüge sollten als ein zielgerichtetes, wohldurchdachtes Training betrachtet werden, denn die Jungtauben sind bereits ein wesentlicher Teil künftiger Flugtauben.

Vorbereitung der Jungtauben

In den Reisevereinigungen werden die Monate August und September für die Jungtierflüge genutzt. Es handelt sich meistens um zwei Vorflüge und zwei bis drei Preisflüge von 150 ... 300 km. Diese Flüge werden von den Reisevereinigungen geplant. Für eine zielgerichtete Ausbildung der Jungtauben reicht das aber nicht. Es müssen verschiedene langfristige Vorkehrungen getroffen werden, um diese Anlernphase effektiv zu gestalten.
Bevor man mit dem Training beginnt, sollten alle Jungtauben, ohne Rücksicht auf die Abstammung, einer gründlichen Kontrolle unterzogen werden. Tauben mit schwachem Körperbau, mit fehlerhaften oder mißgebildeten Federn oder mit ungenügender Vitalität sollten unerbittlich ausgemerzt werden. Sie bilden kein stabiles Fundament für den künftigen Bestand.
Jeder Züchter wird sich außerdem genau überlegen müssen, ob er alle Jungtauben zu den Preisflügen vorbereitet, oder ob er einige Tiere nur kurz trainiert, um sie dann für kommende Aufgaben im Folgejahr zu schonen. Diese Überlegung ist durchaus angebracht, weil es bei den Jungtierflügen zu überraschenden und herben Verlusten kommen kann.
Jungtauben sind fluglustig und trainieren fleißig am Schlag. Diese Zeit muß der Züchter nutzen, um sie nach den freiwilligen Trainingsflügen schnell in den Schlag zu bekommen. Das ist eine Gewöhnungsfrage, die sich mit einem zügigen Hineingehen in den Schlag nach einem Preisflug auszahlt. Nichts wäre unüberlegter, als daß die Jungen den ganzen Tag das Dach bevölkern und dort ihre Stammplätze suchen. Besser ist es, sie werden morgens und abends jeweils ein bis zwei Stunden zu diesen freiwilligen Trainingsflügen veranlaßt.
Mitte Juli beginnen die kurzen Anlernflüge. Für eine Entfernung von über 5, 10, 20 bis 40 km werden die Jungtauben eines Schlages gemeinsam aufgelassen. Wenn sie diese Flüge erfolgreich überstanden haben, sollten noch ein bis zwei Einzelauflässe durchgeführt werden, um die Jungen zu zwingen, sich selbst zu orientieren. Denn dem Herdentrieb folgend, fliegen einige Tauben nur im Schwarm mit. Solche Auflässe müssen bei schönem Wetter praktiziert werden. Eine geschlossene Wolkendecke engt die Möglichkeiten der Orientierung ein, und es soll ja ein Anlernprozeß stattfinden.
Nach diesen anfänglichen Übungsflügen wird es zu den von den Reisevereinigungen geplanten Trainings- und Preisflügen übergehen, wozu die Tauben mit dem Kabinenexpreß transportiert werden. Auch darauf sind die Jungtauben vorzubereiten. Ihre Transportunerfahrenheit, insbesondere die Unfähigkeit der meisten Jungtauben, in der Kabine Wasser aufzunehmen, kann bei großer Hitze für den Heimflug zu Problemen führen. Der quälende Durst wird die Jungen frühzeitig zum Verlassen des Schwarmes zwingen. Sie müssen sich nachfolgend allein orientieren und den Weg nach Hause selbständig bewältigen. Da aber Jungtauben noch sehr an das Schwarmfliegen gewöhnt sind und sich

darin geborgener fühlen, fällt diese günstige Position plötzlich aus.

Deshalb lassen erfahrene Züchter ihre für die Preisflüge vorgesehenen Tauben einige Tage in einem Reisekorb, füttern und tränken sie über Futter- und Tränkrinnen, wie es in einem Kabinenfahrzeug üblich ist, lernen sie entsprechend für eine günstige Ausgangsposition des Fluges an. Eine weitere Vorbereitung der Jungtauben liegt in der überlegten Fütterung. Sie sind ausreichend zu füttern, wenn sie lange fliegen. Das Futter sollte mindestens ein Drittel eiweißhaltige Körner enthalten, die das Muskelgewebe aufbauen. Dabei kann lieber etwas weniger, aber kräftiger gefüttert werden. Man achte aber darauf, daß die Jungen im Fleisch nicht schwammig, also fett werden. Die Tauben müssen sich fest und geschmeidig anfühlen. Am Einsatztag wird mäßig und leichtes Futter gereicht. Die Fütterungspraxis entscheidet auch im Jungflug recht maßgeblich über den Erfolg.

Im Monat August befinden sich einige Jungtiere bereits inmitten der Hauptmauser. Das betrifft besonders die Jungen der zweiten Brut. Der Züchter sollte bei der Auswahl seiner Tauben zu den Flugwettbewerben rücksichtsvoll und perspektivisch denken. Ist die Taube schon durch die Mauser im flugtechnischen Nachteil, so kann eine negative Entwicklung der Federn bei zu großer Beanspruchung Folgeerscheinungen haben, die sich im nächsten Jahr nachteilig auswirken können. Sind Jungtauben von einer Sturzmauser betroffen, indem sie in sehr kurzer Zeit viele Federn verlieren, werden sie nicht zu den Flugwettbewerben eingesetzt.

Preisflugverfassung

Die Jungflüge sollen ausschließlich dem Anlernen der Tauben für kommende Aufgaben dienen. Sie werden an den Aufenthalt im Korb, an den Massenstart und an das Orientieren gewöhnt. Das Erringen von Preisen spielt eine untergeordnete Rolle und wird nur in wenigen Ländern mit großer Vehemenz betrieben. Dort veranlassen die hoch ausgeschriebenen Preisflüge die Züchter, Preisflugverfassungen herbeizuführen, wie wir es von den Alttauben kennen. Deshalb werden zu diesen Flügen vorrangig Jungtauben der Winterzucht eingesetzt. Die Jungtauben sollten so natürlich wie möglich an den Preisflügen teilnehmen. Der feste Sitzplatz, das Wohlbehagen im Schlag sind die entscheidenden Stimulatoren für ihren Heimflug.

Das Paaren einiger Jungtiere untereinander läßt sich nicht immer vermeiden. Wer in der Lage ist, die Jungvögel von den Weibchen zu trennen, sollte das tun. Andernfalls werden einige Jungweibchen in den Ecken des Jungtierschlages ihre Eier legen und mit dem Brutgeschäft beginnen. Das Unterlegen von Holzeiern verhindert das Ausbrüten und eine eventuelle kraftzehrende Aufzucht von Jungen. Für die Jungtauben ist der verstärkte Heimkehrtrieb zum Partner und zum Nest ein Streßfaktor, der sich noch vergrößert, wurden ihnen weitere Stimulatoren aufgezwungen. Die Tauben fliegen zwar schneller, gehen auch sofort in den Schlag, sind aber physisch und psychisch weit stärker beansprucht als die anderen Tauben. Das wirkt sich zweifellos auf den Mauserverlauf, eventuell auch auf die Qualität der Federn aus, wenn eine Überbeanspruchung erreicht wird. Ungepaarte Tauben mausern gleichmäßig intensiv und bei weniger Anstrengung qualitätsmäßig besser. Das ist für die Flüge des folgenden Jahres sicherlich von Vorteil. Das Hauptaugenmerk hat der Züchter, wie generell in der Taubenzucht, auf den Gesundheitszustand der Tauben zu legen. Jede Jungtaube, die an den Flügen teilnehmen soll, muß kerngesund sein. Sie muß sich mit ihren Artgenossen fluglustig am Schlag zeigen und in der Hand rund und fest anfühlen.

Vom Preisflug soll die Jungtaube in annehmbarer Zeit zurückkommen, ohne größere Zeichen der Ermüdung und Erschöpfung. Ein Jungtier, das den Flug ohne Erschöpfungserscheinungen übersteht, ist vitaler und deshalb

Abb. 106 Auflaß zum Trainingsflug (Foto: KUPKE)

Abb. 107 Einzelauflaß zum Trainingsflug (Foto: KUPKE)

zukunftsträchtiger als eines, das zwar früher, aber erschöpft den Schlag erreicht. Letzteres kann beim Setzen auf Nestverfassung oder gar Witwerschaft sehr leicht eintreten. Einige Schläge, die mit Alttauben durchaus erfolgreich sind, plazieren sich bei den Jungtierflügen nie ganz vorn. Auch das hat seine Ursachen, die der Züchter kennen muß, um seine Jungtiere besser beurteilen zu können. Eine Ursache kann die Übervölkerung des Schlages sein. Die Taubenzahl muß dem zur Verfügung stehenden Schlagraum angepaßt sein, andernfalls reicht die Sauerstoffkonzentration nicht aus, die für den Bedarf der Jungtauben notwendig ist.

Ein anderer Grund liegt in der unterschiedlichen Reife der Jungtauben, die stammesbedingt sein kann. Das führt oft dazu, daß Tauben, die im Jungflug verspätet heimkommen, als Jährige und ältere Tiere hervorragend fliegen. Wir müssen uns hüten, Jungtier- und Alttierflüge miteinander zu vergleichen oder gar Wertungsmaßstäbe anzulegen. Dazu wird in unterschiedlichen Reifephasen der Taubenentwicklung und mit gravierend unterschiedlichen Stimulatoren geflogen, die die Preisflugverfassung mit prägen.

Jeder Züchter ist gut beraten, die Jungflüge nicht als alleinigen Maßstab bei der Selektion anzusehen, denn der Wert des Jungfliegens in dieser Hinsicht ist, gemessen an den konträren Erfahrungen, recht zweifelhaft.

Deshalb sollten Preisflüge über 300 km im Interesse der ungestörten Entwicklung der Tauben, aber auch wegen der relativ hohen Verlustquoten, die mit der großen Anstrengung einhergehen, vermieden werden.

Hauptursachen der Taubenverluste

Jeder Züchter weiß mit Beginn der Preisflugsaison, daß einige seiner Tauben von den Flügen nicht mehr heimkehren. Das ist um so tragischer, wenn es sich um bewährte Tauben handelt.

Bei einigen Züchtern nimmt die Verlustquote relativ hohe Werte an. Es gibt in der Nachzucht unserer Tauben immer einige, die den

Voraussetzungen an eine sichere Heimkehrleistung über größere Entfernungen nicht genügen. Andererseits kann durch ungeeignete Paarungen eine Nachzucht vollends versagen. Solche Verluste sind im voraus nicht abzusehen. Sie sind als normaler Abgang zu betrachten.
Auch die Verluste durch natürliche Faktoren können von den Züchtern nicht beeinflußt werden.
So wertvoll der Schutz der Greifvögel für das Gleichgewicht der Natur ist, so stark nehmen dadurch auch die Taubenverluste zu. Einige Greifvögel haben sich dabei auf Tauben spezialisiert. Auf den Preisflügen werden ihnen vorrangig schwächere, abgekämpfte Tauben bzw. Tauben, die eine Wasserstelle anfliegen, zum Opfer fallen.
Weitere, für uns unbeeinflußbare Verluste entstehen durch Verletzungen an Hochspannungsleitungen, vor allem dann, wenn die Tauben im Schwarm gegen den Wind sehr niedrig fliegen. Die Unsitte einige Luftdruckwaffenbesitzer wird vielen Tauben, die sich auf Dächern ausruhen, zum Verhängnis. Die häufig registrierten Schußverletzungen, mit denen die Tauben nach Tagen ihren Heimatschlag erreichen, bestätigen die Praxis dieser Taubenfeinde. Wesentlich größere Verluste, ja sogar Katastrophenflüge, treten durch Beeinträchtigungen des Orientierungsvermögens der Tauben ein. Wie schon an anderer Stelle erwähnt, brachte das Jahr 1988 in vielen Ländern Europas den Beweis dafür. Die Brieftauben orientieren sich sowohl nach der Sonne als auch mit Hilfe des Magnetfeldes der Erde. Ist die Sonnenorientierung durch starke Wolkenfelder behindert und liegt gleichzeitig eine Störung des magnetischen Erdfeldes vor, z. B. durch Sonneneruptionen, so irren die Tauben ziellos umher und werden erst mit Aufhebung einer der beiden Einschränkungen ihren Flug orientiert fortsetzen, sofern sie nicht schon zu weit vom Ziel abgetrieben sind. Aber diese Verluste lassen sich reduzieren bzw. verhindern, wenn die Flugleitungen die Möglichkeiten der Zusammenarbeit mit den meteorologischen Stationen planmäßig und zielgerichtet betreiben.
Auf eine Feststellung in jüngerer Zeit soll an dieser Stelle im Hinblick auf die Vermeidung von Katastrophenflügen hingewiesen werden. Störungen durch Sonnenaktivitäten haben ihre Auswirkungen auch auf die die Erde umgebende Ionosphäre, eine Schicht ab 200 km über der Erdoberfläche, bestehend aus elektrisch geladenen Teilchen, den Ionen. Sie hat u. a. eine Bedeutung für die Ausbreitung der Kurzwellen im Funkverkehr. Da Kurzwellen durch die Erdkrümmung nur eine begrenzte Reichweite haben, nutzt man die Reflexion an der Ionosphäre, um mit den so reflektierten Wellen weit entfernte Gebiete zu erreichen bzw. deren ausgesandte Funkwellen zu empfangen.
1971 wurden erste Erfahrungen von Paduwa zum Thema „Kurzwellen und das Heimkehrvermögen von Brieftauben" publiziert. In Auswertung einiger Katastrophenflüge erkannte er, daß gerade an solchen Auflaßtagen, an denen sich die Tauben nur minimal orientieren konnten, der Empfang der Kurzwellen aus allen Richtungen gestört war. Auch weitergehende Untersuchungen bestätigten diesen Zusammenhang. Wenn auch die wissenschaftlich exakten Begründungen im Zusammenhang mit der Taubenorientierung noch ausstehen, ist damit aber ein Prognosemittel für die Flugorganisatoren gegeben, das es zukünftig besser zu nutzen gilt, um große Verluste zu vermeiden.
Selbstverständlich liegt es auch in der Verantwortung des Reisebegleiters, durch geeignete Wahl der Auflaßbedingungen Verluste zu verringern. Das betrifft sowohl die günstige Wahl der Auflaßzeit als auch die Berücksichtigung der Witterungsbedingungen. Die vielseitigsten und damit häufigsten Ursachen für die Verluste liegen jedoch beim Züchter und seiner Taubenführung. Eine dieser Ursachen, speziell bei Verlusten von Jungtauben, ist eine Überfüllung des Schlages. Die Tauben haben nicht die notwendige Sauerstoffzufuhr, eventuell keinen Sitzplatz oder müssen sich einen

Platz im Schlag täglich erkämpfen. Das Wohlbefinden und damit der Heimkehrtrieb zu diesem Schlag schwinden.

Auf den ersten Flügen stellt man immer wieder einen mangelnden Vorbereitungszustand vieler Tauben fest. Schon in der Hand fühlen sie sich wie ein vollgesogener Schwamm an. Die Tauben sind vom sportlichen Gesichtspunkt falsch ernährt. Das ist nicht nur ein kurzzeitiger Fehler, sondern rührt häufig schon aus einer fehlerhaften Winterfütterung her. Jeder Leistungssportler würde unter solchen Bedingungen Atembeschwerden bekommen und aus dem Sportwettkampf ausscheiden.

Eine weitere entscheidende Ursache für das Ausbleiben mancher Taube ist die Nichtbeachtung des gesundheitlichen Zustandes. Treten in einem Bestand Anzeichen einer Krankheit auf, so sind letztlich alle Tauben infiziert. Bei vielen reicht aber die Vitalität aus, um keine äußeren Krankheitsmerkmale aufzuweisen. Mit der Anstrengung des Fluges reicht diese Abwehrkraft oft nicht mehr aus. Die Tauben kommen verspätet oder nicht mehr nach Hause. Aus Schlägen mit Krankheitserscheinungen darf keine Taube zum Preisflug eingesetzt werden. Das verbietet sich auch im Interesse der Gesunderhaltung aller Tauben im Kabinenwagen und die sportlich faire Einstellung des Züchters. In den warmen Monaten Juli und August tritt in relativ vielen Schlägen die Herpesviruserkrankung auf, die sich durch Röcheln beim Atmen, aber auch durch Schnupfen und feuchte Augen erkenntlich macht. Auch hierbei verbietet die Vernunft das Setzen dieser Tauben, zumal die mit Atembeschwerden behafteten Tiere die Strecke nicht im Non-Stop-Flug bewältigen können und damit weiteren Gefahren ausgesetzt sind.

Aber auch mangelnde Form kann eine Ursache des Zurück- oder Ausbleibens sein, ebenso wie zu geringe Erholungszeit nachgekommener oder verletzter Tauben. Sie werden die neuerlichen Anstrengungen kaum bewältigen. Grundsätzlich müssen Kondition, Gesundheit und Leistungsform wieder hergestellt sein, bevor eine Taube erneut zum Flug geschickt wird.

Nun würden sicherlich viele erschöpfte oder desorientierte Tauben wieder ihren Schlag erreichen, wenn es nicht auch unsportliche Taubenliebhaber gäbe, die jede zugeflogene Brieftaube zur eigenen Zucht einsetzen möchten, ja, die sogar auf Taubenfang ausgehen. Es ist immer erfreulich, wenn Tauben, mit einem Zettel am Ring versehen, ihren Schlag erreichen und von der sportlichen Haltung eines Züchters künden, bei dem sie zur Erholung einkehrten. Immer häufiger erhalten wir Meldungen von Tauben, die auf Asphaltstraßen von Fahrzeugen überfahren wurden. Scheinbar wirkt die flimmernde warme Luft über der Schwarzdecke wie das Wasser eines Baches, das die durstigen Tauben anfliegen und dabei von den Kraftfahrzeugen erfaßt oder überfahren werden. Auch hierbei zeigt sich die unbedingte Notwendigkeit, daß die Tiere vor dem Auflaß ausreichend getränkt werden.

Den flugunerfahrenen Jungtauben droht eine weitere Gefahr. Sondern sie sich durch starken Durst oder durch einen Schwächeanfall von ihrem Schwarm ab, so werden sie sich nach der Erholung bald der Gewohnheit folgend, einem anderen Taubenschwarm anschließen und befinden sich plötzlich Hunderte Kilometer vom Heimatort entfernt. Sie werden, wenn überhaupt, den heimatlichen Schlag unter weit schwereren Bedingungen erreichen als ihre Mitkonkurrenten. Für die ersten Anlernflüge sollten deshalb nicht die Wochenenden dafür genutzt werden, an denen noch Alttierflüge stattfinden. Die Ursachen für das Zuspätkommen oder Ausbleiben der Tauben sind vielfältig. Einige lassen sich durch die Umsicht des Züchters, der Transportbegleiter und der Flugleitungen auf ein Minimum begrenzen.

Kontrolle und Auswertung der Preisflüge

Konstatieruhr

Jeder Brieftaubenzüchter sollte eine eigene Konstatieruhr besitzen, und er sollte mit ihrem Funktionieren voll vertraut sein. Eventuell eintretende Funktionsstörungen, gleich welcher Art, müssen von einem Fachmann behoben werden.

Immer mehr Züchter gehen dazu über, ihre Uhren vor Reisebeginn von einem Uhrmacher durchsehen zu lassen. Solche überprüften Konstatieruhren geben dem Züchter die Garantie einer einwandfreien Funktion für die bevorstehende Flugsaison. Nicht selten treten Preisverluste durch plötzlich stehenbleibende Uhren auf. Diese Uhren wurden nicht den Erfordernissen entsprechend gewartet.

Vor Reisebeginn sind die nicht völlig verbrauchten Konstatierrollen gegen volle auszutauschen. Dies macht sich erforderlich, da bei Kurzstreckenwettflügen die heimkehrenden Tauben oft im geschlossenen Verband die Schläge anfliegen und der Züchter dadurch viel mehr Konstatierungen durchführt als benötigt werden. Jeder Züchter sollte vorher einschätzen, ob die in der Konstatieruhr befindliche Konstatierrolle für den bevorstehenden Preisflug noch ausreicht. Aus Sicherheitsgründen tut man auch gut, ein einwandfreies Farbband einzulegen, um einen gut lesbaren Druck der Konstatierung zu erhalten.

Uhrenstellen (Uhrenanschlag)

In der Züchtersprache gilt als Fertigmachen der Konstatieruhr die Herrichtung für den Uhrenanschlag, der nach der Flugordnung am Vorabend des Flugwettbewerbes getätigt wird. Der Leiter der Uhrenkommission ist für einen ordnungsgemäßen Ablauf des Uhrenstellens verantwortlich und kontrolliert jede Uhr, bevor diese angeschlagen wird. Die Kontrolle umfaßt folgende Punkte:

- einwandfreier Sitz der Trommel;
- ordnungsgemäßes Einlegen des Papierstreifens;
- Vermerk von Auflaßort, Name des Flugteilnehmers, Datum und eventuelle Mitbenutzer der Uhr;
- genaues Einstellen der Minutenzeiger;
- bei allen Uhrensystemen muß der Tageszeiger am Tag des Flugwettbewerbes den ersten Tag anzeigen;
- alle Uhrengläser müssen in Ordnung sein und einwandfrei sitzen.

Werden nach der Kontrolle keine Beanstandungen festgestellt, gibt der Leiter der

Abb. 108 Einrichten der Konstatieruhren (Foto: WEIGELT)

Abb. 109 Uhrenanschlagen in der Einsatzstelle (Foto: HARTMANN)

Uhrenstelle seine Unterschrift. Der Uhrenanschlag erfolgt grundsätzlich bei geschlossenem Zustand der Uhr und wird gleichzeitig mit dem Zeitzeichen getätigt. Laufen alle Uhren, werden sie verplombt. Es ist darauf zu achten, daß die Plombe nahe an dem Uhrenverschluß anliegt und der Draht dicht an der Plombe abgeschnitten wird. Wurden die hier aufgezeigten Arbeiten ordnungsgemäß durchgeführt, ist die Konstatieruhr für den Flugwettbewerb gebrauchsfähig.

Konstatieren

Die Konstatieruhr, die den Kontrollring der heimkehrenden Taube aufnehmen soll, steht in unmittelbarer Nähe des Schlages oder in den meisten Fällen im Taubenschlag selbst. Wenn die erste Taube vom Preisflug noch einen Kreis über dem Heimatschlag zieht und anschließend in den Einflug fliegt, ist das für jeden Züchter ein aufregender Augenblick.

Gehen die Tauben nach langem Flug sofort in den Schlag, dann ist das ein Idealfall. Unangenehm ist es für den Züchter, wenn sich die heimkehrenden Tauben auf ein Nebendach des Schlages setzen und sich zu putzen beginnen. Dann geht wertvolle Zeit verloren, was im schlimmsten Fall zum Preisverlust führen kann. Der Grund für ein solches Verhalten der Tauben liegt oft an dem Züchter selbst. Hastiges oder ungekonntes Greifen wirkt sich nachhaltig aus, die Tiere werden nervös und schreckhaft. Deshalb sollte das Fangen der vom Flug heimgekehrten Tauben in aller Ruhe erfolgen.

Auch das Abziehen des Gummiringes muß geübt sein, um den Tauben Schmerzen und Verletzungen zu ersparen. Der in die Metallhülse eingelegte Gummiring darf den oberen Rand der Hülse nicht überragen. Überstehende Gummiringe sind oft die Ursache von Funktionsstörungen der Uhr und führen zur Blockierung der Hülsentrommel. Beim Einwurf der Hülse in die Uhr ist darauf zu achten, daß die Öffnung nach unten zeigt.

Wurden die aufgezeigten Arbeitsgänge richtig durchgeführt, wird konstatiert, wobei die Uhr bis zum Anschlag weitergedreht wird. Um eine Kontrolle über die in der Uhr konstatierten Tauben zu erhalten, ist es zweckmäßig, die Angaben für jeden Preisflug in einem Buch festzuhalten.

Abb. 110 Die Uhren sind abgeschlagen, die Preisflugauswertung beginnt. (Foto: MARKS)

Uhrenabschlag und Uhrenöffnen

Nach einem Flugwettbewerb erfolgt der gemeinsame Abschlag der Konstatieruhren. Um die Zeitgleichheit zu wahren, wird der Abschlag, genau wie der Uhrenanschlag, nach dem Zeitzeichen getätigt. Dabei ist zu beachten, daß bis zum Anschlag weitergedreht wird, um eine korrekte Lochung nach der Abschlußkonstatierung zu erhalten. Wurde das Weiterdrehen bis zum Anschlag versäumt, so liegt die Lochung verständlicherweise innerhalb der Abschlußkonstatierung und wird von der Uhrenkommission nicht anerkannt.

Abb. 111 Ein Uhrenkommissions-Mitglied bei der Herausnahme der Uhrenstreifen (Foto: RIEGER)

Abb. 112 Nach dem Kontrollv ergleich der Uhrenstreifen, der Konstatierkarte und Einsatzliste erfolgt die Unterschrift der Uhrenkommission.
(Foto: Rieger)

Das Öffnen der Uhren ist nur den Verantwortlichen gestattet. Sie führen eine exakte Kontrolle über das Vorhandensein der Plombe usw. durch. Die Bestimmungen hierzu sind in der Flugordnung genau definiert. Des weiteren entscheidet die Uhrenkommission, bis zu welcher Zeit die Konstatierkarten ausgefüllt werden.
Mit der Herausnahme des Konstatierstreifens beginnt die Auswertung der Konstatierungen. Es ist unbedingt darauf zu achten, daß die Gummiringnummern mit den Aufzeichnungen der Einsatzliste übereinstimmen. Unleserliche oder überschriebene Zahlen werden nicht anerkannt.
Am Schluß der Auswertung wird auf dem Uhrenstreifen sowie auf den Konstatierkarten durch zwei Mitglieder der Uhrenkommission mit Unterschrift die Richtigkeit bestätigt.

Flugunterlagen

Zu den Flugunterlagen für einen abgeschlossenen Preisflug zählen die genehmigten Einsatzlisten, Konstatierkarten sowie die ausgewerteten Konstatierstreifen. Diese Unterlagen bilden die Grundlage für das Aufstellen der Preisflugliste. Deshalb sollten die Züchter beim Ausfüllen der Einsatzlisten Fehler vermeiden. Auch von den Einsatz- und Uhrenkommissionen ist eine gewissenhafte Arbeit erforderlich, denn die Auswertung des Fluggeschehens darf nicht durch unzulängliche Arbeit erschwert werden. Das Überschreiben von Zahlen auf den Einsatzlisten, Konstatierkarten und Konstatierstreifen ist nicht statthaft und wird demnach nicht gewertet. Dasselbe gilt für das Auswerten sowie Unterschreiben des eigenen Konstatierstreifens.
Wie schon beschrieben, sind für die Richtigkeit der Auswertung des Konstatierstreifens sowie für die exakte Übertragung der ermittelten Werte auf die Konstatierkarten die vom Leiter der Uhrenkommission Beauftragten verantwortlich.

Preisflugliste

Nach einem Flugwettbewerb und der nachfolgenden Uhrenöffnung wird eine Gesamtauswertung über erreichte Ergebnisse in Form einer Preisflugliste durchgeführt. Hierzu sind die beim Uhrenöffnen erstellten Flugunterlagen so schnell wie möglich der Auswertestelle zuzuleiten.
Durch die sehr zeitaufwendige Arbeit für das Aufstellen einer Preisflugliste sollte die Anlieferung der Flugunterlagen für alle Uhrenöffnungsstellen terminlich gebunden sein. Die Anlieferung der Auswertungen hat in einem geschlossenen Umschlag mit den Unterschriften der jeweiligen Uhrenkommission zu erfolgen. In der Regel sollte die Zulieferung der Flugunterlagen innerhalb von drei Tagen nach der Uhrenöffnung bei der Auswertestelle abgeschlossen sein. Das garantiert eine

zeitgerecht angefertigte Preisflugliste, was wiederum zu einer schnellen Auslieferung an die beteiligten Züchter führt.
Der Idealfall ist die wöchentliche Anfertigung und die Ausgabe an die anderen Züchter.
Mit der heute angewandten Methode der rechnergestützten Anfertigung der Preisflugliste wird dieses Ziel erreicht. Dadurch hat der Züchter eine bessere Übersicht über die errungenen Siege, was ihm die Auswahl seiner Meisterschaftstauben für die noch bevorstehenden Preisflüge erleichtert.
Die Preisflugliste muß gut und übersichtlich gestaltet sein und soll folgende Fakten enthalten:

- Anschrift der Flugleitung und Preisflugnummer,
- Auflaßort und Auflaßtag des Flugwettbewerbes sowie die mittlere Entfernung zum Auflaßort,
- Auflaßzeit sowie eine Kurzeinschätzung über Wetter am Auflaßort und Heimatort mit Temperaturangabe,
- namentliche Bekanntgabe des Reisebegleiters,
- Ankunftszeit und Fluggeschwindigkeit der erst- und letztplazierten Taube mit Ortsangabe,
- Übersicht der gesetzten Tauben in den einzelnen Klassen, Anzahl der Preise und Preisgeld,
- Angabe der Reklamationsfrist und Angaben über errungene Ehren- sowie Siegerpreise,
- Aufstellung über die Beteiligung der Vereine hinsichtlich der eingesetzten Tauben, des Startgeldes, der erreichten Preise und des jeweiligen Preisgeldes,
- Name des Züchters, Entfernungskilometer, Nummer des Vereins, gesetzte Tauben und die Reihenfolge der plazierten Tauben nach laufender Nummer mit Angabe der Fußringnummer und des Geschlechtes, Ankunftszeit und erreichte Fluggeschwindigkeit, erzielte Klasse und Preisgeld.

Ermittlung der Fluggeschwindigkeit

Die Flugzeit der Tauben ermitteln wir nach der zurückgelegten Strecke, also vom Auflaßort zum Heimatort. Es ist bekannt, daß Tauben im seltensten Fall die kürzeste Verbindung zwischen Auflaßort und Heimatort einhalten. Demzufolge liegt die tatsächliche Fluggeschwindigkeit höher als die errechnete. Eine entscheidende Rolle spielen Wetterbedingungen und die Orientierungsfähigkeit einer Taube.
Für die Ermittlung der Fluggeschwindigkeit stehen zwei Größen zur Verfügung:

Größe 1: Schlagentfernung in Kilometern, die in Meter umgerechnet werden.

Größe 2: Flugzeit in Stunden und deren Umrechnung in Minuten unter Berücksichtigung der Zeitdifferenzen, die durch ein Vorgehen bzw. Zurückbleiben der jeweiligen Konstatieruhren bedingt sind.

Sind beide Größen exakt errechnet, werden diese in die bekannte Formel

$$V = s \cdot t = \text{Schlagentfernung} \cdot \text{Flugzeit}$$

eingesetzt.

Der hier erhaltene Wert ist die Fluggeschwindigkeit der betreffenden Taube. Ist die Fluggeschwindigkeit kleiner als 500 m/min, wird die tatsächliche Ankunftszeit zugrunde gelegt.
Die zurückgelegte Entfernung der Tauben zwischen Auflaß- und Heimatort spielt dabei keine Rolle, da solche Preisflüge in der Züchtersprache als „verkracht“ bezeichnet werden und die Tauben erfahrungsgemäß nur zu einem geringen Teil aus der Richtung des Auflaßortes kommen.
Zur Bestimmung der Fluggeschwindigkeit, Errechnung der Uhrendifferenz sowie zur Darstellung einer Preisflugliste einige Beispiele:

Beispiel zur Bestimmung der Fluggeschwindigkeit

Uhrenanschlag	20.00 Uhr
Uhrenabschlag am zweiten Tag	20.00 Uhr
Uhrenlaufzeit	48 Stunden
Abgelesene Uhrendifferenz	3 Minuten 00 Sekunden minus
Konstatierung der ersten Taube erster Tag	12.30.00 Uhr
Uhrenlaufzeit bis zur Konstatierung	16,50 Stunden

Die Errechnung der Uhrendifferenz in diesem Beispiel lautet:

Konstatierte Ankunftszeit × Uhrendifferenz = Uhrenlaufzeit

16,50 Stunden × 180 Sekunden 48 Stunden = 2970 48

= 61,875 Sekunden = 1 Minute 02 Sekunden

Da die Konstatieruhr nachblieb, wird die Zeitdifferenz von 1 Minute und 02 Sekunden der konstatierten Zeit zugeschlagen. Die wirkliche Ankunftszeit beträgt demnach 12.30.00 + 1.02 Uhrendifferenz = 12.31.02 Uhr

Vom Auflaß 5.00 Uhr bis zur wirklichen Konstatierzeit der ersten Taube um 12.31.02 ergibt eine Flugzeit von 7 Stunden 31 Minuten 02 Sekunden, das sind:

451,03 Flugminuten

Dieser errechnete Wert wird in die Formel

$V = s \cdot t$

gesetzt:

V – 350400 Schlagentfernung in
m – 451,03 Flugminuten
V – 776,89 m/min

Beispiel einer Preisflugliste

Ergebnisse des Preisfluges der RV
Auflaßort:
Mittlere Entfernung:
Reisebegleiter:
Auflaßtag:
Gesetzte Tauben:
Anzahl der Preise:
Einsatzgeld:
Wetter am Auflaßort:
Bewölkung:
Windrichtung:
Temperatur
Sichtverhältnisse:
Wetter am Heimatort:
Bewölkung:
Windrichtung:
Temperatur:
Sichtverhältnisse:

Ankunft der ersten Preistaube
in
um Uhr
Ankunft der letzten Preistaube
in
um Uhr

Fluggeschwindigkeit der ersten Preistaube: m/min
Fluggeschwindigkeit der letzten Preistaube: m/min

Klasse:

1	2	3	4

Gesetzt:
Preise:
Preisgeld:
Rest:
Gesamt:

Elektronisches Konstatieren

Die Zukunft im Brieftaubensport

Manuelles Konstatieren und Gummiringe befinden sich auf dem Rückzug, seit die Elektronik ihren Einzug in den Brieftaubensport gefunden hat. Seit 1992 gewinnt diese Methode immer mehr Freunde und Anhänger.
Ein großer Vorteil dabei ist, daß die Taube bei der Heimkehr nach dem Preisflug nicht mehr in die Hand genommen werden muß. So verlieren gerade junge Tauben jegliche Scheu und betreten den Ausflug und den Schlag, als kämen sie von ihren Trainingsflügen rund ums Haus. Auch alte erfahrene Tauben wissen sehr schnell, daß es sehr viel ruhiger zugeht, wenn sie zum Zielanflug die Flügel anlegen.

Das Geheimnis liegt im Ring

Dreh- und Angelpunkt dieses Systems ist der Ring, den die Taube zusätzlich zu ihrem normalen Fußring trägt. Da sich inzwischen mehrere Anbieter den Markt teilen, gibt es auch unterschiedliche Systeme, die sich aber im Prinzip gleichen. Auf eine einzelne Beschreibung kann deswegen verzichtet werden. In diese Spezialringe sind Chips mit einer hochempfindlichen Elektronik integriert. Gerade diese Elektronik erleichtert die Ausübung des Brieftaubensports für jeden Benutzer eines der elektronischen Konstatiersysteme doch sehr erheblich. Das Einsatzgeschäft, die Preisflug-Auswertung und die Herstellung der Preislisten gehen mühelos von der Hand und sind längst nicht mehr so zeitaufwendig wie früher.
Dank dieses EDV-Einsatzes ist es möglich, daß eine Reisevereinigung schon etwa zwei Stunden nach der Uhrenabgabe eine vollständige Preisliste vorliegen hat. Noch vor wenigen Jahren mußte der Züchter mehrere Tage warten, bis er die Wettflugergebnisse zu Gesicht bekam.

Die Handhabung ist gewöhnungsbedürftig, aber dann wird vieles einfacher und sicherer

Der Züchter, der elektronisch konstatiert, bringt zum Einsetzen seiner Tauben sein Handgerät von zu Hause mit. Hierin werden vor Beginn der Preisflüge alle Ringnummern der zum Einsatz kommenden Tauben gespeichert. In diesem Zuordnungsvorgang erhalten die Tauben eine elektronische Kennziffer, die nach dem Zufallsprinzip von Woche zu Woche wechselt. In sein Gerät hat der Züch-

ter bereits alle wichtigen Benennungen wie Medaillen, Meisterschaften, Serien und Geldspiel eingegeben.
Dieses Handgerät wird an die RV-Einsatzstellen-Antenne, die sich am Einsatztisch vor dem Kabinenexpress befindet, angeschlossen. Die Einsatzkommission besteht wie beim herkömmlichen Konstatieren aus zwei Personen; einer nimmt die einzusetzende Taube an und liest deren vollständige Ringnummer vor. Anschließend wird der elektronische Ring über die Antenne geführt; auf dem Display des Einsatzgerätes taucht jetzt die Ringnummer der Taube auf, die von der zweiten Person bestätigt wird. Ein akustischer Ton zeigt zudem die Identikation an. Anschließend wird die Taube eingesetzt.
Nach dem Einsetzen erfolgt der Kontrollausdruck. Hier erkennt der Züchter sofort, ob er alle Benennungen ordnungsgemäß vorgenommen hat. Ein Exemplar erhält er, ein weiteres kommt in die Preisflugunterlagen der RV. Dieser Ausdruck, er entspricht der Einsatzliste beim herkömmlichen Konstatieren, wird sowohl von der Einsatzkommission als auch dem Züchter unterschrieben.

Die Vorteile des elektronischen Konstatiersystems sind nicht von der Hand zu weisen

Das gesamte Einsatzgeschäft verläuft technisch einwandfrei, zügig und vor allem mogelsicher. Schreib- oder Hörfehler treten nicht mehr auf. Die Daten werden sofort im RV-Computer gespeichert.
Am Tag des Preisfluges schließt der Züchter sein elektronisches Konstatiersystem an die Schlagantennen an und aktiviert damit zugleich das gesamte System. Jede nun ankommende Taube wird registriert. Dabei ist die Anwesenheit des Züchters nicht zwingend notwendig, er hat ja auf die Konstatierung keinen Einfluß mehr. Allerdings kann nun der Sportfreund andererseits die Ankunft jeder einzelnen Taube vor dem Schlag verfolgen, das Heranschießen aus großer Höhe löst in vielen Züchtern die eigentliche Faszination des Hobbys aus.
Auch nach dem vermeintlichen Konkursende läßt man wohlweislich das System in seiner aktiven Phase, da ja jede Taube konstatiert wird. So weiß der Züchter auf Anhieb, welche Taube bei der Uhrenabgabe noch fehlt. Auch das geht schneller als das Kontrollieren der Fußringe. Insbesondere bei Jungtauben ein nicht zu übersehender Vorteil. Erst unmittelbar vor dem Gang zum RV-Lokal schaltet man das System ab und nimmt das Gerät von der Antenne.
Bei der Uhrenabgabe in der RV wird das Züchtergerät an das RV-eigene System angeschlossen. Es erfolgt der Ausdruck der registrierten Tauben mit Ringnummer und Ankunftszeit, zugleich erfolgt die Übernahme der Daten in das Verrechnungssystem.
Auch hier erhält der Züchter einen Ausdruck, während das Doppel bei den RV-Unterlagen verbleibt. Sofern die RV-Software nicht zur Weiterverarbeitung bis zur fertigen Listenerstellung ausgelegt ist, werden die Flugdaten per Diskette, oder noch schneller per Modem, an einen Preislistenhersteller weitergegeben. Innerhalb von 24 oder 48 Stunden danach können die Preislisten beim Züchter vorliegen.
Allerdings macht sie die Taube selbst nicht schneller, hier ist nach wie vor der Züchter gefordert, der mit seinem Gespür und seinen Kenntnissen die Tauben auf die Wettflüge vorbereitet. Auch werden mit der Elektronik die Unwägbarkeiten während des Fluges nicht verhindert, und natürlich kann man damit auch nicht das Wetter beeinflussen.
Sie erleichtert dem Züchter vielmehr den Umgang mit der heimkehrenden Taube. Für die technische Abwicklung der Preisflüge ergeben sich erhebliche Zeitvorteile, und außerdem werden Übertragungsfehler jedweder Art auf ein Minimum reduziert.

Abb. 114 Neben dem normalen Fußring trägt die Taube an dem anderen Fuß den elektronischen Ring. Sobald sie den Fuß auf die Antenne setzt, wird ihre Ankunft registriert. Die Antenne befindet sich bei diesem System zwischen den Rollen. (Foto: KÜHNTOPP)

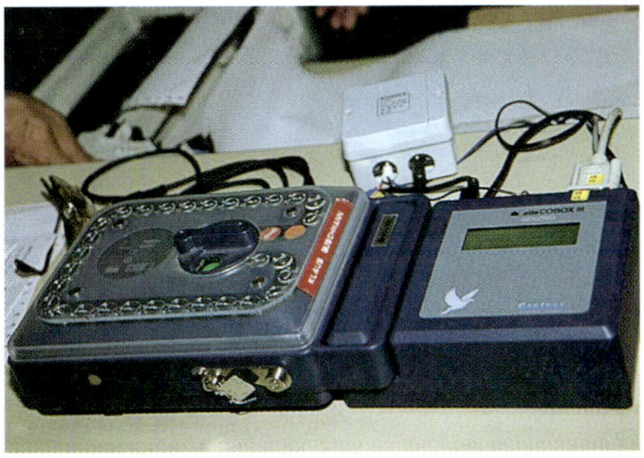

Abb. 116 Vom Grundprinzip ähneln sich die elektronischen Konstatiersysteme. Hier erfolgt nach dem Einsetzen der Kontrollausdruck jeweils für den Züchter und den Flugveranstalter. (Foto: KÜHNTOPP)

Abb. 115 Ein spezielles Preislisten-Programm wird in den PC eingespielt. Hier sind alle wesentlichen Flugdaten erfaßt. Dazu gehören Züchternamen, Schlagkoordinaten, Taubennummern, Auflaßorte und deren Entfernung. Nach Eingabe aller für den Preisflug wichtigen Daten liefert der PC innerhalb kurzer Zeit die fertige Preisliste. (Foto: KÜHNTOPP)

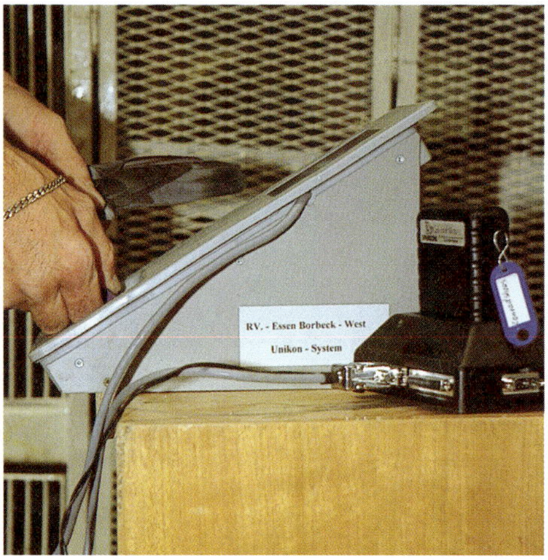

Abb. 117 Beim Einsetzen wird der elektronische Ring über das Erfassungsfeld der Einsatzstellen-Antenne geführt und somit erfaßt. Ein akustischer Ton zeigt die Registrierung an. (Foto: KÜHNTOPP)

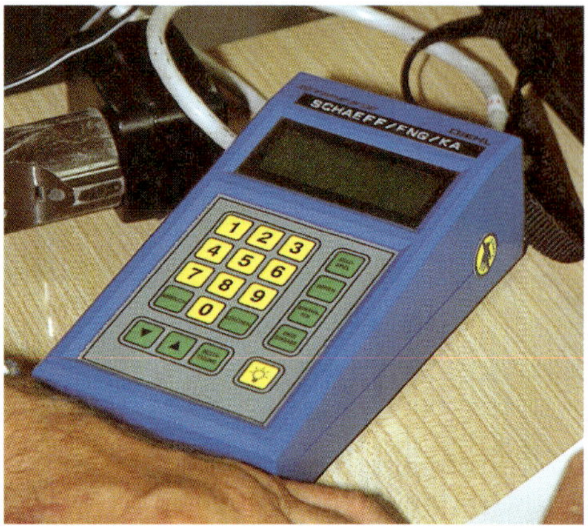

Abb. 119 So leicht wie Telefonieren gestaltet sich die Eingabe der Wettflugdaten. Großflächige Tipptasten machen auch der rauhesten Arbeiterhand den Umgang damit zu einem Kinderspiel. Curser und Pfeiltasten geben zudem im Display genau die Eingabeschritte vor. (Foto: KÜHNTOPP)

Abb. 118 Im Display des Erfassungsgerätes wird kontrolliert, ob die vorgelesene Ringnummer der Taube mit der elektronisch gespeicherten übereinstimmt. (Foto: KÜHNTOPP)

Abb. 120 Ein sorgfältiges Arbeiten während des Taubeneinsetzens garantiert die größtmögliche Sicherheit für den folgenden Preisflug. (Foto: KÜHNTOPP)

Ausstellungen

Bewertung

Bereits zu Beginn des 20. Jahrhunderts gab es Brieftaubenausstellungen, bei denen die Tiere auch bewertet wurden. Dies geschah in erster Linie nach dem äußeren Erscheinungsbild (Form und Farbe). Die Kriterien waren an ein „Schönheitsideal" geknüpft. Leistungen blieben hierbei unberücksichtigt. Man forderte lediglich, daß eine Taube, die zur Ausstellung und zum Bewerten kam, an Preisflügen teilgenommen haben mußte. Schwerpunkte der damaligen Bewertungen waren Kopfform, Augenfarbe und Gefiederzeichnung. So kam es, daß Tauben vorn in der Bewertung standen, die den geforderten Merkmalen entsprachen, jedoch oft keine Reiseleistungen zu verzeichnen hatten.

Als Folge solcher Bewertungen kamen hoch bewertete Ausstellungstiere in die Zuchten, jedoch keine Leistungstauben. Damit verschlechterten sich die Preisflugleistungen.

Von Züchtern und Veranstaltern gab es bald Forderungen, ein vernünftiges Verhältnis zwischen Standard und Leistung herzustellen. BACKS (1922) vertrat die Ansicht: „Durch Reiseleistung zum Reisetaubentyp". Im Jahre 1928 gab es einen Beschluß, daß nur noch Tauben ausgestellt werden dürfen, die wenigstens einen Wettflugpreis gewonnen hatten.

Erst durch KOCKEL (1936) gab es fundierte Vorschläge zur Diskussion, die unter Betonung der Leistungsgrundsätze zu neuen Gesichtspunkten bei der Bewertung führten. Es galt, typische Merkmale, die einen leistungsfähigen Taubenkörper charakterisieren, festzulegen. Alles, was eine Taube in ihrem Leistungsvermögen hindert, sollte als Fehler gelten. Mit dem Erscheinen der neuen Bewer-

Abb. 121 Ausstellungen sind für Züchter und Laien ein Magnet.

tungsbestimmungen im Oktober 1937 rückten die Leistungsmerkmale weiter in den Vordergrund.
In den nächsten Jahrzehnten bewertete man die Brieftauben nach dem 100-Punkte-Standard der Internationalen Brieftaubenföderation (FCJ).
In den letzten Jahren besonders – aber auch schon früher – gab es einige Polemik um die Standardbeurteilung, was vor allem die Auslegung des Standards betraf. Im allgemeinen wurden bei internationalen Vergleichen Tauben mit stark entwickelter Muskulatur bevorzugt, wobei sich auch die typischen Merkmale zwischen Vogel und Weibchen immer mehr annäherten. Für das Auge sind Tauben mit kräftiger Muskulatur recht beeindruckend, jedoch ist der Leistungswert dieser Tauben nicht so hoch. In den Ländern, die zur FCI gehören, gab es und gibt es auch bis heute recht unterschiedliche Auffassungen zur Einrichtung einer Standardklasse, die bei allen Siegerschauen neben der Kategorie Sport existiert. In den letzten Jahren zeigte sich ein Auseinanderdriften beider Kategorien. In einzelnen Ländern nahm die Standardzucht einen bedeutenden Platz ein, während man z. B. in Belgien allgemein entschieden gegen die Handhabung der Standardklasse nach dem Grundsatz: „Das Sportergebnis ist wichtiger – nicht die Ästhetik!“
Eine Verschiebung der Interessen von der Standard- zur Sportklasse wäre als begrüßenswert anzusehen. Das würde auch der Ansicht gerecht, daß erst die Weitstrecke der wahre Wertmesser einer guten Brieftaube ist.
In den letzten Jahren entwickelte sich bei den Brieftaubenverbänden die Tendenz, Preisflüge bis zu 500 km durchzuführen. Hierbei sind oft die Voraussetzungen für das Beenden des Fluges am Auflaßtag gegeben.
Vielleicht läßt sich künftig bei den Olympiaden der sportliche Wert einer Taube anhand von Leistungskarten mit den eingetragenen Preisflugresultaten nachweisen. Es ist im Brieftaubensport nicht möglich, einen Preisflug zu organisieren, an dem sich die Tauben aus allen Ländern der Welt beteiligen können. Somit kann es auch keine Weltmeisterschaft geben. Jedoch ließe sich anhand von Leistungskarten auf mathematischem Wege ein internationaler Vergleich der Ergebnisse durchführen und eine „Weltmeistertaube“ ermitteln (Paduwa 1987).

Vorbereitung auf Ausstellungen

Die Ausstellungen bilden den sportlich-züchterischen Höhepunkt im Winter. Hierfür müssen die Tauben intensiv vorbereitet werden.
Laut Bewertungsrichtlinie für Brieftauben wird gefordert, daß die Tauben sich in einer guten konditionellen Verfassung befinden und körperlich ausgereift sind. Es ist also die Höchstform verlangt.
Wer sich an Ausstellungen beteiligen will, hat seine Schlagführung schon nach Ende der Preisflugsaison und nach Einstellung der Zucht darauf auszurichten. Der günstigste Termin liegt etwa in der ersten Septemberhälfte. Zu dieser Zeit haben die Tauben mit der Hauptmauser zu tun, weshalb ihnen ausreichend Futter mit hohen Eiweißanteilen zu reichen ist.
Bereits ab September sollten die Geschlechter getrennt werden. Falls es räumlich einzurichten geht, sollte man die für Ausstellungen vorgesehenen Tauben völlig getrennt von den anderen unterbringen. Hierbei ist eine ganz gezielte und individuelle Vorbereitung der Tiere möglich.
Nicht selten ist das Federkleid der Alttiere noch im November nicht völlig fertig.
In der Vorbereitungsphase ermöglicht der Züchter den Tieren viel Freiflug, um die Muskulatur zu kräftigen und ihr Wohlbefinden zu erhöhen. Dazu tragen auch regelmäßige Bademöglichkeiten bei. Auf Ungezieferfreiheit und allgemeine Sauberkeit ist besonderer Wert zu legen.
Zum Grundprinzip des Züchters sollte gehören, jede Taube nur einmal, höchstens aber zweimal auszustellen mit einer dazwi-

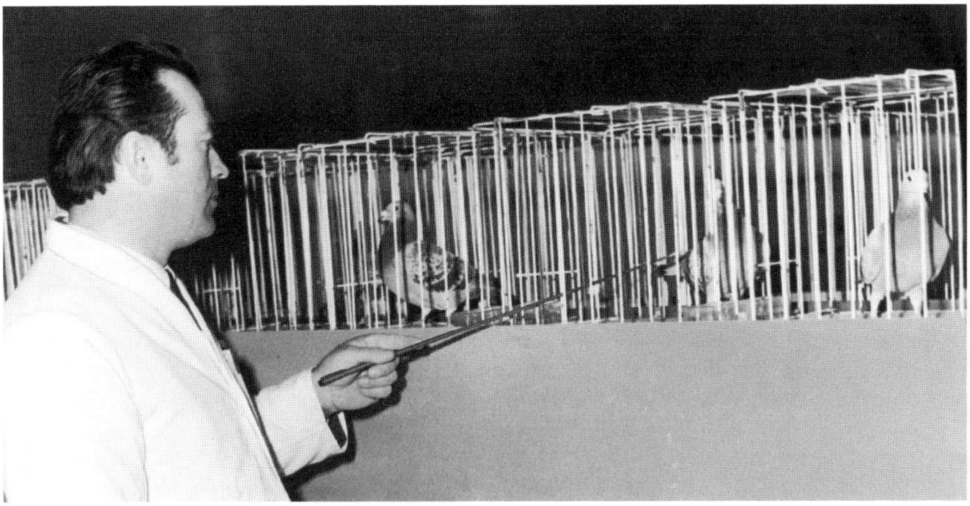

Abb. 122 Preisrichter bei der Beurteilung des Gesamteindruckes, Position 1 (Foto: MARKS)

schenliegenden, ausreichenden Erholungsphase von wenigstens einer Woche. Nach jeder Ausstellung fällt die Kondition der Tiere ab, und der Züchter muß aufpassen, daß sie sich bei guter Pflege wieder erholen können, damit sie später bei der Zucht nicht versagen.
So beginnt man etwa vier Wochen vor der Ausstellung mit dem speziellen Training, indem die Tiere an die Bedingungen der Ausstellung und Bewertung gewöhnt werden. Dazu gehört das stundenweise Einsetzen in einen eigenen Ausstellungskäfig. Futter und Wasser sollte den Tauben aus Näpfen gereicht werden.
Es ist wichtig, die Tauben an den Menschen zu gewöhnen. Ein Züchter, der sich viel mit seinen Tieren beschäftigt, hat meist zutrauliche Tauben und daher weniger Mühe, die Tiere zu trainieren. Trotzdem wird es je nach Temperament unterschiedliche Eingewöhnungszeiten geben. Bei scheuen Tieren braucht man viel mehr Zeit und Geduld.
Beim Käfigtraining sollte der Züchter das Tier öfter in die Hand nehmen, um es an die Bewertung zu gewöhnen. Dann liegt es später bei der Beurteilung ruhiger in der Hand des Preisrichters. Damit kommt seine körperliche Beschaffenheit viel besser zur Geltung. Ebenso gewöhnt man die Taube an den Preisrichterstab. Damit ergeben sich Vorteile bei der Beurteilung der Position 1.
Eine Taube gilt dann als gut trainiert, wenn sie sich im Käfig ruhig verhält und sich „zeigt", auch beim Bewerten. sie muß sich ohne Scheu in ihrer besten Haltung präsentieren.
In den letzten 14 Tagen vor der Ausstellung ist der Freiflug auf die witterungsgünstige Zeit zu beschränken. Während feuchter und naßkalter Witterung ist kein Freiflug mehr zu gewähren. Tägliche Schlagreinigung ist durchzuführen. Der Züchter hat auf Ordnung im Schlag zu achten. Jede Taube muß einen ruhigen Sitzplatz haben, den sie jederzeit ohne Kampf und Streitereien erreichen kann. Durch Zänkereien kann es sonst zu Verletzungen und Beschädigungen des Federkleides kommen, die bis zum Schautermin nicht wieder weg sind. Ebenso ist darauf zu achten, daß das Federkleid der Tauben nicht durch den Kot darübersitzender Tiere verschmutzt wird. Durch das dann notwendige Reinigen können bleibende Schäden an der Federstruktur entstehen.
Am Tag vor dem Versenden oder Transport zur Ausstellung wird jede Taube noch einmal gründlich auf Sauberkeit kontrolliert. Leichte

Verschmutzungen des Gefieders werden mit lauwarmem Wasser und einem weichen Lappen entfernt. Dann hat das Federkleid noch ausreichend Zeit zum Trocknen, es kann geputzt und fettet werden.
Am Versandtag vor dem Einsetzen in den Transportbehälter sind der Fußring und die Füße zu reinigen. Von einer feuchten Säuberung der Schnabelwarze ist abzuraten, weil sie dann meist ihr reinweißes Aussehen verliert.
Mit großer Sorgfalt sind die Transportbehälter vorzubereiten. Der Transport kann in Behältnissen aus Holz oder Metall sowie in Körben erfolgen. Nur gut belüftbare und stabile Behältnisse werden verwendet. Für jede Taube sollte eine Einzelkabine zur Verfügung stehen, damit die Tiere unbeschädigt die Ausstellung erreichen. Hobelspäne eignen sich als kotbindende Einstreu. Es sei auf den rechtzeitigen Versand per Bahn oder Auto hingewiesen, damit der vorgesehene Einsendetermin auch eingehalten wird. Es wäre für die Tauben von Nachteil, wenn sie erst kurz vor der Bewertung in den Ausstellungskäfig gesetzt werden. Sie sind in der kurzen Zeit noch aufgeregt und haben sich nicht so schnell an die neue Umwelt gewöhnt.

Bewertungsrichtlinien

Um eine Taube objektiv und gerecht zu beurteilen, hat der Preisrichter die Vorzüge und die Mängel gegenüberzustellen. Beim Richten gilt es, das Idealbild des Standards mit der Taube zu vergleichen. Als vollkommenste gilt diejenige Taube, die unter Berücksichtigung individueller Merkmale dem Standardbild am nächsten kommt. Die Bewertungen werden bei allen Siegerschauen in den Kategorien Standard und Sport durchgeführt. Das Bewerten erfolgt in 5 Positionen mit Qualitätsabstufungen nach Punkten:

Position	Qualitätsstufe	Abstufung	Punkte
1	Gesamteindruck, Kopf, Auge	8 – 9	1/4
2	Knochenbau, Brustbein, Beckengabelung	8 – 9	1/4
3	Form und Festigkeit des Rückens	17 – 19	1/2
4	Gleichgewicht und Harmonie des Körperbaues, Muskulatur	27 – 29	1/2
5	Gefieder, Flügel, Schwanz	27 – 29	1/2
	Gesamtqualitätsstufe	87 – 95	

Erläuterungen

Position 1: Gesamteindruck, Kopf, Auge

Die Taube muß bei der Bewertung nach ihrer äußeren Erscheinung einen guten Eindruck auf den Preisrichter machen, wobei das Geschlecht klar erkennbar ist. Die Taube muß Gesundheit, Stärke, Intelligenz und Energie ausstrahlen. Kopf, Hals, Rumpf, Füße, Schwanz und die ganze Gestalt der Taube bilden eine harmonische Einheit. Die Brust muß der Körpergröße angepaßt sein. Die Taube darf weder zu lang noch zu kurz erscheinen. Der Kopf kann gewölbt, oval oder leicht abgeflacht sein. Stirnhöhe und -länge müssen gute Proportionen haben. Der Kopf des Weibchens hat eine feinere Form. Der Schnabel darf keine Seitenhöhlungen haben. Ober- und Unterschnabel müssen hermetisch aufeinander passen und in ihren Proportionen zum Kopf der Taube passen. Die Nasenwarzen können trocken-weiß oder grau-weiß sein und dürfen nicht zu kräftig entwickelt sein. Der Hals hinterläßt einen starken Eindruck. Er darf nicht zu lang und muß gut befiedert sein. Die Gefiederfarbe ist bedeutungslos, ebenso die Augenfarbe. Das Auge muß aber ein Beweis für die gute Gesundheit

Abb. 123 Kopfstudie einer erfolgreichen, standardgerechten Brieftaube, Weibchen (Foto: Janku)

der Taube sein. Die Pupille ist veränderlich und beweglich, die Iris ist von kleinen Pigmentflecken übersät. Dicke weiße oder grauweiße Ringe umgeben das Auge. An den Augen der Taube ist ihre Vitalität zu erkennen. Kranke bzw. schlecht umringte Augen bewertet der Preisrichter negativ. Als fehlerhaft gelten auch schmutzig-rosa getönte Augenringe. Die Proportionen Beine und Körper müssen stimmen.

Als Fehler gelten:

- eine Ader auf der Unterseite des Kopfes
- der Kropf
- ein zu schmaler und zu flacher Körperbau
- Eigenschaften einer „Show-Taube", der „puppenhafte" Typ, dem die Eigenschaften einer Brieftaube fehlen.

Position 2: Knochenbau, Brustbein und Becken

Es wird ein stabiler und solider Knochenbau verlangt. Das Brustbein ist gebogen, jedoch weder zu flach noch zu ausgeprägt, beides ist zu bemängeln. Das Brustbein darf keine Schädigung oder Deformation aufweisen. Die Brustbeinabrundung muß sich so weit wie möglich der Gabel nähern.

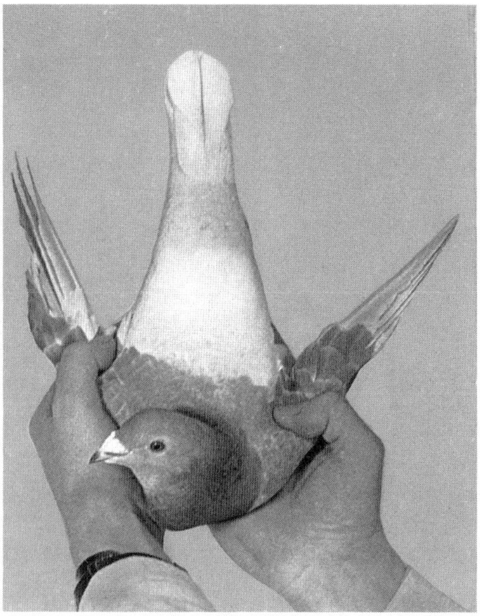

Abb. 124 Hervorragender Rücken mit gutem Übergang zum Schwanz (Foto: JANKU)

Die Knochen der Gabel werden hart und stark und an den Enden verbunden verlangt. Eine Gabel mit dünnen und schwachen Knochen gilt als grober Fehler. Diese Kriterien werden beim Weibchen weniger streng berücksichtigt als beim Vogel. Eine spitze und hochgestellte Gabel ist ein Fehler.
Insbesondere sind die Hauptantriebsmuskeln der Flügel an beiden Seiten des Brustbeinkammes auf ihre Entwicklung und Festigkeit zu prüfen.

Position 3: Rücken, Steiß und Schwanz

Der Rücken wird breit verlangt, muß aber zum Schwanz hin schmaler werden, also aerodynamische Form aufweisen. Er sollte keine Wölbung haben und muß gut befiedert sein. Der starke Steiß bildet ein perfektes Rückenende. Der Schwanz muß proportional zum Körper der Taube passen. Der Übergang vom Körper zum Schwanz muß gleichmäßig sein. Der Rücken trägt ein dichtes, fest anliegendes Deckgefieder. Die Schwanzfedern ragen nur wenig über die Flügelenden hinaus. Ein fächerartiger Schwanz wird bemängelt.

Position 4: Muskulatur und Gleichgewicht (oder Ausgeglichenheit)

Die Taube muß eine gut entwickelte Muskulatur haben. Wichtig sind Elastizität, Mobilität und Flexibilität der Muskeln. Die Muskulatur muß zur Größe und Form der Taube passen.
Die äußere Erscheinung muß eine aerodynamische Körperform zeigen. Der ganze Körper muß gut ausgewogen sein und Kreuz und Hüften gut befiedert und proportional. Der Rücken liegt breit zwischen den Schultern, wird zum Schwanz hin schmaler und bildet insgesamt eine wohl ausgewogene Einheit. Die Taube darf nicht zu schwer und nicht zu leicht sein.

Position 5: Flügel und Qualität des Gefieders

Die Flügelknochen werden stark, kurz und sehr gut befiedert verlangt. Der Flügel muß sich leicht öffnen lassen und dabei eine leichte Rundung nach unten bilden. Er muß Elastizität zeigen. Die Flügellänge muß proportional zur Größe der Taube sein. Die Handschwingen sind wohlgeformt mit breiten Banderolen. Es gilt nicht als Fehler, wenn die Enden der Hand- und Armschwingen keine gerade Linie bilden, sondern nacheinander wegspringen.
Die vier ersten Schwungfedern müssen untereinander Lücken bilden. Die Handschwingen dürfen an den Enden nicht zu breit sein, sind schlank und zur Spitze hin leicht abgerundet. Die Armschwingen werden breit verlangt und sollen in ihrer Länge eine verengte und kleinere Oberfläche bilden als die Handschwingen.
Die Federkiele müssen glatt und stark sein und Elastizität aufweisen. Allgemein müssen 10 Schwungfedern vorhanden sein, mehr ist kein Fehler, weniger ja.
Die Flügeldeckfedern müssen reichlich vorhanden sein.
Sie bedecken und verstärken die ganze Flügeloberfläche. Eine gute Taube hat ein reiches, weiches, öliges und stark gepudertes Gefieder.

Der Internationale Brieftaubenverband

Anschrift: Fédération Colombophile Internationale, 39, Rue de Livourne, B-1050 Brüssel (Belgien)
Tel: 0032-2-537-6211

Präsident:
Vizepräsidenten: Carlos Marquez Prats (Spanien), Guy Barrett (Großbritannien), Frans Zwols (Niederlande), Raymond Balembois (Frankreich)
Sekretär Statuaire: Mathieu Thijssens (Belgien)
Schatzmeister: Désiré Nick (Luxemburg)
Mitglieder: Cesar Jorge Pini (Argentinien), Teiji Uemura (Japan), Ernest Rossi (Malta), Prof. Dr. J. Rodrigues Branco (Portugal), Vasile Raileanu (Rumänien), Ulrich Frei-Zulauf (Schweiz), Hsin-Yi Chen (Taiwan), Ing. Frantisek Sebesta (Tschechien)
Generalsekretär: André Vancoppenolle (Belgien)

Dem Internationalen Brieftaubenverband angeschlossene Verbände

Ägypten
Egyptian Racing Pigeon Federation
3 Adel Abou El Maaty Street
EL Hegaz - Cairo
Tel.: 0020-2466395 / Fax: 0020-2465985

Amerika
I.F. of American Homing Pigeon Fanciers inc.
Secr. Trés.: Mme Marie Rotondo
107 Jefferson Street
Bala Cynwyd, Pa 19004
Tel.: 215-6640266 von 9.00 - 17.00 Uhr
Präsident: Matthew Reilly
353 Doherty Avenue
Elmont, L.I., N.Y.11003

The American Racing Pigeon Union
Tel.: 405-4782240/ Fax: 405-6704748
Executive Director: Rick Phalen
P.O. Box 18465
Oklahoma City OK 73154-0465 U.S.A.
Präsident: Robert M. Capitola
11140 Gettysburg Avenue North
Champlin, MN 55316

Arabien
Saudi Commitee for Homing Pigeon Racing
Präsident: Prince Abdulrahman Al-Abdullah Al Faysaal
P.O. Box 53860
Riyadt 11593
Tel.: 488-7178 / Fax: 488-7176

Argentinien
Federacion Colombofila Argentina
Bogota 13 (1405)
Capital Federal
Buenos Aires
Tel.: 982-3121 / Fax: 982-3121
Präsident: Juan Carlos Hiriburu

Australien
Australian Pigeon Fanciers Association
Dalton Street 36
Towradge New South Wales 8518
Tel.: 6142-847290
Präsident: John Swan

Belgien
Royale Federation Colombophile Belge
Rue de Livourne 39
1050 Brüssel
Tel.: 0032-2-5376211 / Fax: 0032-2-5385721
Präsident: Marcel van den Driessche
Van Langenhovestraat 19
9200 Dendermonde
Tel.: 52-213752

Bosnien Herzegowina
Savez Klubova Odgajivaca Golubova
Pismonosa Bosne I Hercegovine
Augusta Brauna Br. 10
71000 Sarajevo
Fax: 387-71610908
Präsident: Merim Tabakovic

Brasilien
Federacao Columbofila Brasileira
Fax: 031 - 2917420
Präsident: Rolf Guenther Seuser
Rue Araguari 1705 Sala 804
Sto Agostinho CEP 30-190-111
Belo-Horizonte MG Bresil

Bulgarien
Union Cooperative Centrale
Union des Cuniculiculteurs des Colombophiles & Amis de la Nature
Sofia 1000
99 Rue G.S. Rakovski
Tel.: 8441
Präsident: Dimitar Jankov Rangatchev
Sofia 1618
8 Rue Slantze
Tel. 561921

Chile
Association Colombofila Chilena
Casilla de Correo 141-20
Santiago de Chile
Tel.: 56-2-242-4126 / Fax: 56-2-242-4126
Präsident: Ricardo M. Mandil Gateno

China
Chinese Racing Pigeon Association
Add., 9, Tixuguan Road, Beijing (Peking)
Tel.: 8610-67147626 / Fax: 8610-67133577
Präsident: Jin Yongchang

Columbien
Federacion Colombofila Colombiana
Präsident: Carlos Alberto Rodrigues Casas
Calle 31 - Nr. 17-48
Santafe de Bogota
Tel.: 571-2850464 / Fax: 571-2850464

Dänemark
De Danske Brevdueforeninger
Kirke Vaerloesevej 24
DK-3500 Kirke Vaerloese
Tel.: 45-42485628
Präsident: Erling Vestergaard
P.O. Box 69 / 9800 Hjorring DK
Tel: 45-98924121

Deutschland
Verband Deutscher Brieftaubenzüchter e.V.
Schönleinstr. 43
45131 Essen
Tel: 0201-872240 / Fax: 0201-8722499
Präsident: Horst Althoff
Stapenhorststr. 138
33615 Bielefeld
Tel.: 0521-102100

England
Royal Pigeon Racing Association
The Redding Road - „The Reddings“
Nr. Cheltenham, Gloucestershire
GL51 6RN
Tel.: 1452-713529 / Fax: 1452-857119
von 9.00 Uhr bis 17.00 Uhr
Präsident: J.C. Robilliard

North of England Homing Union
58, Ennerdale Road, Walker Dene
Newcastle upon Tyne NE6 4DG
Tel.: 91-2625440
Präsident: John E. Brown
Bonhaven, 29 Biddick Villas
Columbia, Washington,
Tyne & Wear - England NE38 7DT

Frankreich
Federation Colombophile Française
Boulevard Carnot 54
59042 Lille Cédex
Tel.: 20-068287 / Fax: 20-150157
von 7.30 Uhr bis 16.00 Uhr
Präsident: Raymond Balembois
Rue Gambetta 36
59157 Fontaine-Au-Pire
Tel.: 27-850487

Griechenland
Greek Racing Pigeon Federation of North Greece
21-21th Octovrion Str.
P.O.B. 5427 - Thessaloniki
Fax: 3031-550671
Präsident: Ioannis Karakolidis
4 J. Kariofilli Str.
54627 Thessaloniki

Hongkong
The Hong-Kong Racing Pigeon Association
Nr. 9a, Lion Rock Road
4 Fl., Kowloon City, Kowloon
Tel.: 852-7162885
Präsident: Hui Tsun Ping
3 Rd Floor
Kinsford Comm. B/dg
302 Queen's Road Center
Tel.: 852-5450220 / Fax: 852-5456751

Italien
Federazione Colombofila Italiana
Via Lustrini 1
42100 Reggio Emilia
Tel.: 522-285671 / Fax: 522-285671
von 8.30 Uhr bis 16.00 Uhr
Präsident: Giorgio Ruini
Via Rua del Muro 100
41100 Modena
Tel.: 592-16049

Japan
Japan Racing Pigeon Association
17-11 Uéno Koen, Taito-Ku
Tokyo 110
Tel.: 33822-4231 / Fax: 33822-4234
von 9.00 bis 17.30 Uhr
Präsident: Teiji Uemura
Conseiller: Seizo Iwata
22 Nanzan-Cho
Showa-Ku - Nagoya Shi

Jugoslawien
Savez Sportskih Klubova Odgajivaca Golubova
Pismonosa SFRJ
1100 Beograd
Knez Danilova 4
Tel.: 05453390 von 15.00 Uhr bis 20.00 Uhr
Präsident: Aleksandar Petrovic
11000 Beograd
Vojvode Bobrnjca 8/111
Tel. + Fax: 765229

Kanada
Canadian Racing Pigeon Union Inc.
c/o Dorothy Deveau
4500 Blakie Road - Unit 107
London, Ontario N6L1G5
Tel.: 519-6525704 / Fax: 513-6526406
von 9.00 Uhr bis 17.00 Uhr

Präsident: W.H. Badgerow
2614 Kirk Rd E. RRH2
Binbrook - Ontario LDR1CO
Tel.: 519-2732458

Korea
Korean Racing Pigeon Association
12-33 Wonheung-Ri, Wondang-Eup
Koyang-Kun, Kyungxi-Do
Tel.: 0344-643557 von 9.00 Uhr bis 17.00 Uhr
Präsident: Dr. Yang Hee Lee

Kroatien
Hrvatski Savez Sportskih Klubova Uzgajivaca
Golubova Listonosa
Zagreb, 3100 Osijek
Mije Kispatica 62 - Hrvatsak
Tel.: 385(31)559-467
Fax: 385(31)125-233
Präsident: Dr. Maks Senjug
Virovitica 43400
Pejaceviceva 37
Tel.: 38-46721281 / Fax: 38-46722411

Kuba
Federacion Colombofila de Cuba
Escobar 104 e/Animas Y Lagunas
La Habana 10200 Ciudad de la Habana
Tel.: 70-3942 oder 70-7104 oder 79-2472
Präsident: Guillermo Carcia
4th-514 e-5 TD and 7th
Sta Cruz del Norte - La Habana

Kuwait
The Kuwaiti Racing Pigeon Commitee
Mr. Jassim Al-Kulaib
P.O. Box 2235
Safat 13023 - Kuwait (Arabien)
Tel.: 562-3828 Fax: 241-4761 oder 538-00.30
Präsident: Sheikh Ahmad Fahad Al Ahmad Al Sabah
P.O. Box 2235
Safat 13023
Tel.: 241-5767 / Fax: 241-4761

Luxemburg
Federation Colombophile Luxembourgeoise
Präsident: Désiré Nick
223 Route de Soleuvre
4670 Differdange/Obercorn
Tel.: 585229

Malta
Federation of Pigeon Racing Clubs of Malta
Railway Ave, Hamrum
Tel.: 230111 von 12.00 bis 19.30 Uhr
Präsident: Alfred Naudi

Mexiko
Federacion Mexicana de Colombofilia A.C.
Apartado Postal 1218F
San Luis Potosi, S.L.P. Mexico
Tel. + Fax: 48-178166
Präsident: Miguel Azcona
Laguna de chapala 1025
San Luis Potosi, Mexico
Tel.: 48-153626 / Fax: 48-157463

Namibia
Namibian Pigeon Racing Association
P.O. Box 2461 - Windhoek
Tel.: 62151 / Fax: 216853
Präsident: Ben Boshoff

Niederlande
Nederlandse Postduivenhouders Organisatie
Landjuweel 38
3905 PH Veenendaal
Tel.: 318-523391 / Fax: 318-523712
von 8.15 Uhr bis 16.45 Uhr
Präsident: F. Zwols

Norwegen
Norges Brevdueforbund
V/per Kristian Hansen
P.O. Box 916
Kraakeroy - 1601 Fredrikstad
Tel.: 093-40003 von 17.00 bis 21.00 Uhr
Präsident: Arvid Myreng
Aasgaardstrandsveien 92
3150 Tolvsroed
Tel.: 033-30869

Österreich
Verband Österreichischer Brieftaubenzüchter-Vereine
Wienerstraße 95a
2700 WR. Neustadt
Tel.: 02622-22237 / Fax: 02622-2223715
Präsident: Ing. Lutz Primes
Waldgasse 788
7201 Neudorfl/L Bgld
Tel: 02622-79287 oder 02622-7775925

Peru
Associacion Peruana de Colombofilos (APCO)
Av. Rep. de Panama 5824 A
San Antonio Miraflores
Lima 18
Tel.: 4640902 / Fax: 453115
Präsident: Frank Anders
Batallon Libre de Trujillo 171
Monterrico - Lima 33
Tel.: 495877

Philippinen
The Philippine Homing Pigeon Association Inc.
30 Lubiran Street
Sta Mesa - Manila
Tel.: 612791
Präsident: Jaime Lim
471 Gen. Luna Street
Walled City - Intramuros - Manila

Polen
Polski Zwiazek Hodowcow Golebi Pocztowych
Zarzad Glowny
41-501 Chorzow, Wpkiw / Skrytka Pocztowa 62
Tel.: 32-415984 / Fax: 32-415984
von 8.00 Uhr bis 16.00 Uhr

Portugal
Federacao Portuguesa de Columbofilia
Rue Padre Estevao Cabral 79
Sala 214-215
3000 Coimbra
Tel.: 351-39-4192100 von 9.00 Uhr bis 20.00 Uhr
Fax: 351-39-4192105

Rumänien
Union Colombophile Roumaine
Strada Fagaras 14, Sector 1
77108 Bucarest
Tel.: 387580 von 9.30 Uhr bis 13.00 Uhr
Präsident: Vasile Raileanu
Str. Decebal nr. 73, Loc. Buzäu
Cod. 5100 - Judetul Buzau
Tel.: 38-469687

Schweden
Svenska Brevdueforbundet
Gringelstadsvägen 110
29197 Gards Kopinge
Präsident: Viggo Elofsson
Tel.: 46-44235074

Schweiz
Association Centrale des Societes Colombophiles Suisses
Präsident: Nell Jean-Pierre
1569 Autavaux
Montbrelloz
Tel. + Fax: 0041-26-663-4109

Slowakei
Slovensky Zvaz Chovatelov Postovych Holubov
811 02 Bratislava
Ul. Medena 16
Tel.: 325855
Präsident: Ing. Juraj Kurek
95112 Ivanka Pri Nitre
Str. Benadikova 43

Slowenien
Zveza Gojiteljev Sportnih Golobov Pismonos Slovenije
Borovniska 11 - 1000 Ljubljana
Präsident: Rudi Stajnko
Cobeceva 27 - 62311 Hoce

Spanien
Real Federacion Colombofila Española
Eloy Gonzalo 34
28010 Madrid
Tel.: 1448-8842 / Fax: 1448-7204
Präsident: D. Carlos Marquez Prats
Pau Casals 5-3
08021 Barcelona
Tel.: 3866-0855 / 3200-8967
Fax: 34-144607

Südafrika
S.A.P.U. - S.A.H.U
Versailles Straat 14
Bayswater
Bloemfontein 9301
Präsident: A.W. Beck
P.O. Box 245
Welkom 9460
Tel.: 0171/352.28.23

Taiwan
Chinese Taipei Racing Pigeon Association
Room Nr. 5, 12th Floor Nr. 112
Chun Shan North Road, Sec. 2
Taipei 104 - Taiwan
Tel.: 2-5811322 / Fax: 2-5717505
von 9.00 Uhr bis 17.00 Uhr
Präsident: Hsin-Yi Chen

Thailand
Thai Homing Pigeon Federation
150 Soi Meesuwan 3 - Sukhumvit 71 Road
Prakanong, Bangkok 10110
Fax: 662-391-3617
Tel.: 662-391-4421
Präsident: Somsak Charoenkitnapa

Trinidad
National Racing Pigeon Commission of Trinidad & Tobago
3 Scott Bushe Street
Port of Spain
Trinidad - West-Indies
Tel.: 809-6259813 von 8.30 Uhr bis 16.00 Uhr
Präsident: Ernest Ferreira
Bleu Basin Gardens
Diego Martin
Tel.: 6321340

Tschechei
Cesky Svaz Chovatelu
18253 Praha 8
Kobylisy, Maskova 3
Tel.: 845742 oder 845745
Präsident: Ing. Frantisek Sebesta
Nedvedicka 494
19800 Praha 9 - Kyje

Ukraine
Federation Nationale de la Colombophile Postale-Sportive de L'Ukraine
Co-Président: Micola Boyko
Vasilenko St. 25, App. 17 - Kiev
Ukraine 252124
Tel.: 38-044-4838518 / Fax: 38-044-5504520

Co-Président: Yevgen Patiy
Kerchenska Str. 9, App. 41 - Lviv
Ukraine 290035
Tel.: 38-0322-455021 / Fax: 38-0322-455016

Ungarn
Magyar Postagalambsport Szovetseg
1076 Budapest
Verseny Utca 16
Tel.: 36-11424522 von 8.00 Uhr bis 16.00 Uhr
Präsident: Csaba Hertelendy

Literatur

ABRAM, E. (1954): Heutiger Stand des Wissens über den Orientierungssinn der Brieftauben. Diss. Bonn, Vet.-med. Fak.

AERTS, J. (1965): Taubensport auf höherer Ebene. Hamburg

AERTS, J. (1968): Züchten, Fliegen, Siegen. Hamburg

ALTEVOGT, R. (1951): Vergleichend-psychologische Untersuchungen an Hühnerrassen stark unterschiedlicher Körpergröße. Z. f. Tierpsychol. 8, 76–109

Autorenkollektiv: Berechnung von Futterrationen

BACKS, TH. (1922): Der praktische Brieftaubenzüchter. Altenbochum

BAKER, R. (1952): Reisetauben der Kanarischen Inseln auf Flügen über das Meer. Die Taubenwelt Nr. 12, Berlin

BALLDACCINI, N. E., V. FLASCHI u. a. (1982): Pigeon orientation. In: „Avian Navigation" (PAPI, F.; H. G. WALLRAFF, eds.), Berlin

BENTZ, H. (1969): Nutztiervergiftungen. Jena

BENVENUTI, S.; JOALE, P. (1982): Pigeon homing: Effect of altered magnetic field during displacement on initial orientation. In: Avian Navigation (PAPI, F.; H. G. WALLRAFF, eds.) 140–148, Berlin

BÖKER, H. (1935): Vergleichend-biologische Anatomie der Wirbeltiere. Bd. 1, Jena

BOVET, J. (1984): Referat über „Avian Navigation", 1982. In: Z. f. Tierpsychol. 66, 81–84

BRANDSCH, H. (1967): Wirtschaftsgeflügel. Berlin

CATANIA, A. C. (1964): On the visual acuit of the pigeon. J. exper. Anat. Behav. 7, 361–366

CHRISTIAENS, A. (1977): Starkfliegen. Erfahrungen eines belgischen Champions. Hamburg

DORN, K. (1954): Flugsport mit Reisetauben. Bd. 1 und 2, Berlin

DUCHEYNE, G. (1985): Die richtige Auswahl der Tauben. „Gut Flug" Nr. 3/85, Belgien

DÜRIGEN (1923): Geflügelzucht. Bd. 1, Berlin

EBER, A.; R. PALLASKE: Die durch Obduktion feststellbaren Geflügelkrankheiten. Hannover

ENGELMANN, C. (1962): Ernährung und Fütterung des Geflügels. Radebeul

ENGELMANN, C. (1962): Die Futterwahl des Geflügels und ihre Beeinflussung durch psychische Faktoren. Forschungen und Fortschritte 36, 65–69

ENGELMANN, C. (1973): Die Taube. Rassetauben. Berlin

ENGELMANN, C. (1975): Vererbungsgrundlagen und Zuchtmethoden beim Geflügel. Radebeul

ENGELMANN, C. (1984): Leben und Verhalten unseres Hausgeflügels. Radebeul.

ENGELMANN, C. (1986): Verhaltensweisen, Erblichkeit, Züchtung und Zuchtziele. In: HARTMANN, M. Das Taubenbuch. Berlin

FISCHL, H. (1909): Die Brieftaube im Altertum und im Mittelalter. Schweinfurt

FREI; WAGNER (1982): In: „Avian Navigation" (s. o.)

GRÜTER, M., R. WILTSCHKO; W. WILTSCHKO (1982): In: „Avian Navigation" (s. o.)

GWINNER, E. (1986): Circannuel rhythmus – endogenous annual clocks in the organization of seasonal processes. Berlin

HARTMANN, M. (1986): Das Taubenbuch. Berlin

HEINROTH, O.; K. HEINROTH (1941): Das Heimfindevermögen der Brieftauben. J. f. Ornith. 89, 213–256

HEINROTH, O.; K. HEINROTH (1949): Verhalten der Felsentaube (Haustaube). (*Columba livia livia* L.). Z. f. Tierpsychol. 6, 153–201

HENNIG, A. (1972): Mineralstoffe, Vitamine, Ergotropika. Berlin

HENNIG, A. (1965): Futtertabellen und Fütterungsanweisungen. Berlin
HITCHCOCK, H. B. (1952): Airplane observations of homing pigeons. Proc. Amer. Phil. Soc. 96, 271 – 289
HOFFMANN, K. (1974): Synchronisation biol. Periodik durch Licht. Mitt. a. d. Max-Planck-Gesellsch., 18 – 35
HUTCHINSON; WENZEL (1982): In: PAPI, F.; H. G. WALLRAFF „Avian Navigation"

JEROCH, H. (1972): Geflügelernährung. Jena
JUHRE, F. (1959): Reisetauben. Minden

KEETON, W. T. (1978): The orientational and navigational basis of homing in birds. Adv. Study Behav. 5, 47 – 132
KIEPENHEUER, J. (1978): Inversion of the magnetic field during transport, its influence on the homing behavior of pigeons. In: Animal Migration, Navigation, and Homing. (SCHMIDT-KÖNIG, K.; W. T. KEETON), Berlin
KIEPENHEUER, J. (1979): Pigeon homing: Deprivation of olfactory information does not effect the deflector effect. Behav. Ecol. Sociobiol.
KOEHLER, K. L. (1975): Eine neue Navigationshypothese für Nah- und Fernorientierung von Vögeln. J. Ornithol. 116, 357 – 368
KOEHLER, K. L. (1978): Der Vergleich einiger physikalischer Daten des Heimat- und des Verfrachtungsortes als Grundlage der neuen Navigationshypothese für Vögel. Beitr. Vogelk. 24, 4, 177 – 192, Leipzig
KOEHLER, K. L. (1978): Do pigeons use their eyes for navigation? A new technique. In: SCHMIDT-KÖNIG, K.; W. T. KEETON: Animal Migration, Navigation, and Homing. Berlin
KRAMER, G.; U. VON ST. PAUL (1950): Ein wesentlicher Bestandteil der Orientierung der Reisetaube: Die Richtungsdressur. Z. f. Tierpsychol. 7, 620 – 631
KRAMER, G.; H. SEILKOPF (1950): Heimkehrleistungen von Brieftauben in Abhängigkeit vom Wetter, insbesondere vom Wind. Vogelwarte 13, 242 – 247
KRAMER, G. (1952): Heimkehrleistungen von Brieftauben ohne Richtungsdressur. Verhandl. Dtsch. Zool. Ges., 172 – 178
KRAMER, G. (1953): Danebenfliegen und Überfliegen beim Heimflug von Brieftauben. Vogelwarte 16, 146 – 148
KRAMER, G. (1953): Wird die Sonnenhöhe bei der Heimfindeorientierung verwertet? J. f. Ornithol. 94, 201 – 219
KRAMER, G. (1957): Experiments on bird orientation and their interpretation. Ibis 99, 196–227
KRAMER, G., J. G. PRATT; U. V. ST. PAUL (1958): Neue Untersuchungen über den „Richtungseffekt". J. f. Ornithol. 99, 178 – 191
KRAMER, G. (1959): Recent experiments in birds orientation. Ibis 101, 399 – 416
KRUSCHINSKI, L. W., W. M. SWETUCHINA u. a. (1963): Vergleichende physiologisch-morphologische Erfassung komplizierter Verhaltensformen von Vögeln. Z. f. Tierpsychol. 20, H. 4, 474 – 486

LAHAYE, J.; E. CORDIEZ (1954, 1960): Die Belgische Reisetaube. Hamburg
LAMBRECHTS, J. (1968): Weg zur Höchstleistung. Hamburg
LEDNOR (1982): In: PAPI, F.; H. G. WALLRAFF: „Avian Navigation"
LEHRMANN, D. S.; M. FRIEDMANN (1969): Acustic araousal of the ovarial activity in the ring dove (*Streptopelia risoria*). Animal Behaviour 17, 494 – 497
LEVI, W. M. (1963): The Pigeon Sumter. S. C. U.S.A., Levi Publishing Co.
LORENTZ (1986): Die Taube im Altertum. Wurzen

MANGOLD, E. (1950): Die Verdauung bei den Nutztieren. Berlin
MARKS, H. (1973): Unsere Haustauben. Wittenberg-Lutherstadt
MATTHEWS, G. V. T. (1953): The orientation of untrained pigeons: a Dichotomy in the homing process. J. f. Exper. Biol. 30, 268 – 276
MAUDUIT, Y. DE (1984): Lassen sich Katastrophenflüge verhindern? „Gut Flug" 2/84, Belgien
MEISCHNER, M. (1964): Die Sporttaube. Berlin
MICHELSON, W. M. G. (1959): Procedure for studying olfactory discrimination in pigeons. Science, 130, 630 – 635, Washington
MOEBES, W. K. G. (1945): Bibliographie der Tauben. Halle
MOEBES, W. K. G. (1972): Klassiker der deutschen Brieftaubenliteratur. Deutscher Kleintierzüchter 19/20
MOEBES, W. K. G. (1978): Early pigeon portraits. The Work of Jean Bungartz (1854 – 1934). „raising pigeon pictorial" 104 Vol. 9, 236 – 237, London

NEHRING, K. (1961): Lehrbuch der Tierernährung und Futtermittelkunde. Radebeul

PADUWA, D. (1987): Wie kann man einen Weltmeister im Taubensport bestimmen? „Gut Flug" 5/87, Belgien
PAPI, F. (1974): J. Comp. Physiol. 94, 85, ref. in Naturwissenschaftl. Rundschau 27, 484
PAPI, F. (1975): La navigazone dei colombi viaggiatori. Le Scienze (ital. Ausgabe des Scientific American) N. 78, 66–75
PAPI, F. (1976): The olfactory navigation system of the homing pigeon. Verb. Dtsch. Zool. Ges. 1976, 184–205
PAPI, F. (1982): Olfaction and homing in pigeons: ten years of experiments. In: „Avian Navigation" (s. u.), 149–159
PAPI, F.; H. G. WALLRAFF (1982): „Avian Navigation". Berlin
PUSTET, A.; K. BERGER (1929): Versuche über das Gedächtnis und Lernvermögen der Taube. Z. vgl. Physiol. 9, 668–684
PETIT, L. (1975): Zucht und Sport. Hamburg

REBER, U. (1979): Botentauben im Alten Orient. Z. Die Brieftaube, Nr. 23, Essen
REGENSTEIN, F. (1948): Die Brieftaube. 3. Aufl., Reutlingen
RIVIERE, B. B. (1929): The „homing" faculty in pigeons. Proc. 6th Int. Ornith. Congr. Copenhagen 535–555
RÖSLER, G. u. R. (1975): Wildtauben. Berlin
RÖSLER, G. (1982): Brieftauben. Berlin
RÖSLER, G. (1989): Haustauben. Berlin

SCHARRER, G. (1958): Form und Leistung bei deutschen Reisebrieftauben. Diss. Tierärztl. Fakultät München
SCHIETECAT, G. (1988): Meteorologische und geophysikalische Einflüsse bei Brieftaubenwettflügen. „Gut Flug" 4/88 und 5/88, Belgien
SCHLOSSER, T. (1961): Die Witwerschaftsmethode. Schifferstadt
SCHMIDT-KÖNIG, K. (1958): Experimentelle Einflußnahme auf die 24-Stunden-Periodik bei Brieftauben und deren Auswirkungen unter besonderer Berücksichtigung des Heimfindevermögens. Z. f. Tierpsychol. 15, 301–331
SCHMIDT-KÖNIG, K. (1961): Die Sonne als Kompaß im Heim-Orientierungssystem der Brieftauben. Z. f. Tierpsychol. 18, 221–224
SCHMIDT-KÖNIG, K.; C. WALCOTT (1973): Flugwege und Verbleib von Brieftauben mit getrübten Haftschalen. Naturw. 60, 108–109
SCHMIDT-KÖNIG, K.; W. T. KEETON (1978): Animal Migration, Navigation, and Homing. Berlin, Heidelberg, New York
SCHMIDT-KÖNIG, K. (1986): Das Rätsel des Vogelzuges. Frankfurt/M., Berlin
SCHÜTTE, J. (1971): Handbuch der Taubenrassen. Radebeul
SEMM, P., D. NOHR, C. DEMAINE u. a. (1984): Neural basis of the magnetic compass: interactions of visual, magnetic and vestibular inputs in the pigeons brain. J. Com. Physiol., A 155, 283–288
SONNBERG, A.; K. SCHMIDT-KÖNIG (1970): Zur Auslese qualifizierter Brieftauben durch Übungsflüge. Z. f. Tierphysiol. 27, 622–625
SOUTHERN (1982): In: „Avian Navigation", s. PAPI, F.; H. G. WALLRAFF
STAM, J. W. E. (1976): Moderne inzichten in de duivensport. Zutphen
STEINHÖFER, E. (1939): Der fortschrittliche Reisebrieftaubenzüchter. Düsseldorf
STOSSKOPF (1984): Lehrstunde zur Mauser. „Gut Flug" 1/84 und 2/85, Belgien
STURKIE, P. D. (1976): Avian physiology. Berlin, Heidelberg, New York

VANBRUAENE, A.; PIET DE WEERD (1956): Rauschende Flügel. Hamburg
VANSALEN, V. (1973): So züchten Meister. Hamburg
VOGEL, K. (1983): Taubenkrankheiten. Berlin
VOGEL, K. (1984): Biologie, Haltung, Fütterung. Berlin
VOGEL K. (1992): Tauben. Berlin

WALCOTT, C.; R. P. GREEM (1974): Science. 184, 180, Washington
WALLRAFF, H. G. (1959): Über den Einfluß der Erfahrung auf das Heimfindevermögen von Brieftauben. Z. f. Tierpsychol. 16, 424–444
WALLRAFF, H. G. (1960): Über Zusammenhänge des Heimkehrverhaltens von Brieftauben mit meteorologischen und geophysikalischen Faktoren. Z. f. Tierpsychol. 17, 82–113
WALLRAFF, H. G. (1966): Über die Heimfindeleistungen von Brieftauben nach Haltung in verschiedenartig abgeschirmten Volieren. Z. vgl. Physiol. 52, 215–259
WALLRAFF, H. G. (1970): Über die Flugrichtungen verfrachteter Brieftauben in Ab-

hängigkeit vom Heimatort und vom Ort der Freilassungen. Z. f. Tierpsychol. 27, 303–351

WALLRAFF, H. G. (1971): Kurzzeitige Schwankungen bei der Richtungswahl abfliegender Brieftauben. J. Ornith. 112, 396–410

WALLRAFF, H. G.; U. SINSCH (1988): The role of „Outward-Journey Information" in homing experiments with Pigeons: new data on ontaogeny of navigation and general survey. Ethology 77, 10–27

WILLKOFER, F. (1957): Zur Geschichte der Brieftauben. Archiv für die Postgeschichte in Bayern, Nr. 2

WILTSCHKO, W. (1968): Über den Einfluß statischer Magnetfelder auf die Zugorientierung der Rotkehlchen (*Erithacus rubecula*). Z. f. Tierpsychol. 25, 537–558

WILTSCHKO, R.; W. WILTSCHKO (1976): Der Einfluß von Magnetfeld und Sternen auf das Orientierungsverhalten von Zugvögeln im Rundkäfig. Verh. Dtsch. Zool. Ges., 266

WILTSCHENKO, R.; W. WILTSCHENKO (1982): The role of outward journey information in the orientation of homing pigeons. In: „Avian Navigation", s. PAPI, F.; H. G. WALLRAFF, 239–252

WITTIG, O. (1922): Mustertaubenbuch. Berlin

YEAGLEY, H. L. (1947): A preliminary study of a physical basis of bird navigation. J. Applied Physics 18, 1035–1063

ZAHN, W. (1933): Über den Geruchssinn einiger Vögel. Z. f. vgl. Physiol. 19, 785–796

ZURHÖFER, H. (1963): Totale Witwerschaft. Wesseling

ZURTH, E. (1962): Die Welt der Tauben vom Altertum bis zur Gegenwart. Reutlingen

Sachwort